智慧图书馆建设研究

国家图书馆　主编

国家图书馆出版社

图书在版编目（CIP）数据

智慧图书馆建设研究 / 国家图书馆主编 . -- 北京 :
国家图书馆出版社，2023.1
　ISBN 978-7-5013-7589-9

　Ⅰ.①智… Ⅱ.①国… Ⅲ.①数字图书馆－研究
Ⅳ.① G250.76

　中国版本图书馆 CIP 数据核字（2022）第 176078 号

书　　名　**智慧图书馆建设研究**
　　　　　ZHIHUI TUSHUGUAN JIANSHE YANJIU
著　　者　国家图书馆　主编
责任编辑　张　颀
封面设计　耕者设计工作室

出版发行　国家图书馆出版社（北京市西城区文津街 7 号　100034）
　　　　　（原书目文献出版社　北京图书馆出版社）
　　　　　010-66114536　63802249　nlcpress@nlc.cn（邮购）
网　　址　http://www.nlcpress.com
排　　版　北京旅教文化传播有限公司
印　　装　河北鲁汇荣彩印刷有限公司
版次印次　2023 年 1 月第 1 版　2023 年 1 月第 1 次印刷

开　　本　710mm×1000mm　1/16
印　　张　32.75
字　　数　430 千字
书　　号　ISBN 978-7-5013-7589-9
定　　价　180.00 元

本书编写组

魏大威　　王世伟　　夏立新　　张智雄

王　军　　黄　晨　　奚惠娟　　邵　波

申晓娟　　李　丹　　张若冰　　张孝天

前　言

2003 年，芬兰奥卢大学图书馆率先提出了"智慧图书馆"的概念。随后，国内也零星出现一些研究成果，但最初的研究只是将其作为一种新的概念和设想进行探讨，对智慧图书馆建设的必要性和重要程度还没有达成共识。2015 年左右，随着人工智能、大数据、云计算、物联网、区块链、5G等技术的成熟和相关产业的迅速壮大，社会生产与生活中智慧化的应用场景越来越丰富，智慧城市、智慧社会、智慧国家的建设被世界各国提上日程。美国、日本、新加坡等国家发布了一批建设智慧城市和智慧国家的战略规划，我国在《中华人民共和国国民经济和社会发展第十三个五年规划纲要》中首次提出要建设"智慧城市"，党的第十九次代表大会报告又提到"智慧社会"的相关战略部署。随着各行各业智慧化进程的加快，图书馆如何更好地融入智慧社会建设，逐渐成为事关全行业未来生存和发展的重要议题。

图书馆行业对新技术发展和产业变革一直有着敏锐的洞察力和较强的适应能力。20 世纪 90 年代以来，世界各国兴起的数字图书馆建设，让图书馆在适应数字化和网络化时代的过程中站稳了脚跟。但与此同时，图书馆的发展仍然存在着一些与社会发展和用户需求不相适应的问题，突出表现为：第一，图书馆现有的资源体系不能全面反映多样态的人类知识文明，特别是对互联网时代社会信息文明的记录不够完整；第二，图书馆的服务效率还有待提升，不能有效满足用户对知识内容精准发现与高效获取的需求；第三，图书馆的空间价值没有得到充分发掘，不能为用户提供高质量多元的文化体验；第四，图书馆主要业务环节缺乏现代智能技术加持，数据驱动的业务管理模式和管理平台尚未普遍建立，治理水平和治理能力还有较大提升空间。新时代的图书馆迫切需要一场新的转型和变革，以适应不断变化的环境和需求。

在此背景下，一些公共图书馆、高校图书馆和科研院所图书馆在智能化设施设备应用、深度知识服务等领域开展了先期探索和试验。2020年，国家图书馆研究提出建设"全国智慧图书馆体系"的思路，旨在从国家层面加强智慧图书馆建设的统筹规划，实现图书馆事业更高质量的发展，得到国家财政的立项支持。此后，《中华人民共和国国民经济和社会发展第十四个五年规划和2035年远景目标纲要》《"十四五"文化和旅游发展规划》《关于推进实施国家文化数字化战略的意见》等重要的国家政策文件，都对智慧图书馆建设提出了要求。可以说，未来很长一段时间内，智慧图书馆建设都是行业内的重点和热点问题。

近年来，智慧图书馆相关的研究成果迅速涌现，行业内的实践也从零星探索逐渐发展，呈现蓬勃之势。在相关研究和实践如火如荼进行的同时，学术界对于智慧图书馆的认识和理解仍然存在着较大差异，业界在智慧图书馆建设实践中的探索也尚未形成明确统一的方法与路径。智慧图书馆作为一种新的理念和图书馆发展形态，还有诸多需要深入研究和探讨的重要问题。与此同时，行业内的实践亟须切实可行的实施路径和方法进行指导。为此，国家图书馆组织策划了本书，希望联合业界的资深专家团队，针对智慧图书馆建设的一系列重要问题进行系统研究和论述，以期凝聚行业智慧和力量，为智慧图书馆建设奠定更坚实的基础。

全书共九章，分总论和专题研究两大部分。前三章为总论部分，主要对智慧图书馆的发展环境、基本概念、实施路径等基本问题进行阐述；其中，

第一章主要介绍图书馆智慧化转型背景及环境，由上海社会科学院研究员王世伟负责；第二章主要论述对智慧图书馆基础理论的审视与思考，由华中师范大学副校长夏立新负责，翟姗姗、白阳、杨元、夏彦彦、陈茗、周梦蝶参与撰写；第三章主要讨论智慧图书馆的规划建设与发展，由国家图书馆党委书记、副馆长魏大威负责，张炜、敦文杰、周笑盈、钟晶晶、刘金哲参与撰写。第四章至第九章为专题研究部分，分别围绕智慧图书馆建设中的核心技术、资源建设、服务、空间建设、管理运行以及标准体系等重点问题展开论述，其中：第四章由中国科学院文献情报中心副主任张智雄负责，王猛、林歆、张梦婷、赵旸、王宇飞、李雪思、刘熠、杨琳、蒋甜参与撰写；第五章由北京大学信息管理系教授王军负责，位通参与撰写；第六章由浙江大学图书馆研究馆员黄晨负责，金佳丽、吴俊洁参与撰写；第七章由东莞图书馆学习中心主任奚惠娟负责，李东来参与撰写；第八章由南京大学图书馆副馆长邵波负责，王怡、单轸、徐璐、吴咏真参与撰写；第九章由国家图书馆研究院院长申晓娟负责，邱奉捷、张孝天、杨凡、韩新月、武翰、王浩、韩超、肖璟波参与撰写。全书由魏大威统筹，国家图书馆研究院负责组稿，申晓娟、李丹、张若冰、张孝天参与全书的统稿与审校工作。

需要强调的是，智慧图书馆建设是一项长期、渐进的工作，不可能一蹴而就。我们对智慧图书馆的理解也不可能一步到位，而是需要随着技术的发展和实践的深入不断更新。尽管本书力求研究内容和研究方法的科学严谨，但受限于时间和作者水平等因素，依然存在一些不足，希望大家批评指正。我们也期待本书能抛砖引玉，启发业界同人开展更多有益的研究和探索，共同推动图书馆事业的智慧化转型和高质量发展。

魏大威

2022 年 12 月

目　录

总　论

专题研究

总 论

第一章　图书馆智慧化转型的背景及环境

21世纪伊始，"智慧图书馆"开始出现，全球图书馆开启了智慧化转型的全新征程。自20世纪90年代初美国国家科学基金会进行了"数字图书馆"（或称"电子图书馆"）的讨论[1]、21世纪第一个十年欧美大学图书馆提出"智慧图书馆"和"融合图书馆"的概念并进行了初步的实践试验之后[2]，中国智慧图书馆建设伴随着智慧城市和社会信息化发展的进程，在数字图书馆建设、全国文化资源共建共享工程和城乡总分馆服务体系一体化建设的基础上，理论研究与实践探索逐步展开；在科技革命和产业变革群体跃进的背景下，从21世纪第二个十年起，智慧图书馆如初春的花骨朵含苞初放，正以它的无比活力为图书馆大地带来万物萌动的春天气息，激发起图书馆发展的无限潜力，惠及城乡亿万读者。中国特色智慧图书馆发展之路正以图书馆历史发展的主动精神，以前所未有的智慧之光照亮当代图书馆创新和高质量发展的正道沧桑。对于当代图书馆的智慧化转型，我们需要从其产生与发展的背景及环境来加以认知。

第一节 国家战略的新方位

对于当代图书馆智慧化转型背景及环境中的"国家战略的新方位"的认知，我们可以从智慧图书馆首次列入国家级规划、彰显新发展阶段高质量发展主题、体现完整准确全面的新发展理念等维度来予以分析阐述。

一、智慧图书馆首次列入国家级规划

20 世纪 90 年代后半期开始的中国试验型数字图书馆开启了中国数字图书馆建设的实践征程。21 世纪初，智慧图书馆开始进入国际图书馆界的视野，也出现了一些碎片化的实践探索。自 21 世纪第二个十年开始，随着新一代信息技术的迭代进步以及国内外智慧图书馆的不断酝酿和持续试验，中国智慧图书馆的理论探讨和实践探索开始逐渐进入业界的视野并持续升温，人们从原先对智慧图书馆建设的疑虑、困惑、观望、等待开始转变为关注、学习、尝试、推进，数字图书馆开始向智慧图书馆转型。

2021 年 3 月公布的《中华人民共和国国民经济和社会发展第十四个五年规划和 2035 年远景目标纲要》（以下简称《纲要》）中首次出现了发展"智慧图书馆"和"提供智慧便捷的公共服务"的规划文字[3]，从而开启了图书馆全面智慧化转型的新征程。这对于中国智慧图书馆发展乃至整个中国图书馆事业的建设都具有重要的历史意义，促使人们重新认知中国智慧图书馆发展的历史方位。

与从 20 世纪 90 年代后半期中国试验型数字图书馆起步以来发布的五份国民经济和社会发展五年规划（"九五""十五""十一五""十二五""十三五"）相比，《纲要》对国家文化发展的战略导向呈现出以下几个新特点：一是从开发利用信息资源到推进文化资源数字化，并进一步从加快公共数字文化建设到积极发展智慧图书馆和公共图书馆的数字化发展；二是首次在规划的文化发展部分之外提到发展智慧图书馆和智慧便捷的公共服务；三是在国家重大文化工程中首次提出建设国家文化大数据体系。这些历史性的变化，折射出智慧图书馆的发展环境和发展逻辑，体现出智慧图书馆作为国之大纲和国之大业，蕴含着国家文化发展战略导向的新思路和新构想。可以看到，发展智慧图书馆已经并将继续成为图书馆事业创新发展的主动力、图书馆事业更新重塑的主抓手、图书馆高质量发展的主渠道，图书馆智慧化转型正在跑出加速度。从面向未来的中国图书馆事业创新和高质量发展观察，智慧图书馆发展已不是选择题，而是必答题；智慧图书馆的发展也不能局限在图书馆行业发展维度层面上予以思考，而应上升至整个国家发展战略的历史方位上进行审视，智慧图书馆发展已成为当下中国图书馆界心怀国之大者的战略思考和实践推进的重要内容。

二、彰显新发展阶段高质量发展主题

图书馆的智慧化转型蕴含着的一条主线，就是推动图书馆高质量发展，创造高品质图书馆服务，实现高效能图书馆治理。

《纲要》指出："我国进入新发展阶段，发展基础更加坚实，发展条件深刻变化，进一步发展面临新的机遇和挑战。"新发展阶段是我国实现从站起来、富起来到强起来历史性跨越的新阶段，图书馆事业同样如此。中国特色图书馆事业在数十年间所取得的历史性成就，使中国图书馆事业站到了新的历史起点上，无论是图书馆学理念创新，还是服务能级的提升，无论是图书馆事业发展环境和发展条件，还是发展水平和发展要求，与改革开放之初相比，都已不可同日而语。图书馆事业发展的主要矛盾已转化为广大读者日益增长的文化需要同相对落后的图书馆服务与管理之间的矛盾，已转化为广大读者日益增长的美好文化生活新需要和图书馆事业发展不平衡不充分之间的矛盾。这里讲的矛盾中的不平衡，提出的是图书馆事业发展结构和空间布局问题；这里讲的不充分，提出的是图书馆事业发展总量不足与质量提升问题。如果把眼光再放远一点，从百年未有之大变局来看，实现中华民族伟大复兴进入了不可逆转的历史进程。中国智慧图书馆的发展正是在这样的历史方位中铺陈展开，它将是中华民族伟大复兴中提升国家文化软实力的重要举措。

新发展阶段以推动高质量发展为主题，因为面向未来的图书馆事业创新发展中的问题和矛盾越来越聚焦于发展的质量上；我国仍处于并将长期处于社会主义初级阶段的基本国情没有变，发展仍然是图书馆事业前行的第一要务，而智慧图书馆建设正是高质量发展的题中应有之义，是把握图书馆高质量发展的切入点和高水平服务的发力点。中国图书馆事业要实现在新发展阶段的高质量发展，必须转变发展方式，推动质量变革、效率变革和动力变革，智慧图书馆就是以上三大变革的驱动力和助推器。数据驱动、技术赋能、数字人文、数字蝶变、数字孪生、空间转型、智能重构、平台升级、智慧大脑、人机融合、自助服务等，这些近年来图书馆变革进程中的热词，无一不与图书馆的智慧化转型紧密相连。

加快数字化发展、建设数字中国成为高质量发展的着力点。在物联网、移动互联网、大数据、云计算、人工智能、5G、区块链、元宇宙等新一代信息技术的持续波浪式驱动下，以数字化转型整体驱动生产方式、生活方式和治理方式变革成为中国当代的发展趋势，包括文化领域在内的中国经济社会各领域正在激活数据要素潜能，推进数字中国建设。如果说，中国图书馆事业要把握机遇的话，那么，智慧图书馆建设正是顺应全球社会信息发展趋势、把握新一代科技革命创新发展时代脉搏的统筹全局之举，也是图书馆洞悉广大读者新需要的明智正道之举。数字中国建设，将涉及中国经济社会的各个领域，包括数字经济、数字社会、数字政府，当然也包括提供智慧便捷的公共服务，这些对图书馆的智慧化转型带来放大、叠加和倍增作用。智慧图书馆建设已经突破图书馆建设自身的藩篱，实现了行业出圈而融入了整个数字中国的建设框架，成为加快中国当代数字化发展不可或缺的组成部分，成为新发展阶段高质量发展的重要内容。

三、体现完整准确全面的新发展理念

自从 2015 年 10 月党的十八届五中全会提出"必须牢固树立并切实贯彻创新、协调、绿色、开放、共享的新发展理念"[4]之后，这一新发展理念已成为关系我国当代发展全局的一场深刻变革，也成为图书馆智慧化转型的重要指导，是智慧图书馆建设的发展思路、发展方向和发展着力点所在。我们必须在图书馆智慧化转型中完整、准确、全面地理解并贯彻落实新发展理念的五大要素。"创新、协调、绿色、开放、共享"的发展理念，相互贯通、相互促进，是具有内在联系的集合体，要统一贯彻，不能顾此失彼，也不能相互替代。哪一个发展理念贯彻不到位，发展进程都会受到影响。"[5]

创新发展是智慧图书馆高质量发展的第一动力并居于核心地位。智慧图书馆对于中国图书馆事业而言是一场关乎全局的革命，是解决面向未来的图书馆事业发展中的文献资源、人力资源、设施资源发展动力的关键所在，也是创新图书馆服务与管理的效率与效能进而推动图书馆更高质量发展的指挥棒和红绿灯。在这一进程中，我们比以往任何时候都需要注重原始创新，使图书馆在智慧化转型中的各类空间创新、应用创新、平台创新、模式创新、形态创新、场景创新等，走出中国特色自主创新发展的新路，体现出中国图书馆人清醒的历史自觉、坚定的文化自信和强烈的专业担当。智慧图书馆建设中必须将创新发展摆在发展全局的核心位置并贯穿智慧图书馆建设的全过程，需要克服并调整各种与智慧图书馆建设创新理念不相适应的观念与言行。

协调发展是智慧图书馆建设健康发展的内在要求，其重点是解决图书馆发展中的城乡、地区、空间、群体等发展不平衡问题，正确处理图书馆事业进程中人机融合、基础与更新、发展与安全、借鉴与独创、总体与局部、当下与未来等关系，在整体性、系统性、全局性的视野中增强智慧图书馆发展的协调性。

绿色发展是可持续发展的必要条件，也是广大读者和图书馆员对美好生活的追求，体现了人与自然的和谐共生。智慧图书馆建设中，可以秉持绿色生态理念并利用各种智能技术，从节能、节电、节水、节纸、节力、节材等各个维度对图书馆的绿色发展做出规划，也可以通过设计创意运用各类环保材料制作图书馆的别样家具，增强读者和馆员的环保意识，使节能低碳和循环利用在图书馆各个空间中得以落到实处，书写智慧图书馆建设的绿色答卷，并逐步实现无废图书馆的发展目标，最终达到图书馆永续发展的新境界。

开放发展是文化繁荣发展的必由之路，也是智慧图书馆建设中解决内外联动问题的必由之路。智慧图书馆是一个开源生态，要避免以往数字图书馆建设中数据孤岛和服务烟囱问题，摒弃各自为政、自搞一套的封闭做法和低效行为，在破解长期的数据孤岛、标准不一、数据安全的难题中进一步加强开放发展。智慧图书馆建设需要以开放的胸怀，登高望远，既要从中国看世界，也要以全球的视野和大局的思路，把中国的智慧图书馆建设放在世界智慧图书馆建设的地图上予以审视，在智慧图书馆发展中实现更高层次的资源、人才、平台与服务的开放，正确认识并把握智慧图书馆的世界共性与中国特色，形成图书馆事业互联互通、共享便捷的更大范围的服务共同体，并在扩大开放中统筹好发展和安全两件大事，推动智慧图书馆不断健康发展。

共享发展是解决图书馆服务中的公平正义问题的根本途径，也是图书馆事业发展一切为了读者所提出的必然要求。智慧图书馆建设中必须确立以人民为中心的发展思想，坚持人民至上和人民的主体地位，把最广大人民的根本利益和促进人的全面发展作为出发点和落脚点，树立人人共享、全面共享、共建共享的理念，在智慧图书馆的建设中保障和改善文化民生；同时因地制宜、因城制宜、因馆制宜，既积极融入全国乃至全球智慧图书馆的"齐唱"，也创新推进具有中国特色、地区特征、各馆特点的层次化和各美其美的智慧图书馆"合唱"，积极主动推动图书馆智能设备兼容适配，将省域、城域、区域的一个个信息节点打造成互联互通的跨界共享的信息网络和数据平台，以渐进共享的思路将共享发展融入智慧图书馆发展的进程之中，让优质服务资源进一步实现地区均衡和城乡共享，从而将不让一个读者落下的文化共同富裕理念融入智慧图书馆的发展目标。

新发展理念对于智慧图书馆建设而言具有战略性、纲领性和引领性，图书馆智慧化转型中应当在思想和行动中"真正做到崇尚创新、注重协调、倡导绿色、厚植开放、推进共享"[6]，从而实现智慧图书馆建设的服务效益、文化效益、社会效益、生态效益、安全效益相统一，推进中国智慧图书馆建设的可持续发展。

第二节 社会进步的新动力

对于当代图书馆智慧化转型背景及环境中的"社会进步的新动力"的认知，我们可以从信息技术群体跃进的新趋势、智慧社会数字中国的新境界、推进文化惠及全民的新路径等维度来予以分析阐述。

一、信息技术群体跃进的新趋势

纵观世界文明史，人类先后经历了农业革命、工业革命、信息革命。每一次产业技术革命，都给人类生产生活带来巨大而深刻的影响[7]。近年来，随着互联网、大数据、云计算、人工智能、区块链等技术加速创新，并日益融入经济社会发展各领域全过程，数字经济发展速度之快、辐射范围之广、影响程度之深前所未有，正在成为重组全球要素资源、重塑全球经济结构、改变全球竞争格局的关键力量[8]。数字技术的发展也引领了图书馆的新变革和新提升，创造了图书馆服务的新空间和新形态，拓展了图书馆服务的新领域和新载体，极大地提高了图书馆服务的效率。进入 21 世纪，新一代信息技术迭代兴起，大数据时代[9]和人工智能时代已经来临[10]。在这样的背景下，智慧图书馆的内涵不断丰富，智慧图书馆从初步试水到全面推进，相关的研究与实践进入了全新的阶段。智慧图书馆通过信息化互联、泛在化感知、关联化分析、深度化挖掘、智能化整序、网络化协同、多样化融合、个性化定制、便捷化应用、可视化传播与全域化延伸，正在逐步形成图书馆资源的万物智联、泛在普惠的网络终端、人机融合的智慧大脑，为图书馆带来了提升服务效率和管理能级的一系列创新活动，为图书馆生命体的毛细血管持续注入"图书馆 +""互联网 +"和"智能 +"等各类生命体增强基因。全要素和全流程赋能，极大地延长和拓展了图书馆的时间和空间，极大地提升了图书馆的服务效能，极大地提升了图书馆管理和服务水平，为成千上万的图书馆注入了全新动能和创新活力，塑造出随时可达、随处可用、触手可及、个性便捷、沉浸体验的图书馆服务全新形态、全新模式和全新路径，正在推动图书馆的整体品质不断跃升。新一代信息技术发展速度是如此之快、辐射范围是如此之广、影响程度是如此之深，使其成为图书馆服务与管理创新和高质量发展的关键力量。当我们步入 21 世纪第三个十年之际，我们正面临图书馆智慧化转型前所未有的创新机遇期。

二、智慧社会数字中国的新境界

"智慧社会"是 2017 年 10 月中国共产党第十九次全国代表大会的报告中就加快建设创新型国家所提出的新发展目标[11]，这对于开辟智慧图书馆创新发展的新境界，具有重要的意义。

第一，"智慧社会"是社会信息化深入持续发展的新形态。在全球信息通信技术空前发展的推动下，社会信息化的深入持续发展，也催生了社会的广泛变革。"互联网 +"不断促进信息化应用的跨界融合，各类用户规模及服务范围快速扩大，基于移动互联网的社会信息化在多行业加速渗透，社会信息化发展的政策环境得到了不断优化。中国和全球的社会信息化发展呈现出几个明显的发展新形态：如以带宽为代表的信息基础设施已呈普及化态势，为社会信息化深入持续发展奠定了信息技术发展的全新基础；又如社会信息化正在逐渐趋向移动化态势，互联网的移动化态势正在进一步强化并展现出主导态势；再如全球的互联网渗透率和普及率均已过半，中国更是居于互联网发展的第一方阵，数量的发展正在引发质量的升华，更广更深更高的社会信息化形态正在形成。

第二，"智慧社会"是智慧图书馆创新发展的新境界。"智慧社会"是继"数字地球""智慧城市"之后出现的一个新概念。与"信息社会"的概念相比，"智慧社会"在数字化、网络化、智能化方面的程度更广、更深。2021年3月公布的《纲要》中，"加快数字化发展 建设数字中国"成为专篇，提出了"以数字化转型整体驱动生产方式、生活方式和治理方式变革"[12]的指导思想。积极发展智慧图书馆，正是数字中国战略全局中加快数字社会建设步伐的重要内容，已成为整个数字中国战略中不可或缺的社会建设智慧化转型的要素。而积极发展智慧图书馆、实现图书馆的智慧化转型，也为正在面向未来的中国图书馆事业的创新和高质量发展提供了顺势而为的大环境、大格局、大视野、大平台和大通道。如果说以往的智慧图书馆更多是基于"智慧城市"的理念指导，那么，随着数字中国的建设，"智慧社会"将成为智慧图书馆进一步创新发展的新境界。"智慧社会"注重面向城乡和区域的一体化发展。智慧城市更多是着力于城市的智慧经济、智慧迁徙、智慧环境、智慧公民、智慧交通与智慧治理，而智慧社会则更加着力于体现城市和乡村、东部与中西部地区的一体化发展，体现出建立覆盖城乡、便捷实用的公共图书馆服务网络，体现出共同富裕路上，一个都不能掉队的全面文化小康的目标追求，从而使智慧图书馆建设迈向覆盖全社会公共图书馆服务体系的新境界。"智慧社会"强调自下而上的社会力量的广泛协同，注重读者的互动参与，通过图书馆、读者、政府、社会各方参与协同，使智慧图书馆迈向自下而上与自上而下双向交互的智慧管理平台的新境界。此外，"智慧社会"注重基于智能技术的综合统筹发展和协调发展，着力于在智能技术基础上为公众提供智慧化的生活。从智慧图书馆建设着眼，就是要推动图书馆迈向综合统筹发展新境界，将公共创新空间设计、智能互联技术应用、社会各方协同管理、绿色节能生态营造、数据信息开放共享等融为一体。"智慧社会"聚焦于加快创新型国家建设和社会文化建设，聚焦于提供创新资源、创新环境、创新空间和创新教育。智慧图书馆建设将通过智慧社会汇聚读者智慧和用户力量，激发社会巨大的潜在活力，将图书馆的公共文化空间进一步升华为开放的众创空间，推进以人为本和人的全面发展的可持续创新，推动基于智慧社会的全社会创新，使智慧图书馆迈向大众创业、万众创新的新境界。

第三，"智慧社会"是新时代读者对美好文化生活的新需要。尽管多年来中国图书馆事业已得到长足发展，各级图书馆的面貌发生了巨大变化，但是创新和发展永远在路上。当图书馆初步解决了有没有设施和服务这一问题的时候，广大读者已经提出了图书馆需要进一步解决设施和服务好不好的问题。读者对美好文化生活需要日益广泛，有着多样化、多层次、多方面需求，不仅要求图书馆设施先进、环境整洁、服务热情，活动多样，而且要求通过"智慧社会"及相应的智慧图书馆的建设来实现图书馆的创新和高质量发展，包括图书馆服务资源更高水平的跨时空获取，符合个性化需求的智能定制，为读者节约时间的线上预约与推送，运用智能技术的防盗防火，实现绿色生态发展的智慧建筑更新……这就需要图书馆在新发展理念的指导下，牢固树立图书馆的总体发展观，在智慧社会新理念的指导下，统筹文献资源、人力资源、信息技术、科学管理、生态环境、社会协同、国际合作各项建设，在图书馆中秉持智慧社会的发展理念，更好推动人的全面发展和社会的全面进步。

第四，"智慧社会"呼唤基于数字社会的图书馆包容性发展。在数字中国的发展进程中，如何努力弥合数字鸿沟，促进包容性数字文化发展应成为智慧图书馆发展的重要战略思考。包容性发展目标呼唤智慧图书馆建设需要在"智慧社会"的更高起点上再信息化、再数字化、再网络化和再智能化，以弥合信息和数据鸿沟，实现文化更高水平的均等化发展。"智慧社会"是智慧的社会化进程，要求图书馆发展到哪里，智慧技术就覆盖到哪里，智慧图书馆就延伸到哪里，补上图书馆在城乡、区域和行业发展以及空间布局方面的不平衡短板，在全域服务的进程中对图书馆进行全域更新。

三、推进文化惠及全民的新路径

图书馆智慧化转型的持续进程给图书馆精神生活共同富裕提供了数字发展的新路径和新支撑。智慧平台、网络预约、线上咨询、云端讲座、网上展览、远程共享、频端推送、微信矩阵、直播带书、视频培训、虚拟游戏，如此等等，图书馆在数字中国背景下的智慧化转型正在演绎丰富而精彩的服务新模式，阅读空间正在从固有的物理空间向网络空间、社会空间以及多维融合空间拓展延伸。许多图书馆通过基于中国传统文化的创造性转化和创新性发展，通过网络平台和社交媒体载体，为广大公共图书馆提供了具有智慧特征的优质服务资源，为包括广大农村和边远地区在内区域的读者实现从"有书读"到"读好书"的转变提供了可及性的通道和资源。

图书馆智慧化转型给图书馆创新发展并深化精神生活共同富裕提供了前所未有的机遇。精神生活共同富裕、促进文化更均衡发展的目标提出了图书馆从单点智慧创新到全面系统创新的新要求。在智慧化转型中，图书馆应探索建立覆盖全社会的新时代城乡读者服务共同体，共享"互联网+""智能+"的图书馆优质服务内容，从而不断完善图书馆事业发展成果共享的实现机制。

　　人工智能将有助于推进智慧图书馆建设中秉持精神生活共同富裕的价值取向，面向未来的图书馆创新和高质量发展。人工智能、大数据、5G 等信息技术的应用夯实图书馆的信息基础，将大大促进图书馆的服务资源的更均衡发展并助力精神生活共同富裕，在扩大图书馆优质稀缺资源实现社会全覆盖的流动布局中，让成千上万的读者能够共享图书馆智慧化转型的发展成果，跨越信息社会快速发展所带来的数据鸿沟。

第三节　行业发展的新逻辑

　　对于当代图书馆智慧化转型背景及环境中的"行业发展的新逻辑"的认知，我们可以从全球图书馆事业发展的新形态、中国图书馆创新发展的新空间、图书馆服务融合发展的新逻辑等维度来予以分析阐述。

一、全球图书馆事业发展的新形态

　　进入 21 世纪，科技革命和产业变革加速演进，芬兰奥卢大学图书馆等大学图书馆敏锐地把握并踏准了这一图书馆创新发展的时代节拍，率先提出了"智慧图书馆"服务的概念，从其不受时空限制被感知的移动服务的角度切入，对图书馆智慧体进行了初步的描述和实践探索，之后欧美和澳大利亚的大学图书馆和公共图书馆从搜索引擎的一站式服务、智慧计算等方面进一步充实了图书馆智慧体的内涵。中国的学者也自 21 世纪第一个十年的中期开始，对图书馆智慧体进行了理论与实践的探索，对智慧图书馆的性质及特征等进行了理论与实践相结合的初步探讨 [13]，并将研究重点从起初的智能建筑转向智慧资源并进一步走向智慧平台。在全球图书馆事业的发展进程中，智慧图书馆越来越成为行业发展的聚焦点和着力点，越来越显现出其强大的生命力和创新力。

2014 年 7 月，在上海图书馆举办的第七届国际图书馆论坛上，时任国际图联主席西尼卡·西皮莱（Sinikka Sipila）在题为"乘风破浪还是随波逐流——如何在信息狂潮下把握方向"的主旨报告中指出：在这个瞬息万变的数字和印刷环境中，我们致力于提升地球村居民获取信息和文化遗产资源的能力。图书馆如何在新的信息环境下演变以保持其现有地位不被边缘化，也许是当今图书馆面临的最紧迫的问题 [14]。关于信息技术发展对图书馆影响巨大的这一研判，尽管此前已经被国内外的诸多学者多次提及，但这次由国际图联主席西尼卡·西皮莱，以如此强烈的语气提出，更加凸显全球图书馆智慧化转型已经到了刻不容缓的程度，图书馆正面临信息数据流的狂潮，如何不被边缘化，已经成为一个重大的行业挑战和紧迫的现实命题。

2011 年以来，国际图联大会和上海国际图书馆论坛的主题也从一个侧面反映了全球图书馆向智慧图书馆转型的发展趋势。其中，2011—2022 年国际图联大会主题（见表 1-1）中包含的主题词主要有超越、赋能、未来、融合、活力、连接、转型、变革，这些都与当代全球图书馆向智慧化转型紧密相联；2012—2022 年上海国际图书馆论坛主题（见表 1-2）同样显著地反映了智慧图书馆转型发展的信息，从智慧城市与图书馆的主题切入，到新空间、新服务与新体验；从让社会更智慧更包容，到转型颠覆的智慧图书馆，人们可以看到中国智慧图书馆在全球图书馆事业智慧化转型发展中的创新理念、理论思考与实践探索。

表 1-1　2011—2022 年国际图联大会主题

届次	举办时间	会议主题
第 77 届	2011 年	Libraries beyond libraries: Integration, Innovation and Information for all（超越图书馆：集成、创新和信息的普遍获取）
第 78 届	2012 年	Libraries Now! Inspiring, Surprising, Empowering（图书馆行动起来！激发灵感，超越想象，赋予力量）
第 79 届	2013 年	Future Libraries: Infinite Possibilities（未来图书馆——无限可能）
第 80 届	2014 年	Libraries, Citizens, Societies: Confluence for Knowledge（图书馆、公民、社会：知识融合）
第 81 届	2015 年	Dynamic Libraries: Access, Development and Transformation（有活力的图书馆：存取、发展与改革）
第 82 届	2016 年	Connections, Collaboration, Community（连接协作社区）
第 83 届	2017 年	Libraries·Solidarity·Society（图书馆·团结·社会）
第 84 届	2018 年	Transform Libraries, Transform Societies（图书馆转型，社会转型）
第 85 届	2019 年	Libraries, Dialogue for Change（图书馆：对话促进变革）
第 86 届	2021 年	Let's Work Together for the Future（让我们携手共创未来）
第 87 届	2022 年	Inspire, Engage, Enable and Connect（激励，参与，赋能，连接）

表 1-2　2012—2022 年上海国际图书馆论坛主题

届次	举办时间	会议主题
第六届	2012 年	智慧城市与图书馆服务（Smart City and Library Services）
第七届	2014 年	转型时代的图书馆：新空间·新服务·新体验（Libraries in the Transition Era: New Space·New Services·New Experience）
第八届	2016 年	图书馆：社会发展的助推器（Libraries: Enabling Progress）
第九届	2018 年	图书馆，让社会更智慧更包容（Library for All: Towards a Smarter and Inclusive Society）

续表

届次	举办时间	会议主题
第十届	2020 年	图书馆新时代：坚守、转型、颠覆（Building Libraries for a New Age: Perseverance, Transformation and Disruption）
第十一届	2022 年	智慧图书馆：韧性发展与未来挑战（Smart Library: Resilient Development & Future Challenge）

无论是国际图联大会主题还是上海国际图书馆论坛主题，都从一个侧面给人们以强烈的信号，这就是全球图书馆事业正在迎来智慧图书馆时代。罗马不是一天建成的，智慧图书馆也一样。图书馆的智慧化转型在未来相当长的一段时间内，只有进行时，没有完成时，需要在理论研究与实践探索的基础上不断完善并向前推进。

二、中国图书馆创新发展的新空间

在不断演进的智慧图书馆发展进程中，图书馆的创新发展正迎来全新的空间环境。在这样的空间环境中，读者对图书馆空间的平等性、交流性、包容性、舒适性、便捷性、活力感和归属感具有更为强烈的需求。在这样的新空间中，读者可以感受耳目一新的智能便捷环境氛围，还可以全流程接触平等包容的各类新科技的智能便捷，感受巨大的气场魅力。图书馆在这样的新空间中，不仅能为读者提供现实空间中的讲座、展览、演出、研讨、竞赛、共同阅读、文献修复、自助服务、志愿服务等的体验互动，也能为读者提供网络空间的数字冲浪、微信接力、粉丝点评、远程咨询、个性推送、视频欣赏、图像传递、网络直播、多屏融合等的体验互动，还可以为读者提供越来越多的数字孪生的虚拟现实的沉浸体验互动，从而为所有读者带来人人适学、处处能学、时时可学，城乡皆学、全民爱学的图书馆服务空间新形态。

在科技革命和产业变革的新环境下，图书馆智慧化转型所形成的新空间还能体现出社会教育的功能。许多图书馆富有新意地导入了机器人、3D打印、创客空间、有限印刷、大屏触控、智能书架，设计了别具一格的智能互联的流动汽车图书馆，提供了各类新颖的电子阅读载体，通过创客空间、大数据展示、虚拟现实阅览室、消除数字鸿沟培训等，使读者在大开眼界的同时，也在体验互动中提升了文化素养、科技素养和信息素养。

图书馆的智慧化转型也为构建以国内大循环为主体、国内国际双循环相互促进的新发展格局的新空间提供了新思路。首先，图书馆智慧化转型将形成强大的智慧图书馆服务体系。中国图书馆事业在高质量发展中正需要通过智慧图书馆的建设来提升服务体的智慧能级，解决读者利用图书馆中的急难愁盼，通过智慧图书馆的各项软硬件建设来提升图书馆服务供给侧体系的适配性，优化供给结构和供给品质，不断培育并提升图书馆服务品牌，促进图书馆各类服务资源互联互通和流动共享。其次，图书馆智慧化转型将促进并加强智慧图书馆的对外文化交流水平。新发展格局绝不是封闭的国内循环，而是开放的国内国际双循环。欧美图书馆事业在智慧图书馆建设中走在前列，我们需要在智慧图书馆建设中进一步学习和借鉴世界各国在智慧图书馆建设中的经验；同时，智慧图书馆建设本身应该是一个开放的系统，需要在万物互联的信息化进程中搭建中外互联共享的桥梁和纽带，进一步深化文献资源共享和人力资源学习交流；此外，中国智慧图书馆事业的进程中正在形成全景智能、全域智能和全数智能的中国新实践，我们需要在对外文化交流中讲好中国智慧图书馆的故事，并不断增强在国际图书馆界的话语权。最后，图书馆智慧化转型将在加快培育完整内需体系中加速演进。在智慧图书馆建设中，需要顺应广大读者对于图书馆服务具有新期待的新趋势，把满足读者服务新需要与智慧图书馆建设各项新举措紧密结合起来，不断创造并培育新型的智慧服务新场景、新空间、新模式和新形态。与此同时，需要加快智慧图书馆的基础设施建设，推动图书馆设施更新和技术改造，从强基础、增功能、利长远的角度，在激活图书馆存量服务资源与拓展图书馆增量服务资源中形成良性循环。

2020 年以来的新冠疫情全球大流行进一步推动了百年未有之大变局的深刻演变，也为中国智慧图书馆创新发展提供了机遇与平台。中国图书馆人审时度势，积极把握大变局与大流行带给智慧图书馆发展的机遇应对风险挑战，在大变局与大流行中开新局，正在持续更新重塑图书馆的发展形态并进而酝酿构建智慧图书馆体系[15]。2020 年以来，新冠疫情大流行带来普遍的无接触服务需求，极大地推动了中国图书馆的全面智能化进程，更多的图书馆服务资源和服务项目实现了线上通、掌上取、网上办，通过体感交互、生物识别和万物互联的新技术和新入口，使成千上万的读者和馆员都能随处、随时、随机、随便地实现泛在化的交互，丰富多彩的各类泛在服务成为服务新形态，为广大读者带来普惠化的数字体验，使图书馆服务更加精准、更加智能、更加高效。我们可以看到，在大流行的几年中，中国图书馆行业形成了诸多智能服务场景：智码检疫、网络预约、线上咨询、云端讲座、网上展览、远程共享、直播带书、视频会议、智能消毒、频端推送。中国智慧图书馆建设在大流行中所创造的服务新空间和新形态，正在向人们讲述中国特色图书馆智慧化转型中创造力、韧劲和服务力的生动故事。

三、图书馆服务融合发展的新逻辑

融合共享是智慧图书馆建设的重要服务与管理理念。美国学者亨利·詹金斯在《融合文化》一书中指出，"从技术层面上讲，媒体正不断地融合与分化。我们正生活在一个通过媒体平台日益整合的文化中""融合代表了一种文化变迁，因为它鼓励消费者获取新信息，并把分散的媒体内容联系起来"[16]。图书馆服务的融合共享发展，为图书馆事业的发展注入新的活力并提供一个新的服务起点，这正是智慧图书馆建设融合发展的新逻辑，这种新逻辑具有虚拟现实、主客互动、可视沉浸、时空泛在、智能、复合等特点。

第一是虚实化。在图书馆服务融合发展的新范式之中，虚拟世界已经在一定程度上平行于现实世界，图书馆服务与管理的虚拟与现实始终在互相穿行中演进。读者原本基于物理现实空间与线上云端的虚拟空间相融合了。在阅读的过程中，读者可以无缝切换各类虚拟技术与现实世界中的终端载体，各类融合互动的智能设计使线上与线下融合，可以混合编制成各类图书馆服务设施，形成你中有我、我中有你的新形态。这种新形态，超越了仅仅是擦边相切或复合叠加的形态，超越了你我需要和你我依赖的层次，而形成了水乳交融、交叉互动型的深度融合，即这种融合已不是停留在物理的拼合层叠的组合，而是达到了化学的混杂融合的境界。这种融合，包括线上线下文献的融合、信息载体的融合、数据的融合、视觉的融合、空间的融合、人与人的融合、各类设施的融合以及服务流程和学习流程的融合。德国康斯坦丁大学哈拉尔德教授（Harald Rieterer）曾对融合图书馆这种服务新形态的特点进行了阐述[17]。

第二是互动化。人机交互是图书馆智慧化发展的最主要的特征之一。读者和馆员可以通过信息设施实现人机间的无缝切换，实现各类信息终端载体的信息交互，通过人机感知来形成读者的画像或选择服务程序的菜单或检测读者服务效果等。人机交互形式可以是一对一交互、多对一交互、一对多交互、多对多交互，也可以是多载体互动、大小屏互动、多空间互动。人与人的互动是图书馆服务融合的一大特色，向人们展示出新信息环境下团队型学习的新模式：围绕一个学习研究的主题，组成一个团队，成员之间通过共同的规约，一起拟定学习的主题内容，一起商议学习研究的路径与方法，一起进行文献搜索，一起进行跨空间的协同，一起进行线上线下的交流互动，一起进行各自检索结果的知识分享，一起汇报学习研究的心得，实现了键对键和面对面的互动融合，充分体现出万物智联环境下图书馆服务的创新、互动、协同、开放、共享的理念。

第三是可视化。图书馆服务融合发展在技术上的一大创新就是可视化。这种可视化，是立体多样的可视化。如检索内容的可视化，物理空间的各类服务资源可以在读者和馆员的各类终端上虚拟显示。又如学习路径的可视化，读者的注册登记可以在智能终端上显示，全文主题检索可以通过色标区分进行显示。再如知识共享的可视化，学习团队成员的各自检索内容可以在大型智能桌面上通过信息令牌的移动放置进行分享，也可以通过多屏交互进行信息的传递或通过大屏共享文献搜索的结果。这种融合互动的视觉协同，实现了信息流的可视化、散射图的可视化以及基于桌面的可视化等多种形态的可视化。可以说，可视化融入了学习的全过程，为读者和馆员提供了便捷、知会、形象、生动的学习技术和阅读环境。

第四是泛在化。图书馆服务融合发展依托跨时空的无线网络技术、射频技术、移动技术等，实现了读者和馆员在图书馆内和图书馆外以及用户在家中客厅等处的可视化以及互动化的网络接入和服务接入，实现了远距离图像的人机互动，即人机互动与可视化不仅在同一阅览空间可以实现，还可以在馆内馆员与馆外读者之间实现；读者无论是在单位的办公室还是路上或是在家中的客厅，都可以实现与图书馆的连接并获得相应的服务。

第五是智能化。图书馆服务融合发展通过人工智能技术、物联网技术、智能软件技术等，既形成了全新图书馆智能化的全面感知，包括文献、载体、馆员、读者、设施间的各类数据的感知互联，也形成了图书馆智能化的立体互联，包括读者之间、读者与馆员之间、线上信息与线下文献之间、知识数据与智能终端之间的智能互联，还形成了图书馆智能化的自由组合，包括读者间的自由组合、数据信息互联互通和知识分享的自由组合、分布组群搜索的自由组合、文献载体选取拖移的自由组合、实体文献与虚拟操作的自由组合，如此等等。这些智能技术正是实现图书馆服务融合化、互动化、可视化和泛在化的信息技术基础和技术保障，使图书馆的服务血脉更加畅通。图书馆服务的融合发展为人们展示了一个形象的智慧人体：互联网络如同人体的经络，泛在共享的机制如同人体的脉搏，读者和馆员智能互动的获取如同人体的肌理。

第六是复合化。当复合型图书馆提出的时候，人们已在思考如何在保留传统的基础上进行创新发展，复合型图书馆的最显著的特点就是数字资源和印刷型资源的复合共存。任何事物的发展都有历史的逻辑，新旧复合就是图书馆智慧化转型的发展哲学。从智慧图书馆创始至今的近 20 年发展历史中，人们可以看到纸质读物与数字读物在一定程度上的相融性与互补性。图书馆的智慧化转型需要尽力而为，但也要量力而行，能够与图书馆相应的发展能力和读者适应能力相契合，即智慧图书馆的建设在相当一段时间内需要有新旧复合的理念。数十年间新的信息技术可谓层出不穷，有人说图书馆的新技术如同走马灯。而如何应对这样的技术环境，是喜新厌旧，还是新旧复合，这既是发展上的智慧，也是管理上的智慧。信息技术的更新速度越来越快。一方面，图书馆需要以不息为体，以日新为要；另一方面，图书馆也应考虑管理服务的成本与技术更新的风险。因此，新旧复合不失为一种恰当和适度的应对策略。图书馆既可以用博大的胸怀迎接各类技术的挑战，并以美美与共的文化理念来包容各类新形态和创新，同时以复合化的智慧来实事求是、量力而行地处置各类智慧化转型中的难题。

第四节　读者服务的新需要

对于当代图书馆智慧化转型背景及环境中的"读者服务的新需要"的认知，我们可以从满足读者不断增长的新需求、适应跨越时空服务的新模式、保障信息安全伦理的新规范等维度来予以分析阐述。

一、满足读者不断增长的新需求

以人民为中心的发展理念应当成为图书馆智慧化转型的指导思想，数字惠民应当成为图书馆智慧化转型的基本原则。

图书馆在智慧化转型中自始至终秉持以人民为中心的初心使命是满足读者不断增长新需求的重要理念。正在不断成长的中国亿万网民对图书馆的智慧化转型有着急切的期盼和向往。在图书馆的智慧化转型中，从图书馆智慧化转型的大政方针到具体推进的路线图、时间表，都应牢固树立并秉持以读者为中心的根本立场，不断提高智慧化转型中的发展质量和效益。例如，在推进智慧化转型过程中，利用强大而新颖的数据信息分析和数据整合工具，为各社会群体的特殊需求和每位读者的个性化需求提供服务通路；在主动求变中，将数字技术的无限可能性通过数据算法、知识融通、机器学习、场景沉浸和可视化等技术和方法变为现实，创新读者服务门类，创造出线上和线下的全新服务内容和服务场景。智慧图书馆具有系统性、整体性、全媒体性、全员性的即时连接和动态显示的特点，这些都为满足读者不断增长的新需求提供了无限的可能性。无论是主动了解和精准灵活地对接读者服务的新需求，还是及时为图书馆管理提出有益的建模决策或预测预警，都使智慧图书馆形成了脱胎换骨的服务机理和前所未有的管理效能。不仅如此，智慧图书馆还能在自我学习的进程中持续形成更聪明的服务与管理智慧。如果说前智慧图书馆时代的读者是服务客体，那么智慧图书馆时代的读者不仅是服务客体，还可以转换为图书馆服务主体，他们可以通过微博、微信等平台和短视频、线上打卡、弹幕评论、网络互动、频端推送、阅读竞赛等形式，为"每个读者有其书""每本书有其读者""节省读者和馆员的时间"添砖加瓦。读者从文献信息检索者和获取者，将进一步扮演起文献信息的创造者和提供者的主体角色。在图书馆智慧化转型中，应继承并创新读者为本的理念，从以往许多场景的被动等待服务走向个体订单、云端预约的主动服务，在服务内容、服务规模、服务时间、服务体验等做出以读者为中心的更有温度的全新安排。如可以通过不断提升的适老化智慧更新使图书馆服务具有全龄友好的更高品质。

图书馆在智慧化转型中推进形成以读者为本的全媒体新载体是满足读者不断增长的新需求的重要路径。全媒体新载体就是在服务与管理中更新塑造出全程媒体、全息媒体、全员媒体、全效媒体的新形态、新模式和新流程。图书馆智慧化转型突破了图书馆原本局限于印刷型阅读的形式，而是在全媒体融合中以令人惊叹的速度让读者获取各类所需文献、信息和数据，让读者选择自己喜欢的阅读路径，并以更适合自己的方式进行浏览乃至深度阅读。通过图书馆的智慧化转型，可进一步推进存量文献的提质增效，使各类载体文献趋向智能化（数据化）和活化，为图书馆服务提供了可复制可共享可无限供给的倍增效益，也使读者的阅读推广可以获得不局限于印刷型文献的全新认知，给图书馆的服务效能来了巨大变革。智慧图书馆将使海量的文献更便于内容检索和按需阅读；以往读者和馆员费九牛二虎之力在书库与开架中所获文献信息，通过智慧图书馆的数据知识共享平台只需指尖在平台终端上点击，瞬间便可实现信息聚合、文体集合并汇编整序至读者眼前，也可进行字词、主题、文体、文献内容和形式等多维度的统计，还可通过增量文献的优化，如通过有声书、数字人文、屏幕显示、光影流书墙、微信公众号等方式形成服务内容的创新，为读者带去文献主题整合、生动立体显示的文献介绍、文献提供和阅读体验。通过图书馆的智慧化转型，图书馆服务与管理既基于传统的文献，又突破了文献的藩篱，图书、文献、数据、信息、知识以及音频、图像、视频、虚拟现实等全媒体服务资源融入馆员和读者、图书馆与社会、线下与线上之间，突破了图书馆的原有边界，使图书馆的服务与管理更具成长性、发展性、融合性、智敏性，各类服务资源呈现自由组配式的资源形态、设施样式、服务方式、管理模式和建筑空间。此外，文献的保存也将借助于数字技术实现人类历史记忆的"永生"，为读者带来历史文献检索、阅读的便利。

图书馆在智慧化转型中形成基于书、人、物的万物智联和全要素融合是满足读者不断增长的新需求的重要抓手。文献流、人流、物流、数据流、知识流构成了智慧图书馆生命体的主要生命基因。如果说，以往图书馆主要是基于书与人初级形态的互联的话，那么，智慧图书馆不仅在书与人的互联上突破了时空的局限，同时将这种互联提高至更高级的智能互联形态，而且进一步将互联的范畴拓至人与物的互联与融合之中，即将读者和馆员与图书馆内外的各类服务设施（电脑、书架、书桌、屏幕、电梯、门禁、导引、安防设施、自助值书机、图书分拣带、咨询机器人……）感知互联成为立体的智能网络，形成了图书馆全价值链、全服务链和全管理链，形成了图书馆多重人机融合的服务与管理的新形态。

图书馆在智慧化转型中逐步形成并动态完善图书馆"大脑"是满足读者不断增长的新需求的关键所在。图书馆"大脑"是智慧图书馆的中枢神经，具有抓住数据智联共享牛鼻子的禀赋，将以往各自独立的巨量存量孤岛数据和正在海量递增感知的全程数据互联互通起来，高度整合起网、云、数、智、边、端、链等多层次算力资源，并逐步形成可扩展的算力网络及相应的高性能数据计算能力。图书馆智慧化转型将构建起图书馆智慧运行体系，连通各专业软件接口，实现内外各类系统数据无缝接入，实现不断更新系统设备的无限扩展，实现图书馆服务与管理在链路上的无缝融合。图书馆智慧大脑的超级联接、超级存储、超级计算，为图书馆提供了可追溯、可计算、动态化、可视化并日益清晰的整体、群体或个体的画像与图谱，使图书馆服务可以预测勾画、精雕细琢、精益求精，以适合的方式提供给需要的读者，通过量身定制、精准推送乃至自主选择和自我获取，实现图书馆服务主体的供给侧对读者服务客体的需求侧的服务创新。

二、适应跨越时空服务的新模式

图书馆智慧化转型将更新塑造跨越时空服务的新模式，这种服务新模式所体现出的跨时空品质主要体现在以下四个维度。

第一是图书馆无处不在、无时不用的跨时空品质。图书馆智慧化转型依托互联的网络平台和智能感知等技术，将"海内存知己、天涯若比邻"的诗意服务梦想照进现实服务的场景之中，体现出图书馆无处不在、无时不用的跨时空品质，"永不闭馆""永不落幕"的 24 小时 ×7 天服务从愿景变为现实，使服务与管理的方式和路径更为即时化、个性化、可及化和便捷化。智慧图书馆对服务时空与方式的突破，极大地推进了图书馆作为服务主体的供给侧结构性改革。

第二是融物理空间、网络空间、社会空间和超现实空间为一体的跨时空品质。在智慧图书馆生命体中，各生命基因元素互联互动，交叉融合，形成了万物智联的智慧体和全新的数字生态，实现了书链、人链、物链、社会链、网络链、时空链"六链"协同，具备了超时空穿梭的超强能力和良性互动。通过对图书馆神经末梢和毛细血管的全面即时的感知和不断成长的把握，智慧图书馆将永葆青春活力并不断激发创新潜能，为图书馆服务与管理开拓出更高质量、更强效能、更好服务、更多内容、更为个性、一切皆有可能的创新和可持续发展，体现出"连接释放无限可能"的发展愿景。日益智能化的图书馆的海量数据库存储器可供读者平台接入，随时读取，即检即用。智慧图书馆在云端提供云读、云展、云约、云播、云讲、云赏、云游等服务体验，让图书馆各类服务十分便捷、随处可及。如智慧图书馆的"全景智能"所打造出的不落幕的主题展览，可以通过极佳展陈方式和效果让读者远程参访和观赏，同时也为图书馆节约了线下展陈成本，还为读者提供了观展在时空选择上的自由度。通过图书馆的智慧化转型，在基于实体空间服务的同时，以数据主导的新一代线上平台提供了各类资源的远程访问。随着图书馆智慧化的深化发展，城市、地区、国家乃至全球的图书馆服务资源有了更多跨域和跨界合作的可能性。如果说以往图书馆更为重视本馆和本地的馆藏服务资源，那么在智慧图书馆时代，图书馆服务的着力点将更多地趋向资源共享环境下的服务资源的异地获取。在智慧图书馆时代，穿越时空的文献提供、参考咨询、主题视频、云端直播、深浸体验等将层出不穷，图书馆服务已显现出越来越具有更高质量的随处可及。

第三是趋于扁平化管理的跨时空品质。图书馆员依托万物智联的网络平台和图书馆"大脑"，可以突破图书馆有机体的岗位局限，为读者提供一网统管、一台统检、一站统办式的服务。同时，智慧图书馆为馆员与馆员、馆员与读者乃至读者与读者之间的动态即时互动提供了丰富的互动通道；甚至图书馆网络平台与社会线上平台也为新一代读者创造了在网络游戏中形成阅读新品质的可能，通过穿越、重构、融合等综合性方法，激发出普通读者的创造潜能，在各类科幻、文创等全媒体内容样式中，馆员与读者可通过互动为更为多样的阅读打开新的大门。

第四是自主共享的跨时空品质。智慧图书馆将各类空间、设施资源、管理要素等纳入图书馆的生命体之中，将智慧注入图书馆硬件和软件及空间的全要素之中，从而使各类设施也具有了不同程度的自主功能和主体性。智能设施的自我学习和自我适应不断增强，使图书馆服务与管理可以逐步实现机器替代人力、电脑替代人脑。令人更为惊叹的是，智慧图书馆将全面提升城域、省域、国域一体化图书馆智慧服务平台服务能力，并进而加强全球图书馆数字资源的开放共享统筹，提升数据共享能力；还可以将智能技术融入图书馆智能回收等绿色发展、机器人巡防等安防监控等全新领域。

三、保障信息安全伦理的新规范

信息安全是国家总体安全的重要组成部分。习近平总书记在2014年4月主持召开的中央国家安全委员会第一次会议上强调，要准确把握国家安全形势变化新特点新趋势，坚持总体国家安全观，走出一条中国特色国家安全道路[18]。应该看到，图书馆智慧化转型中的信息安全的内涵和外延比以往更为丰富，时空领域也更为宽广，内外因素也更为复杂。这就要求我们在智慧图书馆的建设和服务与管理之中，将信息安全纳入总体思路之中，统筹发展和安全两件大事。在贯彻落实总体国家安全观中，我们应当以忧患意识和责任担当，将智慧图书馆转型所涉及的信息安全纳入非传统安全之中，将信息安全与政治安全、科技安全等一起，构建起一体化的全新国家文化安全体系。在总体国家安全观的指导下，在信息安全的原则下，我们应将智慧图书馆的发展问题与信息安全问题有机结合起来，制订图书馆智慧化转型所涉信息安全的相关规范和标准，将信息安全的重要原则融入馆藏文献的整理、信息基础设施建设、读者服务流程、数据信息感知流动存储、对外交往与合作、人才培养政策、语言选择使用等，从而进一步增强信息安全的意识，进一步夯实信息安全的基础，进一步加强信息安全的保障。

信息安全伦理规范应当贯穿图书馆智慧化转型的全过程。随着图书馆智慧化转型的不断深入，信息安全伦理规范也已提上议事日程。图书馆智慧化转型日新月异的发展变化也带来了诸多伦理、法律和社会问题，如人工智能技术所涉信息伦理中，就包括了公平、可靠和安全、隐私和保障、包容、透明、负责等诸多问题，这些都应当在智慧图书馆的建设中同步推进，以体现智能伦理和"科技向善"理念的可知、可控、可用、可靠的发展特征，对数据垄断、算法歧视、智能滥用、深度造假、隐私保护、伦理道德、不平等智能操作以及对社会结构的影响等方面加强监测与研判。智能伦理应当嵌入图书馆服务重塑的各个环节，如确保读者的数据隐私，进而保护读者的个人信息安全，是人工智能重塑图书馆服务中必须解决的新挑战。图书馆在布局人工智能新技术、新空间、新流程时，必须在这方面提出更多更好的解决方案，以确保用于图书馆智慧化转型的数据信息的加密。

图书馆智慧化转型应当注重规避信息技术可能产生的负效应。人工智能既能带来正能量，也可能产生负效应，其中包括人工智能所隐含的各种算法的偏见。算法代表着人工智能决策的逻辑结构，但算法并非完全客观、中立，其中可能隐含着各种算法偏见，主要包括算法设计者的偏见、输入数据的偏见和算法局限的偏见。图书馆在构建图书馆"大脑"等进程中，应当通过依法规范的操作方法和科学透明的原则规避算法过滤、算法偏见、算法歧视和算法操控等现象。人工智能的广泛应用也可能带来读者个人信息泄露的风险，应通过制定相关法规防止图书馆管理和服务中对读者个人信息的误用。此外，人工智能必然导致图书馆员工技术性失业，但这可以通过员工培训和增设相应的新岗位等来加以克服。人工智能可以向善，也可以逞恶。因此，人工智能与图书馆更新的"向善至善"的发展方向需要进行导航。在人工智能与图书馆更新中应清醒地认识并分析研判人工智能发展面临的风险点，积极主动并有针对性地进行规避和防范，在智能向善的同时，防止智能逞恶。图书馆智慧化转型中的制度设计必须积极回应并破解发展中遇到的伦理难题。可以预见，图书馆智慧化转型将出现一系列信息安全伦理的新问题，需要我们在实践中超前研究，在实践中积极地并有针对性地予以破解。

图书馆智慧化转型中的信息安全伦理新规范应当以国家各类法规和标准为指导并加以落实。随着各类新一代信息技术特别是大数据和人工智能技术的发展，在国家层面已先后出台了多种法规和标准（见表1-3）。

表 1-3　国家有关部门出台信息安全伦理规范（部分）

发布时间 / 实施时间	制发部门	文件名称
2016-11-07/ 2017-06-01	第十二届全国人民代表大会常务委员会	《中华人民共和国网络安全法》
2019-02-15	国家互联网信息办公室	《区块链信息服务管理规定》
2019-10-01	国家互联网信息办公室	《儿童个人信息网络保护规定》
2021-06-10/ 2021-09-01	第十三届全国人民代表大会常务委员会	《中华人民共和国数据安全法》
2021-08-20/ 2021-11-01	第十三届全国人民代表大会常务委员会	《中华人民共和国个人信息保护法》
2021-04-27/ 2021-09-01	国务院	《关键信息基础设施安全保护条例》

续表

发布时间／ 实施时间	制发部门	文件名称
2021-11-16／ 2022-02-15	国家互联网信息办公室、国家发展和改革委员会、工业和信息化部、公安部、国家安全部、财政部、商务部、中国人民银行、国家市场监督管理总局、国家广播电视总局、中国证券监督管理委员会、国家保密局、国家密码管理局	《网络安全审查办法》
2021-11-16／ 2022-03-01	国家互联网信息办公室、工业和信息化部、公安部、国家市场监督管理总局	《互联网信息服务算法推荐管理规定》
2022-03-29	中共中央办公厅、国务院办公厅	《关于推进社会信用体系建设高质量发展促进形成新发展格局的意见》

这些政策文件，给图书馆智慧化转型中的信息安全伦理规范提供了指导和指引。如《关于加强科技伦理治理的意见》，从构建科技伦理治理体制、对科技伦理监管体系进行整体设计着眼，明确了开展科技活动应当遵循的 5 项科技伦理原则，即"增进人类福祉、尊重生命权利、坚持公平公正、合理控制风险、保持公开透明"[19]，规范了科技创新行为，将科技伦理的要求贯穿于科技活动的全过程，强化了审查监管并要求制定科技伦理高风险科技活动清单。这些都有助于图书馆智慧化转型中的遵循科技向善和伦理先行的原则，并加强科技伦理风险预警和防范。

西班牙著名学者茵玛·马丁内斯（Inma Martinez）曾经预言："到 2049 年，中国有望成为创新、人工智能、自动化和数字化的领先强国……中国将不再追逐别的国家，而是会成为别国'赶超'的对象。"[20]我国社会主义制度具有非凡的组织动员能力、统筹协调能力和贯彻执行能力，我国也有坚实的经济实力、科技实力、综合国力和文化软实力，图书馆的智慧化转型将在这样的背景和环境开展，从而开创图书馆事业的新未来。在智慧图书馆时代，图书馆将改变或被改变。我们应洞察智慧大势，把握创新主动，以图书馆人的使命与担当，发扬历史的主动精神，牢牢把握住图书馆创新和高质量发展的历史机遇，将犹豫、观望、畏难的言行转化为主动作为、科学施策、迎难而上的积极应对，迎接图书馆的智慧化转型，将图书馆智慧化转型的未知不断转化为已知，不断推动中国特色智慧图书馆转型更加成熟、更加完善，打造泛在可及、智慧便捷、公平普惠的智慧图书馆服务体系，依靠创新进入全球智慧图书馆发展的第一方阵，满怀文化自信地迈向未来智慧图书馆的更充分、更均衡、更优质、更可持续的明天和远景目标。

（执笔人：王世伟）

参考文献：

［1］刘炜,周德明,王世伟,等.数字图书馆引论[M].上海:上海科学技术文献出版社,2001.

［2］［13］王世伟,等.国际大都市图书馆服务体系研究[M].北京:国家图书馆出版社,2018.

［3］［12］中华人民共和国国民经济和社会发展第十四个五年规划和2035年远景目标纲要[EB/OL].[2021-03-13].https://epaper.gmw.cn/gmrb/html/2021/03/13/nw.D110000gmrb_20210313_4-01.htm.

［4］中国共产党第十八届中央委员会第五次全体会议公报[EB/OL].[2021-10-07].http://www.xinhuanet.com/politics/2015-10/29/c_1116983078.htm.

［5］［6］中共中央宣传部.习近平新时代中国特色社会主义思想学习纲要[M].北京:学习出版社,人民出版社,2019.

［7］习近平.在第二届世界互联网大会开幕式上的讲话[N].人民日报,2015-12-17(2).

［8］把握数字经济发展趋势和规律　推动我国数字经济健康发展[N].人民日报,2021-10-20(1).

［9］舍恩伯格,库克耶.大数据时代[M].盛杨燕,周涛,译.杭州:浙江人民出版社,2013.

［10］李彦宏.智能革命:迎接人工智能时代的社会、经济与文化变革[M].北京:中信出版集团,2017.

［11］习近平.决胜全面建成小康社会夺取新时代中国特色社会主义伟大胜利[N/OL].新华每日电讯[2021-03-13].http://www.xinhuanet.com/politics/19cpcnc/2017-10/27/c_1121867529.htm.

［14］Riding the Waves or Caught in Tide?Insights from the IFLA Trend Report[EB/OL].[2021-03-13].https://trends.ifla.org/insights-document.

［15］饶权.全国智慧图书馆体系:开启图书馆智慧化转型新篇章[J].中国图书馆学报,2021,47（1）:4-14.

［16］詹金斯.融合文化[M].杜永明,译.北京:商务印书馆,2012.

［17］王世伟.融合图书馆初探[J].图书与情报,2016（1）:54-61.

［18］习近平主持中央国安委首次会议强调建集中统一高效权威国安体制[N/OL].人民日报海外版,2014-04-16.[2022-04-08].www.paper.people.com.cn/rmrbhwb/html/2014/04/16/content_1415585.htm.

［19］中共中央办公厅国务院办公厅印发《关于加强科技伦理治理的意见》[EB/OL].[2022-04-08].http://www.gov.cn/zhengce/2022-03/20/content_5680105.htm.

［20］马丁内斯.第五次工业革命[M].龚若晴,译.北京:天地出版社,2021.

第二章　智慧图书馆基础理论的审视与思考

　　智慧图书馆的建设与发展离不开其基础理论的指导，同时，智慧图书馆的实践经验又补充和完善了智慧图书馆基础理论。回顾图书馆的发展历程，技术的创新与发展成为图书馆革新的驱动力，新兴技术推动图书馆服务从实体空间拓宽到虚拟空间，为用户提供更广阔的学习交流空间。图书馆获取的资源从单一的文献扩展到用户资源及网络资源，通过全方位获取各类资源以满足用户的深层知识需求。用户日益多样化的需求推动图书馆建设重心由基于资源的被动式服务转变为基于用户的主动式服务，同时提高了馆员的需求挖掘与知识服务能力，进而为用户提供精准的智慧服务，由传统图书馆发展到了高度感知互联的智慧图书馆时代。

　　在智慧图书馆中，"人"是智慧创新的核心，空间是智慧服务的依托，资源是智慧建设的前提，技术是智慧活动的基础，这四个要素相辅相成，共同作用，成为智慧图书馆建设与发展的推动力。基于此，结合学界与业界对智慧图书馆的长期讨论，本章提出从图书馆的四大构成要素——人、空间、资源、技术出发，对智慧图书馆的研究现状，基本概念、特征与功能，以及值得关注的重点问题三方面进行审视与思考，以深化对智慧图书馆基础理论的认识，并为智慧图书馆的实践发展提供理论支撑。

第一节　智慧图书馆的研究现状

Web 3.0 时代的到来促进了新兴信息技术的发展，给图书馆的建设带来了新的可能。云计算、大数据技术的发展改变了图书馆的资源保存和服务方式，传感器等物联网技术的进步促进空间扩展和延伸，信息传输技术的发展促使用户需求由信息获取转向信息利用，对图书馆员的能力要求也随之提升。人、空间、资源、技术要素的发展和联系，促进图书馆迈入新的发展阶段——智慧图书馆阶段，本节对智慧图书馆中的人、空间、资源、技术要素进行分析，探究智慧图书馆研究现状。

一、智慧图书馆中"人"的研究

人、空间、资源、技术相互协调、相互联系，构成图书馆。人是图书馆构成要素中的主体部分，图书馆核心价值的实现和各项工作的开展都是围绕人的意图和需求展开的。因此，对图书馆的"人"进行研究，是图书馆概念和理论研究的基础，同时也是图书馆学研究的外延化界定和内涵性深入的整合。图书馆中的"人"主要分为用户和馆员两个部分，本节后续的所有研究围绕智慧图书馆用户、智慧图书馆员及其二者之间的关系展开讨论。

（一）智慧图书馆用户特征及需求

用户需求是图书馆赖以生存的基础和前提条件，为用户做好优质服务是图书馆一切工作的出发点和工作目标。因此在研究智慧图书馆的过程中，对用户特征、用户需求进行研究分析是至关重要的。

1.智慧图书馆用户特征

新兴技术的发展，带来信息环境的变化，驱使智慧图书馆用户在信息获取、识别、利用等行为上呈现出新的特征。首先，在智慧图书馆开放的信息环境中，用户的角色从单一的资源使用者，转变为既是资源的使用者，同时也是资源的生产者、传播者、分享者[1]。其次，信息数量不断增长但价值密度较低，用户既具备敏锐的信息感知能力，又缺乏辨别信息优劣的能力。再次，用户享用信息资源的方式更畅通、无障碍、更隐身，用户能够依据其意愿畅通无碍地使用各种开放的信息资源，并且自由地对资源进行加工、分析等处理。最后，用户阅读和学习行为也发生了转变，移动阅读成为用户阅读的一个重要部分，快捷化、碎片化的阅读与整体化、全面化的阅读并重，用户的学习也呈现出泛在性、移动性、差异性的特征[2]，促进用户的信息行为适应信息快速增长和传播。

2.智慧图书馆用户需求

用户的需求是图书馆存在的根基[3]，图书馆的建设和服务的开展都是以用户需求为核心的。随着信息技术的飞速发展，用户的信息需求不断拓展，对智慧图书馆员的职业能力和图书馆的发展提出更高的要求。因此，在智慧图书馆的发展和建设过程中，对用户需求的分析是十分必要的。

在智慧图书馆中，用户需求呈现出以下特征。首先，用户需求来源于用户专业知识背景和学术科研环境等，具有个性化的特点[4]；其次，随着Web 3.0时代的到来，资源种类不断丰富，用户所需的信息内容也更加广泛，包含各种载体、形式、内容的信息，具有多样化的特点；再次，在学科交叉融合发展的趋势下，用户需求也不再局限于单一的学科，而是呈现出多个学科、多个专业融合化的需求特点；然后，信息更新换代的速度不断加快，信息的时效性愈发重要，用户信息获取的时效性也更强；最后，在海量的信息资源中，用户需求呈现出碎片化的特征，也促使用户阅读行为更加移动化和碎片化。

（二）智慧图书馆员要求

在智慧图书馆中，用户需求的扩展和图书馆的发展，对馆员的工作能力提出了更高的要求[5]。分析智慧图书馆员的能力要求，对探究智慧图书馆和用户服务的发展有着重要意义。在智慧图书馆中，为适应新的技术环境和用户需求，智慧图书馆员需要具备用户服务、技术支撑、资源建设、图书馆管理四方面的职业能力。

1.用户服务能力

用户是智慧图书馆的中心和服务对象，智慧图书馆员的工作都是围绕用户服务来展开的，所以要求智慧图书馆员具备学科服务能力、智慧推荐服务能力、智慧教育服务能力等用户服务能力[6]。学科服务是智慧图书馆基于用户学术科研需求，融入用户学术创作的全过程，基于图书馆的资源为用户提供的嵌入式知识服务，是智慧图书馆用户服务的重要内容。随着网络资源数量的不断增长，用户难以在海量的资源中查找到所需的信息，就需要馆员具备能够根据用户需求，主动向用户推荐和推送相关资源的能力。关于智慧图书馆员职业能力的研究中，智慧教育服务能力是智慧图书馆员有效联系用户、服务用户的必要能力之一，通过智慧教育来提高用户的信息意识和信息能力[7]。

2. 技术支撑能力

在智慧图书馆中，馆员在为用户提供服务或者其他工作的过程中需要具备一定的技术能力支撑其工作的顺利开展，这就要求馆员掌握基础信息技术和重要信息技术的应用能力，例如信息组织和管理能力、数据分析挖掘能力、信息平台建设维护能力等[8]。智慧图书馆中海量的资源如果不能有序组织，就会降低其利用率，也无法较好地满足用户需求，所以要求智慧图书馆员具备信息的组织和管理能力；数据分析挖掘能力就是要求馆员能对图书馆的数据资源进行处理，提炼转化为知识提供给用户，并且能够通过对用户的行为数据进行分析，挖掘用户的潜在需求等；在信息时代，智慧图书馆需要通过构建图书馆平台，来拓展服务空间，为用户提供随时、随地可获取的服务，这就需要馆员具备信息平台建设维护能力。

3. 资源建设能力

智慧图书馆拥有海量丰富的资源，馆员想要有效利用馆藏资源为用户提供服务，就需要具备资源建设的能力，主要包括数据融合、资源整合、信息资源建设等能力[9]。数据融合是指馆员需要对多源异构的开放数据进行清洗、加工和融合，使其能真正发挥作用。同时，馆员需要具备整合、组织和发现资源的能力，以帮助用户更容易、快速、高效地利用图书馆的资源。除此之外，馆员还需要具备数字化信息资源建设的能力，针对多媒体信息资源如图片、视频和音频进行识别和数字化的能力，便于用户对该类型信息的利用，这是大数据时代馆员的必备能力之一。

4.图书馆管理能力

在智慧图书馆中，馆员除了需要为用户提供服务、建设馆藏资源外，还需要具备图书馆管理的能力，能够对图书馆的相关事务进行处理，维持图书馆的正常运行，主要包括图书馆用户管理[10]、物资设备管理、监控与维护等能力。智慧图书馆通过建立用户数据档案为用户提供个性化、深层次的服务，用户管理及分析的能力，能够提高馆员的服务效果。馆员还要具备图书馆的物资及设备管理的能力。智慧图书馆员作为图书馆的主要工作人员，需要对图书馆的整体运行、服务流程、平台运行等进行监控和维护，确保图书馆始终处于良好的运行状态，为用户提供便捷的服务。

（三）图书馆中馆员和用户的关系

在图书馆发展的过程中，用户和馆员始终是两个相互关联的重要主体，并且随着图书馆及其服务的变迁，用户和馆员的关系也不断发生变化，构成不同时期图书馆的重要特征。传统文献服务阶段，馆藏资源数量较少，馆员主要根据用户提出的需求，被动地提供参考咨询服务。随着信息技术的发展，图书馆资源的种类和数量不断丰富，技术更加高效、便捷，空间不断扩展，用户需求也更加广泛，用户和馆员的关系也由被动参考咨询的关系转变为馆员面对广泛需求的用户提供大众化、普遍化服务。随着网络信息资源激增，用户的信息需求从资源的获取转变为信息的处理和分析，馆员提供的用户服务也随之转变为馆员主动为用户提供"经过加工、提炼与处理之后的情报"为标志的知识服务[11]。在智慧图书馆中，物联网、云计算和大数据等技术的发展，促进馆员进一步融入用户科研的全过程，挖掘用户需求，主动为用户提供互联、泛在、协同的个性化、智慧化服务[12]。

从上述不同图书馆发展阶段中可以看出，馆员的职业要求与用户需求密切相关，用户需求的满足程度也受到馆员的职业能力的影响。随着图书馆以人为核心的理念的确定，馆员与用户的关系逐渐由被动的服务关系转变为主动的服务关系。在智慧图书馆中，这种主动的服务关系进一步提升，馆员会根据用户的检索习惯、知识资源获取特点、个人行为偏好对用户需求进行初步分析，并且通过持续采集、分析用户基本信息和用户行为痕迹，把握用户需求的变化，再以主动推送的形式为用户提供个性化服务[13]。所以在智慧图书馆中，馆员和用户是一种主动的服务与被服务关系，二者之间相互联系，共同发展。

二、智慧图书馆中空间的研究

"空间"一词在图书馆的研究中并不少见，人工智能、区块链等新技术的崛起促进了图书馆智慧空间的建设与发展。智慧空间具有高感知度、互联性和智能化三大特征[14]，既是以用户体验为中心的多维自优化系统[15]，也是拥有自创新能力的知识体系[16]。为了提升智慧图书馆空间的效能，可以从空间的划分、建设要素、建设策略方面进行讨论。

（一）智慧图书馆的空间划分

自传统图书馆时期以来，图书馆空间形态不断发生变革，从实体空间到虚拟空间，再到后来的信息共享空间（Information Commons，IC）、学习共享空间、创客空间，其覆盖面越发广泛，对于智慧图书馆的空间划分，可以从哲学视角、职能视角、智慧要素视角展开（见表 2-1）。

1. 按哲学视角的划分

笛卡尔在哲学上提出的物质与精神相互独立的二元划分观点在一定程度上影响着人们的认知，在划分智慧图书馆空间时，大众也普遍接受了"实体空间"和"虚拟空间"的二分法[17]。列斐伏尔的"空间三元辩证法"打破了传统二元论的思维方式，从三个维度分别概括出被感知的物质空间、被构想的精神空间和生活的社会空间[18]。"社会空间"的提出建立了物质空间和精神空间的联系，从而也影响了智慧图书馆空间的划分。从系统上看，智慧图书馆系统可以抽象为物理层、虚拟层和社会层[19]。从空间上看，智慧图书馆对建筑物理空间、网络服务空间、社会协同空间实施全覆盖[20]。可以说，智慧图书馆是物理世界、数字空间和人类社会三维空间的立体结合体[21]。

2. 按职能的划分

为了适应读者对于图书馆服务愈发多元化、动态化的需求形态，图书馆的空间划分呈现出一种复杂化、职能化的模式。以使用类型为侧重，可以划分为资源保存空间、教学行为空间、研习行为空间和能力养成空间，相应地，完成知识保存、知识摄入、知识加工和知识升华的职能[22]。以职能对象是资源或人为侧重，可以划分为信息资源空间、信息行为空间和信息交流空间，相应完成藏书职能、读者和图书馆员共建共享和谐空间的职能以及信息沟通的职能[23]。以个性化功能为侧重，可以划分为强感知的情境空间、高效能的服务空间、贴近自然的舒适空间和面向人文关怀的空间，对应完成用户不同个性化需求下的空间赋能[24]。

3. 按智慧要素的划分

除了按照哲学和职能的划分方法外，按照智慧要素来进行划分的独到见解也全面地揭示了智慧图书馆的空间样貌。如果把智慧图书馆比作一个生物，那么其至少包含五个高度结合的要素，即建筑与设备、网络、信息获取系统、信息分析系统和综合统一机能、活动调控机制。由这五个要素构建的五大空间，即物理空间、网络空间、时间空间、地理信息空间以及智慧空间叠加后就形成了基于智慧理念的智慧图书馆空间样貌。这种划分方式将智慧图书馆看作一个大的感知系统，是为用户不断提供创新的智慧化服务的空间。

表 2-1　智慧图书馆空间划分

一级维度	二级维度	具体内容
按哲学视角的划分	普遍二分法	"实体空间"和"虚拟空间"
	三维空间法	物理层、社会层和虚拟层
		物理世界、数字空间和人类社会三维空间
		图书馆建筑物理空间、网络服务空间、社会协同空间
按职能的划分	使用类型	资源保存空间、教学行为空间、研习行为空间和能力养成空间
	职能对象	信息资源空间、信息行为空间和信息交流空间
	功能定位	强感知的情境空间、高效能的服务空间、贴近自然的舒适空间和面向人文关怀的空间
按智慧要素的划分		物理空间、网络空间、时间空间、地理信息空间、智慧空间

智慧图书馆空间的三维划分既能体现智慧空间的特征，又有利于对各空间要素的建设。因此，智慧图书馆的空间可以划分为：以实体空间建设为要素的物理空间，以虚拟空间建设为要素的信息空间，以及强调人的社会属性

的人类社会空间。

（二）智慧图书馆空间建设的要素

物理空间、信息空间、人类社会空间三个方面的建设要素共同构成了智慧图书馆空间建设的要素，下面将对如何进行每个空间类型下的细分单位建设进行探讨。

1. 物理空间的建设要素

智慧图书馆物理空间的建设主要针对实体空间的功能展开，主要包括藏、借、阅、咨四个方面。从馆藏建设来看，保留纸本资源具有不可替代的作用 [25]，还要加强有学校学科特色的、有外部资源特色的和有地方性特色的馆藏建设 [26]。对于借书空间建设，要实现读者通过终端设备即可收到和确认信息 [27]，以及通过智能寻书机器人帮助读者利用最短路线精准寻书等 [28]。在建设阅览空间时，要实现图书馆内环境参数的自动调节、桌椅的任意拼接 [29]，利用 5G 等技术，实现图书馆设施的智能调度控制，以此提供安全预警、人脸识别、空间预约等多项服务。关于咨询空间的建设，要实现智能机器人完成咨询问答的目标，加强对机器人专业语料库质量的提升，提供更加智能和精准的咨询功能。

2. 信息空间的建设要素

智慧图书馆信息空间的建设主要针对虚拟空间的建设，重点在于对文献以及用户行为数据资源的利用和新技术与物理空间的融合。对于文献信息资源的利用，可以通过搭建信息共享平台实现馆藏资源的多维功能 [30]，实现对数据的统一管理、监控与分析 [31]。同时，借助特色机构知识库的建设来满足用户对知识服务的需求[32]。对于用户行为数据资源的建设，应做好对用户检索下载记录、借阅信息和门禁数据、监控数据等终端数据的存储[33]，为图书馆的正常运行提供数据支撑。对于新技术与物理空间的融合，由于虚拟空间可以作为实体空间的辅助、延伸和拓展，图书馆可以通过虚拟/增强现实（VR/AR）技术或数字孪生技术等来模拟现实，增强读者对事物的认知和理解[34]。

3.人类社会空间的建设要素

智慧图书馆人类社会空间的建设强调对人的社会属性的满足，主要体现在学习交流空间、创客空间[35]，以及数字人文服务空间的建设。学习交流空间的建设应当有丰富的空间形态，如展览空间、咖啡厅、多功能厅等，同时还需要提供安静的空间和研讨空间，支持研究互动和创意分享、支持办公等[36]。创客空间的建设既要注重教学区域、制作区域的建设，又要打造专业的门户网站、虚拟社区以及社交媒体[37]，为用户提供多样化的工具，鼓励用户亲自动手、协作创造[38]。数字人文服务空间主要服务于数字人文咨询、社交协作、创意制作、数字素养培养等[39]。

（三）智慧图书馆空间建设的策略

在智慧图书馆空间建设过程当中，既要发挥微观要素分析的作用，又不能忽视宏观布局能力的重要性。对于宏观策略的把控，可以分为目标定位、具体规划和标准体系建设三方面。

1.智慧图书馆空间建设目标定位

智慧图书馆空间建设是智慧图书馆转型和变革的体现，精确定位空间建设的目标有利于下一步规划的顺利进行。从公共图书馆来看，进行智慧图书馆的空间建设可以从文化、教育、社会、行业四个维度，围绕打造新型文化空间、强化信息素养教育、促进社会发展、提升图书馆行业价值四大战略目标，结合图书馆自身发展特点，找准未来发展定位[40]。从高校图书馆来看，要重点考虑文化、技术、学科背景等要素，综合技术、人文、价值观等多种因素来精确定位建设目标，展现高校图书馆空间的灵动与包容[41]。

2. 智慧图书馆空间建设具体规划

无论是从公共图书馆还是从高校图书馆来看，智慧图书馆空间建设的规划都对图书馆下一步的空间建设具有重要的指导意义。公共图书馆需要在总结历史经验的基础上，客观分析图书馆空间发展需求，准确制定未来空间建设方面的规划，助推智慧图书馆建设[42]。高校图书馆与之类似，在制定规划时，重点规划物联网、无线射频识别（Radio Frequency Identification，RFID）、云计算等技术在智慧空间建设中的应用，以"空间即服务"的理念为指导来进行未来图书馆空间布局的规划与建设，规划好基础空间建设、中层智能化空间系统建设以及顶层人工智能数据建设[43]。

3. 智慧图书馆空间建设标准体系

目前学界对于智慧空间的理论与实践研究都稍显薄弱，缺乏对智慧空间整体性的构建研究，没有科学性的建设模型可以参考[44]。面对这种图书馆智慧化发展的新需求，国家图书馆提出了建设"全国智慧图书馆体系"的理念，其三大支撑保障体系之一即"智慧图书馆标准规范体系建设"[45]。图书馆需要利用智慧化的技术打造更具价值的馆舍空间，图书馆的功能提供与空间建设联系紧密，作为重要的公共建筑，能够实现多元化的功能提供，离不开标准的空间建设标准规范。为提升整个图书馆行业的发展水平，图书馆空间建设应当结合自身实际，根据自身业务发展情况，完善现有的标准规范体系，开展图书馆空间效能评估，包括功能布局安排、空间利用情况、建筑使用价值等方面[46]。

三、智慧图书馆中资源的研究

从古代对外封闭的藏书阁到近代逐渐开放的图书馆，都将资源作为图书馆建设的重心[47]，资源是为用户提供服务的基础，对资源进行智慧化建设能够提供更加个性、高效、便捷的智慧化服务。智慧图书馆延续了资源共享的理念，在用户需求的牵引下，秉持着"以用户为中心"的理念整合所有用户可获取的各类纸质、电子、数字化资源等[48]，并进行资源的组织、存储与管理、评价，为用户提供整序且相互关联的知识资源，进而实现面向用户的智慧服务。

（一）智慧图书馆中资源的组织

智慧图书馆语境下的资源对象不仅是各类纸本、电子、网络资源等，还包括用户服务资源和行为资源[49]。资源的组织包括对资源的采集与标引等加工处理工作，对采集的不同类型资源进行语义化描述和统一标引后，构建统一的数据结构体系，便于后续围绕资源开展存储、管理、再利用等操作，如表2-2所示。

表 2-2　智慧图书馆各类资源的采集与标引

		资源采集	资源标引
馆藏资源	实体馆藏	通过购买、征集、扫描加工等方式采集	自动标引与编目；建立视觉对象知识库
	数字资源	融合来自网络实时流动的有价值信息	语义化描述与标引分类；构建知识网络
用户资源	用户服务数据	即时记录用户资源使用与服务过程数据；制定采购决策	统一标引和规范化处理；调整馆藏布局
	用户行为数据	新用户信息导入；通过网络爬虫、日志采集或从后台数据库提取	

1.智慧图书馆资源采集

自传统图书馆起，图书馆就一直承担着采编阅藏的职能[50]，发展到智慧图书馆阶段，所需资源除了纸质、电子馆藏资源外，还包括用户服务及行为数据，以及链接到外部的开放资源。实体馆藏和数字资源可通过购买、征集、扫描加工、接口访问等方式进行采集[51]，同时需要融合网络实时流动的有价值的信息，以便了解用户知识需求。用户服务数据可以在用户注册或入馆时进行数据即时记录[52]，用户行为数据则需要通过网络爬虫、日志采集或从后台数据库进行提取[53]。在用户需求驱动下，馆藏资源与用户行为数据的结合分析能够帮助智慧图书馆进行高效、精准的采购决策，实现数据驱动采购的功能。

2.智慧图书馆资源标引

智慧图书馆中的资源组织向细粒度进行转变，因此资源的标引工作需要采用自动化手段，实现馆藏资源的编目查重、编目建库、编目查询等工作[54]，提高资源的编目与标引准确率，多源异构的用户资源则需要进行清洗、去重、集成、用户识别、数据格式化、统一标注和规范化处理等操作[55]。为实现数据融合与共享，需要对各类资源进行统一标引[56]。而智慧图书馆除了结构化的书目资源，还包含非结构化的用户资源，因此通过应用元数据标准和资源描述框架（RDF）数据模型来实现对多源异构数据的统一表示[57]，构建不同资源主体的语义关联，通过语义标注和建立语义体系对资源进行深度聚合和知识抽取，形成完整的知识网络。

（二）智慧图书馆中资源的存储与管理

智慧图书馆在对资源进行采集与标引等加工处理工作后，需要从不同类型资源出发，实现对资源从进馆到出馆服务用户的整个流程的管理。资源存储过程中，通过构建统一标准的元数据集实现馆藏资源的纸电融合，并形成用户信息库整合不同类型的用户资源，成为馆藏资源管理过程中互联互通的基础保障，以及实现用户群体管理和资源集成过程中的数据支撑，以达到资源统一管理，并能与用户需求精准匹配的目的。

1. 智慧图书馆资源存储

智慧图书馆将采集到的各类馆藏资源以及资源的元数据进行清洗、梳理及整合后形成统一标准的元数据集，按照文献类型进行分类并进行馆藏编号[58]，形成一个拥有统一数字馆藏号的元数据仓储，并将纸质资源元数据仓库与数字资源元数据仓库进行合并[59]，对纸质资源与数字资源进行融合。对于能够揭示用户的兴趣偏好与差异化的资源需求的用户服务与行为数据，需要建立用户身份信息标签，并形成用户知识仓库，根据不同用户的数据类型和行为特点对用户资源进行整合[60]，同时需要建立隐私数据保护机制，保障数据的安全存储[61]。

2.智慧图书馆资源管理

在细粒化管理馆藏资源方面，智慧图书馆能够对馆内资源进行统一管理，从而促进馆员、用户与资源的互联互通，实现资源与需求的精准匹配[62]，并进行整体规划与聚合，打造数据同步、服务一致的信息门户[63]。在个性化管理用户资源方面，用户资源数据分为静态与动态字段，对借阅、检索等动态数据进行实时更新[64]，同时进行用户群体划分，实现群体的质量增强和数量扩展。在实现资源集成与统一管理方面，通过构建智慧服务联盟和集成应用系统[65]，使资源由分散趋向集约、由异构趋向统一，促进智慧图书馆资源建设向更深层次拓展。

（三）智慧图书馆中资源的评价

为了实现"以用户为中心"的核心目标，智慧图书馆需要根据自身的管理运行效率以及用户的评价反馈对服务效能等进行科学评价，包括对智慧图书馆的资源建设，即资源的组织与管理方面进行评价，以及对资源服务的智慧化水平与个性化程度等进行评价，为智慧图书馆的资金分配和技术更新提供决策依据。

1.智慧图书馆资源建设评价

从资源组织的角度出发，首先从资源精准采购的智能化决策程度、资源种类和内容质量、更新频次和重复率[66]，以及特色资源代表性和时效性、资源采购商权威性、采购模式、版权保护等方面对资源采集的决策水平、质量和效益进行评价[67]；其次从馆藏资源的电子化和规范化程度、资源细粒度和聚合有效性等方面对资源标引的统一性和科学性进行评价。从资源管理的角度出发，首先从数据库资源关联度、资源分类和排列合理性等方面对资源存储的利用率和有效度进行评价；其次从资源使用成本和支出成本如资源购置费用占比、资源利用分析水平等方面对资源管理过程中的资源利用率和智能水平进行评价[68]。

　　2.智慧图书馆资源服务评价

　　从智慧图书馆的角度出发，可以从所提供资源的价值密度、易理解性及挖掘、利用程度[69]、服务平台响应速度、稳定性和安全性、专家咨询等服务的交互性和回复方式合理性等方面对资源服务提供过程中的智慧化程度进行评价[70]；从用户的角度出发，资源发现及利用的准确程度和便捷程度、知识资源深度挖掘服务的可获取程度、个性化服务精准化程度等方面同样是重点评价对象之一，并且用户对资源内容的准确性和权威性的评价能够从侧面反映出用户对资源服务的满意度，同时，用户的隐私安全维护等方面也需要进行评价。

四、智慧图书馆中技术的研究

　　智慧图书馆的产生与发展依托新一轮科技革命的影响和驱动，而未来智慧图书馆的发展也将在多点突破、交叉汇聚的新一轮科技革命中不断创新和升级。当前，智慧图书馆核心技术主要分为感知层技术、计算层技术和交互层技术三个层级[71]。其中，感知层技术是智慧图书馆对外界事物的"捕获器"，所涉及核心技术分为感知技术、识别技术和网络通信技术。计算层技术是以云计算为核心的海量数据管理、数据分析与挖掘和深度学习的各类技术。交互层技术旨在打造快捷通道连接信息、感知层、计算层和用户，使用户能够随时随地便捷获取信息并获得精准的信息推送，其实现依赖信息可视化技术、信息推送技术、智能终端技术和区块链技术。智慧图书馆不仅依托各层级技术的发展与升级，也依赖不同层级技术的有机融合和有效协同。通过对智慧图书馆技术架构的设计与不断完善，能够使得各层级技术的融合程度逐步加深，协同效果不断优化，从而加快图书馆智慧化建设进程。当前，对智慧图书馆的技术架构研究主要从感知互联、数智赋能和共享协同三大智慧图书馆建设视角出发。

（一）感知互联视角下智慧图书馆技术架构构建研究

感知互联是指智慧图书馆对图书馆人和物的全面感知，并在此基础上实现跨时空的人机交互与立体互联[72]。从技术角度而言，感知互联的实现主要依托感知层技术，通过感知技术、识别技术实现对人、资源和空间的全面感知，完成对用户在智慧图书馆中的人人交互、人机交互等信息行为的感知采集；再通过网络通信技术将感知到的碎片化信息串联起来，实现人机互联，从而为智慧管理与服务的实现提供基础。

图书馆界对于智慧图书馆的感知互联的技术实现主要依托感知层、计算层和交互层三个层次[73]。早期，图书馆界主要探讨利用感知层的感知技术、识别技术与无线通信技术实现馆藏实体文献资源管理、读者身份识别、图书馆管理等功能，例如融合识别技术 RFID 和无线通信技术 ZigBee 构建智慧图书馆的感知网络，通过 RFID 模块和传感器终端实现感知功能，再通过 ZigBee 网络实现数据的传输和指令的下达，实现对图书馆环境（如温度、灯光、消防状况等）和实体文献资源的实时监控管理。随着智能终端技术和无线通信技术的迅速发展，图书馆在实现图书馆对实体文献资源感知、环境感知的基础上，实现了对人员的感知，拓展了智慧图书馆的感知边界。图书馆依托无线通信技术即 WLAN、WSN、无线 AP 技术和智能终端技术即用户登录的移动终端、图书馆定位服务器实现对人员的感知，在原有技术架构的基础上实现读者在图书馆的行动轨迹感知[74]。随着计算层技术的发展，SoLoMo（社会化本地移动应用）模式被提出。SoLoMo 是技术的一种综合应用模式，在智慧图书馆建设场景下，是对图书馆感知互联模式的新升级，其涉及移动通信、智能感知、物联网、数据分析和挖掘等多种技术和方法在无线网络、社会网络中的综合应用[75]。依托移动设备进一步丰富图书馆的感知信息，通过移动用户的位置信息，定位信息搜索范围，实现了用户与图书馆的沟通，从理论上进一步推进了智慧图书馆全面感知、立体互联。而 5G 技术的发展推动了这一全面感知模式的实现。应用 5G 技术，图书馆能够更加高效快捷地实现对用户的感知互联，例如读者的行为状态、借阅信息、活动参与、在线轨迹、习惯偏好、社交圈层、满意度、参考咨询等信息通过 5G 网络连接能够更高效地被图书馆感知、关联和利用[76]。

（二）数智赋能视角下智慧图书馆技术架构构建研究

数智赋能视角下的智慧图书馆建设是指利用人工智能、大数据、云计算、深度学习等新一代信息技术的优势促进图书馆的智慧化转型和创新发展。从技术角度而言，数智赋能的实现主要依托图书馆计算层技术。

对于以大数据、人工智能等智慧图书馆计算层技术如何更好地赋能图书馆智慧化转型，图书馆界进行了较为充分的探讨。从充分嵌入新一代计算层技术的角度，构建包括基础设施层、数据资源层、技术处理层和服务应用层的图书馆智慧服务总体框架，运用大数据、人工智能等技术对物联网与智能设备所搜集图书馆大数据进行处理，从而实现对图书馆信息资源的知识图谱构建、图书馆用户画像构建，实现资源内容的重新组织和有效关联并发现大数据信息资源中蕴藏的隐性知识和内在联系，再结合交互层技术将计算结果泛在地、智慧地服务用户[77]。除了对智慧服务实现的宏观技术框架的讨论，基于移动信息服务、移动视觉搜索服务等智慧图书馆新兴智慧服务微观技术架构也有具体探讨。从智慧图书馆移动信息服务实现的角度，将基于对用户情境、移动智能终端情境、物理环境情境三大类情境信息的感知，实现移动信息服务的技术架构，其分为移动终端交互层、移动服务推荐层、数据预处理层和数据采集层四层，对情境信息的解读是服务实现的关键。主要通过计算层技术对所获取情境数据进行整合分析并建立情境模型[78]。从移动视觉搜索服务的角度，从传输感知层、资源组织层、资源管理层、搜索分析层、智慧服务层和评估机制六个层面构建了智慧图书馆移动视觉搜索的技术框架，其中搜索分析层是移动视觉搜索服务实现的重要部分，包括运用计算层技术进行图像的兴趣区域（Region of Interests，ROI）定位、语义分析、读者情境计算以及移动视觉搜索引擎构建[79]。

（三）共享协同视角下智慧图书馆技术架构构建研究

智慧图书馆的共享协同是指图书馆在具备信息共享的基础上，突破体制机制障碍，实现馆际的深度协同，进而为读者和业界提供一体化和全方位的管理与服务。从技术角度而言，智慧图书馆共享协同的实现，依托计算层与交互层技术的升级与革新。

智慧图书馆系统平台的设计多是基于大数据、云计算等技术，设计基本上包含感知层、传输层、分析层、应用服务层的系统分层架构[80]。区别于馆内的智慧服务，共享协同视角下，技术实现的关键在于保障智慧图书馆馆际资源合规合法地共建共享。因此，实现馆际信息资源交互的区块链技术应用受到广泛关注，区块链技术应用主要集中于智慧图书馆的感知层与交互层技术框架。有学者将区块链的应用从信息共享、版权保护、身份认证、资源存储、网络众筹五个场景进行分析[81]，也有学者对图书馆数字版权许可[82]、信息资源安全[83]、移动视觉搜索管理[84]等进行深入研究。通过区块链为核心的交互层技术的升级与应用，智慧图书馆馆际信息资源的共建共享、版权保护、智慧检索与服务功能在理论上得以实现。

在实践层面，例如，承载着第三代图书馆服务平台共享协同思想的未来开放图书馆项目（the Future of Libraries Is Open，FOLIO），于2019年正式发布。FOLIO平台在数据和服务上具有可扩展性，并且具有统一的元数据描述方法和业务网关机制，支持各种元数据格式、资源格式、资源类型下的数据和资源扩展，允许第三方软件或系统的数据库、资源库接入，进行数据和资源的联通和互操作[85][86]。从技术角度来说，FOLIO平台通过对包括MapReduce、Hadoop、Spark技术集群、机器学习以及Codex标准、RESTful API接口等计算层技术和交互层技术的升级，进而推动实现共享协同。

第二节　智慧图书馆的概念、特征与功能

随着管理思想和技术的不断革新，图书馆经历了传统图书馆、数字图书馆到智慧图书馆的演进，由智慧图书馆的内涵与外延、基本特征及核心功能构成的智慧图书馆基本理论体系已逐步形成。这不仅推动了智慧图书馆建设理念的创新发展，而且成为探索和实现智慧图书馆建设发展路径的重要理论支撑。本节在梳理图书馆演进历程的基础上，剖析智慧图书馆相关概念的内

涵与外延，总结智慧图书馆的基本特征和核心功能，以期厘清智慧图书馆的基础理论。

一、图书馆形态的演变历程

在不断变革发展的历史潮流下，人们对于图书馆的建设理念也在不断更新，因此不断有学者依据图书馆的历史发展特征提出了传统图书馆、数字图书馆、智慧图书馆等演变形态，其中也提及诸如复合图书馆、融合图书馆等过渡形态。例如，乌恩认为，智慧图书馆是目前图书馆发展的最高级形态，是复合图书馆、数字图书馆发展成熟后的一种全新形态[87]。王世伟也对智慧图书馆与智能图书馆、数字图书馆、融合图书馆等形态的关系进行了梳理，推进了智慧图书馆新理念的研究和新实践的探索[88]。通过探讨不同图书馆形态的演变历程，有助于更好地审视当前智慧图书馆的发展定位。

（一）传统图书馆形态

传统图书馆形态普遍被理解为手工操作的图书馆形态，谢蓉等认为，传统图书馆形态主要以纸质馆藏为中心，免费平等地向全社会提供文献与信息服务[89]。

有关传统图书馆形态中"人"的发展，应该将关注点落到用户和馆员身上。用户与馆员之间的关系表现为文献服务的需求与提供关系，文献服务是传统图书馆提供服务的主要形式，图书馆扮演文献信息资源中心的角色，主要提供单一的藏书、借还服务。此时，馆员和用户的关系是一种被动服务的关系，用户的核心需求体现在对纸质文献的获取上，而馆员以资源的传递和存储为核心职能，仅能够根据用户主动提出的需求来提供服务。

有关该形态中"空间"的发展，是以物理空间建设为核心，强调实体空间的建设。此时的图书馆空间特点包括注重知识体系的完整性和逻辑性，情报质量高，但重藏轻用。具体来说，表现在构建了完整的、组织有序的纸质馆藏知识体系，但高成本的纸质资料约束了情报的质量，物理空间的存储方式限制了文献资源的开发利用，资源的难获取性极易造成沉积浪费。传统图书馆虽然能提供纸质文献资源长期保存和用户文化交流的物理空间，具有不可替代的价值，但是实体空间暴露出来的短处还有待克服，打破物理空间的约束将会提升图书馆的服务功能。

关于传统图书馆"资源"的建设，其实就是"文献"的建设。在这一形态，图书馆用户的需求对象主要是文献，因而图书馆需要对这些文献进行采集、分类、编目，提供流通阅览等服务[90]。此时，图书馆对文献资源的组织方式主要是根据图书分类法和学科进行分类，采用卡片目录形式来揭示馆藏。在此情形下，资源的存储和管理呈现出较为分散的特点，并且由于用户仅能在实体空间内借阅的局限性，资源的流通性很弱。

传统图书馆形态下所利用的主要技术就是"卡片目录"，它标志着图书馆从"为藏而藏"到"为用而藏"的转变，强调了对图书馆利用的重要性。

（二）数字图书馆形态

数字图书馆形态是以数字化的文献信息资源为中心的图书馆形态，数字图书馆的根本目标是通过一系列服务机制有效支持用户利用信息来学习和创造知识，数字图书馆的范式也将从基于数字化向基于集成、基于用户递进和深化[91]。在数字图书馆的发展中还出现了"复合图书馆"这一形态，英国图书馆专家苏顿（S.Sutton）最早使用"复合图书馆"一词，他认为在复合图书馆中可以实现传统馆藏与数字馆藏并存[92]。复合图书馆是介于传统图书馆与数字图书馆之间的连续体，是二者的有机结合。

在数字图书馆"人"的建设当中，文献服务的形式转变为信息服务，是图书馆利用信息商品来满足用户信息需求的过程，其不再只局限于图书的借阅，而是扩展到了信息出售、信息中介等业务过程。此时，馆员与用户的关系由被动的参考咨询转变为馆员面向用户提供检索服务的关系。图书馆用户的核心需求转变为对数字化文本数据的获取，馆员的核心职能也转变为开展数字或纸质文献的组织管理，并向用户提供检索和文献传递服务。

数字图书馆形态下"空间"的建设因计算机技术的引入而更加看重虚拟空间的建设。虚拟空间的特点体现在高效、更新快、不受空间限制，但信息资源难保存，寿命较短。具体来说，表现在数字化的存储方式摆脱了纸质资源对物理空间的依赖、更新自由，在计算机的辅助下使用便捷、高效，但是信息资源容易受计算机系统的限制，且可能遭到病毒、磁场等的破坏。这也就决定了虚拟空间与实体空间的共存互补关系。

"资源"在数字图书馆形态中已经不再只停留在纸质文献层面，而是步入了数字化管理文献信息资源的阶段，加强了数字化资源提供服务、电子期刊及电子图书借阅服务等。此时，图书馆的资源建设体现出三个方面的特点。从建设上来看，图书馆资源不仅重视类型的多元化，也更注重质量的提升；从组织上来看，数字化的方式推进了图书馆管理集成系统的开发与应用；从传播上来看，资源的数字化使得用户获取资源更加便捷，解决了文献资源流通性弱的问题。

数字图书馆的主要基础是电子计算机的普及与应用，以图书馆集成系统为标志，从手工劳作转变为自动化管理。机读目录的发展带动了联机检索业务的普及，进而实现了图书馆目录的电子数字化，全文检索也得以发展，而只读光盘这种新载体的出现使得用户对二次文献数据库的利用变得更加便捷。这样的发展促使图书馆文献资源管理业务发生了重要转变，服务模式也随之发生变化，技术应用转向以业务管理为中心，集成管理系统逐步普及。

（三）智慧图书馆形态

智慧图书馆形态是以智慧服务为中心的图书馆建设愿景，通过引入人工智能、云计算、大数据等新兴技术，提供面向用户的智慧服务。在讨论智慧图书馆的同时，也有学者提及融合图书馆形态，该形态强调传统图书馆与数字图书馆的深度融合，通过图书馆数字化和网络化实现与智慧图书馆相似的"开放互联"理念[93]。但智慧图书馆不仅仅是技术的应用，还是在以"人"为中心基础上，通过融合馆员、用户、资源与空间多方面要素构建的全新服务体系，不但使用户体验全面趋向智慧化，还关注用户认知活动的智慧输出与创新。

在智慧图书馆"人"的建设中，馆员与用户的关系已经转变为主动服务的关系，馆员对用户需求进行更深层次的分析和理解，为用户提供更加个性化、智慧化与全方位的服务。用户的需求转向为更加个性化和深层次的知识需求，馆员的核心职能也转变为深入明确用户需求，为用户决策提供智能化的支撑服务。

智慧图书馆时代"空间"的建设转变为以"智慧空间"为核心、强调用户体验、拥有自创新能力的知识体系，拥有高感知度、互联性和智能化这三大特征。具体来说，智慧空间对环境、资源、人等事物高度感知和互联，组成一个智慧化的互联系统，能够根据变化更加自主地作出调整，并利用传感器、智能机器人等技术手段，实现更加智能化交互的生态环境。

"资源"在智慧图书馆形态下延续了共享的理念，继续秉持以用户为中心，以知识为单位，利用云服务和共享知识库实现了智慧图书馆、数据与资源和所有用户的互联互通，构建了智慧图书馆知识共同体，实现知识资源的共建共享，为用户提供智慧化的全方位服务。在智慧图书馆的语境下，资源的数据标准、处理方式都开始向广义上靠近，强调及时更新和高度智慧。

智慧图书馆时代希望建设出一个以用户个性化服务为中心的高度互联和智能化的图书馆服务体系，因此技术的运用愈发复杂和深入。对于业务管理，技术的应用致力于实现全流程的智慧化，而对于集成管理系统，技术的应用致力于实现知识资源的全网立体集成。此外，区块链技术去中心化的特点保证了生态链的无中介性、高透明度、低成本和可靠性。对于线上线下虚实交互的功能，实时匹配分析技术、虚拟现实、增强现实、多维影像高清晰摄录等现代技术等被灵活运用，实现图书馆智慧化的目标。

从图书馆诞生至今，随着技术和需求的发展，在不同阶段出现了具有不同特征形态的图书馆。而一个时代中，图书馆并非都是以当前最高级形态存在，而是受地域、社会与经济等因素影响而呈现多形态并存。智慧图书馆作为当前被公认的全新图书馆形态，并非要取代传统图书馆或数字图书馆，而是在延续图书馆为满足用户在新的时代环境下对知识服务的新需求而不断寻求变革的精神。一方面，虽然智能技术的发展促使智慧图书馆概念的提出和实践应用，但智慧图书馆离不开已有图书馆形态建设过程中已积累的关于馆员队伍、用户服务、资源和空间等方面的建设经验，是在已有图书馆形态基础上的拓展和升级。另一方面，图书馆多形态并存，是用户对不同类型与不同层级图书馆服务的客观需求，并非走进智慧图书馆，用户就必须摒弃传统图书馆的纸质借阅习惯，而是以用户为中心，通过多种服务方式并存而发挥图书馆服务与用户知识需求相匹配的最大智慧效能。因此，传统图书馆、数字图书馆或讨论中的其他图书馆形态，实现向智慧图书馆的转型，并非不可跨越式发展，也并非必须依赖技术的应用，而要从理念转型，实现图书馆与用户的物理互联与认知互联并存的智慧服务状态。

二、智慧图书馆的内涵与外延

随着新兴技术的不断创新融合，图书馆的发展形态始终围绕着人、空间、资源和技术这四个要素进行革新，从基于重藏轻用的实体空间、提供单一的被动式传统文献服务，演进到依托智能交互环境、聚合多元化资源的智慧化主动式服务，服务理念由以馆藏为中心逐渐演变为以"人"为本。智慧图书馆作为新信息环境和技术环境下图书馆新形态和未来发展模式，需探究其"智慧"的真正含义。因此，本小节围绕四大智慧要素及其相互作用进行内涵分析，并通过界定外延，分析智慧图书馆拓展服务范围、突破传统界限的创新价值。

（一）智慧图书馆的内涵分析

"智慧图书馆"的概念最早在 2003 年由芬兰奥卢大学图书馆学者 Markus Aittola 提出，其结合当下的信息环境、技术条件和用户需求，在数字图书馆的基础上提出了更加智慧化、互联化、移动化的图书馆形态，图书馆界普遍认为"智慧图书馆"是图书馆未来的发展方向和目标要求，此后国内外图书馆界对"智慧图书馆"的定义和实现等方面开展了多个维度的研究[94]。智慧图书馆强调人、空间、资源、技术相互协调构成图书馆，所以本节对智慧图书馆内涵分析是通过三个相互联系的步骤来实现的：首先对智慧图书馆中智慧的概念进行分析，再结合智慧的概念进一步分析智慧图书馆的内涵，最后基于内涵分析，更加深入探究智慧图书馆的组成要素，增强对智慧图书馆的理解。

1. 智慧的内涵

在分析智慧图书馆的内涵之前，首先需要了解和辨析智慧的内涵，从而更好地理解智慧图书馆。"智慧"是人脑机能认识、判断、思考、分析、理解、发明和创造等综合能力，其本源含义基本都指向"人"，是人们在自然和社会环境中处理事务的能力[95]。基于对人类处理事务能力的模仿，形成了人工智能、云计算等多种新兴的信息技术，促进智慧城市等概念的形成与发展，而这样的"智慧"同样可以运用于图书馆，形成利用智慧技术，提供智慧化服务的图书馆。

同时图书馆职能实现和服务提供的核心对象都是人，所以，对图书馆"智慧"内涵的理解也应该引入"人"的成分，明确图书馆的智慧含义。而从知识视角下对智慧的理解可以看出，智慧是人进行知识学习、反思和创造的过程。而人是智慧的主体，所以图书馆的智慧内涵应是充分调动一切主客观力量包括智慧图书馆员、智慧空间、智慧资源、智慧技术等来帮助用户进行智慧活动，辅助和推动用户智慧的产生。一方面，要构造用户个体进行智慧活动的条件，利用智慧技术分析和挖掘用户的需求，基于图书馆丰富海量的资源，为用户提供专业化、个性化、精准化服务，实现图书馆的职能。另一方面，要尝试激发图书馆集体的智慧和创造性，培养智慧图书馆员，形成智慧化管理模式，提升图书馆的价值。

2. 智慧图书馆的内涵

目前学界对于智慧图书馆的内涵并没有形成统一的意见，学者们从人、空间、资源、技术等单一要素或多要素综合对其进行了讨论，表2-3列举了其中比较有代表性的观点。例如有学者倾向于从资源管理角度探讨智慧图书馆的概念[96]，亦有学者认为智慧图书馆是馆员、资源和技术等不同要素组成的图书馆综合生态系统[97]。

表 2-3　不同学者对智慧图书馆概念内涵的界定

学者	智慧图书馆内涵	主要视角
Burgess[①]和Kim 等[②]	智慧图书馆的主要功能是通过分析用户的个性化信息需求为用户提供良好的学习环境及精准的服务和内容	用户服务
魏大威等[③]	智慧图书馆是建立贯通图书馆知识内容采集保存、组织加工、整合发布与传播服务、融合并重构线上线下资源和服务等全流程的智能综合管理中心	资源管理
刘宝瑞等[④]	智慧图书馆是由物理空间、网络空间、时间空间、地理信息空间、智慧空间构建成的为用户提供不断创新的智慧化服务空间	空间构成
Aittola M 等[⑤]	智慧图书馆是通过互联网为用户提供不受时空限制、可以被随时感知的信息服务的图书馆	技术应用
初景利等[⑥]	智慧图书馆是馆员、资源和技术等不同要素组成的图书馆综合生态系统	
王世伟[⑦]	智慧图书馆是以数字化、网络化、智能化的信息技术为基础，以互联、高效、便利为主要特征，以绿色发展和数字惠民为本质追求的图书馆	多要素综合
夏立新等[⑧]	智慧图书馆是通过人、资源和空间三大要素协同，重构智慧图书馆服务模式，根据用户需求提供务实的知识服务的图书馆	

参考来源：①BURGESS, J.T.F. Smart-world Technologies and the Value of Librarianship[J]. Computers in Libraries, 2010（10）: 12-16.

②KIM Y M, ABBAS J. Adoption of Library 2.0 Functionalities by Academic Libraries and Users: AKnowledge Management Perspective[J]. The Journal of Academic Librarianship, 2010（3）: 211-218.

③魏大威, 李志尧, 刘晶晶, 等. 基于区块链技术的智慧图书馆数字资源管理研究[J]. 中国图书馆学报, 2022（2）: 4-12.

④刘宝瑞, 马院利. 基于智慧理念的智慧图书馆空间样貌探究[J]. 图书馆学研究, 2015（11）: 26-29.

⑤AITTOLA M, RYHÄNEN T, OJALA T. Smart Library: Location-Aware Mobile Library Service[C]// Proceedings of 5th International Symposium on Human-Computer Interaction with Mobile Devices and Services, Udine, Italy, 2003.

⑥初景利, 段美珍. 智慧图书馆与智慧服务[J]. 图书馆建设, 2018（4）: 85-90, 95.

⑦王世伟. 论智慧图书馆的三大特点[J]. 中国图书馆学报, 2012（6）: 22-28.

⑧夏立新, 白阳, 张心怡. 融合与重构: 智慧图书馆发展新形态[J]. 中国图书馆学报, 2018（1）: 35-49.

智慧图书馆的提出并非颠覆了其他历史时期图书馆的作用与内涵，而是在新的时代环境下以它们为基础的进一步革新。传统图书馆通过实体馆建设对纸质资源的收集与管理的经验总结，以及数字图书馆时期虚实结合的服务实践，都是回答"建设怎样的智慧图书馆"这一命题的依据。从传统图书馆和数字图书馆的发展中，我们看到了以资源为中心向以人为中心的理念转变，以实体馆服务向虚拟与实体馆并存的路径变化，这些理论和实践经验为智慧图书馆的建设要素和理念的提出提供了重要支撑。

综合以上各方面有代表性的观点，本书尝试将智慧图书馆的内涵定义为：智慧图书馆是基于用户的信息需求，灵活运用信息技术，改造和重塑图书馆的服务环境和流程，广泛联合图书馆内外部资源，为用户构造一个能激发人创造力的智慧学习环境，充分调动馆员自身智慧和服务能力，嵌入用户具体需求场景，为用户提供主动化、个性化、专业化、精准化服务，辅助和推动用户的智慧产生过程的图书馆，是集用户、馆员、技术、资源、空间多要素于一体，充分调动各要素融合发展的图书馆生态系统。

3. 智慧图书馆的要素

智慧图书馆是智慧城市建设的一部分，也是智慧化实践的重要内容之一。根据对智慧城市、智慧交通等智慧化实践的分析，人、空间、资源和技术都是智慧化建设过程中需要考虑的要素[98]。而在图书馆建设发展的过程中，经历了从以资源为核心、以技术为核心到以"人"为核心的转变，智慧图书馆更重视人、空间、资源、技术四大要素的协调发展，四要素的融合与相互作用成为智慧图书馆提供智慧服务的重要支撑。

人、空间、资源、技术相互联系、协同发展，共同构成了智慧图书馆开展智慧活动的核心服务模式。智慧图书馆遵循以"人"为本的服务准则，其中，用户是智慧图书馆提供服务的核心对象；馆员是智慧图书馆职能实现、建设发展和服务提供的主要承担者和实现者；空间是智慧图书馆资源存储和服务开展的主要阵地；资源是智慧图书馆提供服务和实现价值的前提。人、空间和资源的相互作用构建了智慧图书馆的智慧服务环境。一方面，用户身处交互式学习空间，从所需资源中挖掘隐性知识，在馆员的协助下进行智慧活动，将隐性知识转化为显性知识，实现知识发现与创新；另一方面，馆员从用户资源数据中挖掘出用户的深层需求，依托虚拟社区或门户网站等智慧服务平台主动为用户提供相关资源，并通过构建用户兴趣群组提供协同推荐服务，全方位满足用户的深层知识需求。技术则包括物联网、云计算、人工智能等关键技术，是智慧图书馆实现一切智慧服务的基础支撑，是保障智慧图书馆建设发展的途径和手段，为智慧活动的顺利开展提供高度互联的智能化交互环境。

（二）智慧图书馆的外延

图书馆的发展和实践表明，图书馆外延的界定是图书馆建设发展的必然要求和尺度保障。随着信息资源的数字化、用户需求的个性化、信息技术的高速发展，智慧图书馆的服务范围也不断地拓展，突破图书馆自身的界限，形成面向知识增长、面向情境融合、面向智慧城市的智慧图书馆。

1. 面向知识增值的智慧图书馆

随着信息技术和互联网的飞速发展，知识经济的兴起，信息资源的获取不再是人们资源利用的首要难题，而如何从海量的资源中获得真实有效的知识成为用户的迫切需求。智慧图书馆作为海量知识信息的储藏地，改变了传统静态的实体知识推荐服务形式，利用其海量的资源，为用户的知识创造提供支持，创造环境，促进图书馆知识的增值和再生，将图书馆静态的知识体系向动态的知识领域扩展[99]。

智慧图书馆拥有丰富的信息资源，为了满足用户个性化、精确化的知识需求，图书馆为用户提供了从知识信息的组织、传递、共享，到知识的生产、开发、创造一系列过程中的服务支持，深入用户科研学习过程，针对用户的特定需求为其提供方便理解和利用的知识，并且通过提供长期的嵌入式、关联式、协同式和启发式等有效服务[100]，促进用户基于图书馆的已有资源进行知识的生产和创新。同时，智慧图书馆服务是面向全体社会大众的服务，除了科研工作者、教师、学生外，智慧图书馆也利用其丰富的信息资源为企业、政府等组织提供知识支持，进一步促进知识增值。

智慧图书馆既面向用户提供知识服务，促进用户知识的创造和生产，又依赖用户生产的知识不断拓展和丰富图书馆的馆藏，从而促进新的知识生产和增值活动，最终实现人类知识的可持续实践价值。

2.面向情境融合的智慧图书馆

信息技术的飞速发展，极大重塑了用户的阅读习惯，移动阅读、碎片化阅读成为用户信息获取的重要方式，传统图书馆在一定时限内到馆才能获取服务的方式已经无法满足用户需求，智慧图书馆突破时空界限，为用户提供无处不在的、随时可得的主动信息推荐和获取服务。在时间上，智慧图书馆通过网络技术和移动智能终端，为用户提供便捷的全天候服务，用户可在任意时间获取图书馆的电子化资源。在空间上，智慧图书馆通过馆际合作，整合多个图书馆的数据库，缩小数字鸿沟，减少信息的不对称性，连接不同的文化，再通过统一化的信息平台为用户提供跨地域的、海量的信息资源。

智慧图书馆突破时空界限为用户提供服务的最终目标是融入用户的信息情境中，基于用户的学习、科研与工作背景，深度挖掘用户真实需求，基于用户实际需求，为用户提供针对性、精准性、个性化的知识服务，嵌入用户知识创作和生产的过程中，提供全过程化、智慧、泛在、协同的服务，实现了任何用户在任何时间、任何地点以任何方式获取任何内容的阅读需求[101]。

3. 面向智慧城市的智慧图书馆

智慧图书馆是智慧社会的重要组成部分，是实现智慧城市的关键步骤。智慧图书馆作为人类文化知识的聚集地，具有传播领域信息、传承城市文明、营造良好城市文化氛围的功能，是城市复合化的综合知识服务体，在智慧城市构建过程中发挥着重要作用[102]。

智慧图书馆主要从两个方面赋能智慧城市建设。智慧图书馆一方面基于其丰富的知识资源、先进的技术环境和超前的专业知识，承担着科普、传播和教育市民的功能，促进市民知识水平和素养的提高，引领市民积极利用图书馆资源进行知识的创造和生产，塑造富有创造性的城市文化和环境氛围，提升整体城市市民的知识文化素养的同时，为智慧城市的建设提供更多优秀的人才[103]。

另一方面，先进服务理念和信息技术打造的智慧图书馆，具有更加完善和高效的管理架构、工作流程、服务能力，能够满足全体用户随时随地、无处不在的个性化信息需求。智慧图书馆开放、互联、高效、协同、绿色的智慧服务，延伸了社会数据资源共享范围，打破领域之间的信息壁垒，促进形成全民开放、多元化、个性化、智慧化的公共文化服务体系，将图书馆的社会文化空间进一步升华为开放的众创空间，助力社会迈向大众创业、万众创新的智慧城市发展新时代[104]。

三、智慧图书馆的基本特征

　　智慧图书馆是图书馆在新一代信息技术驱动下所衍生的新形态。图书馆利用智能技术赋能图书馆的核心要素——人、资源和空间，以用户需求为本，实现空间智慧、管理智慧和服务智慧。具体而言，图书馆通过智慧化管理设施和技术，优化对图书馆实体空间与虚拟空间、实体馆藏资源与虚拟馆藏资源的感知互联与全面管理；促进馆际互联共建、馆员与用户互动发展，进而增强图书馆用户感知能力、开拓图书馆虚拟空间边界、丰富图书馆馆藏资源、提升图书馆管理服务水平，真正实现智慧图书馆的智慧服务[105]。因此，智慧图书馆的本质特征是智能技术与图书馆核心要素的智慧融合。基于此，智慧图书馆的基本特征应体现在感知互联、绿色高效、精准多元和便捷普惠四个主要方面。

　　智慧图书馆的感知互联、绿色高效、精准多元和便捷普惠四个特征之间相互关联。感知互联是智慧图书馆的智能化基础，为智慧图书馆的绿色高效、精准多元和便捷普惠提供技术支撑。绿色高效是智慧图书馆建设与管理的主要特征，是图书馆基于感知互联实现的空间与资源管理工作上的进一步升级，也是智慧图书馆绿色发展理念的重要体现。精准多元是智慧图书馆服务的目标，是在感知互联基础上，图书馆用户服务方面的升级、拓展与延伸，也是智慧图书馆区别于数字图书馆和复合图书馆的主要方面。便捷普惠是智慧图书馆的宗旨，是感知互联、绿色高效和精准多元特征的落脚点，也是智慧图书馆以人为本理念的精髓所在。需要提出的是，智慧图书馆的四大特征及所折射出的许多理念，有的以往已经出现过，但在新的发展环境下，智慧图书馆将这些理念进行了整合与提升，被智能技术赋予了新的内涵。

（一）感知互联

感知互联是对图书馆实体空间和虚拟空间的信息感知全覆盖，把图书馆的"资源"和图书馆的"人"串联成互联化的信息，从而实现用户与馆员、空间与资源之间的智能联结[106]。2003 年，芬兰奥卢大学图书馆学者 Markus Aittola 首次提出"智慧图书馆"的概念，并将全面感知归纳为智慧图书馆的基本特征之一[107]。国内研究中，刘丽斌[108]、李后卿等[109]、段美珍等[110]也先后将全面感知和立体互联归纳为智慧图书馆的基本特征。

具体来说，一是依托物联网技术实现对图书馆实体空间与虚拟空间的全面感知。通过传感器、电子标签等实现图书馆实体空间人、物和环境的全面、即时感知[111]。通过用户身份识别收集访问图书馆虚拟空间的信息，对用户身份及兴趣进行全面跟踪与捕获。二是融合移动互联网、互联网、局域网、物联网等形成泛在化的网络，一方面能够安全可靠地实时传递各种采集信息和控制信息，为智慧图书馆的智能化控制提供通道和保障[112]。另一方面，能够连接馆内与馆际的人和资源，实现馆内与馆际物物相联、人物相联、人人相联的广泛、立体互联。因此，感知互联是智慧图书馆运行的基础，是其基本特征之一。

（二）绿色高效

智慧图书馆的绿色高效建立在全面感知、互联互通的基础之上。图书馆在物联网的支撑下，应用人工智能、大数据、云计算等新技术和智能设备，优化图书馆空间与资源管理的业务流程，以机器取代人工，使管理更加智能化、高效化，进而推动馆员的专业化、智慧化转型。同时，高效管理也促使图书馆可用数据由分散趋向集约、由异构趋向统一，有效克服资源布局上各自为政、分散管理和重复建设的弊端，对提高图书馆数据资源利用率、节约成本、践行低碳环保理念都有十分重要的作用[113]。智慧图书馆"绿色高效"这一特征由 Markus Aittola 最先提出，他认为智慧图书馆具有低成本、秉承绿色发展理念的特征[114]。国内研究中，赵晓芳[115]和刘丽斌[116]等将绿色发展列为智慧图书馆的特征之一，而智慧图书馆"高效"这一特征由王世伟较早提出，并获得学界业界的广泛认可[117]。

具体来说，智慧图书馆的高效管理体现在运用云计算、大数据、人工智能等技术对全面感知获得的数据信息进行数据分析和趋势预测，实现对图书馆的智能化控制与处理，例如馆舍环境卫生与安全维护、馆藏资源采编与流通管理、馆际资源融合互通、共建共享等。另外，智慧图书馆通过对馆舍的高效管理实现节能低碳的馆舍建设，通过文献资源的数字化保存与馆际传递减少纸张浪费等，践行图书馆绿色发展路线。因此，绿色高效也是智慧图书馆的基本特征之一[118]。

（三）精准多元

智慧图书馆相较于融合图书馆所实现的服务延展与提升，表现在智慧服务的精准多元上。智慧图书馆以用户需求为导向，为用户提供精准文献服务与多元化感知体验。谢蓉等[119]、乌恩[120]、龙军等[121]强调提供智慧服务是智慧图书馆的重要特征，而对于智慧图书馆智慧服务的描述，主要包括以人为本、便利、精准化、个性化等。本书认为，精准多元可归纳为智慧服务的特征之一，一方面提供针对用户个性需求的精准服务，另一方面面向具有群体特征或潜在需求的用户提供多元服务。

具体来说，一是智慧图书馆通过用户需求表达与用户行为数据，了解用户精准化信息需求，为用户提供更为个性化的文献与服务。二是区别于传统文献形式的信息资源展示，通过虚拟现实等技术的应用，智慧图书馆可以为用户提供全面感知的智慧服务，帮助用户在任何时间、任何地点快捷地找到所需的信息资源，获得视、听、触等全面的感知体验，同时智慧图书馆是在虚实相结合的情景下进行服务的，可使用户达到全方位沉浸式的学习感受[122]。图书馆在智慧服务过程中，能够持续通过要素工具挖掘、捕捉用户动态情景信息，经过反复情景化推算、情景建模、模型评估感知并匹配用户需求，提供基于情景的资源和服务，推动用户学习和创造的螺旋式上升；通过智慧互联、自适应调整、协同感知发展的服务生态的打造，为用户带来阅读、研讨、科研、创造的全新体验，真正实现图书馆对用户知识活动和知识创造的智慧化、全流程支持。精准多元的智慧服务通过智能化程度更高的个性化服务以及用户参与互动式的自主式服务，更充分、更主动地满足用户的信息需求。智慧服务的主要工作目标是，以用户需求为导向，利用智慧技术，通过精准把握用户需求，提供多元服务形式，从而更充分地支持用户知识活动。这也是智慧图书馆与数字图书馆、融合图书馆服务的主要区别。因此，精准多元也是智慧图书馆的基本特征之一。

（四）便捷普惠

王世伟提出"便利"是智慧图书馆的三大特点之一，而数字惠民是智慧图书馆的本质追求[123]。解金兰等[124]、饶权[125]也先后提出智慧图书馆应提供普惠、均等、便捷的服务。在智慧图书馆感知互联、绿色高效的基础上，智慧图书馆利用广泛互联的网络、依托高效可靠的文献传递，进而能够为用户提供便捷普惠的文献资源与服务。智慧图书馆网络化、智能化的文献资源组织和虚拟馆藏建设，为便捷利用和普惠服务提供了可能[126]。多网融合和虚拟馆藏建设推动泛在无线数字图书馆的普及，图书馆的泛在化又进一步推动图书馆服务的普惠化。

具体而言，区别于传统图书馆，智慧图书馆利用虚拟馆藏建设与无线网络，突破文献服务的时空限制，让用户通过手机和多媒体信息载体更自由、更自主、更节约、更方便、更泛在地利用图书馆。为用户提供可便捷获得的图书馆服务。同时，智慧图书馆还应响应党的十八届五中全会提出的"创新、协调、绿色、开放、共享"的新发展理念，以便民利民、协调发展、共建共享为目标，进一步拓展和延伸图书馆智慧服务范围，积极构建跨区域、跨领域机构联盟，为解决图书馆发展中的城乡、地区、空间等发展不平衡问题探索智慧化路径。便捷普惠是智慧图书馆的重要追求，也是智慧图书馆的重要基本特征[127]。

四、智慧图书馆的核心功能

智慧图书馆以提供更深层的知识服务和智慧服务为发展目标，将智能化技术应用于资源、空间与人的智慧交互中，使得资源的集成、聚合和深度挖掘更加知识化，并利用智慧空间为用户提供更泛在化的服务，同时也可以通过馆员与用户间的交互提供智库服务等深层服务[128]，如图2-1所示，依托智能化技术在资源—空间—人的交互中实现智慧服务。

图 2-1　智慧图书馆的核心功能

参考来源:夏立新,白阳,张心怡.融合与重构:智慧图书馆发展新形态[J].中国图书馆学报,2018(1):35-49.

（一）资源流通与知识增值

智慧图书馆从资源的采集、组织加工、服务利用，到知识元的提取、聚合与增值，这一过程中的每个环节都以为用户提供智慧化个性服务，提高知识利用效率以实现知识增值为目的。

1.资源智能化管理

智慧图书馆保留了传统图书馆的采编阅藏功能，并在从文献进馆到用户借阅的流程中采用了自动化编目等智能技术。智能化管理流程使得文献的流通效率与利用率大大提高，并且提升了用户推荐精度和知识增值率。一方面，资源的智能化管理能够有效优化馆藏布局，采用智能书架系统，不仅能够有效提升图书馆员的工作效率，节约人工成本，还能够对馆藏资源进行实时扫描、记录和更新，有效解决文献错架问题，并提升用户的查询和借阅便捷度[129]。另一方面，智慧图书馆的一站式服务系统等线上服务平台内资源的实时推新也能够更加贴合用户需求，在对用户的借阅、预约和文献传递信息等用户服务资源数据进行分析后，可以及时对资源进行针对性查漏补缺，调整资源采购策略[130]。

2. 资源聚合与流通

智慧图书馆是实现资源共建共享的过程中不可或缺的一环，通过资源的集成、聚合和推广，与其他各馆形成稳定的图书馆联盟，提供智慧化阅读推广和知识推荐，使得资源能够更精准地流向所需人群，实现精准化智慧服务。一方面，需要对资源进行集成与聚合，与博物馆、档案馆等文化机构进行资源互联互通，协同举办宣讲、学术讲座和科普展览等活动，提升资源传播的广度和精度，同时，也要在资源集成的基础上揭示出各类知识之间复杂的交叉或支撑关系，形成整体化的知识网络[131]。另一方面，用户在访问智慧图书馆门户时，对用户产生的借阅和浏览等服务数据，以及在社交平台上产生的交互类行为数据加以分析利用，精准划分用户的兴趣群组，精准定位用户需求，提供相同兴趣人群的动态推荐等协同服务[132]。

3. 知识利用与增值

智慧图书馆在实现知识的网络化组织后，可以进一步实现知识挖掘并向用户提供有价值的知识发现，随后形成一个"人—馆"间相互循环的动态知识利用过程，大大提高了知识的利用效率，使得知识在这一循环利用过程中得以增值。从智慧图书馆的角度出发，构建的知识网络与用户的智慧活动产生的数据、当前学术研究发展趋向以及时事热点进行融合，不断顺应用户所需资源的发展趋势对智慧图书馆内的网络化知识结构进行更新，挖掘出更多有价值的新知识提供给用户。从用户的角度出发，智慧图书馆提供的知识网络与自身的知识体系架构相融合，通过自身的智慧活动对智慧图书馆产生正向的知识反馈，在这一动态的双向反馈过程中推动知识利用与增值，激活用户需求驱动下的图书馆智慧服务能力[133]。

（二）空间交互与知识交流

智慧图书馆不仅作为物理借阅空间为用户提供文献服务，同时提供数字传播空间使得用户获取资源无须受到空间与时间的限制，还应作为人机交互、资源与人互联互通的知识交流空间，从而实现知识增值[134]。

1. 物理借阅空间

智慧图书馆作为智慧城市的产物之一，除了继承传统图书馆提供的纸质文献收藏、借阅和宣传推广等功能外，它在环境、设施和感知体系方面均为用户提供了更好的知识环境，在相关智能技术的支持下构造了能够激发人创造力的智慧空间。

在绿色环境构建方面，智慧图书馆构建了一个以用户体验为中心的节能、绿色、高效的物理借阅空间，通过采用智能控温、智能照明等绿色系统[135]，既能最大限度地节约能源消耗，也能建成绿色发展的沉浸式学习空间，用户可以根据自身需要获取所需资源。在智能设施配置方面，智慧图书馆拥有自动化的智能楼宇管理和智能设备系统，实现建筑物的安防、监控和物联等功能[136]，并为老年人、儿童等特殊群体提供主题空间等便利服务，如提供大字号阅读专区、智能语音搜索平台等，同时还应提供分龄分众的多元空间，最大化提升空间利用率[137]。在感知体系建设方面，智慧图书馆既能借助物联网感知技术便捷化管理资源和空间，通过 RFID 和导航技术等构建智能定位系统以便于用户获取资源，也能利用红外检测、人脸识别等技术感知用户当前行为，为用户提供个性化数据支持，并实现用户知识活动轨迹的获取与利用[138]。

2. 数字传播空间

智慧图书馆为用户提供的数字传播空间，提升了其向社会传播推广科学知识和文化的效率，并扩大了受众范围，用户足不出户即可通过互联网检索并获取所需资源，知识的转化效率大大提高。

智慧图书馆提供的数字传播空间既包括数字化的信息门户服务平台，也包括虚实结合的互联互通数智空间。一方面，智慧图书馆拥有个性化门户网站等信息共享平台，为用户提供资源导航服务、信息推送与信息推荐服务，以及自定义的个人信息门户服务[139]，用户通过访问一站式服务平台就能获取所需文献，并且能够将其加入收藏夹，进行笔记摘录和跨平台引证使用等操作。另一方面，增强现实、虚拟现实等技术的应用能够为用户提供虚实结合的虚拟化、智能化的空间体验[140]，同时在有监督学习方法支持向量机（Support Vector Machines，SVM）的应用下，用户仅需通过手机等移动终端输入书名、作者名或书籍封面，智能检索系统即可为用户推送相关资源，在与博物馆、档案馆等文化机构互联互通的基础上，获取到相关人物的生平记录或相关文物的藏品图片等资源[141]。

3.知识交流空间

智慧图书馆在资源互联互通并构建知识网络的基础上，为用户提供了高效便捷的知识发现平台和开放交流的知识交流空间，促进了馆内外知识的流动，并为用户提供了自由的知识交流场所以提高知识利用效率。

作为资源共享的知识发现平台，智慧图书馆获取用户的点击量、浏览信息和社交信息等，结合书目流通数据，借助 SoLoMo 技术即可为用户推送距离最近的图书馆、相同或相似阅读倾向的人群、图书荐阅榜等[142]，提升了知识共享效率。作为开放互联的知识交流空间，智慧图书馆能够共享用户对阅读过的书目添加的笔记评论，并在实时交流平台上提供知识讨论渠道，用户可以对符合自身兴趣爱好或研究偏好的相关评论进行评价与探讨，在交流平台上不受约束地各抒己见，个体的独有知识在交流过程中得到更加深刻的细化和理解[143]，用户自身的知识架构在不断深入的知识交流过程中得到完善，进而实现知识的增值。

（三）人人互联与知识创新

智慧图书馆是用户与馆员之间重要的沟通渠道，用户在馆员的协助下实现隐性知识的挖掘、共享与融合，馆员在辅助用户进行知识融合的同时，也对自身的知识储备和服务能力实现了提升与完善。在这一人人互联的过程中，用户与馆员通过交互行为不断进行着知识的协同创新与再创造，在发挥群体智慧的同时推动科技进步与社会发展。

1.用户的隐性知识共享与融合

智慧图书馆作为用户进行隐性知识交流与吸收的平台，能够使用户以自身需求为中心，与相同研究或兴趣领域的其他用户进行群体交互，实现集合群体的隐形知识共享与融合，构建相关领域的专业知识网络，同时也能够提升智慧图书馆服务的精准度与智慧程度[144]。

用户群体进行隐性知识共享与融合包含知识的输出与输入两个环节。知识输出是指用户通过在智慧图书馆的交流空间留下阅读笔记与心得感悟等，结合自身知识架构对所需知识资源进行吸收、转化再输出[145]；而知识输入是指用户利用智慧图书馆的群体协同推荐服务，从其他拥有相同兴趣偏好或研究方向的用户处汲取新的知识，从而实现在所属知识群体中的隐性知识共享行为。其中，智慧图书馆的强关系用户群体推荐是基于用户与其他用户或阅读笔记等的交互数据，分析用户需求、兴趣偏好与群体性特征，进而识别用户所属知识群体[146]，形成用户进行隐性知识共享与融合的正反馈机制。用户进行隐性知识共享与融合的交互过程中，将吸收的隐性知识与自身原有知识架构进行融合，进而产生新的隐性知识，形成一个隐性知识不断"吸收—产生—吸收"的循环过程。而不同用户之间存在着隐性知识差距，这一差距能够激发用户间的隐性知识共享行为，推动隐性知识显性化，并实现隐性知识的融合与重构，进而从整体上提升智慧图书馆用户的隐性知识总量[147]。

2. 馆员的前沿知识储备与服务

智慧图书馆建设成效的重要检验标准之一是馆员能否在智慧活动中发挥自身能力[148]，提供智慧服务依赖于馆员的知识储备，并且该知识储备需要处于动态的完善更新状态，以便为用户提供最前沿的相关领域知识。馆员的知识服务是利用自身知识储备对馆藏资源进行加工，并根据用户的深层需求提供精准化智慧服务的过程，因此馆员不仅需要前沿的多学科知识储备，并不断更新自我知识架构，更需要具备面向资源的数据管理等业务能力和挖掘用户深层知识需求的能力，以提供更精准的智慧服务。

馆员的前沿知识储备除了多学科融合的知识结构和善于捕捉前沿的眼界外，也包括对新兴技术等相关知识的掌握，以及对信息的加工处理和对其发展趋势的预测能力。馆员的工作职责要求其感知外部环境、挖掘和分析资源数据，能够准确预测用户的深层需求，并能依托自身的知识储备实现精准推荐和智慧咨询与决策[149]。首先，需要借助关系描述和语义网等技术，从用户资源数据中挖掘并形成能够实现广度需求的关联数据网络，针对用户实际需求实现资源的分析、预测与推送；其次，能够将自身知识储备与馆内资源融合构建知识网络，并在知识网络上进行搜索和关联学习，进而为用户提供智慧服务，比如利用用户画像为用户提供场景化的群体推荐服务、提供针对性的跨领域知识以便用户进行学科热点趋势追踪等研究[150]。

3. 用户与馆员的知识协同创新

"人"是智慧图书馆的动力来源，用户需求是外在动力，馆员是内在动力[151]，用户与馆员之间进行知识的协同创新活动，能够在精准满足用户知识需求的同时，促进用户的隐性知识显性化，提升智慧图书馆作为知识创新平台的智慧服务水平。

用户与馆员的协同交互一般包括用户向馆员进行咨询以及馆员参与用户交流两个方面。用户向馆员提出知识需求的相关咨询时，馆员应基于自身对相关领域的前沿知识优势为用户提供有效帮助，提供给用户最为匹配的资源，并激发用户隐性知识向显性知识转化，将知识成果转化为现实生产力，以实现知识创新[152]。馆员参与用户交流这一行为往往发生在智慧图书馆通过交互式学习虚拟社区对用户进行群组兴趣推荐时，虚拟社区是为用户提供能够与相同或相似兴趣偏好的用户群体进行知识交流的平台，馆员参与用户的知识互动讨论进程，为用户提供针对性创造个性需求的知识环境，结合自身知识储备主动对用户的知识交流过程加以引导，用户在原有知识架构的基础上，进行知识元的描述、序化和重组，在发挥群体智慧的同时构建新的知识关联，实现知识的融合和创造[153]，进而实现用户与馆员的知识协同创新。

第三节　智慧图书馆研究中值得关注的重点问题

智慧图书馆围绕用户需求，在合理应用智能技术的基础上，实现人、空间、资源、技术四个核心要素的融合，促使智慧服务匹配用户在不同情境下的知识需求，在智慧建设中实现物理、信息与人类社会三大空间的革新，并在资源细粒度聚合的过程中实现利用效益最大化与知识产权保障。但在智慧图书馆建设过程的相关研究中，仍存在用户服务与用户需求的契合、空间转型与变革、资源聚合的利用效益与产权保障，以及智能技术的适度融合等值得关注的重点问题，需要进一步探讨，以厘清智慧图书馆的建设原则与方向。

一、智慧图书馆用户服务与用户需求的契合

随着信息技术的发展，用户信息需求朝着个性化、深层次、多样化的方向发展，从而对用户服务提出了更高的要求。为促进用户服务与用户需求的契合，本节就智慧图书馆用户需求的识别进行分析，提出智慧图书馆用户服务建设与用户需求匹配的相关措施，再通过智慧图书馆用户服务评价，发掘服务过程中存在的问题，结合用户需求进行改进，循环进行服务—评价—改

进的过程，不断提高用户服务与需求的契合度。

（一）智慧图书馆用户需求的识别

智慧图书馆服务群体广泛，同一用户群体之间存在泛在的共性需求，同时用户需求也存在个性化特征，并且处于动态变化之中，因此，精准把握用户需求困难极大[154]。智慧图书馆能够通过用户需求的全面感知及精准识别，提高用户服务的效率。

1.用户共性需求的识别

虽然智慧图书馆面对的用户集群庞大，但是某些具有相似特征的用户在同一情境下可能存在共性的需求，对于这类共性需求的识别，能够有效提高用户服务的效率，促进知识的传播。共性需求的识别建立在用户群体分类的基础上，智慧图书馆一方面可以根据学历层次、专业背景等用户特征信息进行用户分类[155]，另一方面可以根据用户与系统之间，以及用户与用户之间的交互信息，如对图书的评论及回复等所反映的用户群体性特征进行分类[156]。确定用户所属的群体后，智慧图书馆可以综合分析群体用户的行为数据，描述群体用户的行为习惯，有效识别群体用户的共性需求。

2.用户个性需求的识别

在当前泛在环境下，用户的信息需求日渐趋于个性化和差异化，不仅不同用户之间的需求存在差异，而且同一个用户在不同情境下的需求也存在差异[157]，所以个性化需求的识别和满足是智慧图书馆用户服务的重点内容。智慧图书馆可以借助传感器、RFID 等物联网技术，全面采集用户的到馆行为数据，再对用户特征信息如学术背景、年龄性别等静态数据和浏览痕迹、借阅记录等动态数据进行采集和分析，构建能够反映用户行为习惯和偏好的用户画像，深入识别用户的个性化需求。

3.用户动态需求的识别

在智慧图书馆中，信息更新换代的速度不断提高，用户的信息需求也处于动态变化之中；同时，用户自身成长发展，也使得用户需求不断变化。用户动态需求的识别是智慧图书馆把握用户需求，提高用户服务满意度的重要途径。识别用户的动态需求，智慧图书馆可以主动嵌入用户的学习与工作环境中，持续地对用户数据进行自动化采集和存储，为用户提供全过程的跟踪服务。在服务的过程中，智慧图书馆可以通过加强与用户的沟通交流，捕捉和记录用户需求的变化，及时满足用户新生的需求，并且在用户的某部分需求完成后进行进一步的跟进、追踪服务[158]，确保准确识别用户的动态需求。

（二）智慧图书馆服务与用户需求的匹配

智慧图书馆建设和发展始终是以用户需求为核心，通过满足用户需求来实现图书馆的价值。所以如何实现图书馆服务与用户需求的匹配，是智慧图书馆发展过程中的关键问题。本节主要从行业标准制定、体系建设和功能开发三方面来说明智慧图书馆建设如何围绕用户需求来展开，促进智慧图书馆用户服务与用户需求相匹配。

1.智慧图书馆行业标准制定兼顾用户共性需求的匹配

不同的图书馆可能在馆藏结构、服务方式等方面有一定差异，但其面对用户群体的共性需求却是相通的，所以智慧图书馆行业标准的制定需要考虑用户的共性需求，以促进图书馆明确用户服务的内容。智慧图书馆行业标准制定是一个多方参与、协商共建的过程，需要图书馆与用户共同参与相关标准的制定，从用户的角度出发，考虑用户群体的共性需求，制定满足用户需求的标准规范。同时，智慧图书馆行业标准的制定不是空中楼阁，而是建立在图书馆原有服务内容的基础上，综合考虑资源、技术、空间、馆员等方面多个因素[159]，这些因素需要在用户共性需求的引导下，构成一个以满足用户需求为目标的多维标准体系，为各图书馆的建设和发展提供参考。

2. 智慧图书馆体系建设与用户个性需求的匹配

随着时代发展，用户需求愈加个性化，智慧图书馆需要为不同用户提供差异化服务，这就需要每个图书馆在构建本馆的体系结构时考虑用户个性化需求。一方面，图书馆可以与其他图书馆或机构协同互动，充分调动各部分资源，建立横纵融合、协同发展的体系结构，保证为满足用户的个性化需求提供有力支撑[160]。另一方面，智慧图书馆应该建立多维综合的馆员队伍，包括不同学术背景、不同能力倾向的馆员，既要包含对多方面知识都有了解的"通才"馆员，也需要有精通某个学科知识和技能的"专才"馆员，能够满足不同用户的需求，提供针对性服务。

3. 智慧图书馆功能开发兼顾用户动态需求的匹配

以往图书馆功能的开发主要是基于用户现实的需求来进行的，而在智慧图书馆中，用户需求的变化速度随着信息更新迭代的加快而不断提高，智慧图书馆的功能设计就需要考虑到用户需求的动态性。智慧图书馆功能开发时，可以结合智慧图书馆内涵理念的发展、用户需求的变化、相关信息技术的演进来综合决策如何开发新的功能和扩展现有的服务能力。以发展、开放的视角构建智慧图书馆功能体系，来支持新生的、不断变化的需求，推进智慧图书馆功能变革并提升服务效能[161]。

（三）智慧图书馆用户服务的评价

为提高智慧图书馆用户服务的成效，图书馆需要定期开展用户服务的评价。本节通过对智慧图书馆用户服务评价主体、评价内容、评价方式进行分析，指出智慧图书馆用户评价实施中的关键问题，进一步促进用户服务与用户需求的精准匹配。

1.智慧图书馆用户服务评价主体

用户、馆员、图书馆行业协会及相关科研机构都可以是智慧图书馆用户服务评价的主体。用户是智慧图书馆服务的核心对象，其满意程度是检验服务质量的重要标准，用户主要是对用户服务的结果进行评价。馆员是智慧图书馆用户服务的实践者，其对服务过程中的问题有着清晰直观的感受，所以从馆员角度对用户服务的过程进行评价也是十分重要的[162]。图书馆行业协会及相关科研机构则可能从管理层面对智慧图书馆的用户服务进行评价，从更加宏观的角度提出不同于用户和馆员的评价意见。所以，智慧图书馆在进行用户服务评价时，需要综合以上三个主体的评价意见，更全面地发掘智慧图书馆用户服务存在的问题。

2.智慧图书馆用户服务评价内容

智慧图书馆用户服务评价的内容要覆盖智慧图书馆整个体系，内容包括智慧图书馆资源结构、空间建设、技术应用、馆员服务四个维度。可基于SERVQUAL 模型或者图书馆界借鉴 SERVQUAL 模型推出的 LibQUAL+® 模型[163]，以用户需求和用户满意为导向，征询用户意见，提练质量评价的关键要素，构建完善科学的用户服务评价指标体系。同时，智慧图书馆用户服务较其他图书馆具有感知互联、绿色高效、精准多元和便捷普惠四个特征，在用户服务评价中，也需要注重这些特征的体现。

3.智慧图书馆用户服务评价方式

在智慧图书馆用户服务的评价中要注重采用过程评价与结果评价并重、定性分析和定量分析相结合的评价方式。因为用户服务是一个动态化的过程，不仅要注重服务的总体评价，还要关注服务过程中的评价，基于用户需求对用户服务的前期期望、过程感知与后续持续使用意愿进行综合评价，才能获取更加全面的信息。同时，用户评价还需要注重定性分析和定量分析相结合。定性分析能够把握问题的本质，但结果存在一定的主观性和片面性，只有与定量分析相结合，才能更为客观地反映评价问题的全貌[164]。所以，评估智慧图书馆用户服务应该采用全面质量管理（TQM）原理，结合多种定量分析和定性分析的方法对用户服务的全流程全方面进行评价。

二、智慧图书馆空间转型与变革

在现代信息技术高速发展的背景下，用户对于图书馆服务的需求日益复杂与多样，为了更高程度满足用户的个性化需求，无论是公共图书馆还是高校图书馆，都将在空间建设上做出转型和变革。本节将从空间转型前的保障建设、转型中的布局设计以及转型后要考虑的利益得失平衡三个方面，提出我国智慧图书馆空间转型与变革的关键问题。

（一）智慧图书馆空间转型与变革的前提保障

在对智慧图书馆进行空间改造的前期，应当着力做好理论准备、技术支撑和调研评估等工作，具体落实到相关理论与战略规划的创新、技术基础与管理机制的协同、前期评估与长远规划的重视等方面。

1. 相关理论与战略规划的创新

认识论表明，正确的认识促进实践的发展，起积极的作用。"互联网+"战略逐渐成为社会的主流意识和发展趋势，为图书馆转型奠定了基础，也对图书馆空间的转型与变革提出了新要求，如何制定一个合理的创新战略将成为亟须解决的问题，而科学的方法则是依据相关理论研究指导转型。随着智慧图书馆空间转型与变革的研究不断增多，相关理论也渐渐被挖掘出来，尤其是"第三空间"理论已经成为国内图书馆整体物理空间再造的重要指导[165]，如果要使空间转型与变革出现质的变化，那么填补理论滞后的缺口就是最关键的问题。在此情势下，图书馆界需要加强相关理论体系建设，从实际出发，吸取新理论和新元素，丰富创新空间理论，改变理论薄弱状态，为空间转型与变革战略规划提供理论支持和智力支撑[166]。

2. 技术基础与管理机制的协同

战略和理论的支撑固然重要，而技术基础和管理机制的支持也不可或缺。从技术基础方面来看，人工智能、区块链、云计算、大数据以及5G技术在我国的发展势头正盛，但尚未完全成熟，尤其是在图书馆领域，新兴信息技术与智慧图书馆的融合并未落到实处，如何加强技术与装备武装，使图书馆适应新的信息技术环境，是空间转型与变革的关键问题之一。从管理机制来看，图书馆管理机制的建设是影响图书馆空间创新转型与变革的重要因素。受传统行政模式影响，图书馆的管理机制多为垂直型结构，这样的管理机制限制了图书馆员的行为空间，一定程度上阻碍了创造性想法的诞生。因此，在图书馆进行空间转型与变革的同时，务必加强管理机制的改革，在提升馆员素质的同时，兼顾馆员与馆员之间以及馆员与用户之间的协同能力，借助扁平化的管理方式和先进的技术工具，为用户提供更加专业化的服务。技术基础的提升有利于建立更智慧的管理机制，而管理机制的更新有利于督促技术的发展，由此可见，二者如何协同发展，是图书馆空间转型与变革会面临的关键问题。

3.前期评估与长期规划的重视

智慧图书馆空间的转型与变革离不开对图书馆空间的动态评估，空间评估的目的在于系统、全面地了解图书馆空间运作效能以及用户空间需求，为空间转型与变革提供决策基础[167]。空间转型与变革一般从评估开始，建设完成之后又会进行新一轮的空间评估，为下一轮空间建设指明方向，接着又为新的评估提供实证依据，前期评估与空间建设相辅相成，帮助图书馆进行空间建设形成长期规划机制。美国东北大学图书馆、戴顿大学图书馆等境外图书馆已经建立了空间再造评估体系，运用一系列指标考察图书馆的空间价值[168]。因此，空间转型再造的评估体系必不可少，图书馆在计划空间转型与变革时，应当对成功案例进行参考借鉴。同时要注意，在进行评估调研时，不能一蹴而就，应当在实践中不断修正评价体系，既要进行前期调研，也不能忽略长期规划，在探索中找到一条适合自身发展的空间建设道路。

（二）智慧图书馆空间转型与变革的布局设计

智慧图书馆建设的目的是为用户提供更加智慧化的服务，因此，在空间转型与变革时，务必要考虑三个空间维度的布局设计，具体来说，涉及物理空间变革、信息空间变革、人类社会空间变革与智慧服务的融合设计。

1.物理空间变革与智慧服务的融合

图书馆物理空间与智慧服务的建设具有交叉性，转型与变革时务必要将二者融合。而这种融合不能是简单的功能叠加，而要注意创新融合的深度和广度。例如在改造阅览空间时，不能割裂地只关注桌椅的设置、空调灯具的采购等，而是要将智慧服务与用户需求紧密地结合起来，使环境参数能够根据用户需求自动调节智慧化效果。同理，未来对于藏书空间、借阅空间和咨询空间等的变革建设，也一定要与智慧服务进行有机的融合。

2.信息空间变革与智慧服务的融合

信息空间变革与智慧服务融合的关键点，主要体现在图书馆对用户的虚拟资源需求的满足。一方面，要满足用户对于文献信息资源的需求；另一方面，要满足用户对于虚拟化场景的需求，兼顾了二者，才能有效解决用户线下需求与线上需求之间的矛盾。在满足文献信息资源需求时，既要注重馆藏资源的拓展，又要注重特色资源的建设。例如，对于高校图书馆的信息空间变革建设，一定要注意高校师生对教学资源的需求，包括课程教材、参考资料、优质网课、课程分析等内容，为他们提供智慧化的学科服务。

3.人类社会空间变革与智慧服务的融合

在人类社会空间变革方面，需要开拓创新。对于这方面空间的改造，尤其是创新空间的改造，国内外已有一些成功案例，这些案例的传播和推广也对图书馆领域产生了广泛影响。但是，图书馆在学习借鉴这些案例经验的同时，应当坚持有选择地吸收，不加改动地照搬照抄并不能达到理想的实施效果。首先，新冠疫情的出现使得财政用于图书馆建设的经费缩减，很多成功案例的变革模式无法实现。其次，由于地域文化、价值观、认同感存在差异，照搬他人的案例并不能够体现自身的特色，完全不能够达到改造目的。在进行这一方面的变革时，要着重把当地特色与智慧服务相融合，例如数字人文服务空间的建设与智慧服务相融合，打造出一座与往昔截然不同但更具标志性、代表性的图书馆。

（三）智慧图书馆空间转型与变革的得失平衡

图书馆空间转型与变革是为了更好地提升图书馆的利用价值，因此在转型与变革时不能过度沉浸于布局设计，也应关注到再造结果的得与失，分别在美观性与实用性、硬件与软件、公益性与经营性之间做出权衡。

1.美观性与实用性之间的平衡

智慧图书馆在进行空间改造时往往会涉及外观的观赏性问题。无论是公共图书馆还是高校图书馆，作为一个具有象征性或者地标性的建筑，在设计其外观时，往往都希望能带给用户良好的第一印象。然而一些图书馆在空间改造时过分地追求空间的新颖性、奇特性，却忽视了空间的利用率问题，造成美观性的"得"与实用性的"失"。目前就存在图书馆因追求大面积、高楼层而忽略了功能的实用性与多元化的问题，以致降低图书馆空间的服务效能，不能做到以人为本、为公众带来舒适的体验[169]。此外，在空间转型与变革的材料选择上，也不能因为美观而忽视了材料的质量和耐用性，选择一些靓丽但易损坏或难清洁的材料，从另一种程度上造成了资源的浪费。因此，如何平衡空间的美观性与实用性是在进行转型与变革时需要关注的关键问题[170]。

2. 硬件改造与软件改造之间的平衡

有学者指出，未来图书馆的空间应该是"信息物理空间"，因此在进行空间变革时务必要注意硬件改造与软件改造之间的平衡[171]。在进行空间转型与变革时，物理空间的利用如纸质馆藏、灯光、讨论室等是直观的，虚拟空间的利用如电子文献资源、灯光控制系统、虚拟社区等相比之下更容易被忽略，但二者的建设同样重要。将经费过多地投入于硬件改造往往容易造成软件改造的"失"。因此，进行空间转型与变革时必须注意物理空间"硬件"与信息空间"软件"之间的平衡，高度关注信息的一致性，使实体资源与虚拟资源融合，发挥出更好的效果。例如，在对图书馆的实体灯光装置进行改造时，也不妨考虑一下灯光调节控制系统的更新，二者融合能够使整个灯光系统发生更大程度的优化。

3. 公益性与经营性之间的平衡

公共图书馆是依法设立、由公费支持的事业单位，无偿服务是图书馆的基本原则，无论何时，图书馆都要坚持公益性、均等性，不对读者作区别对待。然而在图书馆空间转型与变革的过程中，由于强调多元化功能的实现，一些图书馆有引入社会力量的想法，利用跨界融合的模式，从来激发图书馆空间的潜能，比如与书店合作阅读推广、与咖啡店合作读书沙龙等收费活动，这会让社会对图书馆的公益性性质产生怀疑。如此，在图书馆的公益性不得不与市场的经营性相结合的情况下，图书馆后期的运营管理和读者的个体需求之间的矛盾必然出现[172]，在进行空间转型与变革的设计时，应尽量避免引起读者认为图书馆是在搞"创收"的问题，影响图书馆在民众心中的形象。如何设置一些相关标准来对此进行约束和管理，有预见性地防止矛盾激化，是在空间转型与变革中要重点考虑的问题。

三、智慧图书馆资源聚合的利用效益与产权保障

智慧图书馆中资源的聚合不仅是指资源在结构上进行整合，更是指资源在语义上进行内容聚合和创新，实现更细粒度的知识关联，而非简单的资源集成[173]。实现资源的深度聚合能够最大限度地为用户提供更加全面、规范和多维度的立体化资源，并能有效提升智慧服务质量。智慧图书馆实现资源聚合的过程中，通过资源的更新、利用和知识创造，以实现资源聚合形成的经济效益与社会效益的最大化，在实现资源共享与开放的同时也要保障知识产权的安全性，使得资源利用效益最大化与产权保障达到平衡。

（一）智慧图书馆异构资源的语义聚合

随着信息技术的不断发展，智慧图书馆能够采集并利用的资源越来越丰富，然而当前资源的共享与聚合度仍然处于较低的水平，其主要原因是所采集的实时动态的流动资源大多呈现多源异构的特点，会给深层聚合与语义关联带来极大挑战[174]。资源的深层语义聚合需要建立语义之间的逻辑关联，并挖掘出资源的隐含价值，实现跨领域的语义关联与知识发现，并且重点关注跨地域、跨时空、跨语种数据之间的聚合，以扩展资源聚合的深度与广度。在这一过程中，因为资源数据存在大规模、异构性与复杂性的特点，无论是采集、组织、存储还是管理和利用，各个环节的集合实施效果难以得到充分保证。

1.资源语义关联的深层性

W3C（万维网联盟）在 2010 年成立了图书馆关联数据孵化组织，号召

各个图书馆遵守共同的标准将资源发布为关联数据，这一举措不仅实现了各图书馆的资源互联，还在语义网层面与其他领域的资源相互关联[175]。为了实现资源的细粒度聚合，需要对其属性和从中提取的概念、实体及其属性进行描述，而关联数据则能够从语义上关联客观实体和抽象概念，弥补了目前资源集成粗粒度和语义缺失的缺陷，实现资源的深度聚合和知识的细粒度利用。与此同时，还需要注重与用户的交互性，构建更贴合用户真实需求的关联数据集，以提供更精准的服务，并且确保关联数据更新的同步性与及时性，使得资源组织与利用更加高效。

2. 数据描述标准的统一性

在资源深层价值挖掘与知识发现过程中，不同的数据标准会导致数据孤岛的产生[176]，造成各类资源的交换与共享的阻碍，用户会因不同的数据标准而难以获取到更加完整的资源，因此，多源异构资源聚合与共享过程中也需要注重数据的统一标准，实现对资源内容统一的细粒度和去格式化语义描述是保证资源语义聚合的核心问题。数据的统一描述标准能够为资源的组织和知识挖掘提供基础保障，而智慧图书馆面向资源聚合与知识发现，因此基于语义的资源知识化描述规则是未来资源描述标准的一个主要研究方向[177]。

3. 语义标注工具的适用性

语义描述标准能够为资源聚合提供统一的语义接口，然而在构建资源的语义关联时，由于中文具有较高的语义复杂度，国内相关语义标注工具的开发和应用相对滞后，并且国际上常用的语义标注工具难以支持对我国数字资源的语义描述[178]。因此，在进一步分析和总结国外较为成熟的语义标注工具的实现方法和技术特点的同时，应当结合我国的实际需求，开发出适用于中文语义分析的语义标注工具，从而实现多源异构资源的语义关联和深层聚合。

（二）智慧图书馆资源利用的效益最大化

资源聚合立足于整体功能大于部分功能之和[179]。在投入大量资金的情况下，如何既确保经济收益，又创造对人们文化精神生活有益的社会效益，是资源聚合过程中需要综合考量的效益最大化问题，涉及资源剔旧更新、资源利用渠道、资源接收方进行知识创造等过程。

1. 资源剔旧更新的成本与收益最大化

在当今信息爆炸式增长的时代，数据开放与信息共享是智慧图书馆进行资源聚合的基础。开放环境下知识更新换代的速度不断加快，因此资源剔旧更新的步伐也在不断加快。资源在衰退的过程中使用价值会随之减少，因此，在资源利用利益最大化过程中，会产生如智慧图书馆在资源衰退到了何种阶段需要引进新资源，如何进行剔旧查新，以及馆藏更新的频率等成本控制的问题。解决此类问题一方面，要考虑资源的利用价值需要符合当前社会进程并能够满足用户需求；另一方面，也要控制资源采集利用各环节的资金投入，以达到资源剔旧与更新过程中收益的最大化。

2. 资源利用渠道的经济效益最大化

智慧图书馆提供资源利用的渠道，除了馆藏借阅、馆际互借、专题讲座、一站式检索等方式外，还提供了各项网络化服务，如用户可以对各类电子期刊等专题信息进行电子订阅，图书馆即通过邮箱为用户提供自动化定题服务，并且智慧图书馆员可以在社交媒体平台上为用户提供即时的参考咨询服务。依托于网络信息技术的交互服务需要强大的后台数据库支持，并且需要长期维护和更新，相关技术和设备的投入同样是智慧图书馆投入成本中占比较大的一部分，如何在用户服务过程中使资源利用渠道的经济效益最大化也是值得关注的问题。网络直播或许会成为智慧图书馆未来进行资源推广的主要手段之一，原因在于网络直播门槛低，智慧图书馆只需要投入较低的人力、资金、时间便能利用网络直播进行资源推广，利用有限的投入就能实现更为广泛的资源传播。

3.资源知识创造的社会效益最大化

由于智慧图书馆在为用户创建馆藏资源知识网络的同时，用户也会结合自身的知识体系进行知识创新，在这样不断进行创新与发现的过程中，知识更加细粒度地组织与传播，极大限度地扩宽与加深了知识网络的广度与深度。在知识的循环利用创新这一过程中，智慧图书馆只有在利用馆藏资源进行知识网络的构建与不断聚合用户创新知识的过程中会产生成本投入，而知识利用与创新产生的社会效益是无法计量的，不仅能够给科研人员带来新的创造灵感，促进新理论、新方法、新技术的诞生，从长远看更能推动社会的发展，给社会带来更大化的利益。如何引导用户选择有益的知识创新方向，以及如何提升为用户提供相关知识的精准性以加快知识创新进程，这是智慧图书馆在推动知识接收方进行知识创造过程中需要着重考虑的问题。

（三）智慧图书馆资源聚合的产权保障

数据开放与信息共享是资源聚合的基础，智慧图书馆为最大化资源聚合的利用效率，不仅聚合了各馆的馆藏资源，还将链接到外部的开放资源一并纳入采集利用范围内，这一过程必然会导致资源开放共享水平的提升，因此需要重点解决公开性与安全性问题[180]，以充分保护馆内资源的知识产权权益。

1. 法律法规的基础保障

相关法律法规的设立与实施是对智慧图书馆各类资源产权最基础且最有效的保护手段，其中主要涉及知识产权保护制度、数据及网络安全、个人隐私保护等方面。在遵循法律法规的基础上，智慧图书馆也需要制定相应的规章制度和业务规范，使数据的加工处理流程合理化、规范化，例如，通过制定员工守则，约束图书馆员在业务处理过程中的行为，保障对资源数据的保密性；通过与利益相关方签订数据使用安全协议，确保各方权责义务平衡；等等。对于资源生产者来说，与智慧图书馆签订的版权协议是对创作者自身知识产权等相关权益的基础保障，需要对相关资源的著作权等归属进行详细协商，需要合理界定资源的利用范围、用途，以及使用期限等。同时，也需要加强资源生产者、传播者与使用者的版权意识，对图文声像等各类数字资源使用合理且合法的获取和传播渠道。

2. 新兴技术的安全保障

如今数字化共享资源逐渐成为获取资源的主要方式之一，在资源的传递与共享过程中，盗版资源的快速传播与零成本复制使得数字资源的版权保护机制遭遇极大挑战，因此需要采用区块链等新兴技术维护知识产权等相关权益，通过去中心化的结构实现去信任机制与非对称密码学的双重保护[181]。值得注意的是，对于聚合过程中涉及用户隐私或者涉密资料的资源，需要在内容加密、加工处理和传输过程中更加细化安全维护规范与实施流程，并且需要与其他资源区分开，以保障其机密性、完整性和可用性。

3.监管中心的特殊保障

某些特殊行业的资源，如医疗信息、政府数据和金融情报等，对于安全性和保密性标准都会有其特殊的要求[182]，而目前大多行业依赖于可信的、独立的第三方来保证资源交互过程中的可靠性[183]，一旦第三方失去信用，将会造成极大的安全风险事故。因此，可以在特殊行业资源提供方和智慧图书馆之间建立单独的聚合机构，作为中介保存资源交换与共享的完整日志数据，为其他机构提供服务，并成立相应的监管中心对资源的流动进行监管，在保障特殊行业资源安全性与保密性的前提下满足其可用性。

四、智慧图书馆与智能技术的适度融合

技术是图书馆发展最直接的驱动力。技术在图书馆的广泛应用，深刻地改变了图书馆业态。然而，在智慧图书馆建设过程中还需更加理性地审视技术与图书馆的融合发展问题。例如，如何解决技术在应用于图书馆的过程中面临的诸如知识产权、信息安全、信息伦理等法律、制度和管理方面的问题，技术应用于图书馆的终极目的是什么，技术如何让用户的信息、知识和文化需求得到更充分的满足，技术怎样才能促进信息资源的公平获取等。

（一）图书馆智能技术的设计须兼顾信息安全与伦理问题

技术伦理主要是指对人类在技术实践活动中所面临的伦理问题的道德反思[184]。技术伦理嵌入智慧图书馆技术更替的各个环节是智慧图书馆发展中

必须面对的新挑战。智慧图书馆在进行技术更替时，必须在这方面有更多更好的解决方案，以避免信息泄露和伦理失范。

1.智能技术设计中的设备安全与伦理

智能设备的应用是智慧图书馆智慧化发展的重要组成部分。在机器设备应用过程中仍需关注机器的安全与伦理问题。例如，咨询机器人或聊天机器人以问答知识库及自主学习为核心原理，这类智能机器主要建立在概率统计基础上，若掺入虚假信息或伪造的数据，将产生不可预估的安全和伦理灾难。微软聊天机器人 Tay 因存在辱骂用户等问题而在上线 24 小时后被关闭。同时，以机器人为代表的智能设备应用应事先考虑其是否会造成人对机器的依赖关系。例如机器人所提供的"陪伴式"服务具有极强的"黏性"，会导致儿童对人工智能陪伴上瘾的问题[185]。因此，在图书馆智能技术的设计中，应该关注机器方面的安全与伦理问题，尽量避免在知识传播空间中出现虚假信息、道德缺失和成瘾上瘾的问题。

2.智能技术设计中的用户安全与伦理

图书馆服务创新在获取新技术、新理念支持的同时也存在技术创新引发的伦理问题。一是用户个人身份信息数据的所有权不明晰。由于缺乏法律和伦理规范，大数据通过网络可以任意传播，无视用户的个人身份和隐私泄露危险。例如，大学图书馆的用户信息大部分是从人事处或学生处直接获取人脸图像信息进行人脸识别，未考虑用户的知情权问题。二是用户阅读和行为偏好数据被不当利用，侵犯用户隐私。例如，图书馆所搜集用户数据具有较高价值，信息管理人员以营利为目的的贩卖用户信息数据而造成的数据泄露，或网络技术漏洞等导致用户数据被黑客攻击盗取，侵害用户数据安全。

3. 智能技术设计中的资源安全与伦理

智能技术的应用提高了馆际资源的流通效率，促进了馆际资源的共建共享。但同时也带来了资源使用的安全与伦理问题。具体来说，一是馆际资源建设过程中存在版权合规问题，如图书馆在进行资源建设和提供使用过程中涉及的著作权人的授权问题、图书馆间权责划分问题、版权保护规范制定问题等；二是馆际资源传递时，存在版权被侵害风险，例如技术漏洞导致资源被侵权使用、版权数据管理技术滞后导致版权登记管理不及时造成侵权等[186]。

（二）图书馆智能技术的采纳须立足发展实际

历代图书馆的发展离不开科学技术的应用，图书馆的知识组织、管理协调、用户服务的提供都有赖于技术重要支撑与保障。但也不能过分强调技术而主次颠倒，高举"技术至上"的大旗来建设图书馆，使图书馆建设脱离其以用户需求为本的服务价值观和目标。因此，在智慧图书馆的技术更替过程中，务必正确认识智能技术在智慧图书馆发展中所扮演的角色，明确智慧图书馆技术更替所需把握的核心原则。

1. 智能技术在智慧图书馆发展中的作用

智慧图书馆的发展是图书馆基于智能技术，对原有基础设施、空间环境、既有资源、管理架构和服务模式的演进与革新。智能技术是图书馆智慧化进程中的重要驱动力，智能技术驱动图书馆向智慧化发展[187]。

智能技术驱动智慧图书馆理论价值的延展。在机器学习、知识图谱、自然语言处理、计算机视觉等核心技术的驱动下，文献信息资源的开发与利用工作进入自动化时代，智能技术在不同程度上作用于各种类型的文献信息资源，使得文献信息资源的理论价值在从文献信息资源到智慧思想的进化过程中得以延展[188]。

智能技术驱动智慧图书馆服务水平的提升。智慧图书馆能够通过智能技术更好地服务用户[189]。在智能技术驱动下形成的应用场景能够真正服务于用户需求，并随着用户需求的不断提升，智慧服务也相应地不断升级，使文献信息资源的服务水平不断提升[190]。

2. 图书馆智能技术的采纳原则

智慧图书馆采纳智能技术时应秉持以人为本的理念，将尽最大可能满足用户最广泛的信息需求作为图书馆各项业务开展的目标，在积极研究利用新技术的同时，高扬图书馆学价值理性和人文精神，努力寻求图书馆学工具理性和价值理性的平衡和整合。

智能技术采纳应以满足用户需求的图书馆核心业务为中心。图书馆在进行新技术的引入和技术更替时，应该注重图书馆的核心职能与需求。图书馆的技术应用旨在实现图书馆的核心职能，集中优势资源，实现服务拓展。通过技术更替实现资源的挖掘、富集，人员自身素养与服务能力的提升，空间服务模式、服务功能的优化，并降低人力服务过程中的随机性与多变性。图书馆在进行技术更替时也应当从图书馆的核心需求出发，按需改造，有序更替图书馆各项技术[191]。

智能技术采纳应切合实际，因馆制宜。中国图书馆事业存在着地区和城乡差异，即使是同一地区和同一城市中的各个馆，其发展水平也不相同，其信息基础设施和人才队伍建设也各有不同。因此，智慧图书馆在发展过程中，需要立足实际发展水平，如经济实力和信息化水平、馆员素质和服务能力、用户对服务的利用能力和水平等，使智能技术与图书馆的当前发展需求与长远发展能力能够有效匹配，使智能技术在图书馆新的功能定位和智慧图书馆建设需求的指导下，更好地服务和支撑智慧图书馆的发展[192]。

3.图书馆智能技术的迭代周期

图书馆对智能技术的采纳旨在实现对现有服务架构的创新重塑。而智慧图书馆的发展并不是对新出现技术的盲目使用，不能单纯依靠新的智能技术的快速迭代来"武装"图书馆服务，而是需要立足用户实际需求与图书馆发展现状，理性判断和综合考量是否确实需要进行智能技术的迭代。不能迷失于新技术周期带来的外在短期光环中，而忽略了智慧图书馆的内在本质。因此图书馆在采纳智能技术时应当系统地考虑智能技术对图书馆整体功能价值和用户服务体验是否有重要提升，而非仅限于新智能技术对传统业务中的技术的周期替代。当前学者们对于智慧图书馆新技术、新模式的应用进行了较充分的探讨，但是对于图书馆如何系统评估新兴技术对旧技术迭代产生的价值，优先引入哪些新技术，何时进行新旧技术的更替与迭代，仍需进一步展开探究与实践。

（三）图书馆智能技术的应用须兼顾公平性理念

在信息时代，信息技术带来社会生产和生活便利的同时，也会造成信息不对称、不透明及数字鸿沟问题。从宏观上来讲，数字鸿沟主要是由于信息和通信技术的发展与应用，造成国家间及国家内部群体之间的信息不对称的一种现象。图书馆作为信息服务机构倡导的是大众享有信息资源、信息服务的公平与均等，无关其民族、区域、文化水平和贫富阶层[193]。从信息资源和服务获取的动态实现过程看，图书馆智能技术应用面临的公平性理念要求，分为起点、过程和结果公平性要求。

1. 智能技术应用中的起点公平性要求

起点公平表现在智能技术在图书馆中的应用应保障用户平等、无差别地享有信息资源及其服务，不因为经济条件各异、生活地域不同而拥有不平等机会。随着图书馆智慧化进程的加快，不同图书馆智能技术应用的进程差异会造成不同图书馆用户间的"数字鸿沟"，导致不同群体之间对文献信息资源占有、使用机会及收益分配存在较大差异，产生马太效应。

2. 智能技术应用中的过程公平性要求

过程公平强调目标实现的路径和其遵守的规则是对等的，即图书馆应用智能技术对不同用户提供服务时应遵照平等原则，特别是实现不同用户之间的平等，注重人与人之间需求的差异性[194]。图书馆通过智能技术应提高所提供资源的适切性，满足不同社会角色、不同区域、不同兴趣用户的不同需求。

3. 智能技术应用中的结果公平性要求

结果公平则指资源配置相对平等，即智能技术应用在信息资源的配置上面临如何充分促进资源在机构间共建共享、互联互通的问题。智能技术应用应不仅使部分有条件引入智能设备和自主开发建设信息资源的图书馆受益，还要促进馆际资源共享与用户平等参与。

现阶段我国城乡、地域社会生产力发展水平的差异依旧深刻影响着图书馆服务供给，不同层级与类型的图书馆限于地区、经济水平、用户需求的差异，难以兼顾信息公平。显然，完全平等地享有图书馆智慧服务供给是现阶段难以实现的，如何利用虚拟图书馆提供线上文献资源服务，在保证智能技术推动智慧图书馆建设的同时，统筹推动馆际资源与服务共建共享，兼顾公平性理念，实现资源与服务、公平与效率的统一，有待进一步研究与探讨。

（执笔人：夏立新、翟姗姗、白阳、杨元、夏彦彦、陈茗、周梦蝶）

参考文献：

[1] 赵岩.基于用户画像的数字图书馆智慧阅读推荐系统研究[J].图书馆学刊,2018(7):121-124.

[2] 潘杏仙.智慧图书馆用户培育的思考[J].图书馆工作与研究,2014(12):48-51.

[3][90] 初景利,赵艳.图书馆从资源能力到服务能力的转型变革[J].图书情报工作,2019(1):11-17.

[4] 李彩宁,毕新华,陈立军.智慧图书馆服务模式及平台构建研究[J].图书馆,2018(12):1-7.

[5] 陈力.少儿图书馆的中介读者工作[J].中国图书馆学报,2005(6):90-91.

[6] 程焕文,钟远薪.智慧图书馆的三维解析[J].图书馆论坛,2021(6):43-55.

[7] 宋姬芳.学科馆员学科知识服务能力的建构与实证[J].大学图书馆学报,2015(3):68-76.

[8] 陈凌,王燕雯.智慧图书馆馆员综合能力评价指标研究[J].数字图书馆论坛,2018(4):66-72.

[9] 张晴."以人为本"服务理念下的智慧图书馆发展策略[J].图书情报导刊,2016(6):15-17.

[10] 蒋知义,曹丹,邹凯,等.智慧图书馆馆员胜任力双螺旋模型构建[J].图书馆,2020(12):34-41,66.

[11] 袁红军.图书馆智慧服务模式探析[J].新世纪图书馆,2017(3):22-25.

[12] 袁红军.基于"互联网+"背景的图书馆智慧服务研究[J].图书馆理论与实践,2018(3):109-112.

[13] 王思兵.以用户为中心的智慧图书馆"智慧层次"探讨[J].中国中医药图书情报杂志,2020(4):31-34.

[14] 王世伟.再论智慧图书馆[J].图书馆杂志,2012(11):2-7.

[15] 单轸,邵波.图书馆智慧空间:内涵、要素、价值[J].图书馆学研究,2018(11):2-8.

[16] 刘宝瑞,马院利.基于智慧理念的智慧图书馆空间样貌探究[J].图书馆学研究,2015(11):26-29.

[17] 单轸,邵波.国内图书馆空间形态演化探析[J].图书馆学研究,2018(2):20-26.

［18］赵海月,赫曦滢.列斐伏尔"空间三元辩证法"的辨识与建构[J].吉林大学社会科学学报,2012(2):22-27.

［19］宋生艳,段美珍.智慧社会发展背景下智慧图书馆内涵、服务与建设路径[J].图书情报工作,2018(23):51-58.

［20］［88］［93］王世伟.略论智慧图书馆的五大关系[J].图书馆杂志,2017(4):4-10.

［21］［122］［134］饶俊丽.从传统到数字再到智慧图书馆范式的嬗变[J].情报理论与实践,2018(3):20-22,10.

［22］高协,王昕,张心言,等.智慧图书馆的空间设施构想[J].数字图书馆论坛,2018(6):15-20.

［23］韩思奇,杨玉麟.对数字时代图书馆空间模式的思考[J].新世纪图书馆,2013(12):19-22,91.

［24］邓李君,杨文建.基于PEST-SWOT分析的智慧图书馆空间功能定位研究[J].新世纪图书馆,2021(2):31-38.

［25］靳嘉林,张甲,王曰芬,等.新时代、新挑战、新策略:"2018年学术图书馆发展"高端论坛会议综述[J].大学图书馆学报,2019(3):13-17.

［26］金以明.图书馆特色馆藏资源建设[J].大学图书馆学报,2008(6):93-97.

［27］刘炜,陈晨,张磊.5G与智慧图书馆建设[J].中国图书馆学报,2019(5):42-50.

［28］樊慧丽,邵波.国内外图书馆机器人的研究应用现状与思考[J].图书馆杂志,2017(6):88-94.

［29］梁玉芳,刘凡儒.人工智能时代的图书馆:技术、问题及应用[J].情报资料工作,2018(5):107-112.

［30］［58］罗丽,杨新涯,周剑.智慧图书馆的发展现状与趋势:"智慧图书馆从理论到实践"学术研讨会会议综述[J].图书情报工作,2017(13):140-144.

［31］邵波,单轸,王怡.新一代服务平台环境下的智慧图书馆建设:业务重组与数据管理[J].中国图书馆学报,2020(2):27-37.

［32］［130］［150］徐潇洁,邵波.基于数据驱动的智慧图书馆服务框架研究[J].图书馆学研究,2018(22):37-43.

［33］［139］［176］洪亮,周莉娜,陈珑绮.大数据驱动的图书馆智慧信息服务体系构建研究[J].图书与情报,2018(2):8-15,23.

［34］孔繁超.基于数字孪生技术的智慧图书馆空间重构研究[J].情报理论与实践,2020(8):146-151.

［35］程章灿."四大资源"建设实践与展望:对南京大学图书馆"十四五"规划制定的思考[J].大学图书馆学报,2021(1):18-20.

［36］彭骏.无纸图书馆的特征与实践[J].图书馆杂志,2021(3):34-41,59.

［37］曹芬芳,刘坤锋.高校图书馆创客空间构建研究[J].图书馆建设,2017(6):18-23,30.

［38］李朝晖,陈迪新.基于众创的高校图书馆智慧服务模式研究[J].图书馆工作与研究,2017(7):57-62.

［39］唐燕,刘小榕,李健.智慧图书馆空间再造与数字人文服务创新研究[J].图书馆,2020(5):74-80.

［40］彭松林."十四五"期间省级图书馆转型发展的宏观环境与目标任务分析[J].图书馆,2021(8):1-9.

［41］邓李君,赵英.智慧环境下高校图书馆空间转型研究[J].图书馆,2021(12):52-59.

［42］曾宪付.社会时空观视角的公共图书馆"十四五"规划与发展[J].图书与情报,2020(6):93-97.

［43］邵波,许苗苗,王怡.数据驱动视野下高校智慧图书馆建设及服务规划:兼论"十四五"时期智慧图书馆发展路径[J].图书情报工作,2021(1):41-46.

［44］张文竹,邵波.我国高校图书馆空间建设现状分析及对策[J].高校图书馆工作,2018(5):58-62.

［45］［125］饶权.全国智慧图书馆体系:开启图书馆智慧化转型新篇章[J].中国图书馆学报,2021(1):4-14.

［46］刘英赫.智慧城市建设背景下图书馆建筑发展策略研究[J].图书馆,2022(2):89-94.

［47］［95］［133］［143］［151］［190］夏立新,白阳,张心怡.融合与重构:智慧图书馆发展新形态[J].中国图书馆学报,2018(1):35-49.

［48］施晓华,王昕,徐璟,等.新一代智慧图书馆服务平台的发展现状与特征研究[J].大学图书馆学报,2019(2):49-54.

［49］柳益君,何胜,熊太纯,等.大数据挖掘视角下的图书馆智慧服务:模型、技术和服务[J].现代情报,2017(11):81-86.

［50］［85］［89］［136］谢蓉,刘炜,朱雯晶.第三代图书馆服务平台:新需求与新突破[J].中国图书馆学报,2019(3):25-37.

［51］［56］［177］卢小宾,洪先锋,蒋玲.智慧图书馆数据标准体系研究[J].图书情报知识,2021(4):50-61.

［52］［68］周玲元,闫思琪,朱翔宇."智慧图书馆"情境感知服务模式及评价研究[J].图书馆学研究,2017(21):23-30.

［53］［61］曾子明,孙守强.基于情景感知的智慧图书馆场景式服务研究[J].图书与情报,2019(4):101-108.

［54］茆意宏.人工智能重塑图书馆[J].大学图书馆学报,2018(2):11-17.

［55］［131］王颖纯,董雪敏,刘燕权.基于知识挖掘的图书馆智慧推荐服务模式[J].图书馆学研究,2018(9):37-43.

［57］［132］化柏林."数据、技术、应用"三位一体的公共文化服务智慧化[J].中国图书馆学报,2021(2):40-52.

［59］邵波,张文竹.下一代图书馆系统平台的实践与思考[J].图书情报工作,2019(1):98-
104.

［60］陈臣.图书馆个性化智慧服务体系的构建[J].图书馆建设,2014(11):37-40,45.

［62］［158］尹克勤,张立新.基于智慧图书馆的高校图书馆读者服务模式研究[J].图书馆
工作与研究,2017(9):109-113.

［63］许天才,杨新涯,田琳.自主创新为主导的图书馆系统研发历程:以重庆大学图书馆为
例[J].图书馆论坛,2017(4):9-17.

［64］［160］董同强,马秀峰."人工智能+图书馆"视域下智慧型学科服务空间的构建[J].
图书馆学研究,2019(2):83-88,46.

［65］［87］［120］乌恩.智慧图书馆及其服务模式的构建[J].情报资料工作,2012(5):
102-104.

［66］段美珍,初景利,张冬荣,等.智慧图书馆建设评价指标体系构建与解析[J].图书情报
工作,2021(14):30-39.

［67］［70］邓李君,杨文建.基于用户满意视角的智慧图书馆评价体系研究[J].图书馆学研
究,2020(3):18-25.

［69］闫晶,毕强,李洁.数字图书馆资源聚合质量评价指标构建[J].图书情报工作,2017
(24):5-12.

［71］［73］康晓丹.构建第三代图书馆的技术思考:以上海大学图书馆为例[J].大学图书馆
学报,2014(1):78-82.

［72］［106］［117］［123］王世伟.论智慧图书馆的三大特点[J].中国图书馆学报,2012
(6):22-28.

［74］秦格辉.Zigbee与RFID整合应用研究:智慧图书馆感知网组网设计[J].图书馆论坛,
2014(5):86-91,144.

［75］［119］谢蓉,刘炜.SoLoMo与智慧图书馆[J].大学图书馆学报,2012(3):5-10,79.

［76］常盛,刘劲节,于涵,等.5G时代图书馆信息生态服务框架构建研究[J].图书馆学研
究,2021(8):32-41.

［77］苏云.大数据与人工智能双驱动的图书馆智慧服务研究[J].图书与情报,2018(5):
103-106.

［78］周玲元,段隆振.基于情境感知的图书馆移动信息服务研究[J].图书馆理论与实践,
2015(7):71-74.

［79］曾子明,秦思琪.智慧图书馆移动视觉搜索服务及其技术框架研究[J].情报资料工作,
2017(4):61-67.

［80］陈臣.基于大数据挖掘与知识发现的智慧图书馆构建[J].现代情报,2017(8):85-91,
97.

［81］张忠林,王玲.区块链技术在图书馆的应用场景分析[J].图书与情报,2018(6):110-112.

［82］赵力.区块链技术下的图书馆数字版权管理研究[J].图书馆学研究,2019(5):75-79.

［83］沈凯旋,高胜,朱建明.LibRSM:基于联盟链的数字图书馆信息资源安全共享模型[J].
国家图书馆学刊,2019(2):77-86.

［84］曾子明,秦思琪.去中心化的智慧图书馆移动视觉搜索管理体系[J].情报科学,2018
(1):11-15,60.

［86］薛卫双,钟欢."技术+人文":基于FOLIO平台的高校图书馆智慧服务平台研究[J].图
书馆学研究,2021(6):36-42,10.

［91］张晓林.数字图书馆机制的范式演变及其挑战[J].中国图书馆学报,2001(6):3-8,17.

［92］SUTTON S A. Future Service Models and the Convergence of Functions:the Reference
Librarian as Technician, Author and Consultant[J]. The Reference Librarian,1996,25
(54):125-143.

［94］翟羽佳.智慧图书馆的哲学审视[J].图书馆建设,2020(3):91-98.

［96］魏大威,李志尧,刘晶晶,等.基于区块链技术的智慧图书馆数字资源管理研究[J].中
国图书馆学报,2022(2):4-12.

［97］［98］［128］初景利,段美珍.从智能图书馆到智慧图书馆[J].国家图书馆学刊,2019,
28(1):3-9.

［99］周焕.论互联网时代改变图书馆馆藏外延的实现[J].文教资料,2010(20):91-92.

［100］黄幼菲.公共智慧服务:图书馆知识服务的高级阶段[J].情报资料工作,2012(5):
83-88.

［101］魏大威,李春明,温泉,等.万物互联背景下我国公共图书馆新业态发展思考[J].中国
图书馆学报,2014(6):22-32.

［102］李青燕.抓住智慧城市建设契机加快数字化图书馆建设[J].内蒙古科技与经济,2015
(2):153-154.

［103］默秀红.面向智慧城市理念的高校图书馆服务创新发展探究[J].情报理论与实践,
2016(8):92-95.

［104］［121］龙军,向宏华.智慧社会视角下的智慧图书馆服务策略研究[J].图书馆工作与
研究,2019(2):12-17.

［105］郎筠,韩亮.嬗变与复归:图书馆智慧与服务研究探析[J].图书馆建设,2018(3):47-
55,64.

［107］［114］AITTOLA M, RYHÄNEN T, OJALA T. Smart Library:Location-Aware
Mobile Library Service[C]// Proceedings of 5th International Symposium on Human-
Computer Interaction with Mobile Devices and Services, Udine, Italy,2003.

［108］［116］刘丽斌.智慧图书馆探析[J].图书馆建设,2013(3):87-89,94.

［109］［145］李后卿,董富国.智慧图书馆服务实现策略探析[J].图书馆,2016(5):80-84.

［110］段美珍,初景利,张冬荣,等.智慧图书馆的内涵特点及其认知模型研究[J].图书情

工作,2021(12):57-64.

[111] 秦殿启.智慧图书馆的语境、要素和发展路径[J].图书馆,2016(6):35-38,91.

[112] 武洪兴.基于物联网的智慧图书馆应用构想[J].图书馆工作与研究,2020(3):85-91.

[113] 江山.智慧图书馆要素研究及建设思考[J].图书馆工作与研究,2022(2):58-63.

[115] 赵晓芳.智慧图书馆的服务途径实现与构建[J].图书与情报,2012(6):46-48.

[118][127] 王世伟.重新认知中国智慧图书馆发展的历史方位[J].图书馆理论与实践,
     2022(1):1-6.

[124] 解金兰,常琛.智慧图书馆数据服务的功能设计与实施方案[J].图书情报工作,2019
     (7):56-62.

[126] 王世伟.论数字中国背景下的图书馆智慧化转型[J].中国图书馆学报,2022(1):
     29-37.

[129] 赵永莲.技术驱动下图书馆人书分离模式研究[J].图书馆工作与研究,2022(1):
     87-93.

[135] 邓李君,杨文建.关于智慧图书馆非技术建设的思考[J].图书馆工作与研究,2020
     (1):5-10.

[137] 莫丹萍.多元化需求下公共图书馆儿童阅读空间功能设计探索[J].图书馆工作与研
     究,2018(9):124-128.

[138] 曹树金,刘慧云.以读者为中心的智慧图书馆研究[J].图书情报工作,2019(1):
     23-29.

[140] 白苏红,王爱霞.智慧图书馆空间融合的模式与路径研究[J].图书馆学研究,2020
     (16):9-16.

[141] 董晶,吴丹.基于移动视觉搜索技术的智慧公共文化服务模型研究[J].图书与情报,
     2018(2):16-23.

[142] 夏立新,白阳,李成龙.基于SoLoMo的智慧自助图书馆服务体系研究[J].图书情报
     工作,2015,59(4):32-36,82.

[144][153] 李杨,郑德俊.与用户共创图书馆的知识服务价值:云舟知识空间的用户智慧
     融入案例及其启示[J].图书情报工作,2020(4):34-42.

[146][156] 曾子明,陈贝贝.融合情境的智慧图书馆个性化服务研究[J].图书馆论坛,
     2016(2):57-63.

[147] 胡健,刘佳杰,孙金花.基于SD模型的虚拟社区中个体隐性知识共享行为研究[J].情
     报理论与实践,2019(5):73-81.

[148] 初景利,张国瑞.面向智慧图书馆的馆员能力建设[J].图书馆理论与实践,2022(4):
     1-3.

[149][152] 肖喆光.基于信息生态理论的智慧图书馆员培养体系研究[J].图书馆,2021
     (11):38-43.

［154］张坤,查先进.我国智慧图书馆的发展沿革及构建策略研究[J].国家图书馆学刊,
2021(2):80-89.

［155］叶颖.多源数据融合视角下的智慧图书馆个性化推荐方法[J].图书馆论坛,2022
(3):154-161.

［157］曾子明,宋扬扬.面向读者的智慧图书馆嵌入式知识服务探析[J].图书馆,2017(3):
84-89,100.

［159］卢小宾,宋姬芳,蒋玲,等.智慧图书馆建设标准探析[J].中国图书馆学报,2021(1):
15-33.

［161］杨文建,邓李君.基于用户感知的智慧图书馆空间评价研究[J].图书馆,2021(8):
42-48,56.

［162］张晓庆,张文竹,邵波.基于开放融合理念的智慧图书馆服务模式构建研究[J].图书
馆学研究,2021(7):59-64,43.

［163］储继华,陈燕方,安然,等.高校图书馆感知服务质量评价研究[J].科技创业月刊,
2021(4):46-50.

［164］李臻,罗瑜.公共图书馆阅读推广活动评价体系的构建[J].农业图书情报学刊,2014
(5):90-93.

［165］［168］刘小凤.国内图书馆空间再造研究进展[J].山东图书馆学刊,2017(3):18-
23,63.

［166］蒋萌,王勋荣.互联网+环境下图书馆空间现状、趋势与再造战略研究[J].新世纪图
书馆,2017(5):31-35.

［167］凌征强,卢桥.图书馆空间再造研究综述[J].图书馆,2018(10):55-59.

［169］钟伟.略论中外公共图书馆建筑空间设计的六大理念与实践[J].国家图书馆学刊,
2021(1):53-60.

［170］［171］周亚,孙健,刘敏.未来图书馆的新形态与新功能:2016年中国图书馆年会基
础理论分会场综述[J].图书馆,2017(1):1-8,23.

［172］杜希林,刘偲偲.我国公共图书馆空间再造与展望[J].图书情报工作,2021(10):
38-47.

［173］吴丹,樊舒.面向多源异构资源融合的公共文化数字化建设路径[J].西安交通大学学
报(社会科学版),2021(5):136-143.

［174］夏立新,翟姗姗,程秀峰,等.基于语义的馆藏资源深度聚合与可视化展示理论与方
法研究[M].北京:科学出版社,2017.

［175］仝召娟,许鑫,钱佳轶.基于关联数据的非遗数字资源聚合研究[J].图书情报工作,
2014(21):21-26.

［178］王萍,黄新平.基于关联开放数据的数字文化资源语义融合方法研究:欧洲数字图书
馆案例分析[J].图书情报工作,2016(12):29-37.

［179］文庭孝,李维.大数据环境下数字资源融合初探[J].信息资源管理学报,2015(2):79-84.

［180］范家巧.大数据时代图书馆数字资源的融合与转化[J].图书馆论坛,2020(5):38-44.

［181］赵丰,周围.基于区块链技术保护数字版权问题探析[J].科技与法律,2017(1):59-70.

［182］刘晓英,文庭孝.大数据时代的数字资源融合研究[J].图书馆,2015(2):58-61.

［183］李洪晨,马捷,胡漠.面向健康医疗大数据安全保护的医疗区块链模型构建[J].图书情报工作,2021(2):37-44.

［184］陆康,刘慧,任贝贝.从技术伦理到制度伦理的图书馆智慧管理研究[J].数字图书馆论坛,2020(5):66-72.

［185］杨扬,郑玄.机器人技术与图书馆服务创新的融合研究:进展、问题和前景[J].国家图书馆学刊,2021(6):78-87.

［186］邱奉捷.国内外图书馆数字资源共建共享版权解决实践调研[J].图书馆学研究,2017(11):92-97.

［187］马海群,张涛,李钟隽.新时代文献信息的价值重构:人工智能技术和智慧服务[J].情报理论与实践,2021(2):1-7.

［188］曹文振,赖纪瑶,王延飞.人工智能时代情报学发展走向之辨:对本体论、感知论、方法论、服务论的再思考[J].情报学报,2020(5):557-564.

［189］王志宏,杨震.人工智能技术研究及未来智能化信息服务体系的思考[J].电信科学,2017(5):1-11.

［191］王世伟.深化人工智能与图书馆更新的若干问题:再论人工智能与图书馆更新[J].图书与情报,2020(3):93-103.

［192］王世伟.论中国特色公共图书馆新型智库建设的定位与发展[J].情报资料工作,2020(5):14-22.

［193］方昊,汪健.公平的正义:公共图书馆促进信息公平的伦理基石[J].图书馆,2015(3):1-6.

［194］陆浩东.转型与超越:图书馆公共信息服务的供给效率与公平协调性分析[J].图书馆学研究,2019(6):62-65,80.

第三章　智慧图书馆的规划建设与发展

技术的进步推动信息生态环境发生深刻变化，促使人们重新认识和审视图书馆的功能和角色，不断寻求图书馆发展的新态势。随着数字图书馆建设在全国范围的普及和业务发展日臻成熟，我国的图书馆行业也将迎来向"智慧化"转型的战略机遇期。受益于新技术的快速发展，我国图书馆信息化建设取得了巨大的成就，并推动智慧图书馆从理论研究走向战略规划和落地实践。本章回顾了过去 20 余年来数字图书馆建设成果，全面梳理了图书馆行业在智慧化方面的探索和实践，在对现阶段发展现状进行深入分析的基础上，围绕国家公共文化发展目标，提出了适合我国国情的智慧图书馆发展战略和规划设计，为构建全国智慧图书馆体系，全面优化图书馆治理机制，提升公共文化服务效能提供可资借鉴的发展路径。

第一节　数字图书馆建设成果

作为公共文化体系的重要组成部分，图书馆事业一直紧跟技术的进步而发展。在国家信息化浪潮中，图书馆界紧跟科学技术发展趋势，不断突破地域、组织、技术的界限，在数字化、信息化建设和应用领域由"跟跑者"实现了向"并行者""领跑者"的转变。在国家以及地方各级政府的策划和推动下，在各界的不懈努力下，数字图书馆建设取得了丰硕成果，实现了从实体文献、场馆服务向电子资源、数字空间、在线服务的巨大变革，并在基础设施建设、重大平台和关键技术研发、数字文化内容建设、标准规范体系、服务创新推广等方面实现了从无到有、从可用到逐渐完善、从各自独立到互联互通的不断演进，同时也培养了一大批具有专业知识和技能的高水平人才队伍，为新时代智慧图书馆建设与发展奠定了必要基础。

一、数字图书馆建设在全国范围的蓬勃开展

国家图书馆是国内最早研究并实践数字图书馆的机构之一，由国家图书馆承担的国家数字图书馆工程，是我国"十五"期间的一项重点文化建设项目，也是我国第一个国家级的数字图书馆工程。国家数字图书馆工程作为我国国家级文化战略工程，无论从投资力度，还是规划设计、建设规模、建设内容、技术指标以及技术架构，均居于世界领先地位。经过 20 余年的建设，国家数字图书馆工程形成了一系列具有独创性、科学性和前瞻性的技术架构和实践成果。通过国家数字图书馆工程建设，国家图书馆在机房面积、互联网接入带宽、馆区信息点接入能力、数字资源建设和保有量实现了跨越式增长，建成了数字资源数据中心和同城异地灾备中心，通过存储虚拟化技术实现异构存储系统的统一管理和调度，结合长期保存、灾备保存，保证了海量数字资源的高效服务、有效存储和长期可用。国家数字图书馆充分利用信息技术，搭建了统一用户系统、唯一标识符系统、资源灾备保存系统、文献数

字化系统、版权管理系统、文津搜索系统、数字资源发布与服务系统等一系列技术平台，形成了国家数字图书馆的数字资源采集加工系统体系、编目整合系统体系、发布与服务系统体系以及存储与保存体系；利用多种渠道，从多个层面开展数字资源建设，开展文献数字化加工和特色专题库建设，数字资源保有量急剧增长；对数字资源生命周期的各个环节进行全流程的管理，改变了国家图书馆传统的业务与服务模式，促使国家图书馆从传统图书馆向现代复合型图书馆转型，同时也拓展了国家图书馆的服务范围，改变国家图书馆传统的服务模式以及读者的阅读方式，规范了工作流程，给国家图书馆各项业务的开展带来了便利。

在国家数字图书馆工程建设取得显著成效的同时，国家图书馆充分发挥在全国图书馆界的引领与带动作用，自 2011 年起推动并牵头实施了数字图书馆推广工程，将国家数字图书馆的建设经验和成果实现全国复用，推动了行业发展变革。十余年来，在国家图书馆统筹和各地文化主管部门的全力推动下，逐步形成全国上下联动、逐级保障的数字图书馆建设的良好态势，全国共有包括少儿馆在内的 39 家省级图书馆、379 家地市级图书馆、2777 家县级图书馆参与数字图书馆推广工程建设，为加快构建现代公共文化服务体系奠定了坚实的基础。

数字图书馆推广工程实施以来，建立了汉字处理、资源组织、唯一标识符等 30 余项标准规范，并在全国公共图书馆落地应用；带动全国公共图书馆开展资源联合建设，建设资源总量达 2.4 万 TB，有组织、有计划、有重点地共建了一大批满足公众阅读需求的优秀数字资源库群，在全国范围内形成有效的数字资源保障体系，丰富了优质资源供给；向全国各级公共图书馆共享了超过 140TB 的普适性数字资源，通过"基层图书馆数字资源提升活动"，将一批总量 4TB 的特色优秀数字资源面向全国基层图书馆开放，各级图书馆公共数字文化资源的均等化水平大幅提高。在数字图书馆推广工程带动下，各地图书馆网络设备、存储空间等基础设施条件有了大幅改善，全国各级图书馆超过 1000 个数字图书馆业务平台实现互联互通，为各地开展数字图书馆建设与服务奠定了必要的信息化基础。数字图书馆推广工程还充分利用智能设备开展面向个人、家庭、机构的数字图书馆服务。截至 2021 年底，统一用户系统注册用户达 1987 万，各类资源使用人数和服务推广活动参与人数累计超过 11.3 亿人次，使全国数字图书馆服务水平、知晓度和满意度不断攀升。数字图书馆推广工程逐步完善核心人才队伍和人才的分类定向培养机制，建设期间培训总人数近 77 万，带动各地逐步建立起一支专业知识与实操技能兼备的高素质数字图书馆建设与服务队伍。

在国家图书馆牵头积极开展全国性数字图书馆体系建设的同时，国内也涌现出了一些各具特色的区域性和领域化的数字化信息化项目，其中比较有代表性的有中国高等教育文献保障系统（CALIS）、大学数字图书馆国际合作计划（CADAL）、国家科技图书文献中心（NSTL）项目等，这些都成为中国现代信息服务事业发展的范例。

在教育部领导下，CALIS 项目 [1] 于 1998 年 11 月启动建设，建成了四大全国中心、七个地区中心、三十一个省级中心、五大共享域中心、两个外设中心，覆盖 1834 家高校图书馆，以云服务平台、联机编目体系、文献发现与获取体系等为主干，以各省级共建共享数字图书馆平台、高校数字图书馆系统为节点，共享元数据 3.4 亿条，其中联合目录书目数据 8000 万条，年度下载均量 1000 万条次，创造了显著的学术效益、社会效益和经济效益。CALIS 作为全球最大的图书馆联盟之一，经过 20 多年的发展，已成为高校图书馆重要的信息共享平台，其主要任务是解决各类型高校图书馆在长期发展过程中出现的共性问题，努力建设资源新生态、服务新生态以及系统新生态，构建图书馆与出版发行产业链融合的新局面。"十四五"时期，CALIS 的具体发展方针是"全面支撑，多元融合，协同创新，价值引领"，并有以下六个方面的任务[2]：服务成员馆和师生，支撑高校人才培养体系；服务社会，支撑文化自信培育体系；倡导树立"大资源观"，融入国家公共服务体系；组织开发数据资源和知识资源，融入高端研发活动和大学创新体系；加强协同创新，完善高校图书馆服务能力和价值体系；推进数字化转型和服务工程，引领高校图书馆高质量发展格局和现代化治理体系。CALIS致力于基于FOLIO微服务架构建立功能强大的CALIS新一代图书馆服务平台，不仅可以开发新的应用服务，还可以通过联盟方式建立广泛的产业协同合作关系，全面支持教学和科研，支持文献内容资源和融媒体资源的管理。新一代图书馆服务平台支持智慧化技术，具有可扩展、可定制的微服务架构，支持应用与数据分离的设计模式，可避免数据对应用的过度依赖，支持多家app相互集成，保证了可兼容的应用开发方式，为进一步构建智慧社区、智慧平台、智慧数据和智慧应用奠定了重要基础。

CADAL项目作为教育部"211工程"公共服务体系重要组成部分，于2002年9月启动建设，截至2020年底，各类数字文献入库总量为283万册（件），在线发布267万册（件），年度门户访问总量达到1060.96万次，共建单位包括全球124家公共图书馆、高校图书馆和科研机构，资源共享机构达到757家。CADAL项目的参与成员众多，收集的资源内容全面丰富，服务辐射范围广泛，将分散在全国的各个学术图书馆凝聚成了一个合作共同体，充分发挥了纽带和桥梁作用。面对多模态的异构数据，CADAL采用跨媒体信息融合技术和智能内容搜索技术，加速了数据的共享和融通；举办各类开放数据竞赛，共同开展特藏资源建设，丰富数据的应用场景；研发人机协同的知识服务技术，提升了数据服务的效果。2021年，CADAL项目的数字化合作形式进一步升级，正式成立了数字知识服务联盟。CADAL项目的未来发展重点[3]将聚焦于信息技术设施建设、数字人文与数字学术、开放获取资源，共同探索信息资源和知识资源共建共享的新型模式以及学术信息资源全面保障的解决方案，促进数据的聚合化，驱动管理的智慧化，从共建共享到协作融合，在数字图书馆迈向智慧图书馆进程中不断实现能力升级。

NSTL 项目于 2000 年 6 月启动，旨在构建数字时代的国家科技文献资源战略保障服务体系，面向全国提供公益和普惠的科技文献信息服务，其主要收集国内外期刊、会议录、科技报告、丛书、工具书、学位论文等科技文献，目前开通各类数据库 127 种，涵盖网络版外文现刊 2 万种以上，回溯期刊 3000 余种，每年提供外文电子资源使用量超过 6000 万篇，对外服务的印本文献使用量超过 120 万篇[4]。NSTL 国家重大战略信息服务平台，立足于国家科技图书文献中心的服务定位。NSTL 服务平台包含一个综合平台及"一带一路"、长江经济带、京津冀协同发展、粤港澳大湾区、长三角一体化和黄河高质量发展六个子平台，提供信息服务、文献保障、情报分析、战略决策支撑、项目合作、知识产权问题咨询等服务，在国内图书馆界战略信息服务的实践中具有开创性意义。NSTL 项目充分认识到我国对信息科技服务的战略要求和国内外信息科技力量的发展演变，2021 年发布了国家科技图书文献中心"十四五"规划，确定了 NSTL 未来发展的五大任务：一是建设安全的国家科技文献本土化保障基地，巩固印本文献战略储备，大力推动数字文献的数字采集，规划新兴资源的建设；二是实施科技文献元数据战略，加强科技文献的知识化和语义化组织，构建一体化、强关联的开放知识库；三是加强网络基础设施建设，研发大数据发现云平台，提高基础设施计算和服务能力；四是完善信息情报服务网络，深度嵌入用户业务服务流程，支持国家重大战略的跟踪与服务；五是研发关键服务技术，推进知识服务体系建设，研发知识计算、内容描述、关联融合方式方法，为多场景服务提供泛在技术支撑[5]。

二、我国数字图书馆建设的经验和启示

进入 21 世纪以来，在国家战略规划的持续推动下，各领域图书馆紧跟时代脚步，围绕行业发展趋势和要求，自我革新、精诚合作，在利用现代信息技术实现图书馆向数字化和网络化转变的同时，也积累了一系列宝贵的建设经验。

（一）国家层面统筹，是拉动全行业发展的必然选择

数字图书馆体系化建设是一个庞大、有机、系统、长期的工程，由于发展不均衡，各地区图书馆存在巨大差异，因此要做到根据建设目标、措施和实施步骤合理协调发展，必须依靠国家级项目统筹规划，统一部署，全国层面共同建设，共同攻关和行业协同，才能实现快速发展，达到快速突破。

（二）标准化建设，是推动行业科学化发展的必要手段

标准规范是数字图书馆建设的基本保障，标准先行对我国数字图书馆事业的有序良性发展起到至关重要的作用。通过科学的整合、精简、统一、分解、组合、匹配等标准化手段，数字图书馆在借鉴国内外已有标准的基础上对具体实践经验进行提练，先后制订了涵盖数字资源内容创建、数字对象描述、资源组织管理、数字资源服务、长期保存等几十项标准，切实保障了数字图书馆建设的开放性和可持续性，保证了系统之间的互联互通，打破了阻碍资源共享的壁垒。标准体系的不断完善和优化，也为图书馆行业的变革与

发展提供了动力和保障。

（三）先进技术应用，是实现行业可持续发展的基础

在国家实施以技术创新驱动发展的战略部署下，图书馆通过科技的渗透作用放大图书馆业务中各生产环节要素的生产力，特别是针对中文信息处理的关键技术研发，实现了数字资源加工、管理、组织、存储、访问、服务等关键技术应用领域的创新和跨越式增长。先进技术的应用不仅对加快图书馆事业发展具有现实意义，更为出版社、博物馆、科研单位等有需要的公共文化机构提供了可供借鉴的规范化标准体系和成熟的实践经验。

（四）开放合作共识，是实现行业共同发展的信心和动力

数字图书馆的发展打破了地域和行业的限制，构建了跨行业、互联互通、共建共享的全媒体数字图书馆服务体系。在数字图书馆的建设及发展过程中，通过开放接口、资源联建、大规模人才培养和交流等方式，突破了馆与馆之间的界限，同时开展与不同类型、不同行业、不同层次、不同规模的机构之间的交流与合作，积极探索了多方面的合作模式，实现了行业整体提升和发展。

第二节　图书馆智慧化建设的探索和实践

知识经济时代，图书馆界致力于利用新技术挖掘知识、提升用户体验、

保证人类知识信息传播和用户信息获取。

二十余年来，在各级政府的大力支持和业界的不懈努力下，我国图书馆事业的发展模式和体制机制发生了重要的变革，数字业务占比大幅提升，网络和新媒体服务手段愈加丰富，全国各级数字图书馆协作体系已经形成，现代化管理水平不断提升。回顾"十三五"时期，我国互联网普及率从2016年的53.2%增长到2020年的70.4%，移动互联网用户总数从6.95亿增加到9.86亿[6-7]。信息化环境得到快速优化和日益完善，图书馆行业也借助信息技术得到了快速发展，我国省级公共图书馆的电子图书藏量逐年上涨，2019年较2015年增加超过一倍，突破1亿册，电子资源保障能力有明显提升，如图3-1所示。

电子图书（万册）

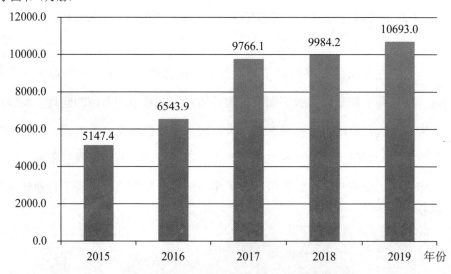

图3-1　2015—2019年我国省级公共图书馆电子书藏量

注：数据来源于国家图书馆研究院编制的《中国公共图书馆事业发展基础数据概览》，图3-2同。2020年及以后因统计口径变化，电子书藏量不再单独统计。

全国公共图书馆纷纷搭建功能丰富且灵活的网站，提供一体化信息服务，公共服务质量得到有效提升，访问量稳步增长，如图 3-2 所示。

网站访问量
（页次）

图 3-2　"十三五"期间全国公共图书馆网站访问情况

在创新驱动下，各级图书馆通过自媒体平台实现数字阅读快速增长。笔者统计，截至 2022 年 4 月，全国 38 家省级图书馆（含少儿馆）已全部开通微信公众号，其中使用小程序的有 35 家，拥有两个及以上公众号（含订阅号和服务号）的有 13 家，开通喜马拉雅音频服务和抖音号视频服务的省级公共图书馆分别达到 8 家和 18 家，多家图书馆还通过互联网电视、有线数字电视等广电平台向民众提供优质文化服务。依托自媒体平台开展文化服务已成为图书馆常规业态，新媒体服务也成为图书馆拓展服务范围和提升服务体验的重要途径和渠道，公共文化服务的智能化、移动化趋势明显。

与此同时，一些图书馆还积极应用现代信息技术，积极推动资源建设、服务模式、基础设施和业务管理等领域的智慧化转型创新，在文献自动采编、智能书库和智慧场馆、知识组织和新型媒体资源建设、基于大数据的个性化服务等领域先行试验，有效提升了业务管理运行效率和文化服务效益。

一、建设数字基础设施

数字化浪潮是"十四五"时期智慧图书新生态的重要命题，新技术环境下图书馆数字资源的存储、传输模式都发生了巨大变化。在完善数字网络基础设施的基础上，各大图书馆都致力于提高网络速度，引进先进的数字设备，加强数字技术的可获取性和可识别性，加大网络的开放和共享力度，使不同层次的用户能够便捷获取和利用图书馆的线上数字资源。

多家图书馆与移动通信公司合作部署了 5G 网络，广东省立中山图书馆在提供 5G 网络全面接入的基础上，按照 Wi-Fi 6 全覆盖的要求完善升级图书馆网络体系，为到馆读者提供更高速互联网接入服务。湖北省图书馆除了在全馆部署 5G 网络，还专门为少儿馆部署了 Wi-Fi 6，并启用了定位和导航服务。首都图书馆大兴机场分馆利用移动互联网、物联网和 5G 技术，为读者提供移动借阅、智能推送、智能导引等服务。上海交通大学深度融合高速校园网和 5G 技术，构建校园网络平台，与华为公司合作进行室内 5G 定位技术的研究，提供 5G 融合网络，支持校园网络的全球 5G 切片服务。

二、研发新一代运行平台

为适应图书馆系统自动化转型升级的需要，多家图书馆研发了新一代图书馆服务平台，帮助图书馆提供丰富、多元的功能服务以及准确、灵活的数据服务。

山东省图书馆建设的"山东智慧图书馆云"是目前规模化、系统化、体系化效果较好的平台，截至 2021 年底，与平台关联的山东省内公共图书馆 330 余家，年访问量 221 万人次。平台实现了地方特色资源的聚类揭示和共享服务，开展了一系列基于智慧图书馆的资源推介、活动组织、线上直播、线上培训活动。中国科学院文献情报中心开发了"慧科研"平台，实现资源的智能推送、情报自动监测、学术名片自动生成、通知消息自动收割、智能工具等[8]。国家图书馆基于区块链技术实现智慧图书馆的数字资源资产化管理，构建成熟的行业联盟链，通过构建贯穿数字资源全流程的资产化管理框架，优化资产化建设与服务流程，全面提升图书馆面向多维信息来源的知识组织能力、知识发现能力、知识创新能力，最大限度发挥知识资源的价值[9]。成都图书馆开发了 Interlib 图书馆集群管理系统、大数据分析系统、读者行为分析系统、决策管理分析系统等[10]。南京大学图书馆的 NLSP 平台，可以实现纸电一体化、存储与输出、监控与分析、读者画像、数据分析等功能。

三、重塑传统业务生态链

图书馆采编阅藏业务流程从人工走向全自动化，图书馆业务管理的智慧化功能包含文献的智慧采访、批量验收、智慧编目、书库管理、文献调度、统计分析等。

广东省立中山图书馆于 2021 年 5 月投入使用图书采分编智能作业系统"采编图灵"，该系统结合物联网技术、人工智能技术、工业机器人技术重组采分编工作流程，可自动完成图书信息采集、姿态调整、条形码打印粘贴、覆保护膜、RFID 标签粘贴、翻页及盖馆藏章、RFID 标签数据读写等十余项操作[11]，代替大量的人工重复劳动，实现了传统人工作业向自动化智能化操作的转型升级，为相关技术在图书馆领域的应用提供了新的方案。四川省图书馆将 RFID 技术用于书脊中，可供自助借还机设备识别书目信息，实现了自动借还书功能，并将 RFID 技术用于实现藏书的定位信息以便于读者查找具体的书籍位置[12]。上海交通大学研发了 5G 室内定位系统，可以实时检测出馆人数，研发自动分拣、盘点机器人，支持日常书籍的盘点。南京大学图书馆将 RFID 技术应用于自助服务、智慧典阅、文献资产管理，通过分拣 /盘点 / 服务机器人完成图书盘点、巡架等服务[13]。武汉大学图书馆配置了多台自助借还书机和预约书架，提供 24 小时自助式服务，读者可自助完成图书借阅工作，能实现 8 小时以外的预约图书借阅和图书归还工作[14]。武汉大学图书馆还配置了无线蓝牙盘点枪，配合盘点车使用，可实现"精准定位，快速盘点"，实现图书馆的精细化管理。贵州省图书馆通过建设智能立体书库，将图书集中保存调配，提高总馆和分馆之间协同效率和管理绩效，新馆统一采用智能书架系统和融入激光、雷达、无线定位的机器人，实现书架上文献的实时扫描、记录和文献架位信息的更新，替代了原有的人工分拣和运输，从读者发出需求到指定取书点取书，只需 5—15 分钟。

四、开展知识发现服务

保障读者的服务需求、提升读者的服务质量是智慧图书馆建设的重点和关键目标。在智慧图书馆的理念引领下，各类图书馆探索创新服务手段和服务方式，加快新型服务能力和服务内容建设，构建全方位、深层次的读者服务体系。

面对不同模态（文本、图像、音频、视频）、异源异构的复杂数据，多家图书馆研发信息融合与智能整合技术，从多种类型资源中进行数据集成、知识表示、语义关联和知识发现，为不同创新需求与功能场景的数据服务提供支撑与保障。中国科学院文献情报中心构建了面向知识发现的智慧知识服务平台、面向知识管理的机构数字资产管理与分析平台以及专题情报数据管理与智能分析平台，以"文献情报数据湖"及"文献情报知识服务引擎工具"为智慧知识服务的底层知识算法工具，搭建知识计算平台与工具体系，提供面向不同应用场景的智慧微服务，以更加灵活的方式满足用户的多样化服务需求[15]。广州图书馆开发了视频资源的智能化编目系统，该系统依据编目规则创建智能标签，智能生成视频、音频等资源的编目信息，可对音频、视频资源内容进行内容结构识别和拆分，通过人脸识别、语音识别、文字识别、语义网络分析等智能计算技术，生成视频、文字、图片等资源细颗粒度标签标引数据，并将其进行专题化聚类[16]。国家图书馆采用5G+VR技术，集成8K全景视频拍摄、影视级三维动画制作等技术手段，全方位沉浸式展示国宝典籍《永乐大典》。佛山市图书馆主导研发的基于区块链技术的微信小程序家藏图书共享平台"易本书"。江西省图书馆新馆通过大数据、云计算、物联网等新技术，实现无感借阅和个性化文献资源推送，为公众提供人脸识别、无感借阅、虚拟讲解员、4D全景观摩、虚拟照相、虚拟军事体验等服务，大厅的无感借阅通道可利用动态人脸识别设备实时识别读者的身份信息，系统对读者所携带的书籍做自动借书处理，读者不需要任何停留即可借书离开。金陵图书馆利用微信公众号开展场馆全景导航，手机下单，送书到家。四川省图书馆在2022年春节期间打造了"智慧阅读空间"开放服务，包含电子瀑布流、数字书法机、智能棋艺机、阅读本自助借阅柜等特色阅读体验[17]。杭州开展大杭州智慧图书馆体系建设，构建了集全媒体多终端、微服务、绿色智能楼宇、虚拟空间于一体的智慧社区文化服务和知识学习平台[18]。

五、升级改造空间环境

伴随用户需求、资源驱动、场所体验等要素的变化，智慧图书馆的实体空间、虚拟空间、创新空间均发生了改变。用户对图书馆需求的变化，促使图书馆及时调整发展方向，在空间设计上处处体现以人为本的理念，智慧空间的发展重心逐渐转移到交流和分享中心的建设上，创新空间、文化空间、体验空间等成为图书馆空间的新型展现形式。除了物理空间的建设，图书馆作为文化象征和知识体验的重要场所，在空间功能的改造过程中更加注重精神层面的塑造，体现人文关怀，激发图书馆的场所潜能。

广州图书馆利用大数据技术动态分析图书流通数据，为读者提供更加个性化的智能图书推荐服务，保证资源精准采访和智能化决策；利用建筑楼宇自动化系统实现智能照明及空调控制等功能，建成建筑能耗管理平台，全面监管全馆用能实时数据，将重点设备、重点区域的用能情况及时反映并为决策提供参考，同时实现了物理环境如灯光、温度、湿度等的智能调节；利用人脸识别技术，对纳入人脸库的重点对象进行人脸比对，如果与纳入黑名单的比对对象比对成功，可自动触发报警，借助摄像机和红外技术实现重点防护区域入侵报警和古籍书库震动报警[19]。厦门市图书馆集美馆区实现了智能照明，可以自动切换多种照明模式，如晴天模式、阴天模式[20]。江西省图书馆新馆在玻璃幕墙与中庭四周设置了大量阅览空间，服务大厅屋顶安装三银玻璃，既能在增加采光的同时减少太阳辐射，降低了室内的空调冷负荷，达到节能减排的目的，又能使视觉体验和阅读体验得到最大优化[21]。海南省图书馆部署了RFID防盗门禁系统、自助借还书机、自助办证机、智能门禁、安检设备、网借设备等相关智能设备，保证了读者的借阅体验，最大化实现了图书馆的空间价值[22]。

六、提出智慧化转型整体规划

　　2022 年，国家图书馆面向副省级及以上公共图书馆、部分地市级公共图书馆和其他行业图书馆进行了一次有关智慧图书馆建设的问卷调查。调查结果显示，现阶段各级图书馆对"十四五"期间全国智慧图书馆体系建设持肯定的态度。各馆普遍将智慧图书馆建设纳入发展规划，或将智能技术和应用作为未来图书馆实现业务创新和事业发展的重要目标。智慧图书馆发展规划涉及的内容主要包括以下四个方面：以地区公共文化转型发展为契机规划并建立智慧图书馆体系；运用现代技术全面创新业务发展机制，构建泛在化和智能化的信息环境；推进全域及下级公共图书馆的互联互通和资源共享，提升文化服务均等化；创新服务模式，提升用户体验，加强知识组织和内容发现。如：《安徽省"十四五"文化和旅游发展规划》提出，"加强公共服务数字化，实施公共数字文化建设工程，推动智慧图书馆、数字博物馆、数字文化馆建设。到 2025 年，基本建成全省图书馆网站集群，积极与国家数字图书馆、长三角城市数字图书馆互开端口、互设界面，逐步实现用户统一认证、资源共享、跨库检索和数据汇聚等功能"。《安徽省图书馆"十四五"发展规划》提到，要"加强智慧图书馆体系建设以及推进公共数字文化建设。体系建设方面，实施基础设施升级改造，推动全省县级公共图书馆互联互通，加大信息安全保障系统建设。公共数字文化建设方面，要实施文旅部公共数字文化项目，加大微视频建设，开展数字资源有效整合和科学分析，开展特色文献数字化等"。《山东省图书馆"十四五"发展规划》中专门设立一章"推进智慧图书馆建设，提升信息化能力"，指出要"推出智慧图书馆建设，提高智能化水平""加强数据分析技术，提高服务评估能力""推动全省智慧图书馆体系建设"等任务。《广东省立中山图书馆"十四五"战略发展规划》中提出"推动全省智慧图书馆体系建设"和"以智慧图书馆为目标的服务创新"的战略目标。南京图书馆提出构建基于大数据、云计算、人工智能、物联网等新技术的全省智慧图书馆管理系统和服务构架，实现南京图书馆和各级公共图书馆业务、管理、服务等方面的全面智慧化转型升级[23]。苏州图书馆提出要加强图书馆智慧治理能力建设、打造总分馆体系"苏州模式"升级版、建设智慧化服务队伍、开展馆藏资源智慧化建设与配置、建设智慧图书馆服务系统、拓展公共文化服务智慧应用、提升智慧制造服务[24]。

当前我们身处数字革命的全新时代，行业的迭代升级正在全面加速，数字技术正广泛应用于现代经济活动，在万物互联和数据赋能一切的趋势下，各行业环境不断优化，新业态层出不穷，服务模式不断演进，作为在社会知识传播与信息服务体系中具有重要地位的图书馆，其向智慧化转型的需求和趋势日益凸显。在国家的积极布局和推动下，全国公共图书馆围绕文化强国战略目标，也开始筹划并利用新技术开展业务机制改革与服务增质提效，在某些领域实现了创新突破。然而也应当看到，虽然在不同地区、不同领域、不同机构间有了一些带有智慧性质的局部化尝试，但是全国仍然存在较大差异，智慧图书馆建设实施的整体系统性不足，存在可待改进和完善之处，需要重点关注以下几个方面：

第一，加强顶层设计和统筹规划，促进业务互联互通和协同发展

各地的智慧图书馆建设目前还是以信息技术对本馆传统业务的改造和优化为主，缺少全国性的统筹设计和整体规划，在建设理念上还需要突破图书馆常规业务模式的限制与束缚，更好地适应信息环境快速变更的趋势，需要充分发挥新技术对打通时空限制、促进媒体融合和知识发现方面的作用，实现机构、平台、用户之间的沟通与交互，形成分级协同的全国智慧业务体系

和现代公共文化治理机制，从根本上提升业务工作效益和服务能力，为后续智慧图书馆建设的良性可持续发展提供制度优势和体制保障。

第二，丰富馆藏资源构成体系，提高资源知识转化和利用成效

文献资源是图书馆的核心战略资产，长期以来围绕文献的业务如资源采编、数字化加工、分类组织等方面还是以实体文献为主。需要注意的是，新技术环境下，实体文献作为信息载体的比例日益减少，更多信息以数字化介质，特别是网络资源、多媒体或融媒体资源、新型媒体类型（如虚拟现实）、各种大数据为承载主体，图书馆必须适应技术发展要求，考虑将更多种载体的资源纳入馆藏范围。同时，要尽量摆脱"重藏轻用"的传统窠臼，用各种智能化手段对多种媒体类型的信息和数据进行处理分析，实现知识关联与价值发现。

第三，落实技术引领创新的理念，拓展和深化图书馆的社会职能

作为信息的掌控者和利用者，图书馆不应当是信息技术变革浪潮的被动接受者，更不应该是后知后觉、落后理念和过时技术的集中所在地。图书馆需要变革发展理念，加强自我革新，成为技术的先导者，充分利用各种信息技术解决存在的瓶颈和问题。在新时代，图书馆需要持续深化和拓展社会职能的内涵与外延，使图书馆除了是文献信息的保存和传播机构外，还应当成为知识发现平台、个人成长空间、政府参考决策提供方等，在加快传统文化传承推广、促进民众自身成长和推动社会各方面发展发挥更加重要和关键的作用。

第三节　全国智慧图书馆体系建设

当今世界正经历百年未有之大变局，我国正处于实现第一个百年奋斗目

标，向第二个百年奋斗目标——全面建成社会主义现代化强国奋进的关键历史节点。随着国家的统一部署和稳步推进，文化行业也将迎来重要的战略机遇期。国家高度重视智慧社会和智慧社区建设，并将发展智慧图书馆和提供智慧便捷的公共服务作为新时代国家的重要战略规划。在国家文化数字化战略要求下，结合前期智慧图书馆的理论研究和实践，国家图书馆牵头提出了全国智慧图书馆体系建设的思路，纳入了《中华人民共和国国民经济和社会发展第十四个五年规划和 2035 年远景目标纲要》（以下简称《纲要》）。《纲要》指出，要"适应数字技术全面融入社会交往和日常生活新趋势，促进公共服务和社会运行方式创新，构筑全民畅享的数字生活"[25]，"实施文化产业数字化战略"，"加快发展新型文化业态"，"推动各类场景数字化，打造智慧共享、和睦共治的新型数字生活"，"推进线上线下公共服务共同发展、深度融合，积极发展智慧图书馆，支持高水平公共服务机构对接基层、边远和欠发达地区，扩大优质公共服务资源辐射覆盖范围"。智慧化成为图书馆行业未来转型与发展的主要方向。2021 年 6 月 10 日，文化和旅游部发布的《"十四五"公共文化服务体系建设规划》中，进一步对智慧图书馆体系建设项目的目标和任务作出部署，要全面拓展公共文化服务智慧应用场景[26]。2022 年，中共中央办公厅、国务院办公厅印发的《关于推进实施国家文化数字化战略的意见》《"十四五"文化发展规划》，也明确提出建设智慧图书馆体系。

智慧图书馆是图书馆发展的必由之路，也是继数字图书馆之后图书馆体系实现发展变革的新阶段。只有在建设智慧社会驱动下，全面变革图书馆体系架构，实现智慧互联，才能广泛满足我国在推进现代化强国建设过程中社会各领域的知识信息需求，为增强文化自信和实现建设文化强国提供保障。

一、总体规划

智慧图书馆预示着图书馆发展的美好前景,"十四五"开局之年,基于智慧图书馆的基础理论研究,国家图书馆提出了开展全国智慧图书馆体系建设实践的工作思路,以理论指导实践,为图书馆事业探索新发展寻求新突破。全国智慧图书馆体系建设,旨在以我国 20 余年的数字图书馆建设为基础,应用 5G 网络、人工智能、大数据、云计算、区块链等技术,引领带动全国图书馆,以资源、空间、设施、服务的智慧化转型为依托,建立覆盖全国的图书馆智慧管理架构和服务体系,不断拓展面向知识生产、知识发布、知识存储、知识传播和知识服务全域链条的开放合作,从而全面提升各级公共图书馆面向全民阅读与终身学习,面向科技创新与产业革命,面向政府科学决策与现代化治理的知识资源保障和智慧服务支撑能力。全国智慧图书馆体系的总体架构可以归纳为"1+3+N"。其中,"1"是一个智慧图书馆的云基础设施;"3"是搭载其上的全国智慧图书馆管理系统、全网知识内容集成仓储和多维融合知识服务平台;"N"是指在全国各级图书馆及其基层服务点普遍建立实体智慧服务空间。

(一)以混合云架构打造智慧图书馆云基础设施

在探索图书馆智慧化转型的整体解决方案中,基于新的混合云基础架构来实现各种云技术的高效、快速、低成本的落地,无疑可以很好地为多云管理、云网协同、安全管理和云原生四个维度提供支持,这些关键能力将决定应用的部署位置、交互模式和协同效率,进而对智慧图书馆的业务产生巨大影响。目前，国家图书馆正在开展私有云的建设。智慧图书馆的私有云从底层向上主要由基础架构层、资源管理层、服务交付层和用户的接入与管理层等四部分组成。基础架构层通过虚拟化形成一个云的基础架构，包括服务器虚拟化、存储虚拟化、网络虚拟化等，以基础架构做支撑把各种资源做成弹性的资源池。资源管理层实现对资源的生命周期管理，根据不同的业务对资源进行重要性分级。服务交付层将资源包装成服务，通过对资源的组织实现服务按需编排与交付。用户的接入与管理层是云平台的门户，直接与用户发生交互。除了私有云之外，智慧图书馆还将基于公有云支持面向社会公众和教育科研机构、企事业单位的服务。

（二）以智慧图书馆管理系统实现基础业务赋能

在新的信息化变革趋势下，必须转变图书馆发展思维理念，推动图书馆建设体系、管理机制和业务范式向智慧化转型，使传统业务在智慧图书馆阶段实现升级和再造。智慧采编、智能书库、智慧流通、无感借阅、人机协同场馆管理、智慧财务等将被全面规划。智慧图书馆将广泛应用下一代网络和通信技术，大幅提升图书馆公共空间的信息传输效率，重组采分编工作流程，在节省大量劳动力的同时，大幅提高工作效率和工作质量，实现传统人工作业向智能化转型升级。在馆区实现多重身份的无感验证，与馆内的智能书架、智能座位、行为检测器、门禁闸机完成全息互联。智能立体书库将与智能分拣机器人和物联网结合，以全智能化操作，实现文献保存、共享、调配以及数据管理服务，彻底改变传统书架式藏书占地多、流通率低的状况，激活海量藏书资源。完善图书馆的财务管理体系，打造敏捷、灵活、高效的财务运行模式，激发财务数据价值、扩展财务赋能业务的职能。智慧图书馆还将利用物联网、传感网络、建筑信息模型（BIM）、区块链等核心技术，整合分析智慧化知识服务运营环境的各项关键要素，从而智能响应图书馆各类业务需求。

（三）以全网知识内容集中仓储实现数字资源管理

数字资源是图书馆最重要的战略资产，是图书馆得以存在和发展的基础和前提。图书馆智慧化发展水平很大程度上取决于在怎样的高度上理解和管理数字资源。数字资产将是未来行业的核心资产，在公共数字文化服务体系建设过程中，图书馆行业积累了大量的数字资源，这些基础数字资源到智慧图书馆阶段将演变为知识资源，无论从图书馆行业转型发展的关键阶段和实际需求来看，还是从相关技术发展的成熟度来看，对数字资源进行资产化管理都具有实践的必要性和可行性，并且存在着巨大的潜在价值。智慧图书馆的数字资源资产化战略将运用互联网、大数据、人工智能等新一代信息技术，积极推进从生产要素到创新体系，从业态结构到组织形态，从发展理念到服务模式的全方位变革突破，持续催生个性化定制、智能化处理、网络化协同、服务型加工等新模式、新业态，推动形成数字与实体深度交融、物质与信息耦合驱动的新型发展模式。全网知识内容集中仓储作为智慧图书馆体系的重要基础设施之一，就是基于数字资源资产化这一理念建设，通过建立基于公共图书馆系统和其他知识生产服务机构的区块链体系，将数字资源通过数据平台存证为数字资产，建立数字资产的确权管理，实现对数字资源内容的保护，从而解决数字资源共享与流通的根本问题。

（四）以多维融合知识平台形成知识服务汇聚门户

科学技术深刻影响着文化内容的表现形态、传承方式和传播范围。智慧图书馆将实现多元提供、多域贯通、多媒体融合的知识服务供给。运用资源语言处理、模式识别、语义网、智能算法、数据挖掘等技术能够实现资源内容的深度挖掘、数据关联和价值提炼，进而为知识组织和智慧服务提供支持。科技将不断提升公共文化现代化服务水平，长期沉睡在图书馆中的古籍文献等文化素材能够在现代技术的包装下重新焕发生机，使受众获得更加丰富多样的资源服务体验。隐私计算推动用户数据共享和利用，在数据分级保护和主动安全的基础上，实现对用户的精确画像，提高跨行业、个性化、智慧化服务能力。

（五）以线下智慧空间打造用户身边的智慧场景

智慧图书馆的线下智慧空间建设将以跨虚实交互、沉浸式体验以及多维互联为特征，实现服务方式的创新性发展。超高速网络的高同步低延时，将使用户获得实时、流畅的完美体验。基于融媒体、虚拟现实、综合感知的多元化应用与服务场景，会提供智慧解决方案和学习社交平台，智慧背景下的线下智慧空间将把图书馆打造成集信息检索、知识学习、交流互动、文化娱乐于一体的信息共享空间，学习交流社区、创客创新空间，跨虚实交互、智能感知、多维感触的专业化媒体视听空间，满足群众未来高品质精神文化消费需求。线下智慧空间将构建绿色可持续的发展机制，普遍采用绿色节能设施，优化设备和技术建构，实现运行状态的实时动态监测和调整。推动线下智慧空间与外部环境的协调发展，与文化馆等其他公共文化机构进行广泛互联和积极互动，建立泛在化的公共文化生态社区，促进文化的均等化发展，满足广大民众日益增长的精神文化需求。

实现图书馆的全面智慧化转型，建设全国智慧图书馆体系将是一个长期渐进的过程，项目建设计划与国家经济社会发展规划周期同步，每五年为一个发展阶段，分三步实现战略目标："十四五"时期，初步搭建完成全国智慧图书馆管理系统，连接并支撑全国各级公共图书馆的业务管理与知识服务，基本完成知识资源建设体系和线下智慧服务空间建设；"十五五"时期，持续开展知识内容及其关联体系建设、智慧图书馆管理系统迭代、智慧化服务推广、人才队伍建设、服务平台更新等工作，进一步夯实智慧化运维和服务能力；"十六五"时期，进一步丰富知识资源内容和服务产品，全面建成全国智慧图书馆体系。

预计到 2035 年，建设一个贯通知识发表、组织、关联、传播、保存全过程的知识平台，搭建一套具有自有知识产权的软硬件系统，开发一批优质专题知识资源产品，打造一批便捷舒适的线下智慧服务空间。实现全国图书馆的设施空间价值和知识中介功能显著提升，现代公共文化服务体系的智慧化集成管理能力和普惠性公共服务效能显著提升，智慧化知识服务平台面向国家科技创新与产业变革的知识保障和服务能力以及面向决策机构的决策支持能力显著提升。我国图书馆事业的世界领先地位将进一步巩固，我国自主知识产权的知识资源发布、管理、服务、存储体系在国际知识服务领域的话语权和主导权进一步增强。

二、重要特征

智慧图书馆的建设是一项庞大且复杂的系统工程，在国家信息化的浪潮中开展智慧图书馆服务模式创新研究工作，是万物互联背景下图书馆紧跟技术发展趋势，突破地域、组织、技术限制进行智慧转型和品质提升的必然选择。根据对智慧图书馆特征的分析和解读，本书将智慧图书馆分为四个象限、线上线下两个层面。

（1）智慧图书馆通过万物互联实现新型信息化与传统领域深度融合。万物互联是智慧图书馆绿色、智能、可持续发展的关键基础和重要引擎，引领着新型信息化与传统领域走向深度融合，通过更加合理、人性化的创新，实现智慧图书馆中的人与物、物与物之间的相互感知、互联互通，不断提高管理效率及效果，使服务更加方便快捷同时更具人性化。

（2）智慧图书馆带来全新的资源创造方式。万物互联环境下，内容的产生将脱离传统的单一由图书馆策划、收集素材并进行加工的机制，变为图书馆专业化内容建设、用户原创内容、AI 技术辅助内容生产和 AI 单独创作内容四种模式并存。这将极大地扩展和丰富智慧图书馆资源来源、数量和质量，提供充足的资源储备从而满足用户的多样化信息获取需求。

（3）智慧图书馆是一个现代化的管理体系。在万物互联基础上智慧图书馆将融合全面感知和深度感知，围绕应用场景、业务需求和管理需求，基于区块链技术、虚拟技术、物联网技术、网络及运算技术、人工智能技术、交互技术等，构建多维的智慧图书馆生态管理体系。

（4）智慧图书馆是全时全域全维度图书馆。从全时发展视角来看，智慧图书馆是沉浸式、低延迟、多元化、随地可用的。从全域需求视角来看，智慧图书馆不仅存在于线上，也存在于线下，未来线上与线下将不受时间、空间限制，无缝融合，有机连通。

我们认为智慧图书馆在顶层设计时，应该从线上与线下两个层面出发，考虑以下四个象限内容（图 3-3）：

（1）线上技术深度贯通。智慧图书馆是各项关键技术和服务的总和。在多元技术的驱动下，智慧图书馆通过一系列"连点成线"操作，将高速无线通信网络、云计算、区块链、虚拟引擎、VR/AR/XR/MR、数字孪生、智能机器人、主动安全等创新技术以及下一代的硬件统一聚合在智慧图书馆概念下，构建面向不同目标群的多元化技术应用场景，实现技术层面的不断融合和变革。

（2）线下服务空间无边界化。智慧图书馆的线下服务空间是科技与人文的结合，以数字化形式消除物理空间和数字空间的边界和隔阂。线下空间将利用高效的绿色能源，借助超高速通信网络和下一代算力，提供基于 3D 的虚拟办公解决方案和社交平台，通过多感官设备为用户提供具备综合感知能力的环境，并通过开放海量内容资源为场景应用赋能。

（3）线上资源深度管理。图书馆更多的资源、服务和管理持续数字化，海量的数字资源被持续创造、交易和消费，人力资源、文献资源、技术资源、社会资源都是线上资源的重要组成部分。对线上资源深度管理，不仅可以强化现有资源的科学化组织、知识化呈现与语义化检索，还将提供跨机构、多层次、立体化的信息素养服务。利用知识组织、知识图谱、知识挖掘、智能搜索等多种技术手段，实现服务内容的细粒度化、全媒体化和语义化。在智慧业态下，图书馆不仅作为主体以专业的视角提供资源内容加工，用户也将成为内容的创建者和创造者，贡献他们的专业知识和经验，从而共同构成内容生产的主体。

（4）线下管理转型赋能。智慧图书馆背景下，图书馆的基础工作和业务管理也面临着赋能和再造的需要，通过采访流程再造、编目智能化、书库管理模式革新、服务流程重组和借阅创新等对采编流程进行重新赋能，构建图书馆行业新业态。充分利用新一代信息技术提升能力和丰富手段，准确识别和应对新时代对图书馆管理提出的新要求，从线上线下分离转为线上线下融合，从单纯环节管控转为更加注重协同，从而构建符合智慧化的全流程、全方位的基础业务管理体制。

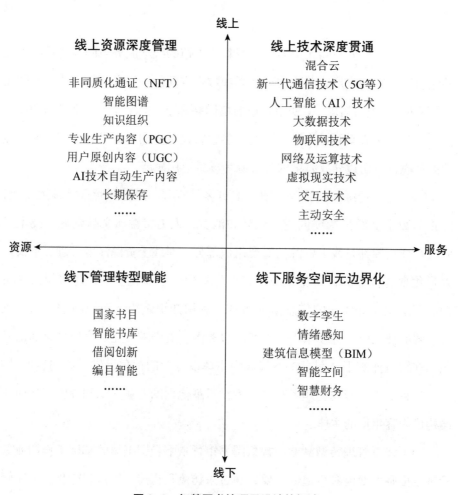

图 3-3　智慧图书馆顶层设计的解读

三、建设方向

智慧图书馆顶层设计应具备以下几个因素：

第一是资源的知识化。智慧图书馆将抓住智能技术发展规律和战略机遇，以数字资源的资产化管理的战略价值为核心，有效协调智慧图书馆生态系统中的各组成环节，借助大规模智能图谱、知识组织、知识仓储以及关联信息挖掘等手段，深入挖掘数字资源内容关联关系模型，形成领域语义网络图，以实现智慧图书馆所包含各类虚实数据对象间关联信息的有效组织与存储，为海量数据环境下消除语义歧义，满足不同用户的多情境动态信息需求提供支撑，实现激活资源存量，挖掘资源增量，通过灵活组合实现资源多样化配置，实现资源的智慧化管理和共享。

第二是服务的泛在化。智慧图书馆将通过服务制度的创新，以智慧化的服务模式、服务方式以及服务手段，满足泛在信息网络环境下，服务传播途径多元化、服务利用在线化、互动交流技术化和智能化。对于全时全域全感知的智慧图书馆的服务来说，线下实体图书馆与线上图书馆的边界将彻底模糊化，虚拟图书馆和现实图书馆的边界将被打破。智慧化背景下，图书馆会将空间、资源、设施、服务等与用户的需求和个体行为数据进行实时匹配分析，针对各类学习阅读场景量身定制智慧化解决方案，提供无感随行的便捷支持与服务。同时，还将结合扩展现实、多维影像高清晰摄录等现代技术，丰富知识服务内涵，帮助读者穿越时空，获得沉浸式的全景阅读学习体验。

第三是支撑的云端化。智慧图书馆将基础设施深度融合于图书馆的资源、服务、管理之中，智能化的方式使其兼备安全、快速、简单、易用、专业的特点。使用云平台构建智慧图书馆，是实体馆藏和物理设施向数字空间映射和延伸的必然趋势。云平台能够实现资源数据的全面整合优化和智慧化应用，使数据处理更加高效、便利和安全。硬件设施的概念将逐步淡化，设备数据和业务系统将向云端迁移，使分散的硬软件资源得到更好的集成，实现各个独立系统的协同管理、数据共享与互联互动。以智慧图书馆云基础设施为代表的一批一体化、智能化的服务和管控系统将在云端根据需要实现按需分配，最大化地提高利用率。

第四是管理的智慧化。智慧图书馆在管理上将依托泛在化服务环境和智能感知技术，实现实时与智慧城市和智慧生活服务的有效对接。运用物联网、大数据技术，通过云平台的支撑，实现新媒体服务系统矩阵和网站群联合服务；通过微型和智能传感器、短距离通信、智能系统等领域关键技术，实现自助服务的全域化应用；运用物联网、数字孪生、3D建模、扩展现实等技术，打造虚实结合的智慧感知空间，实现图书馆建筑形态、资源、服务等要素的虚实结合，形成馆与馆、人与人、数据与数据、文献与文献之间的多向网状关联，让用户能够在复杂多样的服务过程中实现各服务过程的快速自由关联和切换，从而保证用户在最短的时间内能够通过最小的社会成本获得所需的资源和服务。

第五是行业的融合化。智慧图书馆将在更广范围、更深程度、更高水平上实现跨界融合发展，将更多的知识服务机构接入进来，从而形成叠加效应、聚合效应、倍增效应。智慧图书馆通过数字转型和驱动，积极与外界进行感知和交流，塑造可持续的公共文化生态发展环境。以智能化手段推动多维融合知识服务的供给方式，培育融合发展网络化协同、个性化定制、服务化延伸等新模式和新业态。通过推动新型知识服务生态的全域集成与智慧化提升，形成对智慧城市发展、公众阅读与终身学习、重点领域科技攻关与产业变革、国家立法决策及现代化治理等的智慧化服务支撑。支持多样态知识消费模式的一站融通与供需对接，使新型知识服务业态得到可持续发展。

除了上述几个重点因素之外，我们也应该保有在全国智慧图书馆体系建设起步阶段的清醒认识，在建设实施过程中重点把握好以下几个方向：

（一）以智慧化赋能传统业务

建设智慧图书馆并不是取消或取代传统图书馆业务，而是要通过智慧化方式变革图书馆架构体系和治理机制，在重组和优化传统业务的基础上提高运行效率和服务效益。在向智慧化转型过程中，图书馆作为文化传承和公益文化服务机构的职能作用将得到进一步巩固和升华。随着智慧理念以及智慧应用与传统业务的不断融合与发展，图书馆工作形态和业务流程将不断优化，在此过程中由于目标对象、外部环境、社会需求等发生巨大改变，智慧图书馆建设也将面临一系列重大问题和挑战，主要表现为：

其一，长期以来，图书馆资源建设主要还是围绕实体文献，处理的大都是基于纸本文献的数字化资源。图书馆的分类体系、编目标准、资源组织方式等工作还未离开实体文献范畴，呈现高度结构化特征。然而，新的信息环境下，实体文献及相应的数字化文献作为信息的载体只占据较小的比例，网络资源等大数据已成为信息承载的主体，日益受到业界的广泛重视并被纳入馆藏建设范畴。与数字化文献资源相比，非结构化的大数据信息具有异源、异主、异构的特点，数据的采集、保存、管理、组织机制具有高度复杂性和技术难度，对基础设施建设、数据处理和技术水平有非常高的要求。海量非结构化信息的价值离散性也导致信息描述、资源关联、知识组织和内容发现的理论和应用机制亟待创新。在未来业务中，应强化"藏用并重"的建设理念，研究通过各种智能化技术手段对多种媒体类型的信息和数据进行处理分析，挖掘关联关系和知识价值。

其二，我国的数字图书馆事业经过20余年的发展，技术平台、标准规范、业务结构已趋于稳定，但是随着新技术的快速迭代和信息环境发生巨大变化，有些已经不能满足智慧化应用的发展需求。对信息资源要素进行整合优化，打通线上线下联系和服务，推动业务运行机制向智慧化转型变得更为紧迫。图书馆利用新技术对传统业务进行改造和升级对从根本上提升图书馆运行和服务效益具有重大现实意义。然而，对新技术的跟踪和研究目前尚处于调研和理论探讨层面，技术的应用和落地实践还面临诸多困难和挑战，特别是区块链和非同质化通证（NFT）在资源交换和版权管理的应用、基于隐私计算的大数据分析、人工智能应用实践和打造虚实结合的沉浸式服务空间等方面还有很大的运作和提升潜力。在增强信息传播和知识发现领域的话语权和影响力方面，图书馆还有很长的一段路要走。

（二）注重数据安全与信息安全

数据智能环境下，新理论和新技术的广泛使用为实现资源信息价值提升提供了新的机遇，同时也带来了数据质量、使用伦理和安全风险等挑战。网络安全、数据安全、信息安全是支撑数字化发展的基础安全保障措施。"十四五"时期，信息技术快速演进，海量数据资源在汇聚融合后得以开发利用，数据要素倍增作用凸显，助推数据资源"势能"转换为数字化转型升级的"动能"，推动数据价值的正向发挥，但也带来了严峻的安全挑战。

大数据环境下，各信息呈现爆发式增长。信息来源的多样化和复杂化、内容监管难度的增加、信息传播的无序性等导致信息资源在质量上的不可控。大量价值含量低、错误非法、暴力低级的内容也混杂在信息空间中，对维护健康良好的信息环境和人们的学习与生活等造成潜在的不利影响。此外，信息过载和信息泛滥已成为当前大数据时代人们获取知识的重大阻碍。海量信息的增长超过了个人或系统所能接受、处理或有效利用的最大极限。海量信息中，相似主题的内容数量不断增多，重复信息不断涌现，从而带来信息选择和利用上的盲目性和不确定性。同时，大数据具有传播速度快、覆盖范围广、生命周期短、种类多样等特征。如何根据业务需要，建设合理的信息资源体系也成为智慧图书馆建设首先要解决的重大难题。在这种情况下，对于如何确定资源采选范围、建立资源内容评估体系、从源头上把控资源质量等问题的研究必将增强人们对于信息资源的认识、加快信息资源的建设和利用，进而推动智慧图书馆的建设。

在向智慧服务转型过程中，越来越多的图书馆开始借助智能终端和社交媒体账号开展内容推送服务，图书馆开展服务需要获取必要的用户信息和服务数据，并且希望将更多高质量的数据用于大数据分析以掌握用户个性化需求，为实现针对特定群体的精准文化内容服务提供支持，由此将会使用户面临在开放互联网环境中泄露个人信息的风险，并引发数据使用伦理问题。如何通过法律法规来解决隐私保护问题，以及依靠市场和技术手段来取得用户权益和社会效益的最大平衡是当前需要研究和解决的重点问题。在智慧图书馆建设过程中，数字化、网络化和智慧化的数据资产分布在异构系统中，存储方式、备份策略、管理制度各不相同，《中华人民共和国网络安全法》《中华人民共和国密码法》《中华人民共和国数据安全法》《中华人民共和国个人信息保护法》《网络安全等级保护条例》《关键信息基础设施安全保护条例》《商用密码管理条例》《网络数据安全管理条例（征求意见稿）》等相继出台，防护重点从网络安全到数据安全，从"网关/端点"转向"应用"。在智慧图书馆建设过程中，必须树立正确的网络安全和数据安全意识，健全安全制度体系，提升技术水平，积极有效应对各类安全事件。

（三）注重绿色环保节能

智慧图书馆是一项庞大和复杂的系统性工程，涉及场馆改造、资源建设、人员管理、业务调度、规章机制制定等各种要素的重构和优化过程，在项目实施过程中不可避免地面临投入和产出效益的问题。因此，不能一味地强调人力、资金、设施等的投入，搞大水漫灌式的建设模式，而是要采用绿色、可持续的发展理念，统筹设计，改良运作体制，在保障智慧图书馆体系高效建设发展的同时，以实现碳达峰碳中和为目标，通过降低能源消耗实现节能环保，从而实现智慧图书馆的绿色可持续生态环境。

要实现项目的绿色环保，必须充分重视新技术的研发与应用实践。基础设施建设方面，普遍采用绿色节能设备，优化设施和技术建构，通过物联网技术创建自动感知、智能管控、协同一致、绿色节能的馆舍空间，实现自动环境监测与参数控制，创建良好的藏品展陈条件。建设24小时不间断智慧化安防系统，节省安保人员配备，提高安全保护能力。业务运行方面，推动智能采编系统、智能书库、无人值守图书馆的建设与普及，提高文献采访、保存、流通和借阅效率。通过云平台实现资源和设施的统一高效管理等。读者服务方面，采用生物特征识别等身份认证技术，对大量读者进行有序管理，并对其在馆行为进行实时监控。使用智能化设备开展自动问答、定位、导航服务，节省人力资源和时间成本。通过大数据分析全面感知图书馆运行状态，并及时作出调整等。

建设绿色节能的智慧图书馆和推动项目可持续发展，不是一蹴而就的，有赖于对整体工程的统筹管理和全国各地参与机构的协同配合，需要分阶段分目标逐级推进，在此过程中将会遇到各种问题和挑战，需要提前开展各项方案的充分论证，在具体实施中不断根据目标和实际条件予以调整，保障项目各项工作的顺利执行。

四、保障措施

智慧图书馆的建设是一项复杂的系统性工程，涉及的机构、领域和专业众多，为实现项目的统筹管理和顺利有序实施，需要加强整体战略规划和顶层设计，并构建完善的运行保障机制，推动各行业的优质资源要素合理流动，促进业界工作的协调一致，提升项目建设质量和运营水平。

（一）智慧图书馆的可持续发展离不开完备的政策保障

智慧图书馆的发展离不开强有力的政策体系，这既包括主管行政部门的规划和指导，也包括对实施主体的保障性措施，以及对社会资源的鼓励引导机制。因此，需要紧密围绕智慧图书馆建设领域，在提升项目运行能力以及核心方法和技术等方面给出扶持政策和具体指导意见。

图书馆承载着保存与传播社会文明、提升民众精神文化生活水平、促进社会文化繁荣发展的重要使命，是以文化人、以文育人的重要场所。作为公共文化的重要组成部分，图书馆事业的可持续发展更需要国家的长期行政和财政支持。智慧图书馆是图书馆事业在现代技术趋势下的产物，是数字技术、信息技术、智能技术在公共文化领域中的具体应用和体现，目前还处于初期论证和建设阶段。从长期来看，全国智慧图书馆体系的建设对技能、人员、资金、基础设施、运维管理水平等要求非常高，需要政府给予必要的政策扶持，明确实施战略，让智慧图书馆由小变大、从量变向质变发展，从而推动公共文化繁荣发展。宏观层面上，要通过政策体系明确智慧图书馆的要素构成、技术发展目标、发展方式、达到的效益。微观层面上，要细化各地政策，通过可预见的目标，分阶段推动建设成果的实现。

（二）智慧图书馆的体系构建应当具备完善的组织架构与机制

1.明确实施主体的权责分工

智慧图书馆体系的构建必须依靠各地政府主管部门、各级图书馆、各行业的头部机构以及专家共同来完成，因此，必须建立一套行之有效的组织机制，充分协调各方权益，发挥各自优势，有序推进项目。政府层面，主要由各级政府文化主管部门负责统筹指导。在行业内部，以国家图书馆牵头负责具体组织和落地，引领业界开展智慧图书馆研究与实施工作。为保证目标和行动的一致性和有效性，需要建立以省级图书馆为节点、以地市级图书馆为分支，以及基层图书馆为末端的组织架构。同时，还可以依托中国图书馆学会，以及各级图书馆学（协）会组织，还有业界成立的各种专业化联盟等，调动业内和相关领域专家，参与智慧图书馆政策的制定、执行、评估，为智慧图书馆的建设提供广泛的讨论和积极的协调与支持。

上述主体的主要职责是引导、鼓励、监督智慧图书馆的发展，同时发挥各方面力量进行合作、评估、实施等，为调动社会和民众积极性、促进行业发展繁荣提供环境保障。智慧图书馆体系建设具有较高的门槛，执行机构应当紧密跟踪技术发展趋势，不断变革业务模式，满足日益增加和多样化的业务以及民众文化需求。同时，智慧图书馆的建设是一项新的挑战，建设主体应具有较强的竞争意识和理念，对文化发展规律和产业机制有充分的认识和把握，以迎接新技术环境的挑战，在更阔的视野和更长远的利益上制定政策，与时俱进，不断提高应对环境挑战的能力。

2.建立和完善评估反馈机制

建立智慧图书馆实施评估反馈机制是推进政策执行、促进文化产业发展、优化公共文化服务的关键。一方面，要构建以政府为主导，图书馆、科研机构、专家学者、企业等广泛参与的多元化主体评估反馈体系。建立健全参与机制，应本着促进智慧图书馆发展的理念，以优化公共文化服务为目标，强化"公共权益"理念导向，将项目执行的满意度作为评估的重要指标，从而进一步拓宽反馈渠道，加大对项目执行效果监督的力度。另一方面，要建立和完善评估反馈途径和渠道。依托通信技术，加快建立不同机构之间的网络化系统，为项目执行评估反馈提供一个高效传递技术平台。结合目前智慧图书馆的推进工作，对实施内容、流程规范、执行效果、满意度等各个方面进行实时、全程和自动监控，强化对项目执行的事前、事中、事后的监察。同时，还需要应用大数据技术，建立智慧图书馆空间、设施、资源、服务供给与利用的实时监测机制，结合用户需求、行为偏好、使用评价等反馈因素，对智慧图书馆运行效率和服务效能进行科学评价，为全国智慧图书馆体系的持续发展和财政资金的优化配置提供决策支撑。

3.构建智慧图书馆标准规范体系

标准化对全国智慧图书馆体系的业务协同和有序发展起重要支撑作用，要加强智慧图书馆标准化顶层设计，加快智慧图书馆重点标准制定与推广，逐步建立和完善标准规范体系。结合智慧图书馆发展需求，建立并不断完善涵盖基础设施建设、数据加工、技术平台、数据接口、业务管理、安全保障、应用服务等全流程的智慧图书馆标准体系，为全国智慧图书馆体系建设和各级公共图书馆的智慧化转型提供标准支撑。加强我国智慧图书馆标准化组织与相关国际组织的交流与合作，推动相关标准的国际化工作。推进标准的验证、宣传、推广与落地实践，并做好后续的修订和完善工作。

（三）智慧图书馆体系建设需要建立健全人才培养机制

智慧图书馆的建设离不开大量人才的参与和贡献，培养一批专业的人才是智慧图书馆得以持续发展的重要保障。按照智慧图书馆业务流程来看，相关的业务领域主要分为资源建设、资源组织分析、技术研发应用、业务管理、基础设施建设、日常运维等。从政策上对人才的培养、引进和奖励等进行支持，在国家、地方不同层面出台一系列人才支持政策，鼓励高技术和高学历人才参与到智慧图书馆建设的全流程中，并在个人发展、奖励、待遇等层面给予倾斜，逐步完善智慧图书馆人才发展政策保障体系，推动行业发展。

1. 加强人才教育和专业培训

推动财政部门和文化主管部门加大对智慧图书馆人才培养的经费保障力度，建议加强智慧图书馆人才培训基地建设、重点科研项目及资助保障等。同时，可以酌情考虑向社会购买人才培养服务，制定和完善政府购买人才培养服务的相关政策，加大对政府部门和企业合作开展人才培养的支持力度。

加强对科研项目的支持，吸引能力卓越、在智慧图书馆研究领域具有创造力的研究人员进行独立研究，对优秀人员独立开展研究进行资助。鼓励开办专业的智慧图书馆人才职业培训机构，通过系统的培训，优化受训者的专业知识结构并提升其专业技能。积极推动建立不同层次、不同类型的智慧图书馆人才资格认证制度等。

以政府为主导，策划建立智慧图书馆人才培训基地，基地原则上是各地行政区域内以培养智慧图书馆人才为主要目标的技工院校、职业培训机构、公共实训基地以及大中型企业技能培训中心。通过基地培训，加大培训力度，加强行业管理，鼓励扶持社会力量对关键领域人才的培养。基地主要面向图情业各级各类在职职工、在校后备技能人才开展培训活动。此外，还承担智慧图书馆人才考核与评价、职业技能大赛或研修课程研发、应用成果交流等任务。

2.扩大人才的引进与交流

首先，要发挥政府的导向和扶持作用，通过各种鼓励和支持政策引进国内外智慧图书馆领域优秀人才，并给予与之匹配的待遇，如职称评审、项目资金、硬件设施、软件环境等。形成示范效应后，可以带动更多优秀人才参与智慧图书馆的研发与建设，为智慧图书馆事业提供有效助力。

其次，发挥高校、科研院所培养智慧图书馆人才的基础作用，通过重点支持科研工作平台建设、创新团队建设及落实人才关心关爱的有关措施，解决人才的后顾之忧，充分利用其开阔的战略视野、较强的前瞻和预见能力，敏锐把握智慧图书馆的战略需求和世界科技前沿发展态势，同时吸引和凝聚优秀人才到文化领域发挥专长，攻克难关。

最后，实行"人才+项目"的培养模式，依托国家人才战略规划、重要文化工程、科研项目等，培养相关的人才，并形成系统性研究与应用成果。加强智慧图书馆人才的国际交流与合作，学习国外智能化技术研发和应用方面的先进经验，将其应用到我国智慧图书馆发展各领域。

（执笔人：魏大威、张炜、敦文杰、周笑盈、钟晶晶、刘金哲）

参考文献：

[1] 聂华,韦成府,崔海媛.CALIS机构知识库:建设与推广、反思与展望[J].中国图书馆学

报,2013（2）:46-52.

［2］陈建龙.CALIS的"十四五"规划:问题、方针和任务［J］.数字图书馆论坛,2021（5）:
8-11.

［3］顾淑彦,高冰洁.开放融合的新时代图书馆建设研讨会暨2019年度CALIS年会会议综
述［J］.内蒙古科技与经济,2021（11）:150-153.

［4］曾建勋.开放融合环境下NSTL资源建设的发展思考［J］.大学图书馆学报,2020（6）:
63-70.

［5］彭以祺.国家科技文献保障工作的形势与NSTL"十四五"规划［J］.数字图书馆论坛,
2021（5）:2-7.

［6］中国互联网络信息中心.第39次中国互联网络发展状况统计报告［EB/OL］.［2022-08-
23］.https://www.cnnic.net.cn/n4/2022/0401/c88-1121.html.

［7］中国互联网络信息中心.第47次中国互联网络发展状况统计报告［EB/OL］.［2022-08-
23］.https://www.cnnic.net.cn/NMediaFile/old_attach/P020210203334633480104.pdf.

［8］钱力,谢靖,常志军,等.基于科技大数据的智能知识服务体系研究设计［J］.数据分析与
知识发现,2019（1）:4-14.

［9］张炜,肖慧琛,魏青.智慧图书馆区块链版权管理系统构建及探析［J］.图书馆研究,2022
（2）:85-93.

［10］田宇.分布式集群架构下通借通还常见问题解析:以成都地区公共图书馆为例［J］.四
川图书馆学报,2021（1）:41-44.

［11］孙德鹏.关于图书采分编智能作业系统的若干思考:以广东省立中山图书馆为例［J］.
大学图书情报学刊,2022（1）:119-122,139.

［12］钟翔.RFID在图书馆编目实践中存在问题及解决方案:以四川省图书馆为例［J］.四川
图书馆学报,2017（1）:59-62.

［13］樊慧丽,邵波.智能机器人图书盘点创新实践与思考:以南京大学图书馆为例［J］.图书
馆,2018（9）:96-100.

［14］夏正伟,李全,端文慧,等.RFID图书自动盘点机器人应用研究:以武汉大学图书馆为
例［J］.图书馆杂志,2020（1）:61-66,55.

［15］钱力,刘细文,张智雄,等.AI+智慧知识服务生态体系研究设计与应用实践:以中国
科学院文献情报中心智慧服务平台建设为例［J］.图书情报工作,2021（15）:78-90.

［16］曾洁.图书馆智慧媒资管理平台建设实践探索［J］.图书馆研究与工作,2023（3）:
76-80.

［17］逛展览 品书香 在文化味中开启新一年［EB/OL］.［2023-12-29］.https://baijiahao.baidu.
com/s?id=1724273793518081155&wfr=spider&for=pc.

［18］梁亮,冯继强.公共图书馆服务体系建设保障要素探讨:以"大杭州"等公共图书馆服
务体系建设为例［J］.图书情报工作,2014（4）:29-34.

［19］迈向"阅读之城""智慧图书馆之城"［EB/OL］.［2023-12-29］.https://baijiahao.baidu.com/s?id=1748854264744419279&wfr=spider&for=pc.

［20］探访"深夜图书馆"：灯火通明到夜半　只为书香满城芳［EB/OL］.［2023-12-29］.https://www.xmnn.cn/news/xmxw/202307/t20230703_88127.html.

［21］新时代 新篇章 百年"赣图"再起航［N］.江西新闻,2020-09-25（6）.

［22］李彤.海南省居民阅读现状及推进对策研究［J］.图书馆,2016（2）:104-108,111.

［23］蒋智颖."十四五"时期公共图书馆智慧化服务发展策略研究:以江苏省23家公共图书馆为例［J］.山东图书馆学刊,2022（4）:58-63.

［24］苏州图书馆让阅读服务更延展、更多元、更智慧［N］.新华日报,2022-08-19（3）.

［25］中华人民共和国国民经济和社会发展第十四个五年规划和2035年远景目标纲要［EB/OL］.［2022-07-13］.http://www.gov.cn/xinwen/2021-03/13/content_5592681.htm.

［26］文化和旅游部.文化和旅游部关于印发《"十四五"公共文化服务体系建设规划》的通知［EB/OL］.［2022-07-13］.http://www.gov.cn/zhengce/zhengceku/2021-06/23/content_5620456.htm.

专题研究

第四章　智慧图书馆技术发展及应用

　　智慧化是深度信息化的结果，信息化已经走过了自动化、电子化、数字化的时代，而转向智能化和智慧化。而智慧图书馆则是一种深度信息化的新型图书馆，是在数字图书馆基础之上，各种业务、服务和管理更加智能化、智慧化的图书馆。

　　智慧技术是促进数字图书馆向智慧图书馆升级转化的关键技术。智慧技术的核心是使主体具备自我意识，能够让主体根据所感知的外部环境特征以及环境变化，自发地进行自我管理，实现最优决策，精准施策。智慧技术助力于主体构建和环境感知能力、状态自省能力、智慧分析能力、趋势预测能力、智能决策能力和精准施策能力提升。

　　在数字图书馆向智慧图书馆的升级转化中，如何利用智慧技术和智慧基础设施，构建智慧资源体系，打造智慧交互空间，提供智慧知识服务，实现智慧业务管理是当前图书馆界普遍关注的重要问题。明确智慧技术的作用、搞清智慧图书馆的技术需求、提出智慧图书馆的核心技术架构是智慧图书馆建设的三个重要环节。本章围绕上述三个环节，阐述从数字图书馆走向智慧图书馆的转化升级路径。

第一节 智慧技术及其对图书馆的作用

智慧技术深刻地改变着人类社会的生产和生活方式。具有泛在感知、深度互联、智能分析、智慧管理等特性的智慧技术有效地支持了智慧地球、智慧城市、智慧家居、智慧电网、智慧图书馆等理念的提出，以及具体各类智慧主体的实现。本节简要梳理智慧技术的基本概念，归纳出智慧技术的六个类簇，即环境感知、状态自省、智慧分析、趋势预测、智能决策和精准施策；并对六个类簇的相关技术进行分析，总结各个技术类簇在图书馆中的应用场景及应用特点，提出智慧技术在从数字图书馆向智慧图书馆转化过程中所起到的重要作用。

一、智慧技术的概念

"智慧"一词较早出自《墨子·尚贤（中）》："若使之治国家，则此使不智慧者治国家也，国家之乱既可得而知已。"用以形容人有聪明才智。在《辞海》中，"智慧"一词重点是指某一主体具有对事物认识、辨析、判断处理和发明创造的能力。智慧技术简单来讲，就是那些使某一主体拥有对事物认识、辨析、判断处理和发明创造能力的技术。

智慧技术借助技术实现智慧赋能，但它并不是在原有基础上引入一种新技术那么简单[1-2]。尽管不同学者对智慧技术提出不同的定义，但总体而言，研究者普遍认为智慧技术是由一系列具有某些特点的多种技术组成的一个技术类别。

Elwood 认为智慧技术是一种通过传感器、数据库和无线设备协同感知环境，并能够为环境中的用户提供服务的技术[3]。Saleem 和 Sukaina 认为智慧技术（及其所有形式的物理和逻辑应用）具备自我生成（Self-generate）和自我维持（Self-sustain）的能力，是一种能够自动适应环境且根据环境调整行为的技术：智慧技术首先通过传感器感知事物并获取数据，再实施分析与推断，最后根据从规则中得出的可靠结论以及从经验中学习的实用方法，预测、思考和推理下一步该做什么[4]。Thakur 认为智慧技术是一种为无生命的物体提供认知意识的技术[5]。

随着智慧技术在社会生活中的逐步应用，智慧技术的定义也逐渐具体化和结构化。剑桥大学智慧基础设施与建设中心（CSIC）认为，智慧基础设施是物理基础设施与数字基础设施通过智慧技术结合的产物，智慧基础设施一般具有一个类似的结构分层——数据管理（Data management）、意义建构（Sense making）和决策制定（Decision making），其中，智慧技术根据已有知识对外部信息进行主动的选择、加工和处理，从而获得数据的意义，提高技术的智慧化程度，进而提升决策能力。从底层的数据管理到顶层的决策制定，智慧技术促进数据量逐渐减少，而促进信息价值逐渐增加[6]。Weiss 认为智慧技术在物理基础设施中的集成应用，能够实现系统的实时监控、高效决策和增强服务交付，促进了基础设施的高效化和智慧化[7]。Morimoto 认为智慧技术中的自我监控是利用智慧基础设施，提供关于系统状态的实时数字信息，推动城市的可持续发展，其潜在优势包括降低维护成本、减少损坏和中断（交通拥堵或停电）成本、提高服务质量和价值（按需使用和灵活收费）以及保护人类生命（减少道路事故或更好地应对灾难）等[8]；Balakrishna 阐述了智慧城市中智慧技术的自我监测功能是通过物理设施和数字技术的结合，实现个人心率监测或通用健康监测[9]；Stefansson 等人认为智慧技术的高效运用依赖更好的规划，而规划又需要更好的信息获取和系统监控[10]。

智慧技术的核心是具备自我意识，即根据所感知的外部环境特征以及环境变化[11]，自发地进行自我管理并做出最优决策[12]，从而达到预期的理想状态。Ogie等人认为拥有自我意识（Self-awareness）是智慧技术的下一阶段，即基础设施系统使用监控信息来应对不断变化的条件[13]；El-Diraby认为智慧基础设施系统由智能结构和运行管理系统组成，系统能够使用监控信息改变自身状态以响应不断变化的外部环境[14]；Christian等人认为监测和检查是基础设施系统中不可或缺的功能，通过利用现代传感技术实现系统持续监测并帮助系统记录数据的历史记录[15]，将使设备能够直接从传感器接收测量异常行为的警报，在检查过程中根据需要从设备中获取额外数据，从而自动调整检查流程和检查频率，以满足更高的信息需求。

在实践中，智慧基础设施的自我意识应表现为系统能够监测自身状态，并采取相关措施保证自身稳定运行。Annaswamy等人提出智慧基础设施有能力进行自我管理（Self-govern）并在没有人为干预的情况下做出决策[16]；类似地，Khan等人认为利用自动计算、人工智能规划和控制理论等智慧技术能够帮助基础设施实现自我管理，包括自我配置（Self-configuration）、自我修复（Self-healing）、自我保护（Self-protection）、自我优化（Self-optimization）、自我意识（Self-awareness）和自我治理（Self-governance）[17]。

基于以上研究，本书认为智慧技术是由一系列能够使某一主体拥有对事物认识、辨析并能判断处理能力的技术组成的一种技术类别。智慧技术又可以细分为环境感知、状态自省、智慧分析、趋势预测、智能决策和精准施策等六个技术类簇。六个技术类簇相互支持，并且通过反馈机制，形成不断循环的智慧能力提升机制（图4-1）。

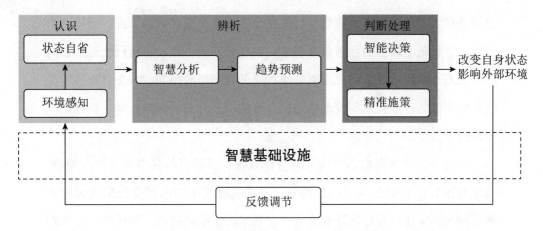

图 4-1　智慧技术及其六个技术类簇示意图

环境感知技术赋予系统感知外部环境的能力，即使用传感器、摄像头、定位器等信息采集设备收集外部环境的实时数据，并将数据实时传输，实现信息的深层互联[18]。例如，自动驾驶车辆通过一般车载传感器、感知传感器和高精地图等技术手段实现对行驶路径、周边物体、驾驶环境等内容的感知，并将收集的实时数据通过"车—车"无线通信技术进行上传，从而实现"人—车—路"信息协同。类似地，智慧图书馆利用馆内安装的传感器采集馆内环境、馆外环境、用户状态等信息，并通过网络传输设备进行传输共享，实现信息的深层互联。环境感知技术类簇主要包括传感器技术和网络传输技术，其中传感器技术包括对光线、温度、湿度、声音、位置等属性的感知技术，射频识别技术（RFID）、二维码标签、近场通信（NFC）等识别认证技术，地理信息系统（GIS）、射频定位技术、iBeacon 室内定位等定位技术；网络传输技术包括 5G、Wi-Fi 6、ZigBee 等数据传输技术和光纤骨干网络等互联网络技术。

状态自省技术结合环境感知技术和自身状态，赋予系统感知自身状态的能力[19]，并存储实时收集的系统状态数据，以辅助后续调节过程。该阶段的系统状态属性可根据精准施策自发调节。例如，自动驾驶技术中的状态自省主要是对驾驶状态（即车辆自身行驶状态和驾驶员精神状态）进行感知。类似地，智慧图书馆中的状态自省包含对自动感知图书馆设备运行状态、馆内用户状态、服务系统中用户在服务流程中的状态等的感知。状态自省技术类簇包括图像、音频、视频等多模态融合算法以及分布式存储技术、数据湖等存储技术。

智慧分析技术根据系统内外部整体状况，分析当前状态的共性与规律，实现对既有信息的归纳整理。例如，自动驾驶技术中的智慧分析通过对道路、行人、交通信号灯等外部环境信息和驾驶车辆的转角、加速度、车间距等自身状态信息进行归纳处理，分析外部环境对车辆运行的威胁。类似地，智慧图书馆结合馆内外的温度、湿度、光线等环境信息，馆内设备运行状态以及用户状态等自省信息进行分析归纳，利用分析后的结果进行下一步的趋势预测。智慧分析技术类簇主要包括数据集成技术，朴素贝叶斯（Naive Bayes）、决策树、支持向量机等数据分类算法，K-means、FCM 模糊聚类等数据聚类算法等。

趋势预测技术基于智慧分析的结果，结合历史数据，对外界环境未来状态和系统自身未来状态的运行方向进行演绎预估。事物总是顺着事物状态阻力最小的方向运行，因此趋势预测就是寻找事物状态阻力最小的方向。例如，自动驾驶路径预测根据过去周围物体的运动轨迹，预测物体未来一小段时间内的运动轨迹（主要包括行人轨迹预测和车辆轨迹预测）。类似地，智慧图书馆利用馆内外环境的历史数据、设备运行状态数据、用户行为数据预测环境、设备、用户等未来短期内的状态。趋势预测技术类簇主要包括多项式回归、线性回归等回归分析算法，长短时间记忆模型、Prophet模型等深度学习算法，CART 回归、随机梯度下降法回归等机器学习预测算法。

智能决策技术依据预先设定的目标，以趋势预测为前提，对众多问题解决的备选方案进行判断并做出决策。智能决策对问题的解决起着决定性的作用。例如，自动驾驶汽车的智能决策是根据对感知数据的分析预测结果给出的对于各个决策方案的判断，确定最佳模型，制定最优控制策略，决定是否进行换道或超车等操作。类似地，智慧图书馆中的智能决策是基于环境感知和状态自省收集的数据，结合智慧分析的结果与预测的趋势对解决方案进行判断，决定是否对设备进行操控。智能决策技术类簇主要包括马尔可夫模型、多属性决策模型、多准则决策模型等。

精准施策技术是基于智能决策结果，系统通过执行器采取实际行动，进行协调、协作和精准控制。即通过改变自身状态、影响外部环境，以达到预期的效果。例如，自动驾驶系统在做出决策后，按照决策结果对车辆进行控制。类似地，智慧图书馆内各种传感器、设备等都需要通过网络或总线与控制系统连接，并按照决策系统发出的总线指令精准地控制开关的闭合、灯光的明暗程度、屏幕的显示信息等。精准施策技术类簇主要包括远程控制技术、自适应控制技术、模糊控制技术等。

二、智慧技术在图书馆中的应用

传统的图书馆是搜集、整理、收藏图书资料以供人阅览、参考的机构。自信息技术出现并在图书馆应用以来，图书馆的定位与功能发生了深刻变化。近年来，智慧技术正被各类图书馆所应用，推动着图书馆从数字图书馆向智慧图书馆的转型。下文简述智慧技术在当前图书馆的基础设施、资源体系、交互空间、知识服务和业务管理中的一些应用情况。

（一）环境感知技术

图书馆环境感知技术的典型应用是通过深层互联的传感器收集外部环境信息，掌握馆内温度、湿度等环境状况，以及用户信息。如新型的智能温控、自动照明、湿度调节等高度自动化系统，能够通过传感器收集外部环境信息，根据天气、时间、人流量的变化自动调节馆内湿度、温度、亮度等，为读者提供更舒适的阅读环境[20]；新加坡理工学院图书馆开发了智慧图书馆电子导引系统，其中的实时人流量热图技术通过跟踪无线网络连接的移动设备数量，推断各个区域的大致人数，并根据来自不同网络接入点的所有数据计算总体占有率，从而获得实时人流量热图[21]。

（二）状态自省技术

目前，已有图书馆通过多模态融合算法这一状态自省技术处理收集到的实时状态数据，掌握馆内书架、书籍等的状态信息，辅助读者快速找到所需书籍。如南京大学图书馆将定位系统、计算机视觉和智能机器人技术进行有机结合，自主研发了智能图书盘点机器人"图客"，该机器人沿书架逐层扫描图书，通过阅读器定位图书内嵌的芯片，实现了精确、可靠的全自动图书盘点[22]；台湾地区的公共信息图书馆的儿童学习中心研发了可穿戴智能手表，并通过蓝牙室内定位技术帮助儿童浏览分类编码书架和智能书架[23]。

（三）智慧分析技术

智慧分析技术在图书馆中的应用主要是通过对环境感知和状态自省的输

入数据，以及对馆内信息资源数据、设备数据等进行集成、归纳整理与分析，为下一步用户的状态趋势预测奠定基础。如上海图书馆推出中文古籍联合目录及循证平台，通过分类管理，收录了 1400 余家机构的古籍馆藏目录，借由分布式云平台技术和关联语义技术，实现各馆现存古籍珍藏的联合查询、规范控制，并提供学者循证版本、考镜流藏之功用[24]；塞尔维亚贝尔格莱德大学的图书馆依托大数据建设，分析归类学生选课信息、大学在线书店服务器日志文件、物联网传感器收集的信息、学生社交媒体网络信息和教育系统上学生的基本信息等五个方面数据，最终形成基于用户兴趣的个性化内容感知推荐系统[25]。

（四）趋势预测技术

趋势预测技术在图书馆中的应用主要是基于智慧分析结果，对文献资源等馆藏数据以及设备运行状态等历史记录进行加工处理和分析预测。如中国科学院文献情报中心图书馆基于科技文献大数据语料和深度学习方法，从海量科技文献中获取解决问题的知识，并利用这些知识构筑文本挖掘基础和人工智能组件——科技文献知识 AI 引擎（SciAIEngine）[26]；Springer Nature 推出的 SciGraph 利用机器学习预测算法进行了科研领域知识的挖掘[27]；丹麦技术大学智慧图书馆在全面感知的基础上分析历史信息，制订预案，进行设施设备更新、维护和规划，从而更加高效地进行空间管理[28]。

（五）智能决策技术

智能决策技术在图书馆中的应用主要是结合智慧分析与趋势预测后的输出结果，利用计算机算法对如路径规划、图书推荐等问题做出决策。如新加坡理工学院图书馆使用 Dijkstra 算法，计算从用户所在位置到所选阅读空间的最短路径，同时对多条路径方案进行判断，最后绘制一条可视路径来指示方向 [29]；中国人民大学的"云书房"将多层感知信息通过网络进行传输，利用深度学习算法分析预测用户对图书的喜好，为用户构建了个性化图书推荐系统，提升了用户满意度 [30]；丹麦技术大学智慧图书馆为提高座位的使用效率，通过神经网络对座位数据训练得到分类模型，利用决策模型判断座位状态以决定是否开放场馆，这有效提高了图书馆座位的管理效率 [31]。

（六）精准施策技术

精准施策技术在图书馆中的应用主要是基于上述智能决策结果，通过人机交互等技术打造沉浸式空间、提供精细化服务。如台湾地区公共信息图书馆的儿童学习中心利用混合现实（MR）技术为儿童开发了虚实结合的阅读空间使他们沉浸在一个以游戏为导向的环境中，获得更加愉悦的阅读体验 [32]；数字人技术将图书馆员虚拟化，以数字图书馆员的形式提供更个性化、智能化的知识服务，如 UneeQ 公司设计了"数字爱因斯坦"，用户可以与其进行实时互动，而"数字爱因斯坦"将对用户关于生活和工作的任何问题做出回复，这对提升用户自主学习的兴趣有着显著的效果 [33]；康斯坦茨大学图书馆开发了图书馆馆藏可视化立体书架，用户可以通过直接触摸来控制书架，以使用书架的数字浏览功能 [34]。

三、智慧技术对图书馆发展的作用

技术作为图书馆建设的重要基础和推动力之一，直接推动了图书馆的发展与转变。早期纸媒为主的传统图书馆主要借助电子计算机技术构建数据库,创建机读目录并提供联机检索服务;以数字资源为核心的技术促使了传统图书馆向数字图书馆的转变,将图书馆打造成面向用户需求的、新型的、动态的、自适应的知识服务平台;而智慧技术的引入进一步推动了图书馆从数字图书馆向智慧图书馆的转型,将图书馆建设成集服务、管理于一体的泛在化、智能化的综合智能服务平台。下文将从图书馆的基础设施建设、资源体系建设、交互空间建设、知识服务建设和业务管理建设五个方面梳理智慧技术对图书馆发展的作用。

(一)智慧技术促进基础设施泛在化与自动化

图书馆的基础设施主要包括物理空间设备、网络传输设备、数据存储设备等,通过在图书馆基础设施中广泛嵌入环境感知和状态自省等智慧技术,可以实现图书馆对人和环境状态的实时多模态自动感知,进而实现基础设施的泛在化与自动化。例如,智慧图书馆通过安装温度传感器、湿度传感器、摄像头,可以实时自动监测馆内外的环境信息、访问图书馆的人数信息等;通过全馆覆盖的 5G、Wi-Fi 6 等高速网络,满足馆内设施设备数据的高速传输需求以及用户对数据实时交互的需求;通过大容量分布式存储设施配合无限扩展的云存储,实现数据资源的海量存储;通过 GPU、TPU 等高性能、大算力计算设备,为构建大数据分析的超算平台奠定了基础。基础设施的泛在化与自动化,结合海量的存储数据,为图书馆的智慧化发展提供了保障。

(二)智慧技术提升资源体系语义化与集成化

图书馆的信息资源包括文献资源、管理资源、系统资源以及用户行为数据等，使用智慧技术对这些资源进行数据治理，能够高效利用资源，充分释放资源价值。数据治理涉及数字资源的采集、加工、组织、管理、保存和服务等的生命周期，资源建设的质量将直接影响图书馆的服务效能。通过将智慧技术（如智慧分析技术、趋势预测技术）引入资源建设的各个环节，将数字资源从语义角度进行组织、揭示、整合与治理，能够有效提升资源建设的语义化与集成化程度。例如，智慧分析技术能有效将数字资源进行深度整合，形成更高效的数字资源体系，支持数字资源的智慧检索；趋势预测技术能够利用提取的语义信息对用户的需求进行匹配和推理，实现文献检索到知识检索的转变；考虑到部分多源异构数据类型多样、知识稀疏、数据量庞大的特征，多模态融合算法和知识图谱技术能够对知识进行存储与集成，使得知识资源建设更加智能、高效。

（三）智慧技术辅助交互空间场景化与虚拟化

智慧技术将图书馆的物理空间向虚拟空间拓展，提供场景化服务，辅助图书馆构建"物理＋虚拟"的双向交互空间。在物理空间建设方面，智能楼宇技术配备全天候、自适应的照明系统和温控系统，可为用户提供舒适的阅读空间；增强现实实景导航技术与馆内书架定位系统相连接，使用户只需对所需书籍进行搜索，便能在无人引导的环境下找到书籍位置，切实满足个人对定制化场景的需求；在虚拟空间建设方面，智慧图书馆利用数字孪生技术构建与物理世界完全对应的数字化场景，实现现实世界与数字模型的交融；借助全要素高仿真、虚实融合交互、自主迭代优化、资源配置最优的交互技术，构建全方位虚拟空间。

（四）智慧技术驱动知识服务智能化与个性化

图书馆的知识服务是指根据用户需求，为用户提供信息的搜集、组织、分析的服务。借助智慧技术，图书馆可以深入挖掘资源的隐藏价值，并对挖掘出的各类信息进行智能组织与分析，为不同类型的用户提供不同的知识与情报，从而实现知识服务的智能化与个性化。随着资源数字化与资源载体丰富化，图书馆服务重心从图书借阅转向内容增值，例如打造资源访问新体验的数字人文服务、支撑决策的智能知识服务。同时，智慧技术高度智能化及个性化的应用为图书馆资源定位、推送、定制等服务的智能化创造条件[35-36]，例如通过用户画像为用户建立起个性化的知识服务系统[37]。智慧技术扩大了图书馆的服务范围，提高了图书馆的服务质量，更好地满足了用户需求，为用户提供全方位服务[38]。

（五）智慧技术助力业务管理一体化与精准化

智慧技术助力图书馆集成设施、资源、空间和服务使用过程中的所有数据，实现数据的一体化管理；并针对图书馆的工作评估、意见反馈、馆藏管理、服务保障四类业务的管理需求，通过挖掘数据中的深层次信息来优化业务流程、提升服务效果、挖掘用户隐藏需求，最终实现管理的一体化与精准化。智慧技术的助推打破了图书馆依赖人的感知、经验和预判的传统，突破了无法提供全局性管理和服务的局限。此外，智慧技术助力业务管理的一体化与精准化不仅体现在单个图书馆内业务数据的集成，在云技术的支持下，一些图书馆的建设已经放眼于整个图书馆体系，强调馆际合作与统筹管理；另一些图书馆则与智慧校园、智慧城市等整体建设规划紧密结合，形成了更高层次的一体化与精准化建设。

第二节　智慧图书馆建设的技术需求分析

智慧技术是智慧图书馆建设过程中不可或缺的重要支撑。对智慧图书馆建设过程中具体的技术需求进行深入分析，能够进一步明晰智慧图书馆建设中需要利用哪些智慧技术以实现哪些功能，从而为智慧图书馆核心技术架构的设计方案提供依据。本节将结合第一节中智慧技术在图书馆的应用分析，分别从智慧基础设施、智慧资源体系、智慧交互空间、智慧知识服务和智慧业务管理五个方面阐述智慧图书馆建设的技术需求。

一、智慧基础设施的技术需求分析

智慧基础设施建设即智慧技术环境的搭建，智慧技术环境除了需要保障智慧图书馆的正常运行，还需要为更高层次的智慧服务（如知识服务、空间服务等）提供技术基础。智慧技术环境的搭建包括软件设施搭建和硬件设施搭建，涉及感知、传输、存储和计算四方面的需求。其中，智能感知设施技术应用的重点在于泛在感知、精准灵敏；网络传输设施技术应用的重点在于高速稳定、深度互联；数据存储设施技术应用的重点在于自由扩展、协同分布；强大算力资源技术应用的重点在于灵活调度、高效处理。

（一）泛在感知、精准灵敏的智能感知设施

智慧图书馆的智能感知设施需要全面感知图书馆内设备资源，并利用物联网等技术使各种设备互联互通，打造绿色、低碳、环保、舒适的智能楼宇。智能楼宇的建设主要包括空间内环境智能感知与调节、图书馆的智能安防监控等方面。

智能楼宇通过对空间环境的泛在感知来实现楼宇中环境、设备的智能调节。借助物联网传感器对温度、湿度、噪声声级、二氧化碳浓度、照明度、人员密度等进行智能感知，通过对感知的环境参数进行智能分析与判断，调整相关的空调温湿度和风力大小、灯光强度等，为读者阅读和书籍资源保存提供适宜的环境。

在智能安防方面，智慧图书馆需要具备智能监控系统，以满足图书馆在服务过程中的安防需求。智能监控系统需要依托 5G 等高速传输技术来提升视频数据的传输速度和反馈信息的速度，以保障智能监控系统在馆内人员密度监测、馆内被盗物品检测、系统入侵探测、火警预测、遗失物品追踪等方面应用的有效性，从而提供更有效的安全防范措施。

（二）高速稳定、深度互联的网络传输设施

智慧图书馆网络传输设施首先需要满足数据的高速稳定传输需求。智慧图书馆系统中的数据包括各类传感器、射频设备、用户终端收集的数据等，具有来源广、体量大、类型各异、实时产生等特点。这些数据需要及时传输到数据中心，以便进行数据处理和反馈，因此需要建设高速局域网以满足高速稳定的传输需求。

智慧图书馆的网络传输设施还需要满足传输设备之间深度互联的需求。智慧图书馆中的资源体系建设和应用服务开发等需要各类型数据的集成与深度融合，传输设备之间的深度互联能够提升各传输设备之间互相访问的能力，实现更大范围内的相互通信和资源共享，以满足智慧资源体系建设、交互空间建设、知识服务建设等方面对各类数据的集成与融合需求。

（三）自由扩展、协同分布的数据存储设施

大数据存储设施是目前大数据环境下智慧图书馆建设的重要需求。在智慧图书馆建设中，大数据存储设施需要具备多元数据存储、读取方便、可修复、安全可靠以及满足大数据环境下资源存储量级和吞吐率需求的特性。分布式、大体量的存储方式可以满足海量存储、横向分割等数据要求。同时需要配合队列存储等技术来保证数据接收的吞吐量和存储效率。数据除了在馆内进行线下存储，还可以采用外部线上存储，如公有云、外部数据中心等存储方式。

（四）灵活调度、高效处理的强大算力资源

智慧图书馆的算力资源是其智慧化的基石，直接影响图书馆智能设备的响应速度与大数据智能加工效率。智慧图书馆提供的服务需要利用大数据、人工智能、深度学习等技术对海量的实时数据进行分析和加工，这些技术的实施均离不开强大算力资源的支撑。

在图书馆智慧化过程中，计算需求呈指数级增长，所需的算力已经远远超过了传统 CPU 处理器的计算能力，出现了诸多限制如并行度不高、带宽不够、时延高等。因此，智慧图书馆需要逐步采用 XPU 的组合形式，即

将 CPU、GPU、FPGA、IPU 等在内的各种不同体系架构的计算单元，组成一个混合的计算系统，分配每一种不同类型的计算单元执行自己最擅长的任务。逐步细分和差异化的算力需求要求智慧图书馆在传输与存储基础上实现算力聚合，共享全网算力，优化算力布局，根据场景需求对算力资源进行灵活编排和调度，提供最优的服务体验。

智慧图书馆还将利用云算力超集中、边端算力超分布的特征来搭建超算平台，从而实现数据的海量处理与知识的深度计算挖掘。超算平台一般由多台 GPU 服务器组成，其规模根据智慧图书馆知识计算的需求而定。智慧图书馆利用超算平台，能够实现文献内容深度挖掘等算法的高性能计算与应用。

二、智慧资源体系的技术需求分析

智慧资源体系建设的主要步骤有多源异构数据的采集、加工、挖掘等，这些能够实现资源的集成整编、组织治理、挖掘应用以及价值揭示。在建设智慧资源体系时，需要考虑如何利用智慧技术获取高质量资源，提升数据的价值和系统对知识的发现水平。智慧资源体系建设中的技术需求包括数据的智能获取与智能加工两个方面，其中，智能获取技术应用的重点在于如何处理多模态、多来源数据；智能加工技术应用的重点在于揭示知识、丰富语义。

（一）多模态、多来源数据的稳定智能获取

用户所需的智慧图书馆服务不单单是文献服务，还包括提供最新的领域

政策、商业新闻、前沿资讯等服务。这些服务所包含信息的形式除文本外，还包括图片、音频、视频等。因此，智慧图书馆除了自身业务系统历史数据，还需要具备智能获取多模态、多来源数据的能力，主要包括开放数据的稳定获取和数据驱动的智能采购。

在开放数据的稳定获取方面，智慧图书馆需要实时更新并充分利用开放获取仓储资源（例如图书、期刊、标准、档案等），通过对开放资源的遴选、采集、加工、组织与揭示，集成整合不同平台、不同类型的资源，丰富智慧图书馆的资源体系。开放获取的智能化涉及标准制定、价值计算、资源监控、资源对齐四个方面。智慧图书馆需要综合权威指标来制定遴选标准，并保持动态更新；依据该标准进行资源价值计算，遴选出最具价值的资源；同时对这些资源建立监测机制，以便及时更新，例如期刊资源更新、文章（如预印本）版本控制更新；最后要进行资源对齐与融合，保障多模态、多来源资源指向一致。

在数据驱动的智能采购方面，智慧图书馆需要根据用户检索、浏览、下载、借阅、访问的历史数据和文献传递与馆际互借数据，挖掘预测服务群体的多样化需求。同时，图书馆需要结合馆藏数据，评估现有文献资源结构，分析资源使用效益，及时调整资源采购计划。

（二）揭示知识、丰富语义的数据智能加工

在大数据与人工智能环境下，图书馆需要加强知识组织体系及工具的开发利用，深化科技文献的多粒度知识内容和语义关系揭示。利用数据的自动整编、自动治理实现数据内部的规律自查，继而寻找隐含的知识价值。在揭示知识、丰富语义的数据智能加工需求方面，主要包括馆藏资源数字化、数据资源治理、文献语义丰富化等内容。

在馆藏资源数字化方面，智慧图书馆需要针对特色馆藏资源，例如古籍、家谱、手稿、抄本等，利用 OCR（Optical Character Recognition，光学字符识别）、图像识别等方式，将纸质资源转变为可供挖掘、分析、利用、长期保存的数字资源，这将对智慧图书馆多模态资源集成起到推进作用。

在数据资源治理方面，智慧图书馆需要对数据标准定义、元数据管理、数据质量控制等流程进行有机结合与协同管理。数据标准体系需要涵盖定义、操作、应用等多层次，包括元数据模型标准、数据交换和传输标准、数据质量标准等；智慧图书馆元数据格式需要具备开放、可机读、可继承和可扩展的特点，以保证后续使用中数据的一致性和互操作性；数据质量控制需要明确各个阶段的数据质量管理流程，对缺失或异常数据值制定特定解决方案。

在文献语义丰富化方面，智慧图书馆需要利用自然语言处理技术实现多领域、多层次、细粒度的知识对象抽取，进一步丰富文献元数据，促进非结构化、半结构化数据向结构化数据转变，辅助智能语义检索、文献自动综述、文献可视化分析等知识服务。"多领域"是指语义丰富化过程需要适应各学科领域数据差异，以满足各学科领域特定需求；"多层次"是指语义丰富化过程对抽取层次的要求，需要对篇章级、句子级、短语级等进行不同文本级别语义分析；"细粒度"表明语义丰富化过程需要对知识对象级别资源进行抽取，例如医学文献中药物、靶标、疾病等细粒度的知识对象，知识对象的描述还需要更加精细化，例如在物理学领域中，不仅需要识别出"太阳耀斑"是一种现象，还要识别出该现象属于天体物理学领域。

三、智慧交互空间的技术需求分析

智慧交互空间建设需求主要是集成全息呈现、数字孪生、多语言交互、高逼真、跨时空等新型体验技术，大力发展线上线下一体化、在线在场相结合的数字化、智慧化文化新体验。针对用户在不同的需求场景下提供实用性、舒适性、沉浸式的空间解决方案。在智慧交互空间的技术需求分析中需要考虑物理空间和虚拟空间两方面的建设需求：物理空间建设技术实现的重点在于无人自助、学娱一体；虚拟空间建设技术实现的重点在于虚实融合、人机交互。

（一）无人自助、学娱一体的物理空间建设

智慧图书馆物理空间的智能化需要利用智能楼宇技术实现 24 小时开放自助服务，通过配备智能化照明、安全监测系统以及全馆覆盖的 Wi-Fi 网络和相应的工作站，实现图书馆作为终身学习、休闲和活动场所的功能要求。

智慧图书馆要实现空间的服务价值，一方面，需要针对不同年龄段的用户，建设服务层次分明的空间服务。例如，为年轻人提供"创客空间"，帮助他们在课余时间交流思想，积累经验；为儿童提供"游戏场所"，开展情景阅读服务，创新阅读方式。另一方面，智慧图书馆需要针对用户需求，提供个性化的空间服务。智慧图书馆将用户行为、用户历史偏好等用户个性化数据与图书馆的空间设施、资源工具等收集的数据进行匹配分析，强调智慧技术需要与用户导向的服务理念相结合，为用户的学习、阅读、交流等需求提供个性化、智慧化的解决方案，提供泛在的服务与支持。

（二）虚实融合、人机交互的虚拟空间建设

在虚实融合的虚拟空间建设方面，智慧图书馆需要利用数字孪生等技术将现实物理空间映射到虚拟空间，推动构建图书馆元宇宙化，拓展资源、交互和功能定位的边界。智慧图书馆还需要集虚拟现实、增强现实、混合现实、多维影像高清晰摄录等多种先进技术于一体，打造线上线下互动的虚拟环境，提供情景阅读服务，创新阅读方式，通过更友好的人机交互形式给读者带来全新的、沉浸式、交互式的阅读体验。

在人机信息交互方面，智慧图书馆需要实现生物人、数字人和机器人在虚拟空间的信息交互，给读者提供沉浸式的阅读、学习、交流体验。例如，图书馆可采用数字人技术，将图书馆员虚拟化，以数字图书馆员的形式提供更个性化、智能化的知识服务。

四、智慧知识服务的技术需求分析

为了满足社会公众和科研用户对智能化和个性化内容日益增长的需求，智慧图书馆逐步从传统文献服务向知识化和精细化服务转变。智慧图书馆知识服务需要深入挖掘内容资源的隐式价值，并对其进行多重开发利用，依托内容提供增值服务，包括数字资源服务以及在此基础上构建的智能知识服务。数字资源服务方面的技术需求在于推动数字资源内容多元化、云上可共享，智慧知识服务方面的技术需求在于实现知识服务面向前沿、支撑决策。

（一）内容多元、云上共享的数字资源服务

图书馆作为数字资源服务的重要供给者，需要在智慧化的环境下创新和增加数字文化内容，同时保障图书馆用户的访问和获取。智慧图书馆的数字资源服务需要对馆内已有的多元化内容进行组织、集成、融合等增值操作，在多源内容基础上提供数字人文服务。例如，很多图书馆都拥有古籍、非物质文化遗产、历史图片、电影资料、地方志、民族民间文艺等特色资源，这些资源或是受限在馆内访问，或是不为大众所知晓。智慧图书馆需要将这些特色资源数字化，通过 Web 3.0 和 app 开发形成创新文化产品，打造资源访问新体验。

智慧图书馆还需进一步拓展数字资源的访问途径，例如通过云端的方式使数字资源能够随时随地被访问和共享。作为公共文化基础设施，图书馆的一个重要任务是为人民群众提供信息文化服务，而通过智能技术打造人人可用、无处不在的信息服务是智慧图书馆维护信息公平的重要职责。通过云服务，图书馆可以提供云展览、云课堂、云阅读、云视听、云直播、云培训等一系列信息服务，降低用户的信息获取门槛；通过构建新媒体矩阵，拓宽用户的信息获取渠道，进一步打造无障碍的文化服务基础设施。

（二）面向前沿、支撑决策的智能知识服务

在数智化环境下，智能知识服务建设需要对领域文献知识和各类科研数据进行深层融合。通过建立不同领域数据与专有知识服务的关联，为馆内智慧服务决策提供数据分析基础。针对科研人员、专业领域用户、高端技术开发人员、决策制定者的更深层次信息服务与情报分析需求，智慧图书馆需要

提供面向前沿、支撑决策的智能知识服务。其中智能知识服务包括智能信息服务与智能情报分析。

在智能信息服务方面，智慧图书馆需要提供比传统信息服务更细粒度的支撑服务。智慧图书馆需要实现更智能的多维语义检索、海量文献的情景化智能聚类、千级类目的自动分类、检索主题全息交互式可视分析、看点感知的自动摘要、观点循证的自动综述、知识拓展的辅助阅读、知识需求意图理解的智能问答等功能。

在智能情报分析方面，智慧图书馆需要在智能信息服务的基础上实现全球科研动态监测、科技领域前沿热点识别、面向创新价值的代表作识别、热点领域科研画像、领域发展演化模式分析、科研核心能力评估评价、全球科研合作机会发现等智能情报分析工具的建设，进而支撑高校机构的学科研究和专业科研机构的战略情报。

五、智慧业务管理的技术需求分析

随着智慧技术在图书馆基础设施、资源体系、交互空间和知识服务建设中的深度嵌入，图书馆业务流程的重构和改造成为智慧图书馆建设过程中的必要需求。这一需求主要涉及四个方面的改进，分别是馆藏管理、工作评估、意见反馈、服务保障。

智慧图书馆馆藏管理需要实行智能化、一体化、自动化的改造。智能化改造需要借助馆内资源流通数据和用户阅览数据等，实现图书馆采访等业务决策的智能化；一体化建设需要使用网络平台开发技术实现图书馆采访业务、编目业务等流程的无缝衔接；自动化升级需要采用图像识别技术、机器人技术等实现编目、书籍入库、馆藏资源整理等方面的自动化。

　　智慧图书馆在工作评估和意见反馈两方面的建设需要互相关联，从而形成以用户意见为基础的评估方式和反馈机制。首先，智慧图书馆管理需要实现用户对馆内服务意见的自动采集和分析，根据用户意见来指导馆内工作，自动对工作效果进行评价。其次，智慧图书馆管理还需要从用户意见中发现馆内业务设计上存在的隐患和不足，以此调整工作方向和增加工作目标，进而促进智慧图书馆服务优化升级。

　　智慧图书馆的服务需要形成以数据驱动为导向、以智能决策为目标的保障机制。数据驱动是指将智慧图书馆中产生的统计数据、流通数据、用户数据、资源数据等多种数据转化为图书馆建设的发展指标和业务规则，并将其作为支撑图书馆服务建设的数据基础。通过对统计的大数据进行关联分析、因果挖掘、数据可视化等厘清图书馆各类数据之间的逻辑关系，围绕智慧图书馆具体的服务场景，为智慧图书馆的服务保障制定相关的决策。

第三节　智慧图书馆的核心技术体系

　　在智慧图书馆基础设施、资源体系、交互空间、知识服务和业务管理等维度建设的需求分析基础上，本节首先梳理了国内外智慧图书馆核心技术体系的理论研究及发展变化。其次，本节结合环境感知、状态自省、智慧分析、趋势预测、智能决策、精准施策六个智慧技术类簇与三维度、四维度以及五维度理论体系下的智慧图书馆技术体系，提出了智慧图书馆核心技术架构。最后，本节列举了具有代表性的国内外智慧图书馆核心技术应用案例，为打造全面感知、互联互通、资源丰富、便捷智能、身临其境的智慧图书馆提供参考。

一、智慧图书馆核心技术体系的理论研究

智慧图书馆的建设离不开环境感知、状态自省、智慧分析、趋势预测、智能决策、精准施策等六类智慧技术的支持。为了有效支撑智慧图书馆建设，研究者基于三维度理论、四维度理论、五维度理论等不同理论体系，提出了有针对性的智慧图书馆核心技术体系。

（一）基于三维度理论的智慧图书馆核心技术体系

2017 年，曹高辉等人通过分析多种新型图书馆形式，将智慧图书馆建设的要点总结为智慧技术（Smart Technology）、智慧服务（Smart Service）和智慧人（Smart People）三个维度[39]。其中，智慧技术是智慧图书馆的基础和前提，智慧图书馆的关键技术包括数据挖掘、人工智能和物联网；智慧服务的目标是让用户享受无缝、动态和可以互动的资源与服务，包括基于数据挖掘和用户需求分析的知识服务、基于智能基础设施的导览服务以及由图书业务拓展出来的更丰富的休闲娱乐服务；智慧人，即用户和图书馆员，是智慧图书馆的关键角色，技术和服务要通过提升用户素养、提升馆员能力才能真正发挥作用。

基于三维度理论的智慧图书馆的技术框架分为感知层（Perceptual Layer）、计算层（Computing Layer）和通信层（Communication Layer），分别满足全面感知、智能计算和个性化服务三方面功能需求（图 4-2）。感知层技术的作用是感知图书馆中人、物、环境等对象的基本信息，以及识别和记录用户行为；计算层技术可以在感知数据的基础上进一步挖掘和分析用户

行为、预测用户需求、计算最优的资源调度方式，支撑具体服务；通信层是面向用户的服务接口，作用是实现个性化服务，即结合计算结果、服务场景和用户实际需求，提供针对性的服务。

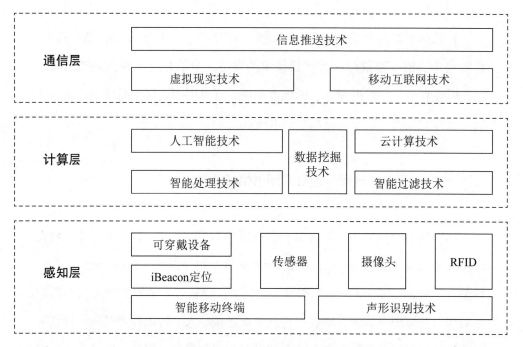

图 4-2　智慧图书馆的三维度示意与技术体系图

（二）基于四维度理论的智慧图书馆核心技术体系

2018 年，舍普费尔（Schöpfel）考虑到新一代图书馆与智慧城市的核心功能（如信息共享、资源共享、设施共享等）具有相关性，便以智慧城市的组织结构、核心技术、人员构成等方面为切入点，提出了智慧图书馆的四维度理论。他认为智慧图书馆可以从四个维度进行描述，即智慧服务（Smart Service）、智慧人（Smart People）、智慧空间（Smart Place）和智慧管理

（Smart Governance）[40]。相较于三维度理论，该四维度理论将智慧技术维度纳入智慧服务维度，丰富了智慧人维度的概念，并新增了智慧空间和智慧管理维度。

1. 智慧服务

智慧服务是智慧图书馆建设的初衷和终极目标。只有对服务内容、服务方式、服务效果、服务环境等方面进行优化升级，才能提升公共图书馆智慧化服务水平，而提升智慧图书馆服务水平，需要以技术创新为驱动。因此，图书馆需要加强对智慧技术的运用，逐步将智慧技术应用至图书馆的各项服务之中，满足用户的各项需求。

2. 智慧人

智慧人是智慧图书馆的主体。在图书馆的应用场景中，可以从智慧群体和知识生产行为两个层面来对智慧人的身份进行界定。在智慧群体层面，智慧人可以划分为智慧图书馆服务面向的用户以及负责数据与信息进行处理、加工和分析等任务的图书馆员；从知识生产行为层面，智慧人可以划分为知识的生产者、知识的加工者与知识的分享者。

3. 智慧空间

智慧空间是指智慧图书馆提供的场所空间。智慧空间包括楼宇监测和控制、电气设备的监测、个人安全保障等物理环境基础设施，能够实现智慧图书馆绿色、无污染、资源可持续等生态价值。

4. 智慧管理

智慧管理是智慧图书馆建设的必要手段。智慧管理的关键是集体智慧，以图书馆员、图书馆和其他机构之间的共同责任作为基础。通过实时分析图书馆运营产生的海量数据，图书馆便可以制定可靠的建设战略与决策，实施精准管理。

（三）基于五维度理论的智慧图书馆核心技术体系

王洁等人提出的五维度理论，强调了馆员智慧的重要性，将四维度中的智慧人（馆员智慧＋用户智慧）维度更新为智慧图书馆员，并且更加重视数字资源的智慧化，故而在原有四维度理论的基础上增加了智慧馆藏维度[41]。基于五维度理论的智慧图书馆的基本要素包括智慧馆藏、智慧服务、智慧空间、智慧图书馆员以及智慧管理。其中，智慧服务、智慧空间、智慧管理三个维度与上述四维度理论下智慧图书馆的智慧服务、智慧空间、智慧管理三个要素的概念基本一致，下文仅阐述智慧馆藏与智慧图书馆员两个维度的含义。

1.智慧馆藏

智慧馆藏是智慧图书馆服务的基础。智慧图书馆建设的首要前提就是馆藏资源的智慧化，馆藏资源智慧化需要实现纸质资源与数字资源互融、馆藏资源与读者互联、馆藏资源的区域互通，从而为开展智慧服务奠定坚实基础。

2.智慧图书馆员

智慧图书馆员是智慧图书馆的主体和灵魂。图书馆的智慧化建设归根结底要靠馆员实现，只有智慧图书馆员才能对图书馆实现智慧管理，进而为用户提供智慧服务。因此充分利用馆员智慧，发挥馆员的主观能动性，是图书馆智慧化建设顺利实施的关键。

（四）全国智慧图书馆体系

相较于按图书馆要素划分的理论研究，部分国内学者将各类要素串联起来，实现图书馆管理、资源、服务、空间基础要素的全面智慧化升级。如饶权将智慧图书馆建设归纳为"1+3+N"的整体架构，"1"指的是智慧图书馆云基础设施；"3"指的是全网知识内容集成仓储、智慧化知识服务运营平台、智慧图书馆管理系统；"N"指的是若干实体智慧服务空间[42]，具体见图4-3。

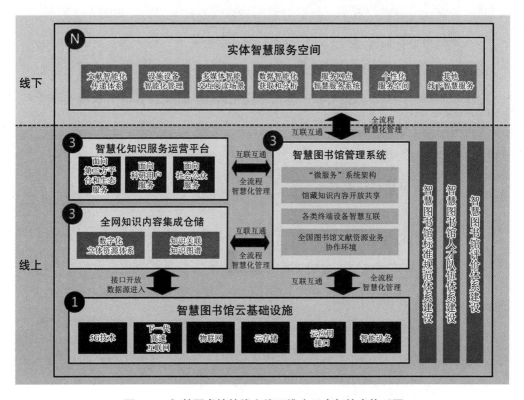

图4-3　智慧图书馆的线上线下维度示意与技术体系图

二、智慧图书馆的核心技术架构

随着智慧理念的践行和智慧技术的发展，国内外智慧图书馆核心技术架构建设也迎来了新一轮的革新。例如，环境感知技术、状态自省技术被广泛应用于智慧空间；智慧分析技术、趋势预测技术助力数据资源的传输与整合；智能决策技术与精准施策技术为智慧图书馆的个性化、专业化服务提供支撑。在此基础上，本节对智慧图书馆的核心技术进一步整合重组，提出了包括智慧基础设施层、智慧资源体系层、智慧交互空间层、智慧知识服务层、智慧业务管理层五个层级的智慧图书馆核心技术架构，如图4-4所示。该技术架构将各类智慧技术进行梳理归纳并层层嵌入，贯穿图书馆的基础设施、资源体系、交互空间、知识服务和业务管理之中，以求实现馆内业务的全流程智慧化运营、数据资源的全局结构化集成、知识服务的全域覆盖以及系统管理的全链条贯通。

（一）智慧基础设施层

智慧基础设施层是智慧图书馆的底层支撑。该层利用环境感知技术实现图书馆环境的感知控制、安防监控、消防监控、能源监控和感知触发；利用状态自省技术感知自身状态，识别图书馆中各种载体的信息和知识，进而对馆内资源进行无人化的识别与认证管理，实现无感借阅等功能。智慧基础设施层可以进一步划分为智能感知层、网络传输层、数据存储层和智慧计算层。

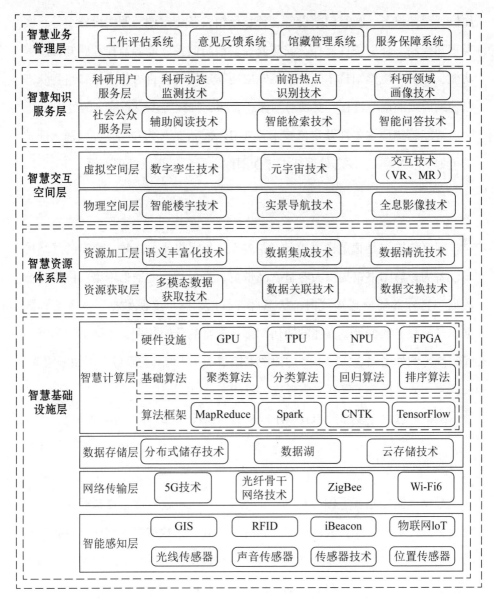

图 4-4　智慧图书馆的核心技术架构图

1. 智能感知层

智能感知层是智慧图书馆的"皮肤"，主要利用环境感知技术设备，例如位置感知设备、智慧门禁设备、智慧场馆设备（空调、照明设施）等，实现感知控制、环境条件监控、安防监控、消防监控、能源监控和感知触发等功能。除了环境感知技术，智能感知层还需运用状态自省技术感知自身状态以辅助后续的调节过程，实现对图像、音频、视频等多模态信息的处理。

智能感知层主要涉及定位技术（如 iB eacon 蓝牙定位等）、识别认证技术（如 RFID 等）、模态处理技术（如图像、音频、视频处理）等。

2. 网络传输层

网络传输层是智慧图书馆的"神经"，利用快速、高效、稳定的网络传输设备为智慧图书馆提供大容量、高带宽、高可靠性的通信网络。网络传输数据包括外部环境感知数据、状态自省数据、图书文献数据、业务流程数据、云端服务数据等。高速的通信网络与丰富的传输数据，使图书馆的沉浸式阅读（例如增强现实图书、虚拟图书馆员等）、线上云服务（例如云阅读、云课堂、云直播等）等新兴服务成为可能。

网络传输层主要涉及 5G、Wi-Fi 6、ZigBee、光纤骨干网络技术等。

3. 数据存储层

数据存储层是智慧图书馆的"记忆"，实现对收集信息资源的存储，以便后续进行加工处理。数据存储层具有与多源异构数据性质相适应或相兼容的数据库，通过数据的预处理，将多源异构数据转换为结构化数据，从而实现数据、信息、知识资源分门别类地存储；利用云系统存储技术对馆内数据进行分布式共享存储，馆员只需将相关数据存入"云端"，就可以自由地在上面访问、修改、反馈或提取数据，满足图书馆无限扩展的存储容量需求。

数据存储层主要涉及分布式存储技术、数据湖、云存储技术等。

4. 智慧计算层

智慧计算层是智慧图书馆的"大脑"，对收集和传输的数据进行挖掘分析，包括对图书文献的组织加工、用户行为数据的分析预测、场馆环境数据的计算反馈等。智慧计算层主要分为硬件设施、基础算法和算法框架。其中，硬件设施包括 GPU、TPU、NPU 等；基础算法包括聚类算法、分类算法、回归算法等；算法框架包括 MapReduce、Spark 等。

（二）智慧资源体系层

智慧图书馆的智慧资源体系层包括资源获取层与资源加工层。该层利用智慧分析技术类簇中的相关技术方法实现多模态数据的稳定获取；利用趋势预测技术类簇中的相关技术方法对获取的数据进行加工，实现图书馆资源的数据增值、数据管理、数据共享等基本需求。

1. 资源获取层

智慧图书馆所需获取的资源包括已有的馆藏数据资源、订购的数据资源、开放获取的数据资源、收集的用户数据资源、业务管理类数据资源等。获取的资源除了纸质资源，还包括文本资源、图像资源、视频资源、音频资源等类型数字资源。为了满足智慧图书馆资源的多模态、标准化、关联性等基本特征需求，需要利用智慧技术进行大数据资源的全方位获取。

资源获取层主要涉及多模态数据识别技术、数据关联技术、数据交换技术等。

2.资源加工层

智慧图书馆获取的资源是由来自不同渠道的数据组合而成的，只有把这些数据整合到一起进行深度挖掘，才能够为用户推荐有价值的信息。考虑到上层采集到的数据大多不完整、结构不统一，无法直接用于数据分析或挖掘，资源加工层对采集到的原始数据进行清洗、去重、对齐等处理后，将其转化为规范统一的形式，再根据数据的特点选择相应的算法深入挖掘数据中潜在的知识内容。

资源加工层主要涉及数据清洗技术、超分辨率图像重建技术、元数据语义丰富化技术等。

（三）智慧交互空间层

智慧交互空间层是利用传感器、通信设备、计算终端、软件系统等基础设施设备，为用户提供线上线下个性化、情景化的阅读、交流、娱乐空间，提升用户体验。智慧交互空间层可以划分为物理空间层和虚拟空间层。

1.物理空间层

智慧图书馆物理空间层技术的应用主要是为满足用户到馆后对阅读空间的需求，其核心是为用户营造舒适、安静、轻松的阅读学习环境，提升用户观感与借阅体验效果。在提升用户观感方面，馆内基于基础感知设备收集信息，实时自动调节馆内的环境，为用户提供更加舒适的学习空间；在提升用户借阅体验效果方面，用户到馆后，图书馆为其提供实景导航等服务，结合网络空间、地理空间等信息，方便用户高效快捷地找到所需书籍。

物理空间层主要涉及智能楼宇技术、实景导航技术、全息影像技术等。

2. 虚拟空间层

智慧图书馆虚拟空间层是利用虚拟现实、增强现实、混合现实等技术，将实体空间拓展到虚拟空间，使用户足不出户也能够借阅图书，获得知识和享受沉浸式的阅读体验。在图书借阅方面，虚拟空间的应用帮助用户开展远程借阅服务，使用户借阅图书不受时空限制；在阅读体验方面，虚拟空间层营造了逼真的馆藏环境，多角度地展示图书馆内图书资源与图书馆的外形、室内设计以及硬件设施，激发读者到访图书馆。虚拟空间层不仅能为用户提供物理空间、服务、通用服务设施等，还能为用户营造学术氛围、研讨氛围，使用户能够最大限度地感受现场氛围，提升沉浸感。

虚拟空间层主要涉及数字孪生技术、元宇宙技术、交互技术（VR、MR）等。

（四）智慧知识服务层

智慧知识服务层在智慧资源体系层的基础上，集成了智慧分析、趋势预测、智能决策、精准施策等技术类簇中的各项智慧技术，面向社会公众提供阅读辅助、智能检索、智能问答等通用服务，面向科研用户提供科研领域画像、前沿热点识别、科研动态监测等专业服务。

1. 社会公众服务层

为了应对社会公众对图书馆服务的需求变化，即从传统的文献服务需求逐渐转变为知识内容服务需求，智慧图书馆致力于打造一个开放、互联、共享的综合知识信息服务平台。其一，智慧图书馆面向社会公众开放，提供图书馆馆藏知识内容、各类终端设备、智慧服务空间，开展线上、线下智慧活动。其二，建立集成全国各级图书馆及其他文献服务机构藏书、社会捐赠文献的线上虚拟书库管理系统，实现"馆馆相联、书书相联、人书相联"，支持用户便捷发现、实时获取身边的图书馆资源及服务。其三，提供各类智慧服务工具，例如基于自然语言问询意图识别的知识智能问答工具，辅助公众理解专业知识。

社会公众服务层主要涉及辅助阅读技术、智能问答技术、智能检索技术等。

2.科研用户服务层

智慧图书馆依托多领域、多层次的科技文献内容挖掘技术，为科研用户提供专业化、智能化的知识服务软件与情报分析工具。

在智能化知识服务软件方面，智慧图书馆提供知识对象自动标注软件、领域知识内容自动提取软件、科技文献智能分类软件、科技文献智能聚类软件、科技文献语义检索软件等。这些软件一方面满足了科研用户个性化、智能化、便捷化的知识服务需求，另一方面为图书馆智能化知识服务水平的提升提供了技术支撑。

在智能化情报分析工具方面，智慧图书馆提供科研动态监测工具、关键技术识别工具、科研领域画像工具、合作机会发现工具、领域演化分析工具、代表作识别工具、前沿热点识别工具、科研对象评价工具等。这些工具一方面满足科研群体多样化情报分析的需求，另一方面为图书馆的智能化情报服务水平及人机协同效率提升提供有力保障。

此外，图书馆还引入社交媒体软件为科研工作者提供电子邮件预订、前沿热点提醒和新闻推送服务。

科研用户服务层主要涉及科研动态监测技术、前沿热点识别技术、科研领域画像技术等。

（五）智慧业务管理层

智慧业务管理层主要包括工作评估系统、意见反馈系统、馆藏管理系统、服务保障系统。工作评估系统自动统计馆员工作量，分析馆员工作成效，激励馆员提升工作绩效；意见反馈系统自动感知用户需求、发现系统潜在问题、自动收集用户反馈、分析评价服务质量，辅助智慧图书馆服务的优化升级；馆藏管理系统实现图书文献的自动采访、编目、上架、流通、盘点等一体化业务流程，提高智慧图书馆服务效率；服务保障系统提供智慧图书馆各类基础设施的状态监控与预警、各项服务的运营监控与管理等，及时发现问题、发出警报，向馆员提供应对建议，全面保障智慧图书馆正常运营。

智慧业务管理层主要涉及多维评价、语义分析、机器人技术、传感网络、视频监控等。

三、智慧图书馆核心技术的典型应用案例

基于智慧图书馆核心技术架构，本节列举了以下具有代表性的国内外智慧图书馆核心技术应用案例，包括丹麦技术大学图书馆智慧感知空间、瑞士阿劳市图书馆智慧自助空间、上海图书馆智慧馆藏、中国科学院文献情报中心智慧知识服务。

（一）丹麦技术大学图书馆智慧感知空间

丹麦技术大学（Technical University of Denmark，DTU）图书馆是世界

上较早践行智慧图书馆理念并将多种新技术投入运营的图书馆之一，其代表性特点在于感知全覆盖的场馆环境[43]。丹麦技术大学图书馆帮助用户更加方便地利用空间、书籍及各类学习资源，为读者提供个性化的服务；结合物联网技术和决策分析算法，提升图书馆的运行效率，协助制订互联且高效的管理方案；提出开放性数据共享措施，设立快速迭代的技术孵化平台，鼓励学生、研究者和企业结合自身想法共同探索智慧服务技术模式。目前丹麦技术大学图书馆已成为许多图书馆智慧化建设学习的典范。

1. 感知全覆盖的场馆环境

丹麦技术大学图书馆感知全覆盖的场馆为用户提供了轻松舒适的学习环境。通过部署数千个多类型的传感器和数百个智能摄像头以及集成这些传感器的智能 LED 系统，采集 CO_2 浓度、温度、湿度、噪声声级、人数、光照强度等环境水平参数，设备会根据季节、具体时间、学习环境等进行自动调节。丹麦技术大学图书馆积极为用户提供便捷的学习空间预约服务，让用户实时了解每个学习区域的利用情况，使其能够有针对性地预约讨论空间，进行学习研讨。丹麦技术大学图书馆感知设备基础设施清单如表 4-1 所示。

表 4-1　丹麦技术大学智慧图书馆感知设备基础设施清单

感知类型	感知设备	设备功能
图像	Axis 摄像机	统计人流，生成热图和轨迹图，辅助图书馆制订管理决策
环境	Ambnode 传感器	收集有关温度、湿度、CO_2 浓度、$PM_{2.5}$ 和 PM_{10} 水平数据
	AirWits 传感器	测量温度、湿度和 CO_2 浓度（覆盖丹麦技术大学图书馆从底层到二层的所有 27 个区域）
声音	Røde 麦克风	测量并记录各个区域中的噪声声级

续表

感知类型	感知设备	设备功能
运动	PIR 红外传感器、Wi-Fi、蓝牙、Li-Fi	收集有关图书馆各区域的读者人数及活动轨迹等数据
光线	LED iBonds 照明方案	集成测量光线亮度及颜色的传感器，灵活适应光照条件变化，支持个性化照明亮度和配色方案服务
位置	RFID	服务于借还系统
	iBeacon	提供虚拟图书馆导览，使得读者能够自行浏览图书馆的所有空间及其所能提供的服务

参与来源:DTU Library. Sensors，cameras，sound and lightin[EB/OL].[2022-11-21]. https://www.bibliotek.dtu.dk/enlish/servicemenu/visit/smart-library/sensors-cameras-lighting.

丹麦技术大学图书馆是丹麦技术大学智慧校园计划的一部分，因此安装在丹麦技术大学校区其他场所的约 30 万个传感器所提供的数据可以与丹麦技术大学图书馆共享，这为科研人员的研究创新以及图书馆的智慧服务提供了丰富的数据来源。

2. 便捷个性化的读者空间

丹麦技术大学图书馆除了配备基础的感知和调节设施，还根据读者需求提供便捷高效的服务。在空间布局上，丹麦技术大学图书馆分为自由讨论区和安静区。在自由讨论区，读者可以进行交流对话、学术讨论甚至玩图书馆配置的游戏机；如果读者想要保持安静，可以去安静区或者从咨询台借用专用耳机。在路径导航上，提供基于 AR 路径导航的图书智能查找系统 Wayfinding 可以将读者引导到书本所在书架的位置，提高了读者找书的效率。另外，丹麦技术大学图书馆还在探索通过在椅子上安装传感器以协助读者找到空位子的最佳方法。

3. 互联且高效的管理方案

丹麦技术大学图书馆不仅为用户提供更加舒适的学习空间，还通过传感设备掌握不同区域及其基础设施的使用情况，从而更加高效地进行空间管理和设施维护（例如更换打印纸等易耗品，定期给植物浇水，清洁卫生间等）。此外，丹麦技术大学图书馆还保证了在用户需要时，图书馆清洁人员、IT 服务人员、警卫等工作人员能够及时赶到并为其提供服务。

4. 快速迭代的技术孵化平台

丹麦技术大学图书馆提供了开放的数据和服务利用模式，即将传感器设备采集的数据进行开放共享。学生、教师、研究人员以及企业除了可以直接利用这些数据进行科学研究，还可以根据需求安装新的传感器，利用获取的新数据进行探索或提出新的智慧服务方案。

除了共享数据外，丹麦技术大学图书馆还为学生、研究者和企业提供自由的技术迭代环境，以推动智慧技术研究应用的发展，贯彻"与用户一起探索智慧服务"的理念。丹麦技术大学图书馆与两家丹麦公司合作开发了具有数 10 种工具的数字平台，致力于将 VR、AR 和 MR 等相关技术向全球用户推广；丹麦技术大学图书馆还与多家公司合作，将传感器应用扩展到整个校园甚至校园以外；互动式教学系统 VoBu、智能储物柜系统 Placeit，以及上文提到的 AR 路径导航智能查找系统 Wayfinding 都是由学生在丹麦技术大学图书馆支持下自主开发的智慧化项目成果，其中 Placeit 的开发团队为此注册了公司并开展了商业化运作。丹麦技术大学图书馆通过多方合作，在提升自身智慧化程度的同时，也成为创新解决方案的孵化器。

（二）瑞士阿劳市图书馆智慧自助空间

瑞士阿劳市图书馆（Stadtbibliothek Aarau）基于阿劳市"智慧城市"建设理念，利用智慧技术构建了更高效、更先进、更绿色和更包容的图书馆[44]。阿劳市图书馆致力于改造升级馆内的智慧空间，不仅使用智能书柜、智能机器人、实景导航等技术设备满足用户的服务需求，还利用先进的环境感知技术、状态自省技术实现无人化智慧自助空间的建设。

1.无人值守的自助式场馆

在构建馆内智慧自助空间方面，阿劳市图书馆提供 24 小时无人值守开放服务，配备自适应的环境感知设备进行智能化照明、全天候不间断安全监测，以及高速稳定全馆覆盖 Wi-Fi 网络。图书馆用智能书柜代替了传统的人工找书或人工整架环节，节省了读者与管理员的时间。而读者还能够体验一站式借还服务，其只要将所需借阅或归还的图书放在自助借还机上，就能实现一次性借还操作。馆内智慧自助空间还提供了基于增强现实技术和室内导航技术的随身实景导航系统，使得读者能够更加快捷地找到所查图书。为了实现馆内的智慧管理，阿劳市图书馆针对多本图书叠放后如何准确识别区分的问题进行研究，探索如何在保证不漏读的前提下，同时保证读取范围合适，不会出现多读的情况。此外，图书馆对智慧资源层也进行了整合升级，构建了能够实现自主借阅的网站，倘若所借阅图书需要收费，也可以直接通过自助借阅网站的数字支付系统进行支付，这大大减少了柜台工作人员的工作量。

2. 虚实结合的沉浸式体验

阿劳市图书馆开发了智慧数字图书馆员与全龄覆盖的智慧服务系统，为用户提供虚实结合的沉浸式体验。智慧数字图书馆员主要是利用可视化技术、智能问答技术、自然语言处理技术等开发的，用户可以与其进行实时互动或参加数字图书馆员的日常测验，这对激发用户自主学习的兴趣有着显著的作用。自 2018 年秋季以来，阿劳市图书馆与阿劳市博物馆合作，使用沉浸式交互技术为年轻人提供"游戏下午"服务，该服务不仅为年轻人提供了休闲娱乐的机会，还使得年轻人有机会在课余时间交流思想。另外，阿劳市图书馆开展的情景阅读服务，通过运用虚拟现实、增强现实、全息影像等技术，实现了更友好的人机交互，给读者带来了全新、沉浸式、交互式的阅读体验，创新了阅读方式。

3. 学娱自助的共享式平台

在智慧资源与智慧管理方面，阿劳市图书馆实时监测网络数据，利用数据获取技术对馆内网站进行内容更新，保障信息的及时性。为了满足用户对实时资讯的需求，图书馆引入 Facebook 和 Instagram 等社交媒体软件为用户提供电子邮件预订、提醒和新闻推送服务。针对儿童和青少年，图书馆设置了游戏站，为儿童和青少年提供娱乐的第三场所，并且利用可视化技术为父母和儿童推荐绘本；针对成年人，图书馆提供了方便快捷的在线预订餐桌服务，并在场馆中配备信息屏幕，以实时获取各类活动信息。除了线下的各种资源管理，图书馆还利用网站和 YouTube 上的虚拟服务实现线上的智慧管理。

（三）上海图书馆智慧馆藏

上海图书馆是一个综合性研究型公共图书馆，是中国十大图书馆之一。截至 2022 年，上海图书馆藏中外文献 5700 余万册（件），其中古籍善本、碑帖尺牍、方志家谱、西文珍本、名家手稿以及近代档案、图书、报刊等历史文献尤具特色，是海内外重要的藏书机构[45]。为了充分利用馆藏资源优势，上海图书馆综合运用前沿智慧技术，将文献资源文本化、结构化和语义化，通过纸质文献和数字资源服务的充分融合，形成国际图像互操作框架（International Image Interoperability Framework，IIIF）、历史地理信息系统（Historical Geographical Information System，HGIS）、社会化网络服务（Social Networking Services，SNS）三个支撑平台。上海图书馆还积极部署升级馆藏管理系统，为我国公共图书馆的智慧化提供了借鉴和参考。

1. 数字化、可视化的馆藏资源加工

为了满足各类型读者对不同载体文献信息的不同需求，上海图书馆对其特色馆藏资源进行数字化、可视化的加工。具体而言，通过购买、捐赠、试用等方式引进数字资源，并利用多模态融合算法将馆内纸质书籍的文本信息、现有的视频及音频信息等进行融合对齐，形成馆藏目录集、学科数据集、期刊数据集、科研数据集、成果数据集、特藏资源集等。利用数字仓储技术将上述多源数据资源统一存储在馆藏资源系统中，实现资源一体化，使得用户在检索、查询、使用所需信息时不受时间和空间的限制。利用数据挖掘等技术实现数据管理，包括通过数据检查、数据规则、度量报告等方法对元数据（包括技术元数据、业务元数据等）进行数据质量监测；通过数据清洗、数据加工、数据转换、自定义处理等方法进行数据治理；通过血缘地

图、血缘追溯等方法厘清数据的来源、加工方式、映射关系、数据出口等；通过资源监控、授权访问、数据追溯等方法来保障数据安全。最后利用数据可视化等技术实现数据接出，包括数据交换、数据检索、数据开发和数据目录等方面。上海图书馆智慧服务平台数据中台如图4-5所示。

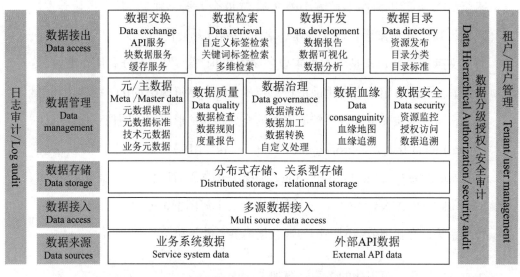

图4-5 上海图书馆智慧服务平台数据中台

参考来源：张磊.上海图书馆云瀚FOLIO智慧图书馆服务平台[R].上海：世界开放图书馆联盟，2022.

2. 精细化、一体化的馆藏业务管理

近年来，基于云平台的微服务框架已逐步成为软件系统开发的主流，这为图书馆服务平台提供了可行的技术方案，即借助云计算和微服务架构为图书馆提供一个可伸缩、可扩展的新一代图书馆服务平台。FOLIO（Future of Libraries is Open）是基于微服务的模块化、可定制、支持协作的应用架构。

上海图书馆于2020年和2021年先后上线"FOLIO馆藏管理系统"和

"FOLIO 流通系统"，成为中国首个上线 FOLIO 的图书馆。新系统沿用了 FOLIO 的元数据管理、资源管理、系统管理等核心应用模块，优化了传统业务流程，实现了对馆藏资产从验收到剔旧全生命周期的精细化管理。为了满足未来各类智慧场景需求，上海图书馆采用云瀚"平台＋应用"的解决方案，规划建设包括全预约、网借、空间管理、信息加工、文献管理、数据中台、AI 中台等一系列应用。在云瀚特色模块应用中，云瀚 ERM 模块在原 FOLIO 模块基础上进行功能扩充，以满足电子资源采购流程。ERM 模块划分为资源管理、资源揭示和资源统计三个方面。其中资源管理包括完善数据库、数据包、出版物三级元数据管理体系，对接全球化数据中心知识库以支撑元数据动态更新以及支持商业数据库、OA 数据库元数据管理；资源揭示包括数据支撑资源发现服务、数据支撑数据库导航以及数据支撑电子出版物导航与搜索；资源统计包括电子资源总量分析、特征分析以及电子资源使用量（搜索、下载行为）统计。云瀚网借模块未来将支持全上海网借服务，并允许各区馆网借中心的物流及前端各自独立，具体流程为"读者网借下单→各馆网借中心分拣→物流配送→送书上门／到点取书→读者还书"。数据中台架构于云瀚底座之上，实现了管理数据的入、存、管、出，所有应用模块通过云瀚底座互联互通。

上海图书馆 FOLIO 馆藏管理系统使得典藏、编目、流通等多个业务部门能够协同工作，实现了文献的验收、出入库、移库、剔旧、盘点、数据导入和管理的一体化和智慧化[46]。FOLIO 流通系统提供用户管理、借还、预约、费用处理、通知、发现等服务，实现了用户服务的精细化和个性化。总而言之，上海图书馆 FOLIO 系统全面支持各类图书馆业务和服务，通过全网域资源发现和全流程业务管理，达到了数据自营和业务自组的目标，实现了智慧图书馆建设的多元创新。

（四）中国科学院文献情报中心智慧知识服务

中国科学院文献情报中心是承担科技信息使命的国家战略科技力量，依托大数据中心数亿级的智慧数据资源体系，打造了一系列智慧知识服务平台、科技战略决策服务平台、文献知识挖掘服务平台。

1. 高水平、求创新的智慧知识服务平台

中国科学院智慧知识服务平台是以数据驱动为导向，依托智慧数据资源体系和智能技术方案体系的国家级新一代知识服务系统和科技信息高端交流平台。该平台为国家提供包括战略感知、发展规划、项目部署、绩效评价、政策制定等科技决策服务，基础研究、原始创新、技术攻关、文献查阅、实验设计等科技创新服务，以及发布论文、发布数据、同行评议、学术影响、成果评价、科研诚信等科学交流服务。

智慧知识服务平台为满足以上三大服务，需要有效汇集组织各种科技情报的数据内容，构建全方位、多维度的智慧数据资源体系。智慧数据是一种有明确应用目的，能够明确揭示出语义应用价值的数据。其包括科技文献、专利文献、基金项目、产业数据、研究报告、人才数据、科技指标、科技评论、综述文献等。另外，智慧数据资源体系具有一定的处理层级，即通过清洗、集成将基础的一切可获取的数据转换为具有重要价值的数据；然后利用数据挖掘将其转换为高质量标准性的数据；最后通过聚类等手段将其转换为具有专业化整编的数据，从而支持文献线索的发现、知识内容的参阅、数据的统计分析（计量分析）以及决策的应用。

利用智慧技术方法体系对智慧数据进行处理挖掘是构建新一代智慧知识服务平台的重要支撑。智慧技术方法体系主要分为四大关键技术：基础数据处理技术、智能语义挖掘技术、智能知识服务技术和智能情报分析技术。其中，基础数据处理技术主要是对收集的数据进行清洗、集成等操作，包括数据获取、数据治理、数据集成、数据清洗、数据归并等；智能语义挖掘技术则是对处理后的数据进行知识的抽取和语义的理解，包括科学数据提取、论文语步识别、知识抽取、关系抽取、图谱构建、语义消歧等；智能知识服务技术是把挖掘后的数据进行关联计算，并结合用户需求实现智能推荐等服务，包括语步索引、语义检索、智能推荐、领域画像、智能问答、智能综述等；智能情报分析技术是智能技术方法体系中的最高层，是对知识的聚类与演化预测，包括聚类分析、模式识别、元分析、评估评价、技术预见、情报监测、突破性识别、创新性识别等。新一代中国科学院智慧知识服务平台整体框架如图 4-6 所示。

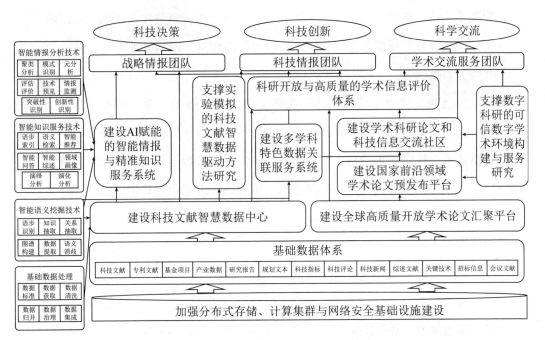

图 4-6　新一代中国科学院智慧知识服务平台整体框架

2. 全面化、精准化的科技战略决策服务平台

面向科技战略决策的服务平台是中国科学院文献情报中心提供的另一智慧知识服务平台。该平台由科技战略决策基础来源数据体系、整编系统平台、精编数据体系、数据计算服务和科技战略决策服务组成。

利用文献情报数据湖、中国科学引文数据、全球科学基金项目数据、慧科研平台的学者数据、网络科技信息监测数据等资源构建全方位的科技战略决策服务平台数据体系。将数据体系中的信息通过知识计算 AI 引擎进行采集、加工、融合等处理后对其储存和索引，最终形成科技战略决策数据整编系统平台。整编系统平台中包括支撑科技战略决策的高质量论文和专利数据、科研规划和基金项目数据（战略规划、指南、政策等）、科技情报产品数据（快报、简报、研究报告、评估报告等）、科研经费投入数据（基础研究、应用研究、试验发展）、科研装置与设备数据（国内外大科学设施）及其他类型数据等。

科技战略决策精编数据体系能够提供及时、精准、全面的关键技术清单、学科领域情报产品和科技人才情报产品。该数据体系包括科研经费投入数据体系、科研成果分析数据体系、学科发展态势数据体系、人才评价数据体系、机构竞争力对比分析数据体系、国际科研进展指标数据体系、科技奖项数据体系等。依托精编数据体系，平台进行数据计算，实现前沿识别、知识地图、人才评估、热点分析等服务。

科技战略决策服务平台面向不同用户将提供个性化、专业化的知识服务。面向院领导，平台提供中国科学院科研创新画像、关键技术需求识别发现、重大问题态势智能分析、战略科技需求感知应对、领域前沿监测预警分析、科技人才战略感知分析等服务；面向研究所领导，平台提供研究所科研画像、机构竞争力分析、高影响力论文、重大成果清单、领域前沿分析、研

究人员分析等战略决策服务。

3. 深层次、细粒度的文献知识挖掘服务平台

中国科学院文献情报中心利用已有的科技文献优势语料资源与知识组织体系，研发了一系列支撑科技文献知识深层次、细粒度挖掘的智能工具，形成了文献知识挖掘服务平台。深层次、细粒度的文献知识挖掘服务平台主要包含嵌入知识组织体系的预训练基础模型、科技文献知识人工智能引擎、智能知识服务软件系统与智能情报分析软件工具四个方面的内容。

在预训练基础模型方面，中心在海量优质语料的基础上，通过研究知识组织体系嵌入方法、知识内容统一表示与关联方法、预训练目标优化算法等，构建了嵌入知识组织体系的预训练基础模型并发布共享，以提升知识挖掘的水平。在人工智能引擎方面，结合已有知识组织体系与高质量科技文献资源，采用"预训练—微调"的两阶段学习方法，构建了一系列支撑通用篇章句子级、短语级知识对象及关系自动抽取与专业领域知识对象及关系自动抽取的工具，形成了科技文献知识人工智能引擎（SciAIEngine），提升科技文献知识挖掘能力。在智能知识服务软件系统方面，充分利用科技文献中挖掘出的隐藏知识内容与智能技术，构建了支持科技文献分类、聚类、检索、可视化分析、自动摘要、自动综述、辅助阅读、智能问答等知识服务软件系统，提升智能知识服务水平。在智能情报分析软件方面，构建了支持科研动态监测、前沿热点识别、关键技术识别、代表作识别、科研领域画像、领域演化分析、合作机会发现、科研评估评价等智能情报分析工具，提升智能情报分析能力。

深层次、细粒度的文献知识挖掘服务平台，实现了对不同领域专业知识的深层次、细粒度的挖掘，并充分利用挖掘出来的知识内容，进一步提升知

识服务与情报分析智能化水平。

（执笔人：张智雄、王猛、林歆、张梦婷、赵旸、王宇飞、

李雪思、刘熠、杨琳、蒋甜）

参考文献：

[1] VORONKOVA V，NIKITENKO V，BILOHUR V，et al.Conceptualization of smart-philosophy as a post-modern project of non-linear pattern development of the XXI century[J].Cuestiones Políticas,2022,40（73）:527-538.

[2] BUHAYCHUK O，NIKITENKO V，VORONKOVA V，et al.Interaction of the digital person and society in the context of the philosophy of politics[J].Cuestiones Políticas,2022（72）:558-572.

[3] ELWOOD S.Embedding ubiquitous technologies[M]//Lawrence A. Encyclopedia of Information Technology Curriculum Integratio.Hershey，PA:IGI Global,2010:511-519.

[4] SALEEM A，SUKAINA Z. Regional Development Getting Smarter with ICT[M]//Khosrow-Pour Mehdi. Encyclopedia of Information Science and Technology. 3rd ed. United States of America:Information Resources Management Association,2014:6525-6533.

[5] THAKUR A.Sensor-based technology in the hospitality industry[M]//Mobile computing and technology applications in tourism and hospitality.Hershey，PA:IGI Global,2022:20.

[6] Cambridge Centre for Smart Infrastructure and Construction. Smart Infrastructure:Getting More from Strategic Assets CSIC Cambridge[EB/OL].[2022-11-21].http://www-smartinfrastructure.eng.cam.ac.uk/files/the-smart-infrastructure-paper.

[7] WEISS A. Smart infrastructure matches supply and demand[J].netWorker,2009,13（3）:18-25.

[8] MORIMOTO R. Estimating the benefits of effectively and proactively maintaining infrastructure with the innovative Smart Infrastructure sensor system[J].Socio-Economic Planning Sciences,2010（4）:247-257.

[9] BALAKRISHNA C.Enabling Technologies for Smart City Services and Applications[C/OL].2012 Sixth International Conference on Next Generation MobileApplications，Services and Technologies.[2022-11-21].https://ieeexplore.ieee.org/document/6327960.

[10] STEFANSSON G，LUMSDEN K. Performance issues of Smart Transportation

Management systems[J].International Journal of Productivity and Performance Management,2009（1）:55-70.

[11] NOCHTA T, WAN L, SCHOOLING J M, et al. Digitalisation for smarter cities: moving from a static to a dynamic view[J].Proceedings of the Institution of Civil Engineers-Smart Infrastructure and Construction,2018（4）:117-130.

[12] NOCHTA T, WAN L, SCHOOLING J M, et al. A Socio-Technical Perspective on Urban Analytics:The Case of City-Scale Digital Twins[J].Journal of Urban Technology, 2021（1/2）:263-287.

[13] OGIE R I, PEREZ P, DIGNUM V.Smart infrastructure:an emerging frontier for multidisciplinary research[J].Proceedings of the Institution of Civil Engineers-Smart Infrastructure and Construction,2017:1-9.

[14] EL-DIRABY T E. A framework for integrated data management in smart infrastructure systems[C/OL]//Construction Research Congress. Honolulu, Hawaii, United States: American Society of Civil Engineers,2003:1-8[2022-11-02].http://ascelibrary.org/doi/ abs/10.1061/40671%282003%29100.

[15] CHRISTIAN D, BUERGY C, JAMES H, et al. Wearable computers:an interface between humans and smart infrastructure systems[J].VDI-Berichte,2002,1668:385-398.

[16] ANNASWAMY A M, MALEKPOUR A R, BAROS S. Emerging research topics in control for smart infrastructures[J].Annual Reviews in Control,2016,42:259-270.

[17] KHAN M J, AWAIS M M, SHAMAIL S. Enabling self-configuration in autonomic systems using case-based reasoning with improved efficiency[C/OL]//Fourth International Conference on Autonomic and Autonomous Systems（ICAS'08）. Gosier, Guadeloupe: IEEE,2008:112-117[2022-11-02].http://ieeexplore.ieee.org/document/4488331/.

[18] ZHANG J, TAO D. Empowering things with intelligence:a survey of the progress, challenges, and opportunities in artificial intelligence of things[J].IEEE Internet of Things Journal,2021（10）:7789-7817.

[19] DUTT N, TAHERINEJAD N.Tutorial:self-awareness in cyber-physical systems[C/ OL]//29th International Conference on VLSI Design and 2016 15th International Conference on Embedded Systems（VLSID）.[2022-11-02].https://ieeexplore.ieee.org/ document/7434906.

[20] 广东天卷教育设备有限公司.成功案例[EB/OL].[2022-11-21].http://tianjuan.com.cn/ tushuguan.html.

[21][29] GOH L, LIM A. Library e-directory with heatmap and pathfinding[EB/OL].[2022- 11-21].https://www.las.org.sg/wp/blog/bulletin/the-smart-e-directory-at-singapore- polytechnic-library/.

［22］南京大学图书馆.智慧盘点机器人[EB/OL].[2022-11-21].http://lib.nju.edu.cn/zhtsg/zhpdjqr.htm.

［23］IFLA Library. Building a smart library to improve literacy access for children：an innovative project of NLPI in Taiwan[EB/OL].[2022-11-21].https://library.ifla.org/id/eprint/1668/.

［24］上海图书馆.中文古籍联合目录及循证平台[EB/OL].[2022-11-21].https://gj.library.sh.cn/index.

［25］SIMOVIĆ A. A Big Data smart library recommender system for an educational institution[J].Library Hi Tech,2018（3）:498-523.

［26］张智雄,刘欢,于改红.构建基于科技文献知识的人工智能引擎[J].农业图书情报学报,2021（1）:17-31.

［27］Springer Nature. SN SciGraph[EB/OL].[2022-11-21].https://www.springernature.com/gp/researchers/scigraph.

［28］［31］DTU LIBRARY. What is DTU Smart Library?[EB/OL].[2022-11-21].https://www.bibliotek.dtu.dk/english/servicemenu/visit/smart-library/what.

［30］史红娟,唐静.高校图书馆个性化信息服务"云书房"模型的探析与构建:以中国人民大学图书馆"云书房"模型为例[J].现代经济信息,2021（23）:185-186.

［32］WU K C，LIU C C ，TZU-HENG C, et al.Building a smart library to improve literacy access for children：an innovative project of NLPI in Taiwan[C/OL]// IFLA WLIC 2017. Wroclaw，Poland.[2022-11-21].https://library.ifla.org/id/eprint/1668/1/189-wu-en.pdf.

［33］UNEE Q. Digital Einstein Experoence[EB/OL].[2022-11-21].https://einstein.digitalhumans.com/?_ga=2.130756233.726105092.1667378663-2140691229.1666610566.

［34］EIKE K. Ein realitätsbasierter ansatz zur präsentation und exploration von bibliotheksbeständen[D].Germany，Konstanz:University of Konstanz,2013:64-99.

［35］初景利,段美珍.智慧图书馆与智慧服务[J].图书馆建设,2018（4）:85-90,95.

［36］董艺.数智驱动的智慧图书馆信息服务模式重构研究[J].江苏科技信息,2022（21）:31-33.

［37］王东波.基于数字孪生的智慧图书馆应用场景构建[J].图书馆学研究,2021（7）:28-34.

［38］郭丽杰.人工智能在高校智慧图书馆创新应用研究[J].河南图书馆学刊,2022（8）:81-83,104.

［39］CAO G，LIANG M，LI X. How to make the library smart? The conceptualization of the smart library[J].The Electronic Library,2018（5）:811-825.

［40］Schöpfel J. Smart libraries[J].Infrastructures,2018（4）:43-53.

［41］王洁,邹金汇,袁珍珍,等.智慧公共服务中的公共图书馆智慧化[J].四川图书馆学报,

　　　　2022（3）:11-17.

［42］饶权.全国智慧图书馆体系:开启图书馆智慧化转型新篇章[J].中国图书馆学报,2021
　　　　（1）:4-14.

［43］DTU Library. Sensors，cameras，sound and lightin[EB/OL].[2022-11-21].https://www.
　　　　bibliotek.dtu.dk/enlish/servicemenu/visit/smart-library/sensors-cameras-lighting.

［44］HOCHSTRASSER J，ALTORFER B，MOSER L. Digitales Konzept für die
　　　　Stadtbibliothek Aarau für die Jahre 2020-2025[EB/OL].[2022-11-21].https://www.
　　　　stadtbibliothekaarau.ch/public/upload/assets/9148/Digitales%20Konzept%202020-2025.
　　　　pdf?fp=1.

［45］上图东馆开馆！与读者共同打造真正的"人民的图书馆"［EB/OL].[2022-09-28].
　　　　https://baijiahao.baidu.com/s?id=1745166051808597187&wfr=spider&for=pc.

［46］智慧图书馆技术应用联盟.上图推进新一代图书馆服务平台落地[EB/OL].[2021-09-
　　　　14].https://www.calsp.cn/2021/09/14/news-1/.

第五章　智慧图书馆资源建设

自文字诞生以来，图书馆经历了多个发展阶段，图书馆资源的载体和储存形式也经历了天然材料、纸质材料、多媒体材料、互联网数据库等发展过程，形式不断丰富，数量不断增加。在图书馆发展的过程中，资源建设是关键的一环。在当下，随着技术的发展和社会的进步，在创新、协调、绿色、开放、共享的新发展理念的指导下，图书馆资源建设逐渐呈现智慧化转型的趋势，这也是公共图书馆在新时代实现可持续发展的必经之路。

第一节　智慧图书馆资源建设的趋势以及内涵和特征

智慧图书馆资源包括馆藏资源、用户信息资源、馆内管理数据资源、购买的馆外数据资源等资源，而馆藏资源建设是智慧图书馆资源建设的重点，其主要是利用技术使图书馆的各类馆藏资源实现智慧化转型，最终将图书馆建设成资源高效利用、服务创新、开放共享、超越时空限制的智慧图书馆，为大众提供智慧化、个性化的服务。而用户信息资源、馆内管理数据资源、购买的馆外数据资源等资源的建设需要根据具体情景，采用个性化的建设方案。

一、图书馆资源建设转型趋势

（一）图书馆资源的演变历史

图书馆是人类文明发展到一定阶段的产物，它伴随着文字的出现而产生，又随着科学技术的进步而不断发展变革。library 一词来源于拉丁文libraria，含义为"藏书之所"，最初形态的图书馆与它的含义相符，就是图书文献聚集之地，主要作用是藏书，资源主要是各种形态的书。后来随着社会的发展和技术的进步，图书馆逐渐有了更加全面的功能，图书馆的资源也更加丰富。从古至今，图书馆资源的发展大致经历了以下四个阶段。

在奴隶社会之前，文字的发明大大提高了人们交流的广度和深度，拉开了人类文明史的序幕。而文字要产生作用，必须要有相应的载体（即文献）来保存记忆、记录思想。这一时期，图书馆资源种类单一，即带有文字的书写材料。这和文字记录的物质基础息息相关，取决于当时的生产力水平，文献载体多为龟甲、兽骨、泥板、纸草、羊皮纸等天然材料，图书馆文献数量少、分布集中，是图书馆的萌芽时期。进入封建社会以后，生产工具不断改进，生产力水平大幅度提高，造纸术和印刷术的发明为图书馆的建立和图书馆资源的丰富起到了重要的推动作用。纸被发明之后，因为其造价相对低廉、携带轻便、易于保存，逐渐成为主要的文字载体。这一时期的图书馆资源逐渐转向纸质图书，人工制成的文献载体逐渐成为主体。虽然大多图书馆存在藏书少、资料陈旧、文献种类单调、质量差等问题，但是在中国的封建时期，具备图书馆特点的藏书楼的资源管理已经显示出一定的规范化和条理化，藏书楼资源数量也较之前有很大的增长。

近代图书馆伴随着资本主义的发展而兴起。在欧洲社会剧烈转型期，公共图书馆应运而生，图书馆馆藏大大丰富，古代藏书楼逐渐向近代图书馆转型。这一时期，图书馆资源数量增加且种类逐渐丰富，开始打破贵族垄断，面向大众的需求，重视公众对于资源的利用，图书馆逐渐承担起知识交流、传播文化、社会教育的功能。但是，近代的中国图书馆发展相对落后，没有摆脱封建社会的束缚，直到1949年新中国成立之后，中国的图书馆事业才发生了根本性的转变。当然，近代的图书馆仍然存在资源不够丰富等问题。

进入现代，互联网和计算机的产生和发展、科学文化交流的日益频繁、知识和信息爆炸、公民个人素质提高和对知识文化需求的提高等因素都促进了图书馆资源的发展，图书馆资源在种类上大大丰富，数量上大幅增加。从类型来看，现代图书馆不仅有图书、报刊、特种文献（会议文献、学位论文、科技报告等）等纸质资源，也有微缩胶卷、录音带等非纸质资源。其中，图书和报刊是最重要的馆藏资源。此外，网络社会的发展也丰富了图书馆资源的形态，电子图书和报刊、软件、图像、音视频等纷纷出现，线上数据库逐渐成为用户阅读、学习、科研的重要工具。

图书馆资源对于科技的进步，人类文化的交流、传承、创新、发展都具有重要意义。人类学习、交流、传承的需求，使图书馆得以产生，图书馆的资源得以收藏和利用。同时，人类的发明创造和科技进步又反过来不断推动图书馆资源的丰富和发展。在知识爆炸、信息爆炸的时代，人类现存的知识文化浩如烟海，个人无法完全掌握，因此图书馆在文献整理、收藏、利用等方面的作用便显得格外重要。同时，信息技术的发展也为图书馆资源的新利用提供了更多可能。人类文明发展的历程中，图书馆从无到有、图书馆资源不断得到丰富，而对资源更高效、更合理、更具针对性的利用则是未来图书馆资源建设的新趋势。

（二）图书馆资源建设的智慧化转型

在图书馆智慧化转型的过程中，首要前提和重要过程便是图书馆资源建设的智慧化转型，即对资源进行有机的整理与组合，形成全新的智能管理模式，在智能技术的支持下实现图书馆资源之间、资源与人之间无处不在、无时不在的联系，实现人与知识的融合，为公民提供个性化的服务，以满足公民日益增长的教育和文化需求。

国内外在新时期图书馆资源建设方面已经有一定的实践和经验。上海交通大学图书馆采用 RFID 技术，对图书馆中的静态资源实现实时定位，并着力开发智能预约书架技术，以提高读者预约图书的效率，推动了图书馆自动化、人性化的转型[1]；美国丹佛大学图书馆采用读者决策采购（PDA）的模式，利用读者的检索、浏览、点击、阅读等行为产生的数据进行资源采购，实现了资金的最大化和图书馆资源的有效利用[2]；北京大学数字人文实验室构建了《宋元学案》的知识图谱，并提供可视化展现、交互式浏览、语义化查询等功能，不仅提供全新的阅读体验，而且为学术研究提供了新路径[3]。从目前的图书馆资源建设现状来看，部分图书馆资源建设正在向智慧化转型。它们采用人工智能、知识图谱、关联数据、云计算等数字化技术，实现纸质资源的电子化、电子资源的结构化、结构化资源的语义化、语义化资源的图谱化、图谱化资源的智能应用，将馆员、读者、馆藏之间的交互行为都作为资源纳入智能系统，形成人性化的、有机的、整体的、相互关联的智慧图书馆，实现图书馆、馆藏、读者之间的整体联动和有机交互，简化读者操作，优化图书馆管理，提高资源的利用效率。这种图书馆资源建设的智慧化转型不仅提升了图书馆服务的质量，也促进了图书馆管理的数据化和智能化发展，提高了图书馆管理的效率和严密性。

二、智慧图书馆资源建设的内涵

图书馆是人类知识文化聚集、传播的重要场所。随着技术的变革，人们对图书馆的需求也正在发生变化。正因此，在需求驱动下图书馆逐步朝向智能化、多元化、便捷化、开放化等方向演变为智慧图书馆。而图书馆资源也在平行发生变革，其不仅仅是载体形式的变化，也是资源利用方式、资源服务能力的提升。传统图书馆资源建设聚焦馆藏纸质文献资源的利用和保护。而在数智环境下，社会环境、管理方式、大众需求、技术成熟度等诸多因素都发生了根本性变革，图书馆也需要响应时代变化的需求，同步更新自身资源建设的范式和内涵，完善数智时代智慧图书馆资源建设的内涵。

图书馆中的数据包括书目、文摘、索引、目录、门户、名称规范等结构化数据，也包括文献自带的原始信息等非结构化数据，标记过的资源等半结构化数据以及图像、音频、视频等多媒体数据。对于这些数据，需要进行进一步的规范处理，以形成智能化、网络化、跨平台的资源。宏观上讲，智慧图书馆资源建设是对图书馆中海量的、不同类型的资源进行有机整理和组合，形成具有结构性、规模化、智能化、泛在化、个性化、关联性的数据资源。微观上讲，智慧图书馆资源建设主要是利用数字化技术对书目数据、文本型数据、图像数据、音视频数据、用户日志等数据加工处理成具有语义的、便于人与机器理解的信息单元。智慧图书馆资源建设的主要目标是通过数据资源的合理利用、优化图书馆资源配置、提高资源利用率，为用户提供更加个性化和智能化的服务，提升图书馆员和用户信息素养。

智慧图书馆资源建设的对象不仅仅包括馆藏的纸质文献及非纸质文献资

源，也包括全国或地方组织的共享资源等馆外数据。此外，为了丰富智慧图书馆资源类型和内容，智慧图书馆资源建设的范畴将会包括网络数据资源、开放数据等由不同主体产生的不同资源类型，如一般用户在网络平台上产生的内容数据，即用户生产内容（UGC）；由拥有专业领域知识专家用户产生的内容数据，即专业生产内容（PGC）；以及在智能环境下，由 AI "数字人"产生的内容数据，即人工智能生产内容（AIGC）。而为了更好地为用户提供智慧化、个性化服务，用户日志数据也需要纳入智慧图书馆资源建设的范畴，通过分析用户日志，根据用户的喜好可以定向推送图书馆资源和进行资源分配。通过资源建设，将图书馆建设成为资源高效利用、服务创新、开放共享、超越时空限制的智慧图书馆，推动全国乃至全球图书馆界的大联合，使所有图书馆平等参与、共享各类资源和服务，实现馆藏资源无门槛、即时、全面地向读者开放，为特殊群体不同服务对象提供针对性和个性化的服务，坚持以人为本，提供人性化服务，是未来图书馆资源建设的美好愿景。

三、智慧图书馆资源的特征

智慧图书馆资源建设的核心目标是为用户提供个性化、智能化的服务，因此智慧图书馆资源建设必须具有多模态、共享性、知识化、标准化、关联性等基本特征。

1. 多模态

图书馆拥有的资源不仅仅局限在自身的馆藏资源，还包括购买的其他单位的数据资源，其包括文本、图像、音视频等多模态数据，同时还有用户信息、管理数据等资源。这些资源之间大多处于多源异构的状态，无法进行互操作。因此，智慧图书馆资源建设应该考虑多源异构数据的集成，将多模态数据融合为可用的资源。鉴于此，智慧图书馆资源建设区别于传统图书馆资源建设的特征是多模态性。

2. 共享性

传统图书馆的资源仅仅局限在馆内使用，缺乏馆与馆之间共享、馆与大众共享、馆与城市文化建设共享。不同图书馆在不断进行重复式的资源建设，造成建设成本的重复式投入，这间接减少对前沿研究的投入。因此，智慧图书馆资源建设首先应该坚持共享性的原则，向大众、其他单位开放共享。这种共享不是无条件的共享，而是需要在一个公共的数据空间进行共享，这有利于数据保护和知识产权保护，而公众接入公共数据空间获取资源应该尽可能降低门槛。因此，共享性是智慧图书馆资源建设的基本特征。

3. 知识化

图书馆资源无论的体量巨大，范围也十分广阔，但是其中也存在很多数据噪声，这些冗余数据对图书馆的管理和服务没有实际性帮助，反而会增加图书馆的管理成本。智慧图书馆的资源建设应该是知识化的过程，即从大量数据中提取有用的关键数据，这些关键数据往往是以知识元的形式存在，反映细粒度知识，便于用户获取和理解，其常见的组织形式是知识图谱。因此，知识化是智慧图书馆资源建设的重点特征。

4. 标准化

图书馆资源无法进行互操作的一个原因是图书馆资源的异质异构性，问题的根本是图书馆在进行资源建设的时候，采用不同的标准体系，或者根据自身的情况，构建自己馆内的图书馆资源的标准体系。智慧图书馆在进行资源建设时，需要采用统一的标准，形成标准化的资源能够实现资源之间的互操作。因此标准化是智慧图书馆资源建设的必要特征。

5.关联性

传统的图书馆资源大多处于"数据孤岛"的状态，缺乏数据之间的关联性，没有表达数据之间的语义关系，这种"数据孤岛"无法深入挖掘隐藏在数据背后的深层次语义关系，也不能为用户提供个性化的服务。智慧图书馆资源建设应该打破这种"数据孤岛"状态，通过语义关系将不同的"数据孤岛"关联形成大规模的语义数据网络。因此，关联性是智慧图书馆资源建设的必要特征和基本要求。

第二节 智慧图书馆资源建设的一般流程

智慧图书馆的资源包括馆藏数字资源（含自建和外购数字资源）、馆际共享数字资源、图书馆用户信息、管理数据等。不同的资源建设具有不同的要求和流程，不仅包括资源的组织整理与加工，还包括资源的采集和保存。自建数字资源通常是图书馆对馆藏实体资源进行数字化扫描形成的数字资源；馆际共享数字资源需要按照统一标准建设才能实现；用户信息通常通过用户注册信息和借阅信息获取。而最终智慧图书馆资源往往是以知识图谱形式保存，形成多模态异构知识图谱。数据资源建设并不是一蹴而就的，而是需要经历数字化、数据化、知识化、智慧化的过程。数字化是由资源的初始化载体形态转变为数字化形态，数据化是通过数据加工和处理技术将资源由数字化形态变为计算机可处理的结构化或半结构化数据形态，知识化是提取数据化形态资源的有用知识部分，构建智能化、关联性的知识图谱，智慧化是基于知识图谱探索智慧化应用为用户提供智慧化服务。在数字化、数据化、知识化、智慧化的完整过程中，每一步都会使资源的形态和属性产生质的变化，不同的步骤和阶段能够满足图书馆馆藏中形式丰富多样的资源进行智慧化建设的需求。前一步是下一步的前提，因此，不管是资源智慧化建设过程中的哪一步，都要遵循统一的标准和一定的原则，为下一步打牢基础。经过完整智慧化建设过程的资源，具有了相应的特征，是能够提供智慧服务和个性化、便捷化服务的智慧资源。

一、智慧图书馆资源数字化

进入信息时代，随着互联网的普及以及网络出版的发展，数字资源已经成为许多图书馆用户的首选，对推动知识传播交流、促进科技进步、提高大众素质、丰富大众精神生活等方面起到重要作用。智慧图书馆资源数字化，既包括将图书馆馆藏资源进行数字化转化，即通过计算机技术、通信技术及多媒体技术的相互融合将图书馆中的传统非数字资源转化为数字资源，以及对图书馆现有数字化资源的类型进行补充和丰富，也包括对图书馆进行数字化管理，量化馆员、读者等的行为。通过图书馆资源数字化，馆员或用户可以以数字形式发布、存取、利用图书馆资源。数字化的资源可以以数据的形式存储，网络化的形式传输，并能够利用计算机系统进行管理，可以实现图书馆资源快捷利用和广泛共享的目的。同时，管理资源也是图书馆的重要资源，通过对管理资源的数字化，能够对图书馆内的人员流动、要素流通有更加透明、直观的把握，有利于优化资源配置、提高馆员服务水平，为读者提供针对性和个性化的服务，进行决策支持。

相较于传统的资源，数字化资源具有易于广泛多次传播且传播成本低、节省存储空间、便于检索、方便读者借阅和携带、便于馆际资源开放共享等优点；传统的纸质图书、录音带、文化遗产等以物质形态存储的资源受限于出版数量、储存环境、载体材料等因素，难以大范围传播，将资源数字化能够打破时间和空间的限制，大大降低知识传播交流的成本；知识载体材料经过几千年的演进，所占存储空间越来越小，但是信息时代的一大特征便是随时产生海量数据和信息，知识成果也爆炸性增长，既往的知识载体难以满足现行的存储需求，而资源数字化为此提供了新方案；将图书馆资源数字化后，资源可以通过字段匹配的方式进行全文检索，方便定位，且数字化的方式允许用户使用简单的操作在短时间内检索到更加全面的结果；通过线上图书借阅系统，读者可以随时随地查看、借阅数字化图书馆资源，并将其储存在计算机或移动设备中，打破时间、空间的限制；通过馆际互助平台、资源交流系统等，数字化的图书馆资源能够通过互联网共享，大大提高资源利用的效率，降低馆际资源共享的难度，有利于打造不同图书馆之间资源开放共享、联合一体的图书馆体系，是未来图书馆发展的重要趋势。

为了对传统资源实现数字化建设，一方面，需要对传统文献资源或其他形态的资源进行数字化加工处理，通过扫描、处理、存储与备份、设立元数据体系、发布资源并提供服务等一系列环节，使传统资源转化为能够被计算机识别、存取并通过网络传输利用的数字化资源。这一过程，不仅仅是简单地对原有资源的复制，更是对馆藏资源进行系统的整理和组织，是对原有资源的增值。同时，针对图书馆现有数字化资源，需要不断地补充新内容。方式主要包括建设新型媒体电子出版物和数据库，自主开发电子书刊、咨询报告等。在丰富和补充现有数字化资源的过程中，需要利用采购其他数字资源、接受实体类电子出版物等的缴送和赠送、自主创建新型数据库或电子期刊、对互联网信息进行整合开发等方法。相对于对传统资源的数字化转化，丰富和补充现有数字化资源对图书馆自身的经费保障、技术支持、管理能力的要求更高。另一方面，需要充分利用图书馆管理数据。通过建立读者借书还书、进出场馆、书籍库存等读者行为和馆藏管理的信息系统，将管理资源数字化，能够充分利用管理信息，有效提高管理效率。这不仅有利于馆员对图书馆管理有更加直观的掌控，也能够起到决策支持、预测和控制、分配资源、协调工作等作用，为图书馆的智慧化转型赋能。

在数字化的过程中，需要遵循的原则主要有：完整性原则，文献或者文化遗产等资源只有作为一个整体时才能体现其内涵与意义，因此在进行资源的转化时必须力求完整性、系统性、连贯性；经济性原则，智慧图书馆资源数字化需要足够的经济保障，无论是采购还是自主建设，都需要足够的人力与物力支持，更需要科学、合理的政策，图书馆应量力而行；合法性原则，数字化的资源正在颠覆传统的图书馆资源模式，也对传统法律制度提出挑战，版权便是其中的一大焦点，数字化的资源可以通过网络瞬间传到世界上的各个角落，馆员、读者都应提高版权意识，在建设新型数字化资源时严守版权底线，在享受资源服务时保护创作者权利；协调性原则，数字资源内容丰富，按照不同的分类标准可以分为多种形式，例如按照语言可以分为中文数字资源和外文数字资源，图书馆应统筹兼顾各个类型的数字资源，一切以读者的需求为导向，保证资源数字化过程中的协调和平衡。

二、智慧图书馆资源数据化

资源数字化的核心是将馆藏资源转化为可以以计算机为载体进行管理和分享的存在，智慧图书馆资源数字化在促进资源传播与共享、缩小数字鸿沟、提高资源管理效率等方面起到重要作用，是进一步进行数据化的基础。

但是在资源数字化的过程中，图书馆往往受限于资金条件和技术水平以及标准等，使得数字化的资源存在诸如接口不统一、数据标准不规范、资源元数据描述不够、检索能力不足、文献数据相互关联性较差、资源安全缺乏保障、互操作程度较低、资源发现和扩展能力低下等问题。同时，随着信息与数据地位日益重要，人们对于图书馆数字资源的获取方法日益丰富，对数字资源内容的要求也日益提高。大数据时代的到来使得用户思维、习惯与要求都随之改变，资源建设也面临更多的挑战，开放存取运动的发展、出版模式的变革、对数据质量和元数据的高要求等对数字图书馆的出版服务、数据质量监管等提出了新的挑战。在数据来源广、类型多的复杂环境下，数据价值发现与图书馆知识服务并未结合，异构数据和非结构数据的处理缺乏相应的技术手段。因此，进一步对数字化的资源数据化是必要的。

所谓数据化，就是要将数字化的馆藏资源进行科学的组织和统筹，使得数字化的数据转化为规范化、标准化、整体化、跨平台化的可用数据，进行数据的保存、处理和应用，将数字化过程中产生的海量的多模态异构数据资源进行进一步整合，进而形成具有数据服务、数据出版、数据增值的图书馆新形态。数据化是以数字化成果为基础和前提，是对图书馆资源开发利用形式的进一步发展和延伸。维克托·迈尔在《大数据时代》中提出，数据将为人类的生活创造前所未有的可量化的维度[4]。大数据具有数据量（Volume）爆发性增长、数据生成和处理速度（Velocity）快、数据来源和种类（Variety）多样、数据价值（Value）密度低的"4V"特征，智慧图书馆资源数据化的核心便是将资源数字化的成果转化为可以深度利用的数据要素，建立数据密集型知识服务系统，提供基于数据挖掘的支撑服务，如进行决策支持等。数据化是一个对结构化数据进行二次筛选、对非结构化数据和半结构化数据进行重新建构使其结构化，以便最大限度地开发利用数字化资源的过程。

数据化要求对数字化所得到的质量参差不齐的数字资源进行信息抽取、

分类、标引、校对等处理，形成结构化的元数据资源，通过进行深层次的加工处理，将其转化为关联化、可重组、可用的数据。以文献编目为例，将文献书目信息转化为数字化资源是将其数字化的过程，而将信息进行精细化标引并重组，使其成为计算机可操作的、不同计算机可识别的数据则是将其数据化的过程。标引是指通过对文献的分析，选用确切的检索标识以反映该文献内容的过程，是文献加工的重要环节，也是图书馆资源实现检索的必要前提。经过数据化的图书馆资源，是符合数据结构标准、数据内容标准、数据交换标准、数据取值标准等标准的元数据资源，更有利于馆藏资源的整体组织管理和检索，以及跨平台的资源交流。以检索行为为例，经过数字化的图书馆资源基本能够支持基于字符匹配的全文本检索，但受限于字符串匹配检索。资源数据化则可以将其中的地点、人物等元素提取出来赋予单独的标识符进行检索，大大提高了数字化资源的规范性、标准性、可计算性，也更能够满足用户对信息获取的速度、深度、广度的需求。

数据化最重要的原则便是整体性和一致性，必须遵循统一的标准，保证数据化成果的通用性。从宏观上来看，数据化只是智慧图书馆资源建设过程中众多节点的一个，而智慧图书馆的最终方向，也是建立全国乃至全球联合的、资源跨平台共享的图书馆体系。一致性是衡量数据化建设的重要指标之一，也是决定数据化成果能否具有跨平台性的因素。遵循统一标准的数据化建设，能够保证图书馆资源可以被不同计算机、不同图书馆的系统识别，为信息和知识的交流共享奠定基础。

三、智慧图书馆资源知识化

随着社会的进步和科技的发展，大众的科学素养和信息素养正在逐步提高，知识在经济和社会生活中的作用也越来越重要。知识是人类通过实践对自然、社会与思维活动形态及其规律认识和描述的信息。21世纪以来，"知识管理"逐渐兴起，知识管理是以技术为支撑，对知识进行序化存储、挖掘组织、共建共享的过程[5]。对知识进行获取、创造、分享、整合、记录、存取、更新，并积累成为个人或企业的智慧，成为个人长期进步发展、企业适应时代变化的重要条件。知识爆炸的时代对人们知识素养的要求越来越高，但人们获取、掌握"足够"的知识的负担也越来越重。图书馆作为人类文明成果聚集和交流的场所，对其馆藏资源进一步进行知识化是势在必行的。经过数字化和数据化，图书馆资源虽然已经具有规模化和标准化的特点，基本能够满足图书馆的管理和用户的检索等需求，但是对于资源的利用仍局限于资源外部特征或载体，而没有真正深入资源的内容和知识层面，并未使资源得到充分利用，难以应对知识经济时代对图书馆建立多维的、关联的、体系化的资源系统的需求，也不能发现海量数据之间的关联，无法将有价值的信息转化为知识。

为了对图书馆资源进行知识化处理，需要在数字化和数据化的基础上对资源内涵进行全面的语义化标注和建模、关联发布与集成整合，在统一语义表示与知识建模的基础上，实现多源多模态多粒度异构大数据的关联与融合，进而构建语义丰富的智慧数据资源，以实现数据化资源的价值增值。知识化的图书馆资源，经过了深层次和智能化的数据化加工处理，是语义化、关联化、可重组、可溯源的高质量数据[6]。图书馆资源的知识化，需要以更小的粒度组织图书馆资源，即以"知识元"为最小单位进行管理。知识元是指具有独立意义和完备知识表达且不可再分的一个知识单位，是知识表示的基本单元，也是图书馆资源所蕴含的显性知识的最小单位。以数据化的馆藏资源为知识来源，从中提取知识元，并建立相关索引，实现知识元之间的广泛链接，以达到对资源的利用从资源个体单位深入知识元单位的目的。

以图书馆文献资源为例，数字化和数据化对文献资源的管理利用局限于文献表面信息，如提取文献的标题、作者、分类号、关键词等字段方便检索。在知识化过程中，需要对文献表层结构分析深入到对内容的分析，对标题、引文、结论等内容进行编码，提取其中的知识元，并建立索引，实现不同文献、不同知识元之间的关联，揭示其中的关系，打造知识元数据库，充分利用图书馆文献中蕴藏的显性知识，实现现有知识资源的增值。每一条知识元都是独立完整的信息，大量知识元构成知识元数据库，互相之间存在一定的关联。知识元数据库是对传统图书馆资源储藏、管理、利用方式的颠覆，是面向资源蕴藏的知识而非资源个体或表面因素建立的，更能够满足当下对知识分类的需要，有利于建立不同领域的知识结构和知识体系，更从容地应对海量知识的产生，更深刻地对人类已有文明成果进行体系化、结构化的利用。

通过将知识元映射为节点、知识元之间的逻辑关系映射为边，可以构建各个领域的知识图谱。知识图谱是以图的形式表现客观世界中的实体（概念）及其之间关系的知识库[7]，是结构化的语义知识库。知识图谱涉及实体抽取、关系抽取等技术，采用"（实体，关系，实体）"三元组及实体的"（属性，值）"的形式描述事实，形成三元组库或图数据库。知识图谱是人工智能的基石，主要被应用于语义搜索、智能问答、个性化推荐等方面。知识图谱的逻辑结构可以分为模式层和数据层，构建过程便是从原始数据出发，从原始数据中提取出知识要素（即事实），并将其存入知识库的数据层和模式层的过程。知识图谱的构建方式主要分为自底向上和自顶向下两种。其中，自底向上的构建方式主要包括信息抽取、知识融合、知识加工三个步骤，即从公开的数据源中提取其中的实体、属性和关系，然后将知识进行归纳组织，逐步向上抽象概念，形成资源模式[8]。而自顶向下的构建方式主要是指借助结构化的数据源从最顶层的概念开始构建本体，然后细化概念和关系，进行实体学习。

知识图谱提供了一种新的方法来实现知识的表示、存储和管理。经过对资源知识化的智慧图书馆，实现了馆藏资源的知识化组织，能够面向用户提供知识服务。知识服务更加具有个性化，知识库不仅能够为用户提供定制服务，而且能够根据用户的需求进行信息检索之后，通过知识库的信息处理，剔除原始信息中的无用信息或无关信息，向用户提供相互关联的、有价值的信息。用户的信息检索，转化为对知识的获取和利用，用户能够更深入内容和主题层面，从而掌握某一领域的信息，大大有利于用户自身素质的提高和科学研究的深入。

四、智慧图书馆资源智慧化

当今世界正以前所未有的速度发生着广泛又深刻的变革，信息技术飞速发展、互联互通不断加强、科技惠民逐渐成为共识。智慧图书馆概念的产生与智慧城市的建设和发展息息相关。智慧城市以物联网、云计算等新一代的智能技术为基础，一经提出便在世界范围内掀起风暴，很快成为未来城市发展的新实践。在智慧城市的愿景中，城市的教育、医疗、科技、文化等各个方面都得到彻底的革新，而智慧图书馆便是智慧教育和智慧文化中的重要部分。先进的信息技术为智慧图书馆建设提供了基本技术和物质保障，但智慧图书馆资源建设并不是一蹴而就的，经历了资源数字化、数据化、知识化阶段后，需要对资源进行智慧化建设。在智慧化建设的过程中，知识图谱提供了一种更好的组织、管理和理解互联网信息的能力，而知识图谱如何应用于现实生活中，使智慧图书馆助力智慧教育、智慧城市的建设，则是应该不断探索的问题。

在智慧图书馆资源建设的过程中，智慧图谱可以被应用于语义搜索、智能问答、个性化推荐等方面，通过构建文献知识、学科知识、业务知识、机构、用户、场景等图谱[9]，助力智慧图书馆提供参考咨询、信息检索等服务。知识图谱是语义搜索的大脑[10]，具有良好的结构形式，能够为用户提供满足需求的结构化语义内容，以知识的形式提供结构化的搜索结果，当用户在检索系统输入相关检索词时，得到的结果是知识节点和节点之间的联系，既方便用户检索感兴趣的资源、改善图书馆检索系统的检索结果，也有利于扩展用户搜索结果，加深用户对各个领域之间关系的认识。此外，智能问答功能允许用户用自然语言进行提问，通过将用户的自然语言问题进行语义和语法分析，并转化成对知识图谱的查询，这大大降低了图书馆用户检索的门槛。而在用户与智慧图书馆系统交互的过程中，形成了海量的、多源异构的、实时变化的数据，通过融合用户数据构建用户图谱、打造用户画像，能够全景式描述用户的多样特征，利于理解用户，为用户提供个性化的服务。

图书馆资源建设智慧化的过程中，需要遵循用户至上和多元开发的原则。"用户至上"是公共图书馆的一贯原则，智慧资源建设的最终目的，便是为用户提供更加完善的服务，提高用户的科学文化水平。智慧图书馆资源建设应该从用户角度出发，真正了解用户需求，时时坚持以用户的需求为导向。多元开发的原则是保证资源利用率、资源智慧化建设完善度的重要原则。随着图书馆馆藏资源内外环境的变化及科技手段的发展，开发利用的手段单一、开发的资源有限等问题日益凸显。但是随着社会发展，人们对图书馆资源种类、数量、利用程度等方面的需求达到了前所未有的程度。同时，只有经过建设的智慧资源足够多样，才能保证知识之间的联系足够多元、智慧化建设的成果足够全面。为了保证图书馆事业长久、健康、可持续地发展以及更好地满足用户需求，必须保障建设资源的多样性和开发方式的多元化。

第三节 智慧图书馆资源组织形式和转换

智慧图书馆资源建设需要经历"数字化—数据化—知识化—智慧化"的过程，这是一个组织化、结构化的过程，其中不免要涉及资源的多种组织形式，以支持建设流程中不同层次的资源需求。智慧图书馆资源建设的最终目标是要能够支持上层的智慧服务，因此在资源建设的过程当中，从数据化到知识化的跨越十分重要。在当前的 Web 服务应用当中，语义网技术是实现资源组织化和知识化的有力工具，其中应用较为广泛的有 XML 语言、RDF 数据集、关联技术和知识图谱。通过利用这一系列工具对图书馆资源加以建设，能够实现资源的数据化和知识化。现有的常见类型的图书馆资源数据智慧化建设也多经历这一过程并利用相关的语义网技术。

一、常见数据资源的组织形式

（一）XML 语言

可扩展标记语言（Extensible Markup Language，XML）是一种用于标记电子文件并使其具有结构性特征的标记语言，是标准通用标记语言（Standard Generalized Markup Language，SGML）的一个优化子集。SGML 是国际标准化组织（International Organization for Standardization，ISO）于 1986 年提出的一个用来创建标记语言的语言标准，采用数据内容与显示内容相分离的表示法，是一种非常完备强大的标记语言。其主要包括 SGML 声明、文档类型定义（Document Type Definition，DTD）和文件实例三个部分。而超文本标记语言（Hyper-Text Markup Language，HTML）是 SGML 在 Web 运用上的典型例子，特别在 Web 2.0 时代有着广泛而深刻的应用。但随着语义网的发展，SGML 语言及其具体应用的 HTML 语言都显示出了一定的局限性。为了克服 HTML 语言在可拓展性、结构性和可校验性方面的缺陷，同时又能够保留 SGML 语言的强大功能，1998 年 2 月，W3C 正式推出了 XML 的 1.0 版本 [11]。

作为一种描述 Web 数据的标记语言，XML 具有灵活性、简洁性、自描述性和可拓展性等特点，这些特性本身在很大程度上促进了 XML 语言在数据描述和数据共享等方面的应用，但 XML 在 Web 服务上的广泛应用同样离不开相关技术规范的制定。对于 XML 的应用而言，应用编程接口（Application Programming Interface，API）是获取 XML 文档的重要工具。为了规范 API 的调用，W3C 制定了文档对象模型（Document Object Model，DOM），以使得程序和脚本能够以标准的方式存取与更新 XML 文档的内容、结构和样式。而在 XML 的格式信息处理上，扩展样式表语言（Extensible Stylesheet Language，XSL）是专门为 XML 文档提供格式信息的样式表。此外，为了使 XML 的可扩展性得到更加广泛的应用，W3C 认证推荐了 XML 连接语言（XLink）作为在 XML 文件内创建内部链接和外部链接的方法。XLink 提供了比 HTML 更灵活的链接机制，允许在 XML 文档加入简单链接（Simple Links）、拓展链接（Extended Links）、多方向链接（Multi-directional Links）等链接，有效地支持 XML 的数据集成和共享 [12]。

正是由于 XML 具有完善的技术标准和自描述性、可拓展性等相关特征，其正在逐渐成为语义网时代下 Web 资源的重要组成部分。基于 XML 的数据集成、数据交换和数据共享成为多层 Web 应用的基础，特别是在集成异构数据源、本地计算、数据多种显示以及 Web 应用的互操作上有着天然的优势。此外，XML 文档的构建应用了命名空间（Namespace，NS）对元素及属性加以标识，能够有效保证资源标识的唯一性，避免了在多数据源环境下的名称冲突问题，在语义网的应用中可作为一种底层的数据描述方法，使得网络资源的表现形式、数据结构和内容得以有效分离，从而能够为上层的数据集、本体构建提供良好的数据基础，有利于知识图谱的构建及应用。

（二）RDF 数据集

资源描述框架（Resource Description Framework，RDF）是一种使用 XML 语法来对万维网上的资源进行语义化和形式化描述的框架，其本身没有规定语义。作为一种通用的数据框架，RDF 在资源对象的描述上成功解决了二义性的问题，使得描述的资源的元数据信息可以为机器所理解，同时，RDF 通过 XML 语言来帮助搭建语义协定（RDF Schema，RDFS）和语法编码（XML）之间的桥梁，以此来实现元数据的互操作[13]。这不仅保证了对资源的描述与表达，同时也能够保证资源在应用程序之间交换而不丧失其语义，从而能够有效促进资源的流动和自动化处理。作为语义网技术体系的基石，W3C 在 2004 年发布了 RDF1.0 版本作为 RDF 的推荐使用标准，在十年之后，W3C 针对 RDF1.0 版本中存在的一些资源标识、数据类型和兼容局限性问题进行了改进，并发布了 RDF1.1 版本，对原有的推荐标准进行了丰富和拓展。

RDF 用主语 S（Subject）、谓词 P（Predicate）、宾语 O（Object）的三元组形式来描述 Web 上的资源。所描述的资源是指可以采用统一资源标识（Uniform Resource Identifier，URI）或者国际化资源标识符（Internationalized Resource Identifier，IRI）标识的任何事物，既可以是实体资源也可以是概念。

URI 或者 IRI 是用于标识某一互联网资源名称的字符串，以允许用户对包括本地和互联网的任何资源通过特定的协议进行交互操作，从而保证了 RDF 的可交换性。此外，为了保证 RDF 对资源描述的准确性的同时保证资源的互操作性，W3C 专门制定了资源描述框架模式（RDFS）为 RDF 的资源描述提供框架。任何人都可以采用 RDFS 文档来创建自己关于资源描述的词汇集，对资源所涉及的类别、属性和属性限制进行良好的描述，从而增强了 RDF 资源描述的灵活性和拓展性。

RDF 可以用来表示 Web 上的任何资源并进行资源的交换，被广泛运用于元数据描述、本体及语义网当中。此外，RDF 在现实中还有许多其他应用，如提高搜索引擎的检索准确率；描述网站、网页或电子出版物等网络资源的内容及内容之间的关系；促进知识的分享与交换等[14]。随着在语义网、非结构化数据管理、数字图书馆等诸多领域的广泛应用，Web 上的 RDF 数据集飞速增长，如何对其进行管理和检索成为重中之重。目前，国际上已有众多 RDF 转换工具及三元组存储系统，如 D2RQ、Any23、Jena-TDB、Marklogic 等[15]，这些转换工具和存储系统的发展进一步促进了 RDF 数据的增长。随着 RDF 数据的增长，其数据规模目前已经超出了单机处理能力范围，构建分布式数据库系统成为 RDF 数据管理的解决方法之一，现有的分布式 RDF 系统主要分为基于云计算平台的分布式 RDF 系统（如 Hadoop 等）、基于数据划分的 RDF 数据管理办法以及联邦式分布式 RDF 数据系统[16]。而针对 RDF 数据集的查询技术则主要有基于关系技术、基于图和基于基本三元组这三大类方法，根据数据集的状态又可以细分为动态数据集查询和静态数据集查询。其中，SPARQL（Simple Protocol and RDF Query Language）作为 W3C 提出的 RDF 数据查询标准语言，目前仍是最主流的，然而，用 SPAROL 语法书写查询语句对许多用户来说存在困难。因而，针对 RDF 数据的关键词查询方法也被应用在许多的 RDF 查询系统当中[17]。

（三）关联数据

关联数据（Linked Data）是为了克服互联网上海量数据之间存在的异类、异构和分布问题而产生的一种结构化数据，这一概念于 2006 年由 Tim Berners-Lee 提出。关联数据的原理是用一种轻型的、可利用分布数据集及其自主内容格式、基于标准的知识表示与检索协议、可逐步扩展的机制来实现可动态关联的知识对象网络，并支持在此基础上的知识组织和知识发现[18]，其部分愿景是建立起全球统一的数据知识库。

为发挥关联数据在促进资源流通和知识共享方面的作用，关联数据需要建立起一系列的发布、转换和共享规则。作为万维网的创始人之一，Tim Berners-Lee 在其发布的关联数据笔记中提出了关联数据构建和实现的 4 个基本原则，即：使用统一资源标识符（URI）命名和识别事物；使用 HTTP URI 让任何人都可以访问这些标识名称；通过 RDF、SPARQL 等开放标准提供有关名称标识的有用信息；尽可能提供相关的 URI，以使人们可以发现更多的事物[19]。在这些原则的指导之下，关联数据的实现还需要建立在 Web 技术之上。关联数据主要涉及 HTTP、URI 和 HTML 技术，其具体实现方式是用户从客户端发起 URI 的参引请求，服务器在相应规则的指导下向浏览器返回所需要的 HTML 网页信息，若用户请求为 application/rdf+xml，则返回负责该对象语义描述的 RDF 文件。此外，对于海量数据仓储而言，关联数据需要支持数据规范发布的数据库管理平台，如 Drupal 等[20]。对于数据量较小的 RDF，可以通过静态的 RDF 文件发布，而如果数据量很大则需要将其放进 RDF 库中并采用 Pubby 等服务器作为服务前端，针对采用数据库形式存储的数据内容还可以通过 D2R 的方式将关系型数据库的内容映射为 RDF 数据进行发布。关联数据发布之后需要采用合适的浏览器进行浏览与检索，与一般浏览器不同，关联数据浏览器大多运行在服务器端，只有少数才提供客户端浏览器插件。

关联数据主张像网络上文档共享的方式那样共享数据，可以使用户在基于关联数据规则的数据网络上创建混搭应用。关联数据的一个主要优势就是分布式，允许用户发布自己拥有的数据，并被其他用户发现和重用。网络用户代理如浏览器、搜索引擎可以识别并为用户提供可点击的链接。正是这种有标准语法的链接方法使得网络上的文档相互关联。关联数据通过 RDF 链接把不同的数据集联系起来，使得其能够较好适应数据的发展变化，具有较高的拓展性。由于其具有知识发现和知识共享的特性，关联数据在图书馆建设方面的应用十分突出，早期主要是采用 RDF、OWL、SKOS 等语言，分别解决数字图书馆中的某些局部问题，如元数据、知识组织、信息检索等。后来，基于关联数据的具有语义功能的语义数字图书馆开始出现。所谓语义数字图书馆，是指以机器可读可理解的 RDF 语言为介质，集成基于不同元数据的各种信息，支持与其他数字图书馆或信息系统之间在通信层面或元数据层面的互操作，并提供具有语义功能的浏览和检索服务的数字图书馆。其中具有代表性的项目有三个：JeromeDL、SIMILE 和 Bricks[21]。

（四）知识图谱

知识图谱（Knowledge Graph）是以图的形式表现客观世界中的概念和实体及其之间关系的知识库，是语义检索、智能问答、决策支持等智能服务的基础技术之一[22]，旨在描述客观世界的概念、实体、事件及其之间的关系。根据其信息来源和发展方式的不同，知识图谱可以分为依靠人工构建的知识资源（如 WordNet、Cyc、HoeNet 等项目）、基于群体智能的知识图谱（如维基百科、DBpedia、YAGO、Freebase 等）、基于互联网链接数据构建的知识资源（如 LOD）以及基于机器学习和信息抽取构建的知识图谱（如华盛顿大学图灵中心的 KonowItAll 和 TextRunner 等）[23]。而依据知识图谱构建的内容形式，又可以将其划分为文本知识图谱、视觉知识图谱和多模态知识图谱等。其中，文本知识图谱是指以文本为主要研究内容，由文本样本构造且节点和边均由文本表示的知识图谱，在构建路径上主要包括信息表示、知识融合、知识加工和知识更新四个部分。而视觉知识图谱是以图像为主要研究内容，由视觉样本构造且节点和边均由视觉表示的知识图谱。多模态知识图谱则以文本和视觉资源等多种模态的数据作为研究内容的知识图谱。视觉知识图谱和多模态知识图谱的构建路径都需要经历信息表示、知识加工和知识更新[24]。

知识图谱的构建主要包含对互联网上海量分布的异构数据的概念层次学习和事实学习，以及对已有的结构化异构语义资源的语义集成。概念层次学习主要是针对特定信息中的概念进行知识抽取并确定上下位关系，或者根据实体分布特征的相似性来定义特征学习概率模型从而获得概念结构。而事实学习则是采用机器学习或者深度学习的方法，从互联网信息中进行事实抽取。知识图谱中的事实多以三元组的形式表示，机器学习或者深度学习的方法有利于特征的学习以及关系和事实的抽取。语义集成则是在异构的知识库之间构建实体的等价关系，从而实现知识共享。由于知识库多以本体的形式体现，因此语义集成的主要环节即为本体映射。而在这一系列构建方法当中，知识抽取、知识表示、知识融合和知识推理等技术都是知识图谱构建的重要支撑[25]。针对不同类型的知识图谱，知识抽取和知识表示有其相同之处。由于知识图谱以三元组的资源描述形式为构建基础，知识抽取主要包含实体抽取、关系抽取和属性抽取。所抽取出来的实体、属性和关系共同构成知识图谱当中的知识表示的基础。知识抽取的技术路线可以分为基于规则的抽取和基于学习的抽取两大类，主要对应着结构化和非结构化的知识抽取。前者主要采用的方法是规则制定结合分类器，如贝叶斯分类器和支持向量机等，而后者更多运用的则是诸如 RNN 和 CRF 之类的深度学习方法。在完成知识抽取和知识表示之后，对于文本型数据的知识图谱构建还需要经历一个语义消歧的过程，主要采用实体链接和实体合并的方式对所表示的知识进行融合，将异构数据源的实体归并为具有唯一全局标识符的实体，确保所抽取出来的文本语义关系符合规则。此后随着知识加工的进一步深入，知识图谱通过知识推理和知识更新进一步发展补全，知识图谱的构建路径才基本完成。

知识图谱为互联网上海量、异构、动态的数据表达、组织、管理以及利用提供了一种更为有效的方法，在智能搜索、深度问答、社交网络以及一些垂直行业中有广泛的应用前景。作为搜索引擎巨头的谷歌率先提出了知识图谱的构建理念，此后，国内外各大搜索引擎都开始尝试将知识图谱融合进自身的搜索引擎当中，如百度的"知心"、搜狗的"知立方"等。而在深度问答领域，以苹果公司的智能语音助手 Siri 为代表的智能手机问答系统即为知识图谱的典型应用。在社交网络方面，Facebook 于 2013 年推出了 Graph Search 产品，帮助用户发现更多拥有潜在共同点的用户，打造社交新体验。此外，知识图谱在金融、医疗、电商等垂直行业中也有自己的深度应用场景。

二、常见数据类型的智慧化转换

（一）书目数据

书目数据是指经过文献著录或标引后形成的一系列书目信息符号。近现代以来，文献编目的发展经历了从卡片目录到机器可读目录（MARC，即机读目录）的过程。卡片目录引发了分类法等图书馆技术方法的发展，在很长一段时间内是重要的检索工具，用户可以根据图书的分类、书名、著者、主题进行检索。20 世纪 60 年代，机读目录开始萌芽。机读目录是指利用计算机识读和处理的目录，文献编目的内容经过处理，以代码形式记载在载体上形成书目数据库，可以用计算机进行识别和处理。MARC 使书目数据成为图书馆的重要资源，实现了图书馆书目数据资源的数字化过程，使得图书馆进入以计算机为主的自动化时代，有利于对书目数据的标准化管理、跨平台分享以及读者检索。

21 世纪以来，编目工作发生了很多变化，出现了编目格式简单化、编目外包普遍化、数据来源多样化以及联合目录本地化的趋势[26]，但是都没有触及最底层的书目数据格式，并没有冲破 MARC 的束缚。关联数据为书目数据的使用提供了颠覆性的方法。关联数据（linkeddata）是语义网的主题之一，一种在 Web 上发布结构化数据、利用 Web 在不同数据之间创建语义关联的方法。关联数据描述了通过可链接的 URI 方式来发布、分享、连接 Web 中各类资源的方法，使图书馆的书目从机器可读走向机器可操作，计算机能够通过自动读取的方式共享信息。

在对书目数据等结构化数据进行智慧化转换的过程中，需要经历知识抽取、知识融合、知识推理等过程。首先需要对书目数据格式进行改造，将从前的书目数据从"记录"层面深入记录中描述的书目资源及提供检索功能的"数据元素"层面。之后，需要采取数据映射等方式，将结构化的书目数据转化为（实体，关系，实体）的三元组，并进行知识融合，将从各个数据源获取到的知识融合为一个统一的知识库，以进行知识抽取、构建领域本体，保障抽取信息的准确性。知识推理可以分为对实体属性的推理和对实体关系的推理，其中，对实体属性的推理主要包括对于会发生变化的实体属性值进行及时的发现、推理、更新或者为实体创建新的属性；而对实体之间关系的推理则是对实体之间潜在的关系进行推断和补充[27]。经过知识推理，书目数据知识图谱不断完善。通过深入书目数据的语义关系，即可构建该领域书目数据的知识图谱，实现推动图书馆结构化的书目数据的智慧化转化。

（二）文本型数据

图书馆的文本型数据，主要包括文档、文献、图书等以纸质或电子文本为载体的数据。文本型数据的智慧化，需要经历从以文献等资源个体为单位的组织管理，到以描述资源外部信息的数据元素为单位的组织管理，再到以资源内部蕴藏的知识为单位的组织管理的资源管理粒度不断细化的过程，最终构建成以文本为主要研究内容，由文本样本构造，且节点和边均有文本表示的文本知识图谱[28]。文本型数据的智慧化建设过程，就是将纸质文本转化为电子文本，对文本进行信息抽取、知识融合、知识加工、知识更新的过程。

文本型数据智慧化的第一步是将文本进行数字化。文本型数据中纸质资源相对丰富，因此对资源的扫描是其中的重要步骤。目前数字化采用的主要技术是光学字符识别技术，需要经历预处理、文本区域检测、文字识别三个步骤。其中，预处理是 OCR 技术的第一步，可以提升图片在后续识别过程中的准确率。文字区域检测是对文字进行识别的前提，而字符识别得到结果后，会根据语法结构模式，对识别结果进行再次检验，并将检验结果反馈给识别模型并再次识别，以降低模型的误识率[29]。纸质文本转化为能够通过计算机共享的电子文本后，需要对数字化的文本资源进行合理的保存和组织，以方便跨平台共享和深层次的资源开发，增强可检索性。

经过数字化的文本型数据是非结构化数据。与结构化的数据相比，需要先对非结构化数据进行信息抽取以将其转化为结构化数据，然后再进行知识融合、知识加工、知识更新等过程。其中，信息抽取涉及的关键技术主要有实体抽取、关系抽取、属性抽取。进行智慧化建设的文本型资源，组织粒度细，以体系化、关联化、网络化的形式呈现资源，并且能够揭示资源内部的、深度的内容主题关联，用户可以以知识为单位进行检索，更有利于用户发现资源背后的知识与知识之间的关联，有利于科学研究的深入。

在信息抽取相关技术中实体抽取也称命名实体识别，是指从文本型数据集中自动识别出命名实体。实体抽取的质量（准确率和召回率）对后续的知识获取效率和质量影响极大，因此实体抽取是信息抽取中最为基础和关键的部分[30]。关系抽取主要是为了将实体抽取得到的离散实体联系起来，从语料中得到语义信息，形成网状知识结构。属性抽取则是从原始数据中寻找属性值与实体之间的映射关系。早期实体抽取和关系抽取都主要采用人工编写规则和模板的方式实现，但是随着技术发展，逐渐转向机器学习和深度学习领域。目前，在实体抽取领域，基于深度学习的方法主要有卷积神经网络和循环神经网络两大类，而在关系抽取领域，基于深度学习的关键方法主要有流水线方法和实体关系联合抽取方法[31]。

（三）图像数据

文字的发明使得人类的叙事媒介发生了较大的变化，但是随着社会发展和媒介以及信息技术的进步，人类逐渐进入视觉文化时代。图像以其简便、直观、快捷、形象等优势，对文字的地位产生了巨大的冲击，当下的文化生活越来越多地由视觉图像的展示与观看构成[32]。图像正成为大众传播和文化发展的核心要素之一，图书馆蕴藏丰富的图像资源，同文字一样，图像也是重要的文化符号，承载丰富的知识，对图书馆图像数据进行智慧化转换是时代的使命。

但是，由于载体形式差异、知识结构、技术发展等局限，对于图书馆资源建设，往往集中于文字资料的建设，而忽视了对图像资源的建设。图像长期处于信息孤岛状态，图像资源本身以及图像之间所承载的研究和应用价值没有得到有效体现[33]。因此，对图书馆图像数据进行智慧化转化，不仅有利于全面广泛地挖掘图书馆馆藏数据，实现资源利用率的大幅提升，而且有利于提高人类文明成果传承的完整性。以艺术学图像领域为例，"数字敦煌"项目自20世纪90年代开始实施，向全球免费共享30个洞窟的高精度数字图像和全景漫游节目[34]，大大促进了敦煌文明的传承和传播。

相比于文字数据的智慧化转换，图像数据的智慧化转换在建设本体、知识融合等操作前，主要涉及图像数字化、建立元数据规范、图像标注、语义组织等技术，且图像标注、语义关系抽取的难度大于文字型数据，往往需要人工进行标注或其他操作。图像数字化主要经历采样、量化、压缩编码三个步骤，将纸质等物质载体上的图像转化为计算机能够显示和存储的格式。图像元数据规范是核心内容，遵守一定的元数据规范能够保证图像标注的标准化和跨平台性。图像标注方面，根据图像资源的特点，可从图像、对象及语义三个层面对图像资源进行逐层标注[35]。其中图像层面从整幅图像进行标注；对象层面则对应到图像上的具体对象（文字、事物、人物等）；语义层面强调对象与外部资源的关联和整合。通过对图像信息进行细粒度的增强标注形成元数据资源，逐渐深入图像的语义层面，并将标注对象与关联数据进行关联，构建领域本体，通过知识融合、知识加工构建视觉知识图谱，将其应用于图书馆的检索服务、参考咨询服务中，即可完成对图像数据的智慧化转换。

（四）音视频数据

在人类漫长的历史长河中，文字、图像是记录和传递信息的主要方式。直到音视频的出现，人类记录和传达信息的方式才更加具象化。第一条音频和视频诞生于 19 世纪 70 年代，在 20 世纪 70—80 年代数字技术不断成熟的背景下掀起革新的浪潮。20 世纪 90 年代以来，随着通信技术的发展、个人计算机的普及和互联网的爆炸式发展，人类逐步跨入多媒体时代，音视频技术发生了大飞跃。而进入 21 世纪尤其是 2010 年以来，智能手机的普及、专业摄录设备的降价，使得音视频数据产生和传播的门槛降低，应用场景和应用方式大大丰富，大众接受度和使用频率大大提高。因此，对图书馆的音视频数据进行智慧化转化，是更加符合当下和未来公众利用图书馆资源的习惯的，也是使图书馆资源进行智慧化转型的重要组成部分。

对音视频数据进行智慧化转型的核心，便是构建多模态知识图谱，揭示音视频中蕴含的语义内涵、知识关联和本体价值，构建跨模态、富语义、可溯源、可推理的音视频智慧数据。融入音视频数据的多模态知识图谱是对传统的基于文本的知识图谱的补充，其建立在传统知识图谱的构建基础上。目前对于多模态知识图谱的构建，典型思路主要有两个：从自然语言处理的角度出发，在文本知识图谱的基础上给实体补充视觉信息，本质是知识图谱补全，但是在特征提取、关系挖掘、实体对齐等方面是粗粒度的；从计算机视觉角度出发，将视觉知识与外部文本知识图谱相连，对技术的要求较高[36]。

对音视频数据进行知识图谱构建，需要对音视频的高层语义进行识别，在此基础上挖掘抽取其中的实体、属性及关系，最终获得知识三元组，对其中蕴含的知识元和文化基因进行细粒度编码和关系链接，经过语义建模、集成整合等操作[37]，形成多模态的知识图谱。值得一提的是，限于技术原因，目前对于音视频的识别往往需要人工操作，因此，在公共图书馆的智慧化建设中，对大规模的音视频数据进行智慧化转化的技术基础仍有待进一步发展。

（五）用户数据

图书馆是为大众提供知识服务的机构，其拥有大量用户群体。随着智慧图书馆技术与管理系统的升级，图书馆会积累大量用户数据，这些用户数据对图书馆而言是非常宝贵的数据资源，对其利用和挖掘能够提升图书馆的服务质量。对用户数据的利用主要包括数据收集、数据保存、数据分析、数据共享等不同环节。

数据收集，主要是收集智慧图书馆的各种业务日志数据，如图书管理信息系统、数字资源监测系统、用户信息管理系统等产生的用户数据，既包括基础数据姓名、年龄、住址、职业等，也包括一些情景数据时间、天气、爱好等。

数据保存，主要是智慧图书馆为了后续使用而将数据收集中的用户数据保存在数据库或其他形式的存储单元中，以便后期对用户进行数据分析。

数据分析，主要是通过数据挖掘和分析技术，针对智慧图书馆的业务需求，可以从宏观层面对共性问题进行分析挖掘，提供解决问题的方案；也可以从微观层面，针对某个用户的需求和偏好进行分析，提供精准服务。

数据共享，主要是智慧图书馆将数据分析的结果，在遵守数据伦理的前提下，向大众公开共享，便于大众利用，提升智慧图书馆的影响力。

为了避免图书馆用户数据隐私的泄露，智慧图书馆需要做好用户数据保护工作，同时在用户数据使用的过程中，需要遵守数据伦理及相关的法律法规，以规避泄露个人隐私而引起的法律纠纷。同时，在进行用户数据收集、保存、分析、共享等不同环节，需要采用统一的标准体系、统一的数据结构，这样才能最大化地发挥用户数据的潜能，提升智慧图书馆的服务质量。

第四节　智慧图书馆资源的自动生成方法

在智慧图书馆的资源加工过程当中，不同的资源载体形态，具有不同的加工处理方法，如书目数据、文本型数据、图像数据、音视频数据、用户数据等。其本质是不同数据类型之间的转换，不同资源类型的转换过程和方法可见第三节中的第二部分"常见数据类型的智慧化转换"。而文本型数据是图书馆资源的重要部分，也是资源建设的核心，因此本节将重点阐述文本型数据的自动生成方法。首先要实现纸本资源的数字化，在这一过程中主要运用 OCR 技术。此后针对数字化的文本进行语义规范描述、数据标注、命名实体识别、关系抽取等进一步的加工，进而形成知识图谱，有利于对图书馆资源进行结构化表达和图谱化呈现，为后续提供智慧服务奠定基础。

一、资源数字化方法

OCR 是一种利用光学输入设备获取文档资料中的文字并将其转换成文档文件的一种自动识别技术，最早于 1929 年由德国科学家 Tausheck 提出[38]。OCR 技术的工作原理是针对印刷体的字符，采用光学的方式，通过对其明暗检测将其转化成为黑白点阵的图像文件，并通过识别软件将其转成文本格式以供进一步处理。其处理过程主要包括图像输入、图像预处理、文字特征提取、比对识别、人工校对和结果输出几个重点环节，如图 5-1 所示。

一般而言，OCR 图像输入主要通过光学仪器如扫描仪、传真机或者其他光学器材完成，输入的图像质量在很大程度上影响着 OCR 的准确率，因此，在图像输入阶段要求图像尽可能清晰。

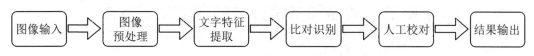

图像输入 ⟹ 图像预处理 ⟹ 文字特征提取 ⟹ 比对识别 ⟹ 人工校对 ⟹ 结果输出

图 5-1　OCR 技术实现路径

图像的清晰度虽然能在一定程度上保证 OCR 的准确率，但不同格式和质量的扫描图像难以保证 OCR 的识别效率和准确率，因此需要对输入的图像进行预处理。目前预处理方式主要包含二值化、图像降噪、文字定位、倾斜矫正等。二值化的目的在于将由三原色构成的多色图像转换成单色图像，以去除冗余信息，有利于计算机更好地针对文字进行识别。传统的二值化方法主要集中于对灰度的区分，如 Otsu 在 1979 年提出的最大类间方差法（Otsu 法）[39]，根据图像灰度特征利用统一阈值将图像目标从背景中分离出来，但这种方法对渐变图像的区分度不足。随后，区域特征提取算法（MSER 法）使用不同的灰度阈值对图像进行二值化得到最稳定的区分区域，在很大程度上克服了渐变图像的识别问题。Nister 等人随后又借助改进分水岭算法的理论优化了 MSER 法，加快了其检测效率。利用卷积神经网络（CNN）可以学习到图片更加深层次的特征，因而对图像的预处理重点在于图像增强。针对弯曲形变的图像有 DocUNet 算法，而针对分辨率较低的图像增强则主要使用超分辨率图像重建（Super Resolution Image Reconstruction，SRIR 或 SR）技术等 [40]。而图像降噪、文字定位和倾斜矫正等主要是对图像输入过程当中的失误或者不规范的图像进行矫正，从而使得图像达到字符清楚分离的效果，方便后续的文字特征提取和比对识别。

　　文字特征提取和比对识别是保证 OCR 识别率的关键，主要涉及提取特征的确定和提取规则及比对方法的确定。传统的模板匹配法高度依赖模板库，对于多字体、多字形的汉字识别存在很大的困难。因而在对汉字的特征提取上，主要有基于统计特征和基于结构特征两种方法。基于统计特征提取主要利用区域分割和空间向量构建的方法，对诸如文字的黑白点数等特征进行统计计算。基于结构特征提取的方法诸如对笔画端点和交叉数量及位置等结构特征进行提取，并进行比对。结合特征提取和分类器的方法早期在汉字识别方面有着良好的表现，如支持向量机、贝叶斯分类器等。随着深度学习的方法在特征提取和无监督特征学习方面的突出优势越来越显著，一系列的深度学习算法也被应用于 OCR 特征提取实践中，如卷积神经网络、条件随机场（CRF）等。

　　人工校对是对 OCR 误差的控制过程，任何的 OCR 系统都可能存在误差，为了保证所输出的电子档案的完整性和权威性，必须由人工对识别出来的文字和原始图像进行比对校正，才能确保 OCR 的准确率。然而在图书馆纸本资源数字化的过程当中，对大量的 OCR 文档与原文进行人工校对是一项需要耗费大量时间、人力和物力的任务，于是许多图书馆在 OCR 人工校对环节引入了"众包"理念，在时间跨度久、出版发行量大、内容字体字号复杂的报纸数字化项目中尤为显著[41]。

　　在结果输出环节，验收人员可以根据需要将识别结果输出成相应的文档格式，并且还可以依据后续的需求进行进一步加工。

二、数据资源的语义规范

　　元数据是指"描述数据的数据"，用以对数据进行描述和表示，在数据管理和知识管理当中具有广泛的应用。但随着互联网海量信息的增长，大量异构、异质的信息出现，传统的元数据描述方案在大数据场景之下存在着难以克服的别名、歧义、关联推理和知识复用等问题。而智慧化的知识服务又要求具有更细的知识粒度和更好的组织形式，用以实现数据的跨部门共享。在这种情境之下，机器需要能够读取、处理并且理解数据中蕴含的语义，并且语义需要有一定的规范，以保证其可读性和共享性[42]。

数据语义指的是"数据在特定场景下的定义"，对数据的语义规范控制影响着语义网建设当中各个层级的内容构建。在语义网组织框架中的层级划分上，每一层的数据都有其对应的语义规范及构建工具。在元数据层上，针对不同资源类型有着不同的元数据描述方案，在传统的信息组织领域当中，元数据方案是描绘数据本身的数据，如在图书馆建设当中使用的 MARC、都柏林核心元数据集（DC）等，这些规范对某一类型的数据做出明确的描述。但是这种元数据方案在互通性上往往存在问题，无法支撑数据交换和场景转换。为了打破场景的壁垒，实现数据的互联互通，需要在元数据之上再对数据的语义加以进一步的规范。为了实现不同源数据类型和格式之间的语义互操作，本体层及其拓展性描述语言随之产生。网络本体语言（Web Ontology Language，OWL）是 W3C 开发的用于对本体进行语义描述的语言，可以通过采用 OWL 对元数据规范中的概念和属性进行整合，实现语义转化形成本体，从而可以进一步将其转化为具有统一标准的 RDF 语言格式，同时也可以直接采用 OWL 语言对每一种数据规范都进行本体化描述，在此基础之上实现进一步的转化。这两种转化方法都能够实现对元数据语义的互操作，但在应对动态增长的元数据规范上的灵活性存在一定的差别。在语义网之上的关联数据层，数据语义规范通过关联数据及其相关的存储、发布和检索规则完成，通过在不同领域的本体之间创建关联规则，使用 RDF 链接相关的资源并揭示之间的语义关系，从而达到数据互联互通的目的。

在早期的数据语义规范中，OWL 作为一种重要的描述性语言，具有描述复杂语义关系和知识推理的良好优势，但是在涉及一些简单语义关系的描述上存在一定的问题。为此，W3C 于 2005 年发布了简单知识组织系统描述语言（Simple Knowledge Organization System，SKOS）。SKOS 采用 RDFS 及 OWL 建模，能够对叙词表、分类法的知识组织系统进行语义化描述。随着语义标准规范的不断完善，当前出现的用以表达语义的 RDF 模式及由其衍生出来的 SKOS、OWL 等数据模式正在为数据提供全新的规范控制。然而，对于海量数据的语义而言，直接构建复杂完备的知识体系在实践中的可操作性不强，因而在语义网的规范构建过程中多采取"分治"的思想，即在采用规范的语义描述手段的基础上，逐步实现各类档案数据的语义建模和描述。例如，借助 SKOS，将"中国档案主题词表""中国档案分类表"中的等同关系、等级关系、相关关系等显性的档案知识语义化；将人事档案中的人物概念图谱化；将文书档案中的机构、事件、人物、主题等隐性关系显性化等。

三、人工标注数据的生成

数据标注可以理解成是对数据进行的加工，即在原始数据的基础之上加上人工标签，对其进行分类以待处理。数据标注是许多机器学习及深度学习算法架构的重要环节，标注的数据质量会直接影响到计算机对计算对象的特征学习效果和任务表现，高质量的数据标注是算法取得良好表现的重要因素。数据标注按照标注对象可以分为图像标注、语音标注和文本标注等；按照标注的构成形式可以分为结构化标注、半结构化标注以及非结构化标注；按照标注者类型又可以分成人工标注和机器标注。

针对不同的标注对象，数据标注任务又可细分为分类标注、标框标注、区域标注、描点标注和其他标注[43]。分类标注是从给定的标签集当中选择合适的标签并分配给标注对象的过程。而标框标注则是从图像中选出要检测的对象，仅适用于图像类的标注任务。与标框标注相比，区域标注的要求更加精确，其主要应用于自动驾驶中的道路识别和地图识别等情境。而描点标注是指将需要标注的元素按照需求位置进行点位标识，从而实现特定部位关键点的识别。在这四种标注任务之外，还有许多个性化的标注任务，如自动摘要等。

数据标注起源于 2007 年斯坦福大学的 ImageNet 项目，该项目借助亚马逊公司的劳务众包平台 Amazon Mechanical Turk（AMT）完成图片的分类和标注。此后，大量的数据标注任务通过多个平台得以发布，极大地促进了机器学习算法的改进，为机器学习提供了大规模的标注语料以辅助模型的场景化应用。在传统的手工标注过程中，往往采用众包的形式以降低数据标注所需要的时间成本。手工标注主要涉及标注员、审核员和管理员三类人员。标注流程从数据采集开始，通过对符合所需要标注主题和形式的数据进行采集来确定标注的对象。在数据收集结束之后，为了提升标注效果，需要对数据进行清洗，以减少数据噪声和复杂性。而后管理员会将数据及标注标准共同发布，并且划分出不同的标注任务交由标注员进行标注。标注完的数据交由模型训练员进行算法的训练，并由审核员进行标注效果的评估，对于不符合要求的标注数据多需要进行重新标注[44]。不难发现人工标注流程中存在着许多问题：一是人工标注数据需要耗费大量的人力、物力和时间；二是对标注员的专业知识储备有较高的要求；三是需要尽力避免人的主观判断对标注标准的影响，对于标注误差的控制往往是困难的。

随着人工智能、机器学习等行业对标注数据的需求增加，为了提高数据标注的效率，人工标注的方式已经无法应对大规模海量数据增长的需求，一些典型的标注数据集和标注工具开始出现。除此之外，半自动化标注方式也得到了发展。典型的标注方式有两种：一是事先在设计好的标记类簇中加入人工标注好的典型训练样本，并使用 K 近邻算法（K-Nearest Neighbor, KNN）对未标注文本进行聚类处理。二是采用非监督的方式，首先设置要聚类的类簇数量，再基于 K 均值算法（K-means Clustering Algorithm, K-Means）或者最大期望算法（Expectation-Maximization Algorithm，EM）对数据进行分类，但这种方法同样需要分类之后的人工校验[45]。这两种半自动化的标注方法都存在一定的局限性，聚类数据在真实世界中的效果没有标准可以进行衡量，而且在信息提取的过程中本身就有损失，数据标注的质量会受到较大的影响，因而现在这种半自动化的聚类方法并不多用。

四、命名实体的识别

命名实体一般指的是文本中具有特殊意义或者指代性强的实体，通常包括人名、地名、机构名、日期、专有名词等。从文本中对命名实体进行识别和标注的任务称为命名实体识别（Named Entity Recognition，NER）。NER 是自然语言处理的一项基本任务，是信息提取、句法分析、机器翻译等众多自然语言处理任务的重要基础。

NER 的本质是一种序列标注问题，即根据输入的文本预测其标注序列的过程，NER 主要采用的数据标注方式有"BIOES"，"BIOES"是在"BIO"的基础之上进行的扩展。"B"（Begin）表示实体的开始位置；"I"（Intermediate）表示中间；"O"（Other）表示其他，用于标记无关字符；"E"（End）表示结尾；"S"（Single）表示单个字符。NER 的处理过程即为将文本以数据标注的方式划分出实体边界并确认实体类别的过程。

命名实体识别任务的主要目标是实体的识别与标注，能广泛应用于诸如关系抽取、事件抽取、知识图谱等任务，最早于 1995 年在第六届消息理解会议（Message Understanding Conference，MUC）会议上提出[46]。然而，从大规模的无序文本中对命名实体进行识别与标注需要耗费大量的人力和时间，且标注的一致性很难得以保证。因而，命名实体识别任务大多借助规则或者算法自动生成。在命名实体识别的发展过程中，早期主要通过文本与模型一一匹配的方式完成识别任务，主要包括基于词典的实体识别和基于规则的实体识别方法[47]。但这类方法在很大程度上依赖语言学家等专家制定的词表或者字典，一旦词表或者字典的制定不能全面反映实体特征，命名实体识别的准确性就会大受影响。此类方法还有一个很大的缺陷，即有限的规则难以应对变化无穷的命名实体识别。

为了打破基于规则的办法带来的局限性，也由于基于大规模的语料库的统计方法在自然语言处理方面取得不错的效果，一大批机器学习的方法也被应用于命名实体识别任务当中。对其进行细分可大致分为有监督的学习、半监督的学习、无监督的学习及混合方法。有监督的学习方法需要利用大规模人工标注语料对模型进行参数训练。常用的模型或方法包括隐马尔可夫模型（Hidden Markov Model，HMM）、最大熵模型（Maximum Entropy Model，MaxEnt）、支持向量机、决策树（Decision Tree，DT）和条件随机场（Conditional Random Fields，CRF）等。半监督的学习方法利用标注的小数据集（种子数据）自主学习。无监督的学习方法利用词汇资源（如WordNet）等进行上下文聚类。而混合方法通常是几种模型相结合或利用统计方法和人工总结的知识库来进行命名实体识别。整体而言，虽然机器学习的方法能够从大量的标注语料中学习知识，而不再需要人工定义的规则，但其仍有一定的缺陷：一方面是需要人工定义出能够反映实体特征的特征集合，特征的识别度在很大程度上影响命名实体识别的结果；另一方面是仍然无法避免需要对大量的数据进行人工标注。

近年来，随着深度学习技术的发展及其在自然语言处理方面的广泛应用，其表现出的自动学习特征、能够运用深层次语义知识及缓解数据稀疏等优势在一定程度上超越了基于机器学习的方法[48]。同时，深度学习能够更加方便地整合并迁移来自各种异构数据源的信息，从而有效缓解人工标注语料领域分配失衡的问题。因此，基于深度学习的方法也被广泛运用于命名实体识别任务当中。此类方法借助神经网络自动学习特征并训练序列标注模型，常见方法主要有神经网络模型（NNM）和条件随机场的结合，如 LSTM+CRF、BiLSTM+CRF 等。此外，迁移学习、注意力模型也被引进NER 任务当中。

五、关系抽取

信息抽取是一种自动从半结构化和无结构数据中抽取实体、关系以及实体属性等结构化信息的技术。关系抽取是信息抽取的一个子范畴，在提取出命名实体之后，还需要从相关语料中抽取出实体之间的语义关系，语义关系可以很好地描述实体之间的联系，通过关系把离散的实体联系起来才能形成网状的知识结构。关系抽取是实体关系的重要描述，在知识图谱的构建过程当中有着非常重要的作用，本体之上的关系构建都离不开关系抽取。

早期的关系抽取方法主要通过人工构造语法和语义规则，采用模式匹配的方法来识别实体之间的关系。基于规则的方法又可以细分为基于触发词和基于依存句法等具体实现方法。然而，基于人工构造规则的方法则主要依靠专家的规则构建。这一系列的模式匹配算法都存在相当的局限性，具体表现在对规则的高度依赖上。规则的制定不仅要求制定者具有深厚的语言学造诣和领域专业知识，而且会受到人的主观因素的影响，未必能完全还原客观世界。同时，规则的制定具有非常明显的领域局限性，在不同领域的语义关系可能会存在很大的差别，规则的适用性和灵活性表现并不显著。

随着机器学习技术的发展，大量基于核函数或者特征向量的有监督学习方法出现，并且在关系抽取上取得了较好的效果[49]。基于核函数的方法是通过构造核函数，隐式地计算特征向量内积，从而得到关系实例之间的相似性。核函数对于关系信息有重要的指示作用。刘克彬等人构建了一种基于核函数的中文实体关系自动抽取系统，应用改进的语义序列核函数结合 KNN 构造分类器来分类并标注关系的类型，通过对 ACE 评测定义的三大类六子类实体关系的抽取最终达到了 88% 的平均抽取精度[50]。但基于核函数的方法对位置信息有着较高的要求，在句子结构松散的中文语料中应用效果相比于英文语料不是很显著。基于特征的方法是将关系实例通过一定粒度的词法分析和句法分析转换为平面特征向量，然后采用最大熵、支持向量机等机器学习模型比较特征向量之间的相似性并分类。特征的提取简单、有效，不需要专家进行大量人工操作，但仍存在未能引入语法结构和依赖信息等缺点[51]。

在后续发展当中，为了减少对人工标注数据的依赖，半监督、弱监督甚至无监督的方法也被应用于关系抽取当中。然而，无论是规则构造还是监督强度不一的学习方法都有一个共同的特性，即需要预先定义实体关系类型，并按照预先定义的内容在语料中加以抽取和检验。为解决这一问题，2007年，华盛顿大学图灵中心提出了面向开放域的信息抽取（Open Information Extraction，OIE）方法框架，并发布了基于自监督学习方式的开放信息抽取原型系统（TextRunner）。按照构想，面向开放域的关系抽取技术直接利用语料中的关系词汇对实体关系建模，因此不需要预先指定关系的分类。但实际上，面向开放域的关系抽取技术相比于传统的封闭域关系抽取，其准确率和召回率等关键性指标仍存在一定的差距，因而也有研究将二者结合，综合发挥两种技术路径的优势。

六、知识图谱的自动生成

知识图谱的构建是在所获得的数据的基础之上，采用一系列自动化或者半自动化的方法和技术手段，从原始数据中提取出实体、关系，并将其以图的形式存入知识库的过程。这一过程随着新的数据和知识的产生会继续进行迭代往复，知识图谱也随之得到完善。知识图谱的生成过程有信息抽取、知识融合、知识加工和知识更新四个环节，每个环节都有对应的技术和方法，当全部环节完成之后，知识图谱便自动生成了。

由于知识图谱是以图的形式将实体、属性及其之间的关系表示出来，在信息抽取环节的重点就是从结构化或者半结构化甚至非结构化的数据当中抽取出实体、关系和属性，每一种对象的抽取都有对应的技术路径。实体抽取又称为命名实体识别，核心是从数据中分离出命名实体以为知识图谱的节点数据提供支撑，其相关技术路径可参见本章第四节第四部分。属性抽取的目标是从不同的信息源当中采集特定实体的属性信息，由于属性与实体之间存在一种名次性关系，因此属性抽取也可以被认为是关系抽取的一种，目前针对属性的抽取主要是从百科类网站提供的半结构化数据中抽取，属性和属性值的抽取可以形成知识库，例如 DBpedia。对于非结构化的属性抽取主要有训练实体属性标注模型和采用数据挖掘的方法挖掘实体属性与属性值之间的关系模式两类技术路径。所抽取出来的实体、属性和关系共同组成知识表示，为进一步的知识融合提供底层数据支持。

经过信息抽取之后的实体、属性和关系之间可能存在大量的冗余和错误信息，也可能存在歧义问题，为了方便进一步的知识加工，需要对所抽取出来的数据进行进一步的知识融合。知识融合包括实体链接和实体合并两个部分。实体链接指的是将从文本中抽取得到的实体对象链接到知识库中对应的正确实体对象，这个链接过程还需要考虑到实体的歧义问题，一般要通过实体消歧和共指消解的方法，分别解决一个实体多个歧义和多个实体对应一个指标的问题，在此基础之上再进行实体链接。而实体合并则是为了将抽取出来的实体与已有的第三方知识库产品进行合并，或者从已有的结构化数据中获取知识输入。实体合并一般要涉及数据层和模式层的合并，前者是为了避免实例及关系的冲突，而后者是为了将新得到的本体融入已有的本体库当中。

经过信息抽取和知识融合所得到的是一系列基本的事实表达，要想获得结构化、网格化的知识还需要进行知识加工。知识加工的重要内容是本体构建、知识推理和质量评估。本体是对概念进行建模的规范，是描述客观世界的抽象模型，以形式化方式对概念及其之间的联系进行明确定义。本体是知识图谱当中的概念模式，自动化的本体构建需要经过实体关系相似度计算、实体上下位关系抽取和本体生成。知识推理是指从知识库中已有的实体关系数据出发，经过计算机推理，建立实体间的新关联，从而拓展和丰富知识网络。知识推理可以分为基于逻辑的推理和基于图的推理，是知识图谱构建的重要手段和关键环节。通过知识推理能够从现有知识中发现新的知识。而质量评估则是对数据间冲突进行处理的重要环节，对于知识图谱构建的效果有着重要的作用。

知识加工完成之后，知识图谱已经生成了，但是在后续的动态发展过程当中，新的数据不断产生，需要知识图谱做出对应的自动更新。在知识更新环节主要存在两种方式：数据驱动下的全面更新和增量更新。全面更新是指以更新后的全部数据为输入，从零开始构建知识图谱，这种方式比较简单，但资源消耗大，而且需要耗费大量人力资源进行系统维护；增量更新则是以当前新增数据为输入，向现有知识图谱中添加新增知识，这种方式资源消耗小，但目前仍需要大量人工干预，因此实施起来十分困难[52]。

第五节 智慧图书馆资源建设的典型案例

我国的智慧图书馆建设目前仍处于起步阶段，而利用智慧资源开展服务的案例在国内外已经有所呈现。本节主要介绍智慧图书馆资源建设的典型启示案例，包括 Linked Open Data、DBpedia、欧洲时光机、欧洲数字图书馆以及北京大学数字人文研究中心的宋元学案知识图谱系统。这些案例在资源建设方面各有代表性，如资源建设的关联性、资源建设的知识化、资源建设的多模态化、资源建设的标准性、资源建设的智慧化应用等，可从不同角度为我国智慧图书馆资源建设提供启发。

一、关联开放数据（Linked Open Data，LOD）

2006 年 7 月，Tim Berners-Lee 首次提出了关联数据的概念及一套关联数据发布原则，利用 Web 在不同数据源之间构建语义关联以建设语义网[19]，而后关联开放数据运动蓬勃发展，呼吁部分组织或机构带头以关联数据原则公开发布自己的数据，并以 Web 数据最佳实践为范本，引导个人在互联网自由地发布和使用数据。2007 年 1 月，万维网联盟（W3C）的 SWEO 组织（Semantic Web Education and Outreach）申报了 Linking Open Data（LOD）社区项目，致力于在 Web 上将各种开放数据集以 RDF 格式发布，并对来自不同数据源的数据项之间设置 RDF 链接扩展 Web，促进网络数据免费重用。

LOD 主要涉及关联数据的创建、发布、检索和动态维护。LOD 的技术基础主要有 URI、RDF 和 HTTP。URL 提供了 Web 上实体定位、识别的通用方法，RDF 提供了一种通用的、基于图的数据模型，以构造和链接这些实体，而 HTTP 协议通过解析 URL 来查找这些实体。因此，将数据集作为关联数据在网上发布涉及以下三个步骤：第一，数据提供者选择普遍承认的 URL 和 RDF 词汇表标识数据集所描述的实体，并通过 HTTP 协议将这些 URI 解引用为 RDF 表示；第二，将 RDF 链接设置到其他数据源的相关实体中，便于客户机应用程序在 Web 中的导航；第三，提供发布数据的元数据，便于客户端评估发布数据的质量，选择合适的数据访问方式。基于数据结构的一致性和发布规则的标准化，关联开放数据的优势在于能够从元数据层面实现资源的语义深层次序化与关联，克服资源本体的领域局限性，通过建立不同资源元数据本体之间的语义关联链接，构建语义环境下的关联数据网络，实现分散、异构、跨界数字文化资源之间开放的语义互联[53]，具有相较于其他数据组织形式的天然优势，在智慧图书馆建设方面有着广阔的应用空间。

首先，图书馆的建设中可以将图书馆资源发布为关联数据。瑞典联合目录（LIBRIS）由瑞典皇家图书馆主要负责，将书目数据发布成关联数据的联合目录，并且创建了到 DBpedia 的链接，为馆藏资源向关联资源的转化开了先河[54]。联合国粮食及农业组织（FAO）在多年关联数据项目实践基础上，发布了一份面向书目数据拥有者或者提供者的实践指南 LODE-BD（Linked Open Data Enabled Bibliographical Data），提供了书目资源发布成关联数据的指导原则及推荐做法，强调将书目数据发布成"有意义（meaningful）且有用的（useful）"开放关联化书目数据[55]。其次，图书馆建设可以利用关联数据扩展资源发现服务，利用关联数据可以实现图书馆馆藏资源的出链和入链，拓展资源检索的结果。此外，还可以利用关联数据实现数据融合和语义检索服务，实现图书馆与其他文化机构之间的互联互通，如欧洲数字图书馆 Europeana 门户即聚合了欧洲部分图书馆和文化机构的元数据。在图书馆建设中，跨机构的关联数据的开放和复用也具有深远的现实意义，如由微软资助、剑桥大学和康奈尔大学等参与主持的 OREChem 项目旨在设计和实施基于语义 Web 规则的互操作架构，允许化学研究人员对分布式的机构仓储、数据库和 Web 服务进行共享和重用。

关联开放数据支持来自广泛的分布式和异构数据源的数据的集成访问，有利于改变用户和图书馆系统的信息资源交互方式，从智慧场景、智慧规范、智慧平台、智慧服务四个方面辅助智慧图书馆建设。关联开放数据能够汇集更多数据集，丰富图书馆模块内容，丰富智慧场景，以满足不同用户的多种需求。在智慧规范方面，关联开放数据明确数据相关规范并支持数据兼容，以完善图书馆开放信息规范体系。在智慧平台方面，关联开放数据推动智慧数据的统一采集、处理、分析、存储、传输和利用，以加速建立服务于用户、图书馆员及其关联机构的开放平台。在智慧服务方面，关联开放数据促进信息资源的多元立体集成，打造多维交互空间，以给用户提供全新的图书馆阅读、讨论、科研全新体验。总的来说，关联开放数据创新未来智慧图书馆数据处理方式，提出用户界面和交互新范例，构建应用程序架构新形式，将数据开放、数据融合、数据服务整合一新。

二、DBpedia

DBpedia 项目于 2007 年由莱比锡大学的 Sören Auer 和 Jens Lehmann 以

及曼海姆大学的 Christian Bizer 在 OpenLink 的支持下启动。该项目从维基百科（WikiPedia）的词条中提取多语种的结构化内容形成庞大的 DBpedia 知识库，并通过语义网（Semantic Web）和关联数据（Linked Data）技术使得其在互联网上能够被免费获取。用户可以使用 Web 浏览器、自动爬虫或者使用类 SQL 语言（如 SPARQL）等提出复杂的查询式来浏览这个事实网络。因此，DBpedia 能够为维基百科提供更加准确和直接的搜索，并且能够使得其他数据集与维基百科在数据节点上相互链接。

维基百科的文章主要是自由文本，同时包含各种类型的结构化信息如信息框模板、类别信息、图像、外链、地理坐标等。而要实现关联数据则需要一种统一的数据表达，因而 DBpedia 首先要实现从这些维基页面进行知识提取和结构化表达。DBpedia 的知识提取分为输入、解析、提取和输出四个部分。在输入阶段，DBpedia 所获得的维基百科页面既可以从维基百科中读取内容又可以使用 MediaWiKi API 从 MediaWiki 中直接读取。MediaWiki 是运行于 Wikipedia 后台的软件，它所提供的编辑、链接、元数据标注都是通过在文章的文本内增加特殊的语法结构来完成的，即以一种 WikiText 的格式来表示。在获取页面之后，每个页面都由维基解析器进行解析。维基解析器将维基百科页面的源代码转换为抽象语法树。之后每个维基百科页面的抽象语法树被转发到提取器当中。DBpedia 使用不同的提取器将维基百科页面的不同部分翻译为 RDF 语句。DBpedia 提取可分为四类，即基于映射的信息框提取、原始信息框提取、特征提取和统计提取。基于映射的信息框提取（Mapping-Based Infobox Extraction）使用手动编写的映射，将维基百科中的信息框与 DBpedia 本体中的术语联系起来。映射还为每个信息框属性指定一个数据类型，从而帮助提取框架生成高质量的数据。原始信息框提取（Raw Infobox Extraction）提供了从维基百科中的信息框到 RDF 的直接映射，此类不依赖于映射形式的显式提取，知识提取的数据的质量较低。特征提取

（Feature Extraction）使用了许多提取器，它们专门用来从一篇文章中提取单个特征，例如标签或地理坐标等。统计提取（Statistical Extraction）使用一些自然语言处理相关的提取器聚合所有维基百科页面的数据，以提供基于页面链接或字数的统计度量的数据。每个提取器使用一个抽象语法树，并生成一组 RDF 语句。最终将生成的 RDF 语句输出写入接收器当中。接收器支持不同的格式，如 N 元组等。

经过提取框架生成的 DBpedia RDF 数据集使用 OpenLink Virtuoso 进行托管与发布。Virtuoso 基础架构通过 SPAROL 端点提供对 DBpedia 的 RDF 数据的访问，以及对任何 Web 客户端的标准 GET 的 HTTP 支持，用于 HTML 的 DBpedia 资源的 RDF 表示。

DBpedia 本身是一个跨领域的本体知识库，不仅能够提供大量的关联数据，还能够提供不同数据集之间的互联互通，作为数据枢纽为数据关联提供中介服务。在用户界面的应用中，DBpedia 正是发挥了其数据关联互通的本质，支持用户通过 SPAROL 语法或者 DBpedia Query Builder、DBpedia Navigator 等进行语义查询。在智慧图书馆的建设过程中，可以充分发挥 DBpedia 此类知识本体库的优势，将此类知识库嵌入馆藏资源检索系统当中，为用户提供更加多元的数据来源和检索信息，支持知识融合和数据集成处理。此外，DBpedia 在语义标注方面也有其典型应用。DBpedia Mobile 是基于 DBpedia 的语义标注系统，不仅支持多种终端的语义标注服务和检索，还支持用户发布与特定地理位置相关的语义标注信息。可见 DBpedia 在语义标注系统开发应用中的优势。在智慧图书馆的建设过程中，可以将 DBpedia 作为语义标注系统的知识库支撑，在为用户提供移动端检索服务和鼓励用户参与生成内容方面发挥作用，以减少图书馆的建设成本，同时提高用户的参与度。针对 DBpedia 的数据挖掘应用可以深入数据内部，以发现新的潜在的知识，这在图书馆智慧化建设过程当中的用户需求挖掘和知识发现等方面的应用大有可为。借助 DBpedia 的海量关联数据，图书馆不仅可以进行知识发现，还有可能以此为基础实现现有知识的动态推送，主动为用户提供用户可能需要的知识和资源。作为世界上最大的领域知识本体之一，DBpedia 能够集成来自多个领域的本体知识，并且提供这些知识之间的关联互通。数据公司、科研机构乃至政府机构可以通过社区协议在 DBpedia 当中发布自己的数据集，在这一过程中，DBpedia 充分发挥了数据中枢的作用，从而为知识的跨域共享和服务提供了支撑。图书馆基于 DBpedia 开发相关应用可以实现不同领域之间的知识关联和共享，从而克服资源本身的局限性，达到多领域、多模态数字类型和资源服务的集成化呈现。

三、欧洲时光机

"欧洲时光机"项目源于"威尼斯时光机"项目。"威尼斯时光机"的本质是将海量的历史档案进行数字化转录，并建立索引和关联以形成完整的威尼斯文献数据库，以揭示威尼斯这座历史名城的发展演变规律。在其项目总负责人卡普兰的推动下，欧盟委员会通过了"欧洲时光机"提案。2017 年，"欧洲时光机"第一次会议在布鲁塞尔举办。此后越来越多的研究机构开始加入"时光机"项目，"阿姆斯特丹时光机""布达佩斯时光机"等地方时光机项目相继启动。2019 年，欧盟委员会选择"欧洲时光机"项目作为未来十年战略性大规模研究计划的六项提案之一，并给予 100 万欧元的资金支持，同时规划了提取与利用历史大数据的详细路线图。同年，在德累斯顿举行的第二次"欧洲时光机"年会上，宣布成立了时光机组织（Time Machine Organization，TMO），作为领导科学技术与文化遗产领域合作并确保时光机项目可持续性和经济独立性的国际组织。在 TMO 的管理与运作下，时光机项目已汇集了来自40多个国家与地区的600多家机构，其中包括欧洲顶级学术研究机构、美术馆、图书馆、档案馆、博物馆，以及文化领域领先的大型企业、中小企业、机构团体和有影响力的民间社会组织。截至2021年4月，"欧洲时光机"共有31个本地时光机已获得欧盟"地平线2020"创新研究计划的资助，资金来源得到了保障[56]。

2019年5月，《欧洲时光机宣言》提出了该项目未来几年的战略目标[57]。为此，"欧洲时光机"项目从资源层、平台层和展示层三个层级来构建历史文化资源服务体系。在资源层中，主要由时光机项目所锚定的行政区域中的政府机构和文化机构如博物馆、图书馆、档案馆等提供数据，包括各种类型的城市档案和文化资料等。数据资源随后进入平台层进行进一步的加工和处理，所收集到的资源通过"欧洲时光机"项目集成到项目存储库当中。此外，通过对资源的挖掘和抽取所得到的数据可以嵌入数据图当中形成平台核心组件之一。"欧洲时光机"项目还在所形成的4D地图和数据图的基础之上创建应用app，便于用户访问和查询。这一系列的资源加工所涉及的代码都被集成到了代码库当中，和项目存储库、4D地图和数据图共同构成"欧洲时光机"项目的核心组件。在资源和平台的基础构建之上，"欧洲时光机"项目得以从时间和空间两个维度映射到欧洲各个时期的历史文化，同时还可以通过3D可视化、虚拟交互、建筑模型、社会网络和知识图谱等呈现方式来展示欧洲历史文化。"欧洲时光机"项目构建框架如图5-3所示。

"欧洲时光机"项目集合了国际力量，利用先进的计算机通信与人工智能等技术将欧洲数以万计的历史档案、文献、绘画、古籍、建筑等文化遗产数字化，建立了一个以历史大数据（the Big Data of Past）为核心的分布式数字信息系统，以挖掘欧洲丰富的文化遗产，构建了跨越千年的欧洲历史文化地图，映射了欧洲在整个人类历史中的社会、文化和地理的跨时空演变，改变了人们感知欧洲历史和文化的方式，促进了人们对欧洲历史文化的认同，激发了文化遗产在游戏、电影制作、设计、旅游、教育和广告等产业的创新应用，并由此促进了欧洲经济的增长。其项目目标理念、组织架构和方法技术为我国智慧图书馆建设提供了有益的参考，如图 5-2 所示。

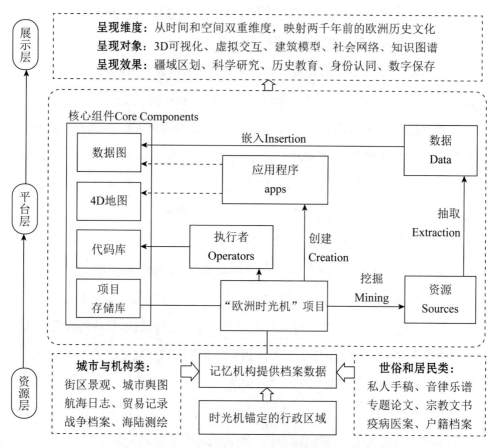

图 5-2　"欧洲时光机"项目构建框架

参考来源：汪静.Europeana 发展现状及启示[J].数字图书馆论坛,2017(3):46-53.

　　图书馆作为保存人类文化遗产、开展社会教育、传递科学信息的主阵地，在人类历史文化遗产留存中有着非常重要的地位。图书馆的数字化和智慧化建设的核心目标不是技术上的推陈出新，而是利用前沿技术达到更好的文化留存和文明传承。在智慧图书馆建设过程中，可以学习和借鉴"欧洲时光机"等文化历史遗产保护项目，充分利用丰富多样的历史文化档案等文化资源，在此基础之上实现多元多模态多粒度异构大数据的关联与融合，构建图书馆智慧数据资源，为用户提供更加智能的历史文化资源检索利用服务。此外，还需要创新数字资源智能计算的关键技术，识别不同数据源共通的文化基因，从中提炼文化遗产的多重展现形式。对于图书馆中海量的历史文献资源，可以借鉴"欧洲时光机"项目中的 4D 历史城市重建、历史细节可视化建设等思想，借助模拟仿真、虚拟重建、虚拟现实、增强现实、实时交互等技术，还原历史场景或城市历史风貌；还可以利用模拟、表示、假设、推理等计算模型，实现对历史细节的深入探析，并借助可视化的形式对文化遗产与历史知识进行多元化呈现与传播。在智慧图书馆建设中，也应当考虑利用数据和技术搭建历史文化同现代民众的沟通桥梁，推动公众参与历史文化，丰富公共数字文化生活。通过虚拟现实沉浸、可视化呈现等多种形式的资源表达方式，深挖图书馆的文化资源，从时空等多个角度梳理资源专题，集中陈列，多维度、多感官地为用户提供和扩展文化资源的传播空间。

四、欧洲数字图书馆

2004 年，Google 宣布将与哈佛大学图书馆、密歇根大学图书馆、斯坦福大学图书馆、纽约公共图书馆和牛津大学图书馆共同筹建全球最大的网络图书馆。为了应对 Google 这一举措对传统图书馆数字化转型的冲击，2005 年，法国总统和其他五位国家元首共同签署文件，号召欧盟成员馆共同支持欧洲数字图书馆的发展[58]。根据其官网统计数据，截至 2022 年，欧洲数字图书馆已经汇集了来自 4000 多家文化机构的超过 500 万件的文化遗产资源，涵盖艺术、考古、科学等领域，覆盖文本、图片、音频、视频、3D 产品等形式。

欧洲数字图书馆汇集了来自欧洲各地的文化遗产专业人士，通过关联数据的构建和平台建设赋能文化遗产部门的数字化转型。在技术层面上，欧洲数字图书馆运用关联数据、大数据等技术，制定用于展示、共享和使用数字文化遗产的技术解决方案，以支持所有文化遗产机构以标准化格式创建高质量的数字资源，补充和协助文化遗产机构开展工作，分享和推广文化遗产，便于世界各地的教育工作者、研究人员、创意人士和文化爱好者更好地使用欧洲历史文化遗产。在平台建设方面，欧洲数字图书馆致力于为文化遗产部门的机构和个人提供更好的发展数字技能和实践的机会，使文化机构通过在线方式与现有受众和新受众建立联系，更好地为数字实践发声，以提高数字文化遗产的开放性、透明度和重复利用率，实现文化遗产资源的可用性和实用性。同时，在公共文化资源的二次利用和增值服务方面，欧洲数字图书馆的实践也为图书馆建设提供了有益的启发。在欧洲数字图书馆公布的2020—2025年战略中，"数字可用""工作可靠""互惠可行"的准则被明确提出，以支持文化遗产机构利用数字技术开放其馆藏，使它们能够以新的方式被重新利用。这样的理念有效地支持了保护欧洲遗产的文化遗产机构及组织为用户提供便于访问的一站式检索与浏览服务，支持相关机构和文化遗产专业人士结成伙伴关系，促进公众与文化遗产机构的互惠互利，响应更多公众期望。

欧洲数字图书馆在数字资源的建设过程中，不仅涵盖了文本、图像、视频、音频等多模态资源，还将动画和3D资源也加入建设过程中。同时，欧洲数字图书馆在未来数字化标准格式中也有自己的实践成果，根据自身的数据特点设计了一种基于都柏林核心集的扁平式数据结构 Europeana Semantic Element（ESE）。为了克服 ESE 在语义缺失方面的局限性，欧洲数字图书馆参照 METS 和 RDF 等标准，设计了开放、跨领域的 Europeana Data Model

（EDM）数据模型。EDM 的层级结构包括数据集合、数字文化资源对象类和资源的数字表现形式类，能够使用聚合关系实现所有数字文化资源对象及其数字表达的聚合，以构建数据集合。此外，EDM 还制定了聚合结构关系、资源对象间的关系、事件情景关系和资源对象主题关联关系四级关系层级，以支持数据关联[59]。在智慧图书馆建设中，可以考虑以 EDM 聚合式元数据模型的构造为蓝本，根据图书馆数字资源的特点制定语义描述规则，进而揭示概念与概念之间的细粒度关系。与此同时，充分利用现有资源，结合国内数字文化资源受控词表的语义描述需求，建立图书馆信息资源的细粒度语义概念模型。在此基础上，选取合适的元数据本体语义转换格式及词表映射规则，设计精准的语义标注工具，应用关联开放数据接口，创建开放的语义关联数据网络，实现跨类型、跨机构、跨领域的图书馆资源的多维度语义融合。最终，推出泛在化关联数据应用服务，让更多用户访问和利用图书馆数字资源[60]。

此外，在欧洲数字图书馆的服务实践当中，数字图书馆与云计算的结合特点十分突出。2013 年 1 月，Europeana Cloud 项目正式启动。其目的是实现欧洲数字图书馆整体架构向云服务模式的转变，实现多机构系统框架和服务的集成，通过云计算服务搭建前、后端系统，为用户提供更加便捷的资源服务。Europeana Cloud 架构如图 5-3 所示。在我国的智慧图书馆建设过程中，一个重要的研究领域便是图书馆的远程服务和用户的分布式访问。在现有的技术体系之下，加入大数据、云计算、知识图谱等智能化服务，能够更好地提升图书馆整体服务体系框架，为用户提供更加智能化、个性化、泛在化的资源服务。总的来说，欧洲数字图书馆的成功离不开其特有的数字化转型策略，即智慧图书馆不能只注重资源数字化的基础工作，而要强调资源数据化，对结构性的元数据资源进行深层次的加工处理，积极推动资源的知识化，建立起综合的数字资源管理系统，实现馆藏资源的知识化组织。

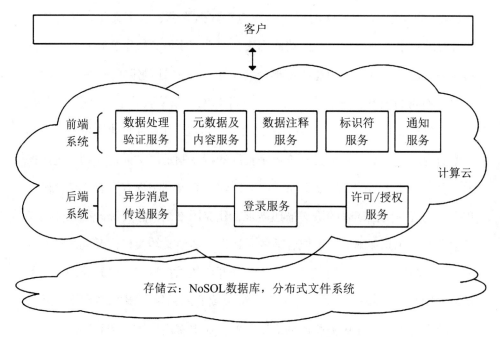

图 5-3　Europeana Cloud 架构

参考来源：张明涓.公共图书馆古籍智慧化服务研究[J].数字图书馆论坛,2021（6）:62-67.

五、宋元学案知识图谱系统

在我国的图书馆资源建设中，古籍是一类非常特殊的文献资源。在长期的历史发展过程中流传下来的文化古籍是我国历史文化发展脉络的记录，蕴含着历史、文化、地理等丰富多样的知识。但是在古籍资源建设的过程中存在很大的困难。北京大学数字人文研究中心是我国目前对古籍资源进行研究和处理的高校科研单位之一，其开发的"吾与点"古籍智能处理系统、"宋元学案知识图谱系统"等能有效对古籍资源进行处理。北京大学数字人文研究中心的"宋元学案知识图谱系统"是在古籍数字文本基础上进行智慧资源加工的典型案例。"宋元学案知识图谱系统"以 240 万字的《宋元学案》作为数据来源，对其进行文本处理与分析，提取出了其中的人物、时间、地点、著作等多种类型的实体以及它们之间的复杂语义关系，以构造知识图谱，在所构造的知识图谱的基础之上为用户提供可视化展现、交互式浏览、语义化查询等功能，为相关读者打造了一种全新的阅读体验，也为古籍智慧数据的应用提供新的思路，丰富了其在 Web 场景下的应用。

运用知识图谱等智能技术对古籍进行处理和研究，能够克服传统的古籍研究中需要大量人工处理的问题。基于大规模的古籍智慧数据及由其构建的知识库进行分析和处理，能够发现古籍之间的内在联系，为研究历史人文问题提供更加有力的支撑。作为图书馆资源建设的重要内容，古籍智慧数据的建设实践能够为我国智慧图书馆的古籍资源建设提供有益启发。随着古籍资源数字化的发展，古籍服务也随之发生了变化。目前的古籍服务呈现出了明显的互联网化特点，具体表现为服务载体普遍数字化和网络化、服务对象日益泛化、服务形式更加多样化和服务内容深度化[61]。在智慧图书馆的建设过程中，应当首先考虑现有的古籍分布体系，在现有资源分布状况的基础上，结合图书馆分布体系，构建全国统一的古籍资源知识库，形成联合分布而又能够统一调用的古籍数据体系。可考虑以国家图书馆为主要协调馆，对公共图书馆、高校图书馆等古籍资源分布进行统一标准的资源标注，形成知识库。在此基础上，结合大数据、云计算、知识图谱构建等方法，对不同粒度层级的古籍数据进行智慧化建设，形成关联数据或者知识图谱。在这一层级的建设当中完成古籍数字化资源的智慧化转化，通过调研古籍智慧数据服务对象的需求，在实践层面上构建切实可行的应用系统，如古籍智能查询系统、古籍智能可视化系统等。

在古籍资源的智慧化建设过程当中，不仅要强调图书馆的资源建设，更要强调图书馆的智慧化服务。在传统的图书馆馆藏资源服务当中，古籍服务存在着一定的问题，如用户接触古籍原本的机会较少，只能通过特定的方式查阅和浏览古籍资源，这种浏览方式往往是借由缩微胶卷并且采用专门的查询软件或者电脑系统，无法获得较好的阅读体验。通过对古籍资源的智慧化建设，不仅可以实现针对古籍资源的智能问答服务，还可以将古籍中涉及的历史实体、事件等信息进行可视化呈现，如通过用户界面实现人机交互，或者通过虚拟现实等技术在图书馆的场馆环境中开辟古籍资源相关体验空间等，通过智慧化服务的建设，使得用户对古籍资源有更加直观的认识和感知。

（执笔人：王军、位通）

参考文献：

［1］陈嘉懿.智慧图书馆的构建之道:浅谈高校图书馆RFID技术应用新思路[J].大学图书馆学报,2013(1):54-58.

［2］刘华.以读者为主导的文献资源建设:美国学术图书馆读者决策采购（PDA）研究[J].图书情报工作,2012(5):89-93,127.

［3］北京大学数字人文实验室项目[EB/OL].[2022-10-21].https://nav.pkudh.org/project/.

［4］ASHLEY I N，DANIEL J W. Big Data:a revolution that will transform how we live,work，and think[J]. American Journal of Epidemiology,2014,179(9):1143-1144.

［5］牛力,袁亚月,韩小汀.对档案信息知识化利用的几点思考[J].档案学研究,2017(3):26-33.

［6］［37］［57］王晓光,梁梦丽,侯西龙,等.文化遗产智能计算的肇始与趋势:欧洲时光机案例分析[J].中国图书馆学报,2022(1):62-76.

［7］［22］［25］黄恒琪,于娟,廖晓,等.知识图谱研究综述[J].计算机系统应用,2019(6):1-12.

［8］［30］［49］［52］刘峤,李杨,段宏,等.知识图谱构建技术综述[J].计算机研究与发展,2016(3):582-600.

［9］柳益君,何胜,熊太纯,等.知识图谱在高校图书馆智慧服务中应用研究[J].图书馆工作

与研究,2019(11):5-10.

[10] 阿默兰德.谷歌语义搜索[M].程龚,译.北京:人民邮电出版社,2015.

[11] 杨建武,陈晓鸥.XML相关标准综述[J].计算机科学,2002(2):25-28.

[12] 瞿裕忠,张剑锋,陈峥,等.XML语言及相关技术综述[J].计算机工程,2000(12):4-6, 30.

[13] 朱礼军,陶兰,黄赤.语义万维网的概念、方法及应用[J].计算机工程与应用,2004 (3):79-83,119.

[14] 程变爱.试论资源描述框架(RDF):一种极具生命力的元数据携带工具[J].现代图书 情报技术,2000(6):62-64.

[15] 李悦,孙坦,赵瑞雪,等.大规模RDF三元组转换及存储工具比较研究[J].数字图书馆 论坛,2020(11):2-12.

[16] 邹磊,彭鹏.分布式RDF数据管理综述[J].计算机研究与发展,2017(6):1213-1224.

[17] 杜方,陈跃国,杜小勇.RDF数据查询处理技术综述[J].软件学报,2013(6):1222- 1242.

[18] 沈志宏,张晓林.关联数据及其应用现状综述[J].现代图书情报技术,2010(11):1-9.

[19] TIM BERNERS-Lee.Linked Data[EB/OL].[2022-01-03].https://www.w3.org/Design Issues/Linked Data.html.

[20] 刘炜.关联数据:概念、技术及应用展望[J].大学图书馆学报,2011(2):5-12.

[21] 欧石燕.面向关联数据的语义数字图书馆资源描述与组织框架设计与实现[J].中国图 书馆学报,2012(6):58-71.

[23] 李涓子,侯磊.知识图谱研究综述[J].山西大学学报(自然科学版),2017(3):454-459.

[24][28] 朱木易洁,鲍秉坤,徐常胜.知识图谱发展与构建的研究进展[J].南京信息工程 大学学报(自然科学版),2017(6):575-582.

[26] 胡小菁.文献编目:从数字化到数据化[J].中国图书馆学报,2019(3):49-61.

[27] 李涛,王次臣,李华康.知识图谱的发展与构建[J].南京理工大学学报,2017(1): 22-34.

[29][40] 王珂,杨芳,姜杉.光学字符识别综述[J].计算机应用研究,2020(S2):22-24.

[31] 张吉祥,张祥森,武长旭,等.知识图谱构建技术综述[J].计算机工程,2022(3):23-37.

[32] 柴冬冬.从文字到图像:图像时代文学接受范式的转型[J].湖北师范学院学报(哲学社 会科学版),2012(2):62-66.

[33][35] 陈涛,单蓉蓉,李惠.数字人文中图像资源的语义化标注研究[J].农业图书情报 学报,2020(9):6-14.

[34] 俞天秀,吴健,赵良,等."数字敦煌"资源库架构设计与实现[J].敦煌研究,2020(2): 120-130.

[36] 陈烨,周刚,卢记仓.多模态知识图谱构建与应用研究综述[J].计算机应用研究,2021

（12）:3535-3543.

［38］MORI S.Historical review OCR research and development[J].Proc of IEEE,1992,80（7）: 1029-1058.

［39］OTSUN.A Threshold selection method from Gray-Level Histograms[J].IEEE Trans on System Man and Cybemetic, Automatica,1979（1）:62-66.

［41］李书宁,曾姗.国外图书馆数字馆藏众包建设实践调查与分析[J].图书情报工作, 2014,58（23）:83-90.

［42］夏天,钱毅.面向知识服务的档案数据语义化重组[J].档案学研究,2021（2）:36-44.

［43］［44］蔡莉,王淑婷,刘俊晖,等.数据标注研究综述[J].软件学报,2020（2）:302-320.

［45］吕博.一种机器学习数据集半自动标注方法研究[J].信息通信技术与政策,2019（7）: 44-50.

［46］SUNDHEIM B.Named entity task definition（v2.1）[C]//Proceedings of Message Understanding Conference,1995:319-332.

［47］江千军,桂前进,王磊,等.命名实体识别技术研究进展综述[J].电力信息与通信技术, 2022（2）:15-24.

［48］邓依依,邬昌兴,魏永丰,等.基于深度学习的命名实体识别综述[J].中文信息学报, 2021（9）:30-45.

［50］刘克彬,李芳,刘磊,等.基于核函数中文关系自动抽取系统的实现[J].计算机研究与 发展,2007（8）:1406-1411.

［51］陈宇,郑德权,赵铁军.基于Deep Belief Nets的中文名实体关系抽取[J].软件学报, 2012（10）:2572-2585.

［53］［60］王萍,黄新平.基于关联开放数据的数字文化资源语义融合方法研究:欧洲数字 图书馆案例分析[J].图书情报工作,2016（12）:29-37.

［54］黄永文.关联数据在图书馆中的应用研究综述[J].现代图书情报技术,2010（5）:1-7.

［55］范炜,胡春晖.书目资源的开放关联化实现研究[J].数字图书馆论坛,2021（1）:10-17.

［56］龙家庆.数字人文项目中档案数据开发工具及应用研究:以"欧洲时光机"为例[J].北 京档案,2021（3）:10-15.

［58］黄宗忠.数字图书馆发展的新阶段:关于Google、欧洲数字图书馆筹建的评价与对 策[J].图书情报知识,2005（5）:5-15,48.

［59］汪静.Europeana发展现状及启示[J].数字图书馆论坛,2017（3）:46-53.

［61］张明涓.公共图书馆古籍智慧化服务研究[J].数字图书馆论坛,2021（6）:62-67.

第六章　智慧图书馆服务

　　图书馆服务经历了漫长的变迁，如今智慧图书馆服务成为国内外图书馆热烈讨论并且积极探索实践的领域。在理论层面上，智慧图书馆服务的内涵是什么？包含了哪些服务内容？以怎样的服务模式存在？为什么智慧服务会成为未来图书馆的发展方向？这些问题是智慧图书馆服务得以持续研究以及开展实践的前提，也是智慧图书馆服务走向成熟必须要明确的问题。从实践的角度看，智慧图书馆服务在国内外图书馆中是否已有较为成功的应用，以及基于这些应用如何预测智慧图书馆服务未来的发展趋势，也是在研究智慧图书馆服务时需要聚焦的问题。

　　本专题将从图书馆服务的发展历程出发，论证图书馆走向智慧服务的必然性。此外，将从智慧图书馆服务的原则、内涵、体系、模式等方面明确智慧图书馆服务的理论体系，并通过对智慧图书馆机器人服务、个性化推荐服务等实际案例的分析来探究智慧图书馆服务的应用现状，展望未来趋势。

第一节　从藏以致用到图书馆全服务体系

图书馆服务是图书馆为读者提供文献资源、情报服务的一系列以读者为中心的活动。它经历了从封闭到逐渐开放，从提供一次文献到兼供二次、三次文献服务的漫长变迁。这个变迁与图书馆的形态、文献的存在形式以及图书馆的功能等因素息息相关。

无论是以尼尼微皇宫图书馆、中世纪的寺院图书馆为代表的西方古代图书馆，还是中国殷商时期用于存放甲骨文献的"窖"，在整体上都表现为对社会的封闭性。重藏轻用的思想很久以前就已经植根于图书馆的传统服务理念之中。

随着图书馆数量的增长和文献载体形态的发展，近代图书馆社会服务意识增强，开始逐渐对社会开放。除了文献实体服务，图书馆还提供书目信息服务、参考咨询服务、信息检索服务、阅读推广服务、网络化知识服务等多项服务。图书馆服务从重藏轻用的封闭式服务走向了藏以致用的开放性服务[1]。

"图书馆是一个生长着的有机体"，从古代图书馆到近代图书馆的发展变化印证了这一点。那么，未来的图书馆会生长成什么形态？其对应的服务会有怎样的变化？国内外无论是理论还是实践上对智慧图书馆服务的探索，都越来越尊重人的需求变化，图书馆服务从以书为中心转变为真正以用户需求为导向的全服务体系。

一、图书馆服务：从过去到未来

中国古代的图书主要以木、竹、石、皮革、甲骨、金属等作为载体材料。随着造纸术和印刷术的诞生，图书数量不断增多，收集和保存这些文献的机构也应运而生。从周代的"盟府"到秦汉的"石渠""兰台"，在唐代以前，图书主要由官府掌管。到了唐代，科举制度的推广推动了民间读书藏书风气的形成，私人藏书楼开始出现。经历了宋、元、明、清，藏书事业得到了空前发展。我国古代藏书楼的主要功能是保存典籍文献，面向的服务对象主要是皇家和官府成员、僧侣、上层知识分子等群体，服务方式是封闭的，是不允许将书籍携带出馆的。

辛亥革命前后，我国图书馆从古代封闭的藏书楼逐渐转变为以公共使用藏书为基础的近代图书馆。图书馆的藏书开始对大众开放，用于启迪民智。创办古越藏书楼的徐树兰认为，藏书楼除了收藏保存典籍之外还须有社会教育和文化学术服务的职能。在古越藏书楼，凡是愿意阅书者，且遵守《古越藏书楼章程》的读者，都可进馆阅读[2]。五四运动之后，图书馆作为宣传新思想、传播新文化的新阵地，其服务工作和服务方式有了很大的进步，服务对象也拓展到了平民百姓。一些高校图书馆也开始有了外借服务。

第二次世界大战后，进入现代图书馆阶段。尤其是在20世纪60年代之后，科学的发展，文献数量的剧增，促进了计算机在图书馆的应用，许多国外图书馆陆续设立了电子阅览室，供读者查阅文献资料[3]。服务内容从外借、阅览等以一次文献借阅为主的服务拓展到了二次文献信息服务，包括编制书目、参考咨询服务、文献检索服务等。为了方便读者选择和翻阅书籍，服务方式从之前的闭架服务转变为以开架为主导的阅览服务。

随着数字时代的到来，进入了数字图书馆时代。几乎所有的基础服务，如书目查询、预约续借图书、馆际互借等都可以在网络中实现。越来越多的图书馆将馆藏资源转化为数字资源放在网络中供读者使用。各种远程通信及网络技术将国内外图书馆的数字资源互联，形成庞大的线上图书馆，极大拓宽了读者的信息获取面。大学数字图书馆国际合作计划（CADAL）项目就是这样一个以"共建共享"理念为指导思想的数字图书馆项目。从 2001 年到 2012 年，项目完成了 250 万册图书数字化并对全球开放访问浏览。在数字图书馆建设大环境下，一些图书馆"共建共享"的云服务平台也在这个时期发挥重要作用，比如中国高等教育文献保障系统（CALIS），已经成为高校图书馆"文献、数据、设备、软件、知识、人员"互联共享的公共服务平台。数字图书馆的诞生标志着图书馆开始步入共建共享的时代。

图书馆服务经历了从封闭到开放，从借阅服务到参考服务，从信息服务到知识服务，从按时服务到即时服务，从在馆服务到多馆服务、馆外服务，从在线服务到全球化服务的发展过程[4]。2021 年 3 月公布的《中华人民共和国国民经济和社会发展第十四个五年规划和 2035 年远景目标纲要》[5]首次在国家规划中提出发展"智慧图书馆"和"提供智慧便捷的公共服务"的要求。2021 年 6 月，文化和旅游部发布的《"十四五"公共文化服务体系建设规划》[6]明确将全国智慧图书馆体系建设作为公共服务体系建设的主要目标之一。这也表明，智慧图书馆的建设已经从理论探讨阶段正式进入实质推进阶段，智慧服务成为图书馆服务发展的新方向。

国内外许多专家、学者围绕智慧图书馆服务开展了理论研究。关于智慧图书馆服务的理念，不同学者从不同的角度进行了归纳：宋生艳、段美珍认为智慧图书馆服务理念应该是基于用户需求通过人的智慧和物的智能相互作用所提供的服务，这种服务包含了技术智慧、学问智慧和人文智慧[7]；初景利、段美珍从服务愿景的角度阐释了智慧图书馆服务具有服务场所泛在化、服务空间虚拟化、服务手段智能化、服务方式集成化、服务内容知识化、服务体验满意化等优势[8]；梁光德从知识服务的角度指出了图书馆智慧服务是利用创造性智慧在知识服务基础上对知识进行搜寻、分析和重组等而后形成的能为用户带来效益的知识增值产品的服务[9]；丁安等从智慧图书馆服务的构成要素出发，指出资源、技术和人员分别是该服务体系中的基础、导向与核心[10]。无论从哪个角度阐释，都能看到用户需求在智慧服务中的核心地位。智慧服务理念与传统服务理念的根本差别在于智慧服务不仅能够提供用户所需，还能为用户解决问题，甚至发现用户的潜在需求，让用户获得"满意加惊喜"的服务[11]。正如吴建中所指出的，当代图书馆建设要以"人"为根本[12]，用户需求变化是图书馆智慧服务转型升级的直接因素。此外，智慧图书馆服务体系、服务内容、服务模式等服务理论的方方面面都引起了图书馆界的热烈讨论。

同时，一些图书馆已经开始了智慧图书馆服务的实践尝试。比如黑龙江省图书馆、陕西省图书馆、杭州图书馆等公共图书馆都设有自助借还、预约设备，虚拟现实／增强现实等感知体验空间等；四川省图书馆的智能机器人能回答读者的问题并做出相应的动作；南京大学图书馆开发的"图书馆＋"系列智慧图书馆服务系统，覆盖了知识发现、移动服务和个性化服务等多个领域[13]。

在物联网、云计算、数据挖掘等多种信息技术的支撑下，智慧图书馆服务不仅升级了传统服务和数字图书馆服务，还创造出知识增值服务、空间服务等新的服务内容。过去的情报服务是以书目、文摘、索引等信息产品为基础开展的初级信息服务，随着图书馆社会职责的转变和图书馆员专业素养的提高，图书馆开始为企业、政府或其他组织提供调研报告、咨询报告等产品以及查新、决策支持、专业咨询等信息增值服务[14]。智慧图书馆的知识服务面向解决方案和信息增值。未来的智慧图书馆服务计划打造更加个性化、更有预见性的泛在化全服务体系。

综上所述，图书馆服务一路走来，呈现出一系列转型发展特征，包括：服务宗旨从提供读者所需转变为解决用户问题，服务内容从单一的阅览服务拓展到借阅服务、知识服务、空间服务等全服务体系，服务对象从小部分固定阶层扩大到所有人，服务场所从馆内延伸到馆外、网络、移动终端上，服务手段从依赖人工走向高度智能化，服务理念从以保存书籍为主到藏用结合、以人为本，等等。

二、回归本来：书是为了用的

前文对图书馆服务从古至今的发展与变化进行了全景式扫描。在这漫长的时间里，图书馆创造了许多新的服务。在图书馆高速发展、智慧图书馆建设兴起的今天，作为图书馆从业者，不妨放慢脚步，思考一下：到底哪些服务是锦上添花？哪些服务是削足适履？评判服务优劣的标准又是什么？

阮冈纳赞在《图书馆学五定律》（*The Five Laws of Library Science*）一书中提出了图书馆界的经典理论：书是为了用的；每个读者有其书；每本书有其读者；节省读者的时间；图书馆是一个生长着的有机体[15]。该定律肯定了图书馆要与时俱进，也明确阐释了图书馆的主要职能不是收藏和保存图书，而是使书得到充分利用。图书馆从封闭到开放，是为了实现"每个读者有其书"，从闭架到开架是为了实现"每本书有其读者"，利用科学排架、编制目录、参考咨询服务、馆址选择等手段来让读者更快找到所需资源可以"节省读者的时间"。这些传统的服务之所以能沉淀至今，正是因为它们遵循了"书是为了用的"这一原则。

亚马逊创始人杰夫·贝索斯在一次采访中说："我常常被人问到这样一个问题，'10年以后会发生什么变化？'但我从来没有被这样问到：'接下来

10年什么不会变？'我要告诉你们，第二个问题才是更重要的，因为你需要围绕那些不变的东西来设置你的商业策略。"[16] 人们总是在预测未来会怎么样，希望跟上世界变化的脚步。事实上，只有抓住了纷繁变化中不变的东西，才能以不变应万变。虽然贝索斯所说的是商业领域的策略，但放在图书馆界也同样适用。而对图书馆服务来说，图书馆学五定律中的首条"书是为了用的"就是一个非常重要的不变原则。

在这条原则的指导下，我们可以重新审视图书馆服务近几十年来的变革之中，有哪些可取之处和仍需反思的地方。今天，"书是为了用的"中的"书"已拓展到广泛的"资源"概念，其中不仅包括传统的纸质书籍，还包括媒体文献、电子文献、数据资源乃至空间资源等各种资源。数字图书馆时期，各图书馆做了大量的数字化工作，将馆藏的纸质资源转化为数字资源，这种做法确实能方便读者在线上查阅资料，但随着这些规模不等的数据库和数字图书馆数量的剧增，也出现了一系列的问题。最主要的问题就是数字图书馆与实体图书馆之间存在"两张皮"与"数据孤岛"的问题[17]。"两张皮"是指数字图书馆与实体图书馆、线上与线下的服务像是互不关联的。就目前的情况来看，线上服务更像是对线下服务的一种补充。它打破了实体图书馆开放时间、空间上的限制，让读者随时随地可以访问图书馆获取资源。但从知识服务的角度来看，线上与线下的融合程度还是不够的。举个例子，读者想要了解有关甲骨文方面的知识，他可以在图书馆的网站里查找相关的纸质书籍信息或者电子书籍进行借阅，也可以在数据库里查找相关的数据资源，如图片、视频资源，乃至慕课（MOOC）进行线上学习，整个学习过程需要依赖读者自身去搜索、发现。而好的融合是，把线上与线下的资源整合在一个知识单元里，以知识服务为主导来为读者提供更加专业和精深的服务，读者搜索"甲骨文"，可以进入一个跨媒体的知识空间，能够看到清晰的知识单元和知识层次，获取整合好的实体资源和多媒体资源，真正清扫知识盲区。"数据孤岛"现象是指馆与馆之间、数据库与数据库之间缺乏联通。各馆数字化的标准和规范不统一，重复建设数据库的现象屡见不鲜，造成了数据资源的浪费。而且，数字图书馆关注的数据资源主要来源于实体资源的数字化，这些资源只有在流通环节才能产生价值，本质上还是封闭的资源。而在以云计算、物联网、人工智能为代表的信息大环境中，如果我们还是执着于传统意义上的数据，还是只用传统的处理方式来采集、加工数据，而忽略了资源的互操作与复用，那么图书馆的服务还是没能真正实现让资源为用户所用的目的。

数字图书馆时期出现的这些局限就是图书馆在进入智慧服务时代时需要被关注和解决的。潘云鹤院士在一次访谈中谈到了他对"学科前沿"的理解，他认为学科前沿不仅是世界科学家普遍关注和热烈讨论的问题，更是从实际需求出发提出的基本问题[18]。在智慧图书馆建设的大背景下，有关智慧服务的讨论空前热烈，但无论人们设想的服务有多么令人神往，绘制的蓝图是多么宏大壮阔，那些从实际需求出发提出的问题，是未来图书馆服务在发展推进时必须首先要着力面对与解决的。

那么，用户的实际需求是什么呢？第一，用户对多层的、专业的、动态的信息的需求。用户不再满足于基础的文化阅读，除了实体资源和数字化资源之外，新的信息环境催生了人们对原生数字资源、社交媒体资源等创新型资源的需求，以拓展知识获取的深度与广度。第二，用户对图书馆的空间利用有了更多元化的需求。图书馆对用户而言不再只是一个阅读的场所，还是一个思想交流与碰撞的研讨空间，一个学习与休闲兼具的轻松环境，一个社区乃至一个城市的文化传播与体验中心。第三，用户对增值服务的需求。用户不仅仅是需要图书馆的资源的发现，还有需求的发现；用户不再满足于资源的获得，更希望是知识的获得。第四，自我提升和价值创造的需求。当今时代驱使每个人必须提升自己的信息素养和科学素养，并且利用图书馆资源来创造新的价值。这些需求本质上就是遵循了我们用于衡量图书馆服务质量的原则——书是为了用的。只是在这里，书的概念被扩大化了。智慧图书馆服务不仅符合这一基本原则，更契合了新环境下用户的新需求。

由此可见，智慧图书馆被写入国家五年发展规划并不是偶然，它不仅是一种适应技术变革的图书馆发展新形态，更是一种面向未来的新发展理念[19]。然而，新事物的诞生并不是为了取代旧事物，而是为了朝更好的方向发展。因此，我们在推进智慧图书馆服务的过程中要避免一哄而上地埋头苦干，避免为创新而创新，回归"书是为了用的"服务初衷，以"为书找人""为人找书""节省读者的时间"为衡量标准，运用新技术将资源释放出来，方便用户使用，通过智慧服务帮助用户在现有图书馆资源的基础上创造新的价值和效益。

回归图书馆服务的本质，以"藏以致用"为基本原则，以用户实际需求为发展导向的智慧图书馆服务在满足人们日益增长的精神文化需求的同时，也将助力未来智慧社会公共服务体系迈入智慧服务时代。高水平的公共文化服务，需要有高质量的服务保障，而智慧图书馆建设是创新公共文化服务、提升教育质量的重要举措[20]。在建设智慧社会的背景下，集高效性、个性化、多元化、智慧化于一体的新型公共文化服务体系将依托新兴信息技术的发展进入智慧服务时代。这种构建于感知化、互联化和智能化基础之上的智慧服务，将凭借更加人性化的理念充分改变用户和图书馆的交互方式。

三、平台、知识、空间：智慧图书馆的全服务体系

智慧图书馆的服务方式具有高度智能化的特点。物联网技术的应用让智慧图书馆实现服务方式的高度集成化，将传统的读者与物理图书馆、图书馆

管理系统和图书等的多向单边服务变为多向网状服务[21]，让读者更快获取所需资源。服务内容在传统的文献服务、情报服务的基础上生长出许多新型服务，形成更为完善的、以用户需求为中心的智慧图书馆全服务体系。当然，也并不是所有新生的服务都能满足当下的用户需求，需要一个较为统一、客观的标准来检验服务的可行性。而这一标准就是在前文中所强调的"书是为了用的"这一基本原则。

基于这个原则，再去审视智慧图书馆目前已经开展的服务，就能较清晰地分辨哪些做法值得继续推进，哪些好的经验可以借鉴以及哪些问题需要再作考量。在智慧图书馆服务发展过程中所生长起来的众多服务中，平台服务、知识服务和空间服务在智慧图书馆全服务体系中呈现出了新的变化，发挥着更重要的作用。

（一）平台服务

目前几乎所有图书馆都有自己的门户网站，图书馆通过门户网站为读者提供资源检索、活动资讯推送等服务，这种门户式服务仍然是一种单向输出的服务，重点在于把服务推给用户。图书馆提供服务，读者接受服务。而平台服务是将有相同兴趣和需求的用户"拉"到一块[22]，为用户提供一个分享、交流、互动的平台，让他们可以在平台资源的基础之上，创造出新的价值，让用户本身也成为一种资源。

欧洲数字图书馆（Europeana）就是一个非常好的例子。它致力于在数字化转型中为文化遗产部门提供支持，设想实现一个由数字驱动的文化遗产部门和一个由文化驱动的欧洲。它欢迎教育工作者、研究人员、文化爱好者等各领域的用户利用馆内的数据资源，创造新的资源。比如有一位美国机械和电气工程师，在 YouTube 频道上为 14—18 岁的孩子教授工程、科学和技术。

他在浏览该馆的藏品时，被一张 1828 年蒸汽车专利的照片吸引，并将萌发的灵感制作成视频用于教授孩子[23]。有位研究员用户感叹，欧洲数字图书馆可以访问整个欧洲丰富的数字文化遗产，并且可以将多种创造性方式用于探索几乎任何主题[24]。它不仅通过这个平台开放的数据创造了新的知识，还为欧洲的文化事业推动经济发展做出了贡献。这就是平台服务的吸引力，用户不再是被动地接受资源推送，而是主动发挥他们的想象力和创造力去利用资源，真正做到物尽其用，将图书馆的资源转化为教育资源，进一步产生增值效益。

不仅如此，平台化还有利于资源的共建共享。虽然许多图书馆在数字图书馆建设期间进行了大量的数字化工作，但数字化标准不一、质量参差不齐，导致资源的重复与浪费。建立统一的平台有助于规范数据，实现各馆之间的资源互补，形成更大范围的共建共享平台。比如大学数字图书馆国际合作计划（CADAL）项目构建的特藏资源建设平台，将传统上单馆建设的特藏库迁移到一个开放的平台上，允许有相近资源的图书馆联合共建，从而形成更为完善的在线特藏。目前已经开放的"老照片"就来自哈佛大学、杜克大学、哥伦比亚大学等北美高校图书馆。正在建设中的红色文献特藏则集聚了国内四十余家图书馆的专藏。

在国内，新一代图书馆服务平台也逐渐被引进和创建，比如清华大学、北京师范大学等高校引进的 Alma[25]，上海图书馆在 FOLIO 系统的基础上推出的"云瀚"[26]，都是智慧图书馆在服务平台上积极探索的表现。平台服务让人与资源能够多维度地聚集，可以让图书馆的形态不断自组织，让知识交流更加畅通无阻。

（二）知识服务

知识服务是指图书馆员针对用户需求，利用图书馆的文献资源与工具，对信息进行搜集、组织、分析、重组等工作，最终为用户提供决策方案及问题的解决办法等信息服务的过程[27]。智慧图书馆的知识服务则具有以海量及异构型大数据为基础资源、注重知识融合技术、以"元服务"揭示知识本体底层关联和细化信息颗粒度实现服务精准化等特征[28]。

柯平教授认为，图书馆服务的发展有三个台阶：一是文献服务；二是信息服务；三是知识服务[29]。传统的文献服务只是满足用户对文献资源的需求，信息服务能及时提供更加全面的资源。到了知识服务阶段，用户的不同职业和角色让他们对知识有了更加个性化、多元化的需求。他们需要的不再只是图书馆提供第一手的信息，而是需要图书馆能对纷繁的信息进行筛选、整合、加工，形成一份体系完整的、直接解决问题的参考方案。比如图书馆为企业、政府或其他组织提供调研报告、咨询报告等产品以及查新、决策支持、专业咨询等信息增值服务[30]，而不再只是以书目、文摘、索引等信息产品为基础开展的初级信息服务。

知识服务是用户目标驱动的服务，它的落脚点不是"我是否提供了您需要的信息"，而是"是否通过我的服务解决了您的问题"[31]。譬如，有学术服务需求的学者在学术研究和学术创作时会面临不仅是简单的资源搜索的问题，还有如何选择最适合的期刊进行投稿，如何找到学科背景、研究方向相似的学者及团队进行交流学习等。这个时候，智慧图书馆并不是等着用户来搜索查找所需的资源，而是主动分析用户需求，构建用户画像，进行精准推送，完成其作为用户学术助理的角色任务，这就是主动解决用户的问题，会给用户带来超出意外的体验。

回到图书馆服务的本质，知识服务是利用馆员智慧和日新月异的信息技术，对图书馆资源进行搜索、分析和重组，让图书馆资源以更清晰、更有针对性的形式为用户所用。知识服务不仅能直接解决用户的问题，还能让收藏的资源流动起来，在未来智慧图书馆服务建设中具有较大的发展空间。同时，知识服务不仅依赖于馆员智慧，而且需要不断引进成熟高效的信息技术，持续动态地对资源进行多维度标引和关联，构造资源的赛博空间，这对馆员的专业素养、信息素养都提出了较高的要求。未来的知识服务想要创造更多价值，需要图书馆加强知识团队建设，提高自身的知识创造力。

（三）空间服务

除了知识服务，智慧图书馆建设也带来了空间服务的飞跃。实体空间分化出了更多贴合读者个性化需求的多元化空间。例如美国麻省理工学院图书馆设有 3 个 24×7（一星期 7 天 24 小时开放）阅读空间，并且配备了自助复印机、扫描仪等自助服务设备，以及自动零食、冷热饮售卖机和淋浴房[32]。斯坦福大学图书馆的数字语言实验室（Digital Language Lab）和地理空间中心（GEO Spatial Center）等与学院共建学习空间，优化了教学方式，为师生的研究和教学提供有力支持[33]。许多国内外高校还开辟了独具特色的智慧空间。哥伦比亚大学图书馆的音乐与艺术图书馆内设置有数字音乐实验室，配备了 5 个 Mac 工作站、专门的音乐软件和硬件以及 2 架雅马哈数字钢琴，允许音乐爱好者在其中进行演奏、作曲、录制、扫描、记谱、编辑、编程以及分析数字音频和乐谱等活动[34]。国内的高校图书馆智慧空间有北京大学图书馆的新设备体验区和声厅多功能空间，浙江大学图书馆的系统体验空间，中国人民大学图书馆的多媒体技术体验中心等。还有一些图书馆通过与学科合作，利用增强现实/虚拟现实实验室等空间，让学生实现虚拟实地考察、培训建模等学习活动，VR 项目也常用于培训医学生[35]。

空间服务的升级不仅体现在图书馆内，还延伸到城市乡村的各个角落。例如，台北市立图书馆（TPL）自 2016 年起扩大"每家便利店都是我的图书馆"试点项目，图书馆允许读者在便利店预约书、借还书。这项新服务对图书馆和便利店双方都有利，一方面，它允许公共图书馆将其服务时间延长至每周 7 天每天 24 小时；另一方面，会员在从便利店取借图书馆书籍时，也可能会购买一杯咖啡或一些零食[36]。一些图书馆建在了公园和广场中。2021 年初始，一批采用当前世界领先的装配式超低能耗建筑技术建设的"被动房"智慧图书馆进入了河北省高碑店市的燕赵公园、植物公园和世纪广场等地，为市民提供恒温、恒湿、恒氧、恒洁、恒静的阅读环境。"被动房"智慧图书馆多选在公园，形成"公园＋图书馆"的组合，以低能耗运营为读者提供心旷神怡的舒心服务[37]，也为智慧图书馆空间服务的绿色发展打开了新思路。

从空间服务的智慧化发展中我们看到了图书馆空间从"书本位"转变为"人本位"。传统的图书馆空间以存放书籍、馆藏为主，新型的智慧空间运用技术手段将馆藏空间释放给读者，以读者的使用体验为重心，让读者能更加方便、愉悦地使用空间资源、馆藏资源。在未来的空间服务发展中，随着元宇宙概念的推动，除了优化实体空间服务之外，更需要探讨图书馆在元宇宙中的形态，从安静的书房到恢宏的神殿，从脑机接口的人机一体到随身的信息服务机器人，如何实现虚拟空间与实体空间的有机融合，打造线上线下相通共融的智慧空间服务。

综上，智慧图书馆服务是以"藏以致用"的原则为出发点成长起来的全服务体系，包含了平台服务、知识服务、空间服务等多项新型服务。纸质的图书化身为多类型多介质的资源：文献资源、媒体资源、数据资源、知识资源；物理的"馆"变身为多维空间：实体的、网络的、虚拟的、虚实交融的；单向的"找资料"进阶为基于平台的互动和知识生产：用户的行为成为智慧图书馆知识空间的变动参数，图书馆参与用户的知识生产，用户进一步加强图书馆的知识组织。可以说，智慧图书馆的全服务体系就是在图书馆的各种空间形态中，基于强大的平台支撑，持续进行知识的发现、创造和组织的过程。

2004 年，刘志勇提出智慧服务理念，认为智慧服务是网络时代馆员的新型职业理念[38]。此后，学者们展开对智慧服务的探讨，出发点不同，观点也略有差异，主要包括：智慧服务是运用创造性智慧对知识进行加工形成知识增值产品，为用户的知识应用和创新提供支持的服务[39]；智慧服务包含智慧的服务和为智慧而服务两个层面，前者是以技术为支撑，从场馆、管理、人员等方面体现服务智慧，后者是指激发用户创造新的知识价值；智慧服务是图书馆人对读者工作的一种积极进取的自主选择，是读者服务在信息时代的新理念、新服务方式[40]。当各种声音都在热火朝天地讨论智慧图书馆服务的未来时，当各个馆都在对智慧化改革跃跃欲试时，读者的满意度是检验这些尝试的标准。图书馆服务的根本在于坚持"人本位"的服务宗旨，在于藏以致用的原则。要适应变化，就要抓住不变，让经典的服务沉淀，让过时的服务更新，让正确的服务走得更远，转被动为主动，不仅能满足用户的需求，更能引领用户的需求。智慧蝶变正势不可挡地影响图书馆的蝶变，而无论服务怎么变，都离不开它的初衷——书为人所用，服务为人所生。

第二节　图书馆智慧服务模式分析

以"书是为了用的"这一原则来重新审视图书馆服务的历史变迁，智慧服务是图书馆服务发展的一个必然趋势。随着智慧社会的建设，图书馆智慧化转型已成必然，图书馆服务也一定要走向智慧服务。甚至有学者认为，智慧服务是智慧图书馆区别于其他形态图书馆的最大特点，也是其存在和发展的最大优势[41]。综合概括图书馆界关于智慧服务的观点和看法，智慧服务的内涵囊括了以下三种要素[42]：

（1）技术智慧：强调智慧服务是依托技术与智能为用户提供服务。

（2）知识智慧：强调智慧服务帮助用户"转知成慧"，通过智慧服务促进用户对知识的运用和创造，将知识转化为生产力。

（3）人文智慧：认为智慧服务本质是将图书馆员的职业精神和价值理念具体应用于图书馆服务工作。

这些智慧服务的组成要素及要素间关系的组合，构成了智慧图书馆的服务模式，也是图书馆开展智慧服务的工作模式，是针对用户需求结合各要素给出的服务方案。对智慧服务模式展开研究，能够为图书馆优化服务布局、提升服务水平提供启示。

传统的图书馆服务模式主要以实体图书馆为中心，服务在一定程度上受到开放时间和地点的限制，在服务方式上也较为被动，一般由读者提出需求，图书馆才会提供相应的服务。随着物联网、云计算、数据挖掘等多种信息技术的日臻成熟，智慧服务时代的服务方式早已由过去的被动信息服务转变为主动的智慧服务，服务手段也日新月异，出现了许多意想不到的新型服务模式。智慧服务不断突破只专注于图书馆现有业务的思维局限，把用户需求的"点"牵引成"线"、编织为"面"[43]。值得注意的是，图书馆经常需要协同技术、资源、空间、用户需求等要素为用户提供服务，各服务模式之间并非完全独立，按照侧重点的不同可以将服务模式分为以下四种。

一、以技术为驱动的服务模式

以技术为驱动的服务模式是指主要通过技术驱动和创新来支撑的服务模式。目前，大多关于智慧服务的研究聚焦于智慧技术，如基于移动视觉搜索

（MVS）技术的移动视觉搜索服务、基于情境感知技术的场景式服务（包括基于位置、空间、行为感知的服务）、基于人脸识别的智慧服务（无感借阅、门禁等）等。

从 RFID 技术在图书馆掀起巨大变革，到近年来，大数据、云计算、人工智能、5G 等技术迅猛发展，这些都为智慧图书馆服务模式的创新和发展提供了技术支持，成为智慧图书馆发展的主要驱动力。

RFID 是目前比较成熟且在图书馆服务中被广泛应用的一种技术。它将所有物品通过射频识别等信息传感设备与互联网连接起来，实现智能化识别和管理[44]，具有无接触、抗干扰性强等优点。如深圳图书馆引进 RFID 技术打造读者借还书自助服务系统，利用载有 RFID 阅读器的智能书车协助馆员高效完成图书盘点，安装带有 RFID 技术的安全防盗系统等。部分高校图书馆设计使用基于 RFID 的自习室座位管理系统，实现阅览室自习室座位的在线管理[45]。还有南京大学计算机软件新技术国家重点实验室联合南京大学图书馆，自主研发了基于超高频 RFID 技术的智能图书盘点机器人"图客"[46]等。

随着 AI 技术和计算机技术的发展，生物识别技术、智能问答、人工神经网络、深度学习等技术在图书馆领域也有广阔的应用前景。不过目前 AI 在图书馆领域的应用绝大多数还处于狭义 AI 或称为弱人工智能的机器学习阶段。

此外，基于云计算的共享式服务模式、基于移动互联网的移动服务模式（如图书馆 app、微信公众平台）、基于数据挖掘的个性化服务模式（如图书馆 app 的个人图书馆）、基于人脸识别的智慧服务模式（如刷脸门禁、无感借阅）、基于知识挖掘的智慧推荐模式等都是以技术作为驱动力的智慧图书馆服务模式。

二、以知识内容为基础的服务模式

以知识内容为基础的服务模式是一种旨在为用户提供知识支持的服务模式。具体而言就是，图书馆员运用创造性智慧，对知识内容进行加工、挖掘、关联、整合，形成知识增值产品，并通过某种渠道和方式提供给用户使用，从而为用户的智慧活动提供知识支持。智慧服务的根本特征是创造知识增值产品，它以知识内容为基础，为知识的生产、开发和创造而服务[47]。

以知识内容为基础的服务模式在智慧图书馆服务中较为常见。例如，以知识库为核心的智慧推荐模式。知识库是指对原始信息资源库中的数据进行进一步的筛选和重组，通过数据分析、知识挖掘等手段分析出各类信息中的交叉及支撑关系，形成的揭示知识之间深度联系的知识网络的集合[48]。原始信息资源库包括馆藏资源、用户资源等基本信息资源。知识库是各种不同格式、不同类型、不同来源的知识的融合与统一，是图书馆智慧推荐服务的有力支撑。基于知识库的智慧推荐不仅能为用户推送权威的知识、专业的学科资源，还能根据用户习惯和需求预测用户潜在需求并提供个性化推荐服务。

再如以用户生成内容为基础的参考咨询服务模式也是以知识内容为基础的一种服务模式。传统的参考咨询服务主要依赖馆员的知识水平与专业素养，而在智慧图书馆知识服务中融入了用户智慧，让用户不仅是咨询者，更是资源的创建者和智慧的贡献者[49]。如中国科学技术大学图书馆等多所高校图书馆正在使用的云舟知识空间服务系统。该系统支持用户自建学习小组，用户可以在该空间内进行私信、群聊等沟通，让用户成为知识的分享者与重构者[50]。在知识服务中融入用户智慧，也是未来智慧图书馆服务发展的一个重要趋势。

除此之外，基于深度信息挖掘与知识整合创新的深层次主动式学科服务等也体现了以知识内容为基础的智慧服务模式。

三、以空间再造为趋向的服务模式

以空间再造为趋向的服务模式旨在为用户提供开放、舒适、泛在的图书馆空间，辅助用户开展智慧活动。空间再造为趋向的服务模式目前可以分为三个方面。

一是通过开发、完善、延伸物理空间，通过虚拟空间为用户提供虚拟馆藏、交流分享、检索咨询等常规性服务，以及智慧推荐、临场性体验等创新性服务。为学术科研提供数字空间支持，用数字空间延展实体空间的服务范围，突破线上和线下的边界，保证学术研究全过程中空间、资源、团队的无缝衔接把信息共享空间、学习空间（Learning Commons）和学术共享空间（Academic Commons）等实体中的学术活动过程也作为学术研究的阶段性成果，实现长久保存，并与资源关联，为学术研究提供启发性的支撑服务。

二是以图书馆物理空间为阵地，通过将收集来的知识构建成知识化体系，为用户提供深层次知识服务。现阶段主要形式有信息共享空间、学习空间、学术共享空间。将学科特藏放入一个学术共享空间，通过这个空间将资源和学术活动连接起来，挖掘图书馆作为学习、社交活动等场所的潜能。

三是基于用户需求、具有时代特色的创新空间，如融合空间。图书馆借助虚拟现实、增强现实、数字孪生等技术对物理实体或场景进行拟真，实现虚拟馆舍、古籍善本的模拟呈现、古诗场景复现等，为用户提供移动增强实境、情境学习、知识沉浸等服务，使用户获得临场性、沉浸式体验。比如，国家图书馆利用 VR 技术拓展虚拟空间以展示馆藏资源，在其新阅读空间，借助第五代通信技术、全景视频等技术为读者呈现《永乐大典》等古代典籍、国画等 VR 视频资源，让读者身临其境畅游在古籍世界[51]。又如四川省图书馆通过 VR 全景图展示自建资源"册府千华"，让读者身临其境畅游在古籍世界；首都图书馆开展了 VR 阅读《燕京岁时记》活动，提升读者的观展体验①。

四、以用户需求为中心的服务模式

以用户需求为中心的服务模式以满足用户需求和解决用户问题为目标，符合图书馆事业发展以人为本、读者至上的根本理念。当前环境下，用户需求呈现个性化、多元化、精准化特征，图书馆借助人工智能、大数据等技术，采集用户的基本信息和数字足迹，挖掘用户需求，基于需求为用户提供服务，如以读者为导向的智慧图书馆嵌入式知识服务、基于用户画像的智慧参考咨询服务。

自助服务就是以用户需求为中心的一种服务模式。它是图书馆应用计算机自动化管理技术实现图书馆业务自动化、建设现代图书馆的初级智慧服务形式，包括自助预约进馆、自助借还书、自助缴纳超期罚款、自助文印服务、自助机位管理系统、自助研读间预订、自助阅览座位管理和开放密集架书库等。自助服务以读者行为意识为主导，突破了时空限制，简化了服务流程，显著提高了图书的流通效率和借阅量，降低了整个图书馆的配置成本。尤其是在新冠疫情期间，这种"无接触式"的智慧服务，极大地提高了工作效率，减少了人工成本的投入，并且减少了人与人之间的接触，降低了病毒传染的风险。调查问卷显示，目前被调研的所有图书馆都已经实现了自助借

---

① 资料由问卷调研单位提供。

还和自助预约功能，其中国家科技图书文献中心的自助借还占比已达 90%。2021 年度广州图书馆的自助机借书（含续借）5163122 册次，还书 4820755 册次；读者通过线上预约提供外借图书 48874 册，读者预约进馆系统为 8 个区馆和 16 个分馆提供服务，预约 370 万人次；小程序注册读者量 38.1 万人，占比 79.9%[①]。

以上实践表明，图书馆智慧服务的研究始终能够紧跟信息技术和智能技术的发展步伐，每一次新技术的出现都会推动智慧服务向前发展。与此同时，智慧服务的理论内涵和实践探索逐渐凸显出以人为本的核心理念，智慧服务的发展正在由技术至上慢慢回归到用户需求这一出发点和落脚点。本书认为，利用智慧技术促进图书馆资源、空间与人的融合协同，基于馆员智慧和用户智慧进行新的智慧创造，在服务过程中实现文明传承和文化传承，这三个方面是图书馆智慧服务的深层内涵。

这四种模式相辅相成，共同构成智慧图书馆的服务模式。如果过于专注其中一种模式，容易造成智慧服务生态的失衡。如果过于追求技术的革新而忽略了以知识内容作为基础支撑，脱离了用户的需求，那么再先进的技术在图书馆服务中也无用武之地。因此，这四种模式应并驾齐驱，各司其职，相互补充，构建完整的、长效的智慧服务模式。

第三节　图书馆智慧服务案例分析

在智慧图书馆建设的大环境下，图书馆服务呈现了以技术为驱动、以知

---

① 数据由问卷调研单位提供。

识内容为基础、以空间再造为趋向、以用户需求为中心的智慧服务新模式。这些服务模式主要来自对实践经验的归纳分析。比如，智慧图书馆机器人服务就是一项综合了以技术为驱动、知识内容为基础、空间再造为趋向、用户需求为中心的智慧服务。目前在图书馆服务中已有许多落地实施的智慧服务，其中有一些服务手段已经相对成熟。本节选取了智慧图书馆机器人服务和个性化推荐服务作为主要案例，分析其在图书馆中的应用现状并且展望其未来发展趋势。

一、智慧图书馆机器人服务

在智慧图书馆服务领域，以机器人为代表的智能化服务是智慧图书馆服务的一项重要特征[52]。从国内图书馆领域的机器人研究的演变过程中，可以看到机器人在图书馆服务中应用的发展历程。根据学者在《智能机器人技术在图书馆中的应用历程与展望》[53]一文中对图书馆领域以机器人为主题的发文量统计数据，2006—2010 年，国内机器人研究主要集中在流通应用的研发，包括自动仓储式机器人、自动存取机器人等。2011—2015 年，智能咨询服务机器人研究开始升温，例如清华大学设计开发聊天机器人"清小图"、深圳图书馆试运行"小图丁"即时通信咨询机器人等。2016—2021 年，随着机器人在各方面功能的优化和升级，其实际应用在图书馆各种综合服务中，如安保机器人、盘点机器人、智能存储机器人、迎宾机器人等。

这个发展规律也基本符合 2017 年中国信息通信研究院、美国国际数据集团（IDC）和英特尔共同在《人工智能时代的机器人 3.0 新生态》白皮书中对机器人发展时代的划分：机器人 1.0（1960—2000 年）、机器人 2.0（2000—2015 年）、机器人 3.0（2015—）。机器人 1.0 处于机器人电气时代，也就是机器人只是单纯实现人类的示教动作，主要用于制造业以代替人进行机械重复的体力劳动。机器人 2.0 具有局部感知、有限智能和人机协作的功能，开始逐步从制造业拓展到了商业领域。而进入智能时代的机器人 3.0 具有数据分析、认知学习和人机交互等自然语言处理能力，能与人进行情感互动与协作，渐渐渗透到了社会生活的每个角落[54]。

这里，我们主要围绕两个问题展开：第一，智慧图书馆已有的机器人服务是怎么样的？第二，智慧图书馆未来的机器人会是什么样？目前应用于图书馆的机器人种类繁多，有协助图书馆员进行管理的盘点机器人、安保机器人，也有为读者提供服务的线上信息咨询机器人和线下负责引导、咨询服务的人形机器人，还有能节省藏书空间、方便馆员和读者存取书的自动存取机器人。这里选取以读者为服务对象的、已经落地且技术较为成熟的、有较好发展前景的图书馆机器人服务实例进行分析。

（一）图书馆导航机器人

具有自主导航功能的智能服务机器人是目前在世界各地图书馆中被广泛使用的机器人。机器人导航运用的技术有很多，如光学导引、电磁导引、惯性导航和视觉导航等[55]。通过在地面铺设电磁导引或光学识别标记等途径，让机器人按照既定轨迹运动。例如日本大阪市立大学图书馆采用的就是这种方式。

图书馆导航机器人以导航系统为基础，承担盘点、取书、运书、巡检、陪读等多种任务。例如，南京大学图书馆盘点机器人"图客"、新加坡巡检机器人 AuRoSS、卢森堡马克斯－普朗克研究所图书馆的库存盘点机器人 TORY[56]；海因茨·尼克斯多夫博物馆里的导览机器人 SCITOS A5，不仅能引导参观者的参观路线还能对展品进行介绍[57]。

国内技术较为成熟的盘点机器人是南京大学计算机软件新技术国家重点实验室联合南京大学图书馆自主研发的基于超高频 RFID 技术的智能图书盘点机器人"图客"[58]。2016 年至今，"图客"从需要管理员根据显示器提示的最优路径自行推车找到应上架位置的第一代发展到每小时盘点图书超过 20000 册，漏读率低于 1%，定位精度高达 98% 的第四代，真正实现了厘米级图书定位[59]（图 6-1）。每晚闭馆后，"图客"会对书架上的图书进行盘点，第二天再将盘点结果呈现在馆员面前。为保障不间断盘点，"图客"实现了自动充电功能，让盘点工作达到常态化和智能化。

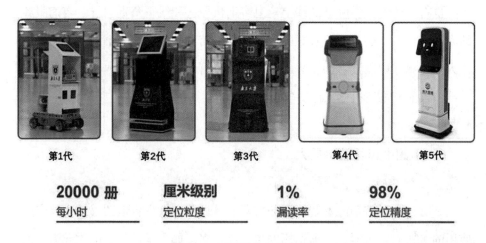

图 6-1 "图客"历代产品

参考来源：智慧盘点机器人［EB/OL］.［2022-08-29］.http://lib.nju.edu.cn/info/1187/1855.htm.

盘点机器人的优势在于极大提升了盘点的效率和准确率。虽然机器人研发需要一定的成本投入，但这些投入并非一次性的，其效益是长远的。从服务读者的角度而言，一些错放、乱架的书籍在经过盘点机器人的盘点、重置后能方便读者更快找到所需书籍，节省读者的时间。同时，盘点机器人可以将馆员从每天整架、找书的机械劳动中解放出来去做更多脑力工作，为读者提供创新的、深度的服务。基于盘点机器人的原型，可以开发出更多的创新服务。机器人晚上进行图书盘点，白天进行读者接待、书籍借阅、预约等服务，还可利用盘点的实时数据，为读者提供自助找书服务[60]，成为真正全能型服务机器人。

国家图书馆数字图书馆体验区的人工智能机器人"小图"能自主规避障碍物进行导航，且能为客户进行参观导引与讲解。读者可以通过点击屏幕或语音指令选择目标位置，机器人就能自动规划路线完成导航任务[61]。

在国外图书馆，导航机器人也被赋予了各种形象与功能。拥有可爱兔子外形的"Uta-San"就是一款能帮助儿童提升阅读兴趣的机器人。这是日本小山工业高等专门学校的师生研发的一款图书馆引导机器人，能陪伴儿童在阅览室取书、阅读。它的外形可爱，还能跟随着儿童在阅览室里漫步，停在预先指定的书架前[62]。这款机器人的开发目的是让儿童深入接触图书馆，引导他们阅读更多书籍，增强儿童去图书馆阅读的动机。荷兰阿姆斯特丹图书馆的"随行沙发"，在读者启动服务后就会一直跟随读者，让读者随时随地能坐下阅读。

在图书馆内使用导航机器人时，最大的难题在于机器人与馆内环境空间的深度融合。它们穿梭于书架之间，主要依靠虚拟地图。一旦空间格局发生变化，虚拟地图就需要重建[63]。除此之外，读者的走动、桌椅位置的变化，都会影响机器人的行进轨迹。因此，在技术方面，导航机器人必须能够自主感知环境、地点的变化，并制定自适应的行走方案。SLAM（Simultaneous Localization and Mapping），即同步定位与地图建构，是目前用于解决移动机器人在未知环境运动时的自适应问题的重要技术领域。随着相关技术的不断成熟，导航机器人在图书馆内的行动更自如。而在准确导航、灵活移动的基础上被赋予的巡逻、盘点、导览解说、取放书、伴读等功能，让导航机器人成为更全能的服务型机器人，实现机器人与人的智慧融合。

（二）信息咨询机器人

如果说导航机器人是为馆员分担了部分相对机械、烦琐的体力劳动，那么信息咨询机器人就是在脑力劳动上配合馆员为读者提供服务。信息咨询服务是图书馆一项重要的基本服务，其服务内容涵盖从最常见的"请问洗手间在哪儿？"到复杂的知识服务。咨询台的馆员每天也许要回答几十个重复的问题，因而无法将精力集中在解决更为复杂的信息咨询问题上。而信息咨询机器人的出现，恰到好处地分担了馆员信息咨询服务的压力。更重要的是，读者可以随时随地得到最及时的回复。

信息咨询机器人也被称为聊天机器人，用户在你来我往的轻松聊天过程中得到所需的信息。20 世纪 60 年代，麻省理工学院的德裔美国计算机科学家约瑟夫·维森鲍姆（Joseph Weizenbaum）创建了一个名为 ELIZA 的早期自然语言处理计算机程序，它模仿心理治疗师以心理治疗的句式进行一些简单的对话，例如"告诉我更多关于那个"，"这让你感觉如何"。这是人机交互的第一次尝试[64]。1951 年，艾伦·图灵（Alan Turing）提出了一项衡量计算机智能程度的测试。在一系列 5 分钟的键盘对话中，计算机被误认为是人类的概率超过 30%[65] 即可认为通过图灵测试。2014 年 6 月 7 日，一个名为 Eugene Goostman 的聊天机器人实现了一个里程碑——该机器人说服了33% 的评委通过了图灵测试[66]。放眼现在的生活，聊天机器人无处不在：网上购物时一些常见问题往往由聊天机器人代替商家与客户沟通、解答；逛商场时，可以在导购机器人处了解商场全貌以及寻找所需的品牌、商户；Siri不仅能帮助用户以更快捷的方式打开所需的应用软件，有时还能成为用户排遣无聊时光的朋友。

图书馆里的聊天机器人也已经不是什么新鲜事物，它们在美国的图书馆已经存在了十多年了。EMMA Catbot 是美国俄亥俄州的 Mentor Public Library 的聊天机器人，是基于人工智能标记语言（AIML）元数据，使用 Pandorabots 托管服务创建的一款机器人软件。据统计，2011 年，用户与 EMMA 的对话总数为 7116 次，EMMA 总共回答了 4774 个与图书馆相关的问题，其中 2223 个是与图书馆及其服务和政策有关的问题，2551 个是用户查询被发送到图书馆的目录、数据库或其他在线资源的问题。到 2011 年 11 月，EMMA 对有关图书馆及其服务的问题的正确回答率平均为 90%[67]。国内图书馆像这样提供 7 天 24 小时实时咨询服务的线上机器人也有许多，比如清华大学图书馆的"清小图"，可以为用户实时解答一些提前预设好的图书馆服务相关的问题。

线上信息咨询机器人与传统的馆员相比，最大的优势就在于它能满足用户 24 小时全天候的咨询需求，让用户无须浏览网页、公众号，而是直接通过与聊天机器人的交互快速查找他们需要的信息。从服务体验感上来说，信息咨询机器人更能在聊天过程中保持耐心和礼貌，它们可以用一致且即时的方式回答多个用户同时提出的问题，节约读者的等待时间。此外，信息咨询机器人还可用作参考咨询服务的营销工具，通过发送资源链接等方式让用户熟悉各种可用资源和服务。图书馆可以使用聊天机器人的对话日志来跟踪用户所需的服务与资源，从而实现更具有预见性的服务。能自我学习的聊天机器人可以为用户带来更多乐趣，吸引年轻用户。

除了线上聊天机器人，许多图书馆引进了用于线下服务的实体信息咨询机器人。它们大多属于人形机器人，在外形和功能上受到用户的喜爱。

比如，日本许多图书馆引入人形机器人 Pepper（图 6-2）开展信息咨询服务。图书馆中的"Pepper"主要利用胸前的平板电脑显示图书馆指南，以及提供一些例如馆藏搜索、座位预订、智能引导等服务。日本的 YAMANAKA 公共图书馆中的 Pepper 机器人能与用户愉快交流并且帮助读者找到所需书籍[68]。Pepper 的优势在于它的自然动作和感知模块，以及 120 厘米的身高使他能够轻松地与人互动，他能自如运用 20 多种语言进行交流。在巴塞罗那欧洲现代艺术博物馆中名叫"Guydit"的 Pepper 机器人，用幽默风趣的讲解来帮助游客理解艺术，在它参加测试的两个月里，Pepper 让 80% 的用户感到高兴[69]。信息咨询机器人除了能解答用户的问题之外，也能在提供咨询服务的同时向读者推介新书以及当前馆内活动。

图 6-2　Pepper 机器人

参考来源：SoftBank Robotics[EB/OL].[2022-06-18].https://www.softbankrobotics.com/emea/en/pepper.

　　国内也有不少图书馆在咨询台或迎宾区设置了信息咨询机器人。国家图书馆数字图书馆体验区人工智能机器人"小图"（图 6-3），具有语音交互、人脸识别、读者信息查询、书籍检索、导航避障、讲解演示和智能问答等功能（图 6-4）。其中智能问答功能随时随地可以实现，咨询内容包括天气情况、百科知识以及图书馆领域一些常见问题，例如借阅规则、开闭馆时间等。还有一项比较实用的功能就是导览讲解。"小图"可以为观展人提供观展路线规划、全部展项依次讲解等服务，讲解期间能根据读者嘉宾的语音指示实现暂停或继续讲解、音量调节、智能问答等[70]。

图6-3　国家图书馆数字图书馆体验区人工智能机器人"小图"

参考来源:公共数字文化展国图开展机器人"小图"迎宾讲解[EB/OL].[2022-04-30].
https://cloud.tencent.com/developer/news/439573.

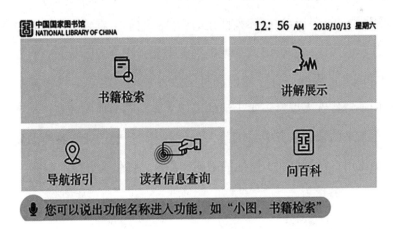

图6-4　主功能界面

参考来源:TAKASHI H.Robotics and artificial intelligence technology in Japanese libraries[EB/OL].[2022-10-21].https://library.ifla.org/id/eprint/2695/1/s08-2019-harada-en.pdf.

还有南京大学图书馆的机器人"国宝"[71]等，都是国内已经投入使用的实体信息咨询机器人。从上述机器人在图书馆的应用实例我们看到机器人从代替人的体力劳动到参与脑力劳动，变得越来越聪明，越来越被用户接受与喜爱。回到这一节开始提出的问题：智慧图书馆未来的机器人会是什么样的？

2019 年 6 月，英特尔联合达闼科技、新松机器人、科沃斯商用机器人共同发布《机器人 4.0 白皮书》，指出机器人将进入拥有云—边—端无缝协同计算、持续学习、协同学习、知识图谱、场景自适应和数据安全等多项核心技术的 4.0 自主服务时代[72]。也就是说，未来的机器人具备理解和决策能力，能自主提供服务，实现"机器人即服务"的愿景。举个例子，老人要出门，机器人的知识库会告诉他今天会下雨，当检测到老人没带雨伞时，便寻找雨伞的准确位置，把伞送到老人手里。

"机器人即服务"的理念在智慧图书馆服务中也会逐渐被实践。用于商业、教育、医疗等各行各业的功能性机器人会在未来被应用到图书馆服务中，为用户提供更具科技感和人性化的服务：它们会看到老年读者对智能产品望而却步的焦虑，并善解人意地提供无需复杂指令的服务；它们知道青少年儿童对信息世界的好奇，使出浑身解数带领他们走进编程和机器人的世界；它们了解特殊人群对正常生活的渴望，并贴心为他们量身定制个性化的服务。在未来的智慧服务中，机器人会更懂用户所想，能解答更加复杂的问题，甚至比用户自己更加了解他的困惑和需求，提供全方位的服务。

二、智慧图书馆个性化推荐服务

个性化推荐服务就是根据用户的兴趣特点向用户推荐其感兴趣的事物的服务。图书馆个性化推荐则是指以读者的个人背景、阅读偏好、行为习惯和服务需求等为依据，对每一个读者提供个性化的推荐服务，包括书单推荐、多媒体资源推荐、热门搜索推荐等，为读者提供个性化的决策支持和信息服务。

个性化推荐服务的出现源于信息的爆炸式增长，人们置身于信息过载的环境中容易被淹没在信息的洪流中，需要花费大量时间来寻找自己真正想要的信息，有时候即使花了时间也未必能找到，而个性化推荐就是在这样的背景下应运而生的。它在电子商务领域已经发展得比较成熟了，国外的亚马逊、eBay，国内的淘宝、当当网、网易云音乐等都不同程度地运用了个性化推荐系统。在个性化推荐服务的协助下，客户能高效地找到自己心仪的产品并且"一键下单"。

在图书馆界，随着图书馆资源的海量增长和人们对知识的个性化需求的提高，个性化推荐服务也成为图书馆服务升级的热门领域。美国康奈尔大学图书馆开发的"My Library@Cornell"是最早的图书馆个性化系统，允许读者在自己的账号里收集和组织资源，还能随时了解图书馆提供的新资源，更像是一种个性化定制服务[73]。国内一些高校图书馆在数字图书馆时期就做了一些关于推荐服务的尝试，比如浙江大学的"我的图书馆"服务，为读者提供了"借阅排行""十大热评"等依据用户的点击数、借阅数的书目排行榜，为读者借阅提供一定的参考。然而这些服务从本质上来说，并不属于个性化推荐，因为这一类推荐并没有考虑读者的个性需求，它为每一位读者提供的书单是相同的，这样的推荐对读者来说并没有太大的参考价值。和国外图书馆推荐系统以及一些电商平台推荐系统相比，国内图书馆的个性化推荐系统还有很大的发展空间。同样也从两个方面来分析个性化推荐服务在智慧图书馆服务中的发展路径和趋势：第一，智慧图书馆已有的个性化推荐服务是怎么样的？第二，智慧图书馆未来的个性化推荐可能会是什么样的？

个性化推荐系统按照不同的推荐算法有不同的分类，这里选取两种在图书馆推荐服务中比较常见的推荐策略进行分析，分别是基于内容的推荐和基于协同过滤的推荐[74]。

（一）基于内容的推荐策略

基于内容的推荐是指根据产品与产品之间的相关性进行推荐。先计算出当前用户喜爱的内容特征，再根据这些特征找到相似的内容推荐给当前用户[75]。比如说，电影 A 和电影 B 之间在导演、演员、风格等方面有很多相似之处，那就可以把电影 B 也推给喜欢电影 A 的用户。这种推荐方式可以比较简单有效地将相似内容推荐给目标用户，不需要大量的用户历史数据。

由于算法比较简单，在图书馆个性化推荐服务中，使用基于内容的推荐策略也较为常见。比如，2009 年，由德国卡尔斯鲁厄大学图书馆与情报服务及电子市场研究院的教授共同研发的推荐系统 BibTip 开始作为一种服务对用户开放。BipTip 的理论基础是 Andrew Ehrenberg 的"重复购买理论"[76]，通过对消费者的行为分析进行推荐[77]。打个比方，如果一个读者对某本书感兴趣，那么该读者很可能对同一作者的另一本书也感兴趣。基于内容的推荐是根据用户与图书馆目录的互动行为建立起来的"隐式"服务。具体来说，是基于用户在多个时间段内搜索和浏览书目数据的记录，系统经过计算后在用户再次使用 OPAC（联机公共检索目录）的形成推荐链接，将用户引导至具备相关特征的书目[78]。由于 BipTip 是在书目使用率的基础上建立的服务，它可以被用作馆藏管理的依据，如果关于某条书目有大量的推荐建议，那么图书馆可以增加该书的藏量以保障读者的需求。卡尔斯鲁厄大学图书馆还针对 BipTip 进行了读者服务的服务质量调研，发现大多数读者都对这项推荐服务感到满意，用户平均分达到了 4.21 分（5 分为满分）。

中国人民大学的"云书房"[79]也是基于内容的个性化推荐系统。它是围绕用户个性化需求，汇集图书馆纸电资源，为用户提供智慧推荐和专题/课程学习辅助的服务，是用户的云端私人图书馆和提供有效帮助的科研助手。"云书房"在功能上主要分为专题"云书房"和个人"云书房"。前者主要以教师、科研人员的研究主题为导向，允许他们在研究主题下添加经典期刊论文、推荐图书，支持自定义模块。教师可以将专题划分为不同知识点，并在各知识点下添加密切相关的书的章节、论文及课程讲义等，形成一个能帮助学生进行自主学习的知识单元[80]，形成了资源共建共享的良性循环。个人"云书房"主要以读者个体为导向，基于图书馆馆藏资源，为读者提供感兴趣的资源推送、收藏、共享等服务。系统会根据用户定制的偏好主题和借阅、搜索、收藏记录等历史数据等持续为用户进行资源推荐，比如，用户检索某一本书时，系统会自动推荐同一作者或同一类型的书籍。但这些基于内容的推荐系统在面对新用户时，会因为缺少首次使用数据而存在"冷启动"的问题，这也是基于内容的推荐策略的一个缺陷。

一些图书馆为了解决这种"冷启动"问题，会为新注册用户设计一些兴趣偏好问题，以此来了解用户的喜好。例如，美国马萨诸塞州的牛顿自由图书馆（Newton Free Library）在个性化图书推荐页面中设置了一些关于阅读偏好的问题："您希望您的图书选择在哪个年龄段？（必填）""您的出版物格式偏好是怎样的？""您更喜欢哪种类型（书籍类型）？""列出您喜欢的2—3本书、电影或电视节目""你在一本书中寻找什么特别的元素"等问题[81]，如图6-5所示。这种方式在用户需求量不大的情况是不错的推荐方式，因为馆员及专家的建议比较专业和权威，能为读者带来人性化的服务体验。但当用户需求量过大时，这项推荐服务可能就会出现滞后的情况，服务的即时性会受到影响。

Have you used this service before?

○ Yes
○ No

What age range would you like your books selected for? *(Required)*

○ Adult
○ Teen (Grades 10-12)
○ Teen (Grades 7-9)
○ Tween (Grades 5-7)
○ Kids (Ages 8-10)
○ Kids (Ages 5-8)
○ Kids (0-4)

What is your preferred format?

○ Print Book
○ Large Print (Adult books only)
○ Audiobook CD
○ Audiobook Playaway
○ Digital Audiobook
○ eBook

What other formats would be acceptable? Select all that apply.

☐ Print Book
☐ Large Print (Adult books only)
☐ Audiobook CD
☐ Audiobook Playaway
☐ Digital Audiobook
☐ eBook

What genres (types of books) do you prefer? Select all that apply.

☐ Adventure/Spy stories
☐ Fantasy
☐ Fiction
☐ Graphic Novels
☐ Historical Fiction
☐ History / Non-Fiction
☐ Horror
☐ Literary Fiction
☐ Mystery/Thriller
☐ Memoir/Biography
☐ Romance
☐ Politics/Social Science
☐ Self Improvement
☐ Science
☐ Other Non-Fiction
☐ Other

图6-5　个性化图书推荐表（Personalized Book Recommendation Form）

参考来源：黄晓斌，张海娟.国外数字图书馆推荐系统评述[J].情报理论与实践，2010（8）：125-128.

（二）基于协同过滤的推荐策略

所谓协同过滤，实质上就是在寻找相似，包括相似的人和相似的产品。它不像基于内容的推荐算法那样单纯依据产品的相似度进行推荐，而是通过分析用户兴趣，在用户群体中找到相似用户，并综合相似用户对产品的评价进行产品的过滤与筛选，再推荐给目标用户。这种推荐方式是目前非常成功的个性化推荐算法，被应用在许多成功的推荐系统中。亚马逊的个性化推荐就采用了协同过滤的推荐策略。

协同过滤的推荐策略的优势在于：①特别适用于艺术品、音乐、书籍等较难提取特征、较难用元数据充分描述的产品；②能帮助用户发现更多潜在的兴趣偏好。基于内容的推荐策略容易受到用户某一种兴趣的局限，而协同过滤借鉴了相似群体的爱好，能更好地补充目标用户潜在却不自知的兴趣偏好。总体而言，基于协同过滤的推荐策略的推荐依据更加全面，推荐结果更令人惊喜。当然，由于协同过滤需要大量的用户使用历史数据作为支撑，在产品刚上线或是新用户刚到来时也会存在"冷启动"的问题。

这种个性化推荐策略在智慧图书馆服务中越来越常见，越来越完善。斯坦福大学图书馆开发的 Fab 系统用来帮助用户在互联网中找到感兴趣的网站。它结合了基于内容和协同过滤的推荐，根据活跃用户及其相似用户对网站的评分进行推荐。用户浏览过推荐页面后会被要求对推荐页面进行标注反馈，系统会根据反馈更新用户模型。同时，用户评价高的页面会被推荐给相似性较高的同类用户，形成更加精准的预测[82]。这表明图书馆的个性化推荐资源已不仅限于实体资源的推荐，开始有了更多类型的资源推荐，比如网站。

除此之外，现在国内一些高校开始探索基于用户画像的个性化推荐系统，这也是一种基于协同过滤的推荐。充分利用用户大数据构建用户画像，并依据用户画像进行资源的个性化推荐服务，例如浙江音乐学院就进行了这一尝试。用户画像一般包含了"群体画像"和"个人画像"。前者通常用于对同类读者的行为习惯进行定性分析，后者用于读者兴趣的文本挖掘，用作定量分析读者的个人偏好[83]。结合两种用户画像的构建，再根据相似性、差异性、关联性和线下实时等推荐模式对用户进行个性化推荐。相似性推荐是指推荐与用户兴趣相契合的资源，根据用户喜爱的类型、特征进行相似资源的推荐；差异性推荐的核心思想是知识的拓展和完善，其推荐思路是收集与目标用户兴趣相仿的读者的行为数据，并且与目标用户进行比对，找到差异项后再根据个性化策略分批推荐给目标用户；关联性推荐在高校图书馆应用较为广泛，比如加强图书馆使用数据与教学数据的关联性，将成绩较好学生的图书馆学习经验推荐给知识结构较为薄弱的学生，促进其学习习惯与方法的形成。基于上述原理，浙江音乐学院图书馆设计了基于用户画像的个性化推荐服务，并对用户的使用感受进行了调研，用户对这项推荐服务的总体满意度达到了 78.0%，续订该服务的意愿为 69.1%，资源好评率为 73.9%，但只有近 60.0% 的受访用户接受每周一次的推介频率[84]。可见，在推荐频率等一些因素上，还需要根据不同用户偏好和资源类型进行调整。

从过去千人一面的推荐列表到千人千面的推荐内容，从个性化定制到个性化推荐，从数字化资源到数据化资源，从馆员手动推荐到系统自动计算推荐，图书馆个性化推荐服务发展的方向与图书馆从数字图书馆转向智慧图书馆的路径保持一致。资源只有被利用起来才能称为真正的资源，个性化推荐服务不仅将匹配的资源推给用户，还将用户使用资源的过程转化为另一种资源，构建出新的服务业态和资源建设模式。

（三）其他个性化推荐策略

未来智慧图书馆的个性化推荐服务会如何发展？目前，图书馆的个性化推荐与商用个性化推荐还有一定的差距，因此，我们可以从商用推荐以及一些社交平台的个性化推荐中获取智慧图书馆个性化推荐服务发展的经验。如：亚马逊、豆瓣、抖音等。

美国著名的杂志《财富》把亚马逊的成功归因于它把推荐系统放到了从产品发现到产品购买的整个过程，包括用户从购买前浏览到确认收货后评价等一系列过程，甚至还有在哪件商品上停留时间长、把产品加入购物车却没有下单等举动[85]。它不仅根据用户经常购买或最近浏览的商品，进行周边产品、同类或者同品牌商品的推荐，还关注到时间这个重要的因素，用户是今天看了什么还是前几天看的，还是某月某日某个特殊的时间，用户在一天中的什么时段倾向于看哪一类商品，在近几个月忽然开始关注哪些商品，等等，时间场景等因素的加入让系统能紧跟用户喜好的发展变化，对提高推荐质量十分有用。亚马逊的这种多维度的推荐思路在图书馆资源推荐中也是非常值得借鉴的。

智慧图书馆推荐服务不能局限于读者的搜索、借阅、预约等显性数据的采集，还要关注时间、场景等隐性数据。比如读者在特定时期、地点的读书偏好；读哪些书花了半年，读哪些书只用了一周；读者在阅读哪些书时留下了较多的阅读笔记，在读哪些书时经常会跳读；等等。基于以上隐性行为数据而形成的推荐数据，使图书馆个性化推荐系统能够更加贴近用户的真实需求。

豆瓣、微信读书等由社区、社交关系衍生出来的阅读服务类应用程序（app）也运用了个性化推荐的原理。这些应用程序的推荐内容主要是书籍，因此对图书馆的个性化推荐有较大的参考意义。豆瓣阅读的理念是"人人都是创作者"，鼓励读者将阅读转化为新的创作，并且帮助作者发行。豆瓣阅读的优势在于其书籍收藏类型丰富，包括豆瓣的自出版书籍、经豆瓣用户翻译的外文书的中文版、出版社已出版图书电子书等。豆瓣阅读像是一个阅读社区，其个性化推荐主要依靠读者对书籍的评论、评分等进行。豆瓣这种知识再创造的模式非常适合用在高校图书馆等智慧图书馆平台中，读者可以在撰写书评、翻译等过程中对图书馆原有的资源进行再加工再创造，产生知识的增值。

相较于豆瓣阅读，微信读书的社交功能更加好，它的战略思想是"和好友一起读书"。它的社交功能秉承了腾讯一贯的风格，允许好友在应用程序中进行赠书、关注、点评，还能组建读书小队，提供关注好友的阅读时长排行榜，查看和点评好友的想法等。从某种程度来说，微信读书的个性化推荐主要来源于好友推荐。这种基于好友圈的个性化推荐模式放在今天这个快节奏、碎片化阅读的时代，是一种返璞归真的创新。一个人坚持阅读很难，但几个人相互鼓励一起读书就会让阅读变得更加有趣，营造轻松快乐的阅读氛围。这也给图书馆的个性化推荐一些启示：如果我们能增强图书馆的个性化推荐平台的互动性、竞争性和社交性，增添更多的社交元素，或许能为读者创造更愉悦更有趣的阅读体验。

随着人们的生活、工作节奏越来越快，个性化推荐开始瞄准人们的碎片化时间，短视频、直播等形式的实时个性化推荐成为各大互联网应用程序（app）的核心推荐方式，例如抖音、朋友圈的"看一看"、淘宝直播等。推荐系统根据用户当前行为包括滑动、下拉等移动终端的操作，感知用户对推荐结果的实时感受，喜欢或者不喜欢，都能在第一时间得到反馈。实时推荐是一种新的推荐形态，将传统的按日推荐进化成按秒推荐，提高了处理效率。传统的个性化推荐在用户反馈采集上存在时间差，而实时个性化推荐利用了终端的多觉感知技术让人机交互在一瞬间完成，让用户不仅是被推荐的对象，更是能通过一个简单的触屏动作就能自主选择推荐内容的主动方。

实时个性化推荐在图书馆的个性化推荐中也有许多可以应用的场景。全媒体时代的到来丰富了图书馆的资源类型，除了实体资源、数字化资源还有原生数字资源和创新型数字资源[86]。一些多媒体资源，比如慕课（MOOC）、音乐、新闻、有声书等都是应用实时推荐比较好的场景。读者可以在较短的时间内通过滑动、下拉等触屏动作，选择自己感兴趣的多媒体资源进行浏览、学习。

随着移动终端的多元化，实时个性化推荐服务在未来智慧图书馆中会落地到更多的应用场景中，比如现在已有的蓝牙耳机的切歌形式。未来读者还能通过语音、眼动、表情等便捷方式反馈自己对推荐资源的满意程度。未来的智慧推荐系统会像懂你的亲密朋友一样，知道你喜欢什么、讨厌什么、需要什么。推荐的本质是发现，让每一次发现都能带给用户惊喜和满足是智慧图书馆个性化推荐服务的目标。

第四节　智慧图书馆服务的发展趋势和未来展望

从重藏轻用到藏以致用，再到如今的智慧图书馆全服务体系，图书馆服务的发展始终围绕"书是为了用的"这一服务原则不断地完善。用户需求是服务的中心，如何理解用户需求，如何满足用户需求，就是智慧服务最大的智慧所在。而这种越来越"聪明"的读心术和越来越"高明"的服务技术，就是智慧图书馆未来发展的趋势。

如何让图书馆更"懂"用户？人类通过沟通、相处去了解彼此的兴趣、烦恼和需求，传统上图书馆员也是通过与读者的沟通来了解需求。但是，当不见面的用户越来越多，当用户的需求日益深入，当用户的需求不受时空限制，图书馆如何借助技术，通过人机协同，及时、准确地把握用户需求？物联网、大数据、人工智能提供了广阔的技术可能与空间，通过基于人工智能多模态识别的自然交互、基于移动终端多觉感知的即时泛在，以及基于大数据多维分析的关联预见来实现对用户的全方位了解，从而提供精准的服务是值得持续关注的方向。从前文的案例分析中，也可以看到这三种技术形态在目前智慧图书馆服务中已各有应用，但"智慧"是一种没有终点的创造能力，而智慧也往往通过组合而爆发出令人惊喜的发展潜力。

一、基于人工智能多模态识别的自然交互

基于人工智能多模态识别的自然交互，主要就是强调能够让用户通过自然语言、动作手势，甚至面部表情等方式与智慧图书馆系统进行交互以提出需求。模态（Modality）这个概念最早是由德国生理学家赫尔姆霍兹引入的，指的是生物凭借感知器官与经验来接收信息的通道，比如人的视觉、听觉、触觉模态等[87]。基于人工智能多模态识别的自然交互服务能充分模拟人与人之间的交互方式，让人机交互变得更加便捷、准确。

这种人机交互的实现主要依赖识别技术的支持。人机交互的前提是数据的采集、处理和识别。通过摄像头、麦克风以及光敏元件、热敏元件、湿敏元件等传感器等进行数据采集，再将采集到的数据进行处理与识别，最终实现多渠道的人机交互。随着识别对象范围的拓展，指纹、虹膜、掌纹、笔迹、唇语、步态等人类特征的研发应用受到关注，基于多模态的识别技术让更多有特殊需求的人群能够实现手势交互、语音交互、生物识别交互等多种人机交互操作。比如，语言障碍用户可以通过眼动跟踪技术进行意图识别，针对有语言和行动障碍用户研发的基于脑电波的"意念轮椅"等[88]。

自然语言交互对大众来说似乎已经是比较成熟的技术，但要真正做到能够通过自然语言与系统进行交互，仍存在许多的技术难关。自然语言的处理，不仅是语音识别，还需要有声纹识别、语义识别等多种技术的综合。具体表现在当用户通过自然语言提出需求时，系统能够从众多声音中分辨出是哪位用户，以及他提出的需求究竟是什么含义，再将需求转换成计算机能理解的检索语句，最终得到用户想要的结果。例如，苹果的 Siri、亚马逊的 Echo 等实现了与用户进行一些简单的自然语言互动。

另外，当人们进行交谈时，往往会通过手势、表情来表达自己的需求。最简单的如点头、摇头，也可以是挥手、摆手等。这些动作乃至表情的变化能否在基于面容识别的基础上对其隐含的语义进行识别，是图书馆系统是否能平滑地实现自然语言交互的基础和保障。因此，在这一节中提出多模态识别的自然交互就是希望除了考察现已普遍应用的人脸识别技术之外，还要去考察声音识别、动作行为识别、表情识别等多种识别技术。

人体动作行为识别和表情识别等作为近年来计算机视觉领域的研究热点，在智慧图书馆服务中有较大的发展空间。人体动作行为识别可用于善本书库等特殊空间的越线检测等安防系统。微表情识别目前主要用于公共安防和心理治疗等领域，未来可用于监测和提示读者的阅读状态，反馈读者对图书馆服务的满意度等方面。虽然目前这方面的研究不多，但随着智慧图书馆服务的不断升级，更多基于人工智能的多模态识别将应用在人机交互服务中，能够让图书馆更懂客户所需，从而提升用户的体验感和满意度。

交互服务是智慧服务的第一步，图书馆要满足读者的需求首先要能识别出用户的身份，才能展开进一步的服务。基于人工智能的多模态生物识别技术让身份认证更加精准，也让认证的过程变得轻松、快捷，眨一眨眼、伸一伸手就能省掉过去在电脑上登录、在门禁处刷卡的麻烦，但同时也要注意对个人隐私的保护，提升服务系统的安全性。人机融合是面向未来的智慧图书馆建设的新环境和新特征[89]。人机交互作为人机融合发展中至关重要的一个环节，决定了人机共存是否和谐，人机融合是否成功。而基于人工智能多模态识别的人机交互将成为智慧图书馆服务中人机融合的第一步。随着体感技术、虚拟现实技术的成熟，更多新颖的交互方式将出现在智慧服务中，让智慧服务逐渐从计算智能转变成感知智慧、认知智慧，让交互过程更加自然，让图书馆更懂用户需求，让用户在智慧图书馆里享受到更具科技感、更有沉浸体验和互动感的服务。

二、基于移动终端多觉感知的即时泛在

在智慧图书馆服务中，需求的感知往往是由基于移动终端的多觉感知技术实现的。这种技术是指利用移动终端对人的视觉、听觉、触觉、嗅觉等多觉的感知来推断用户的需求，并提供相应的服务。

移动终端让用户的需求能随时随地被感知。从 2000 年美国南阿拉巴马大学图书馆开展的"无屋顶图书馆计划"[90]，使读者能通过移动通信网用 PDA 手机（掌上智能手机）检索图书馆资源以及移动阅读，到使用基于手持终端的集平台、资源、社交等于一体的 app 体验图书馆的各项服务，移动终端逐渐成为图书馆服务中至关重要的一部分，它将感知到的用户需求与图书馆所提供的服务对应起来，让用户能更轻松享受到图书馆服务。多觉感知通过利用移动终端中的各种传感器尽可能快速、全面地感知和收集图书馆的一切"人""物""信息"，实时理解真实世界的真实需求，迭代式地推演最佳服务方式[91]。

目前，基于移动终端的多觉感知技术形态运用较为广泛的是视觉感知，即通过摄像头对用户进行识别与交互，如手机中的人脸识别等功能。此外，移动终端的定位功能能感知用户所处的即时位置与环境，如用户所处的海拔与气候环境等。还有用户身体所处的状态，比如用户此刻是处于静止还是运动状态，运动的速度是多少等。

相较于智能手机、笔记本等可携带的移动设备，可穿戴设备更加微型、轻便，可以整合到用户的衣服或配件之中，在未来智慧图书馆发展中有更广阔的应用前景。可穿戴设备能即时有效地记录下人机交互的信息，通过感知用户产生的生理、动作、情感、认知等各种需求（这些需求可以进一步激发

用户的信息行为），采集用户的各类特征数据及交互数据，并通过建模反映用户的行为与意图，从而实现智慧化信息服务。

可穿戴设备可以直接与用户的身体接触，具有多觉感知的能力。比如运动手环、运动手表等能够感知人体的脉搏、睡眠状态等；一些带有生物传感器的可穿戴监测仪，能随时监测用户的血压、心率等身体信号。还有能通过感知人的脑电波来感知用户所处的情绪，并发出相应的信号，比如NeuroSky（神念科技）的意念猫耳就是这样一款能随着情绪变化而摆动的高科技玩具[92]。类似的情绪追踪可穿戴设备还有美国 Sensoree 公司研发的情绪毛衣（利用皮电反应感知人们的心情并呈现不同颜色的灯光）[93]、芬兰的Moodmetric 研发的"情绪花瓣"智能戒指（根据感知到的心情绘制一天在各个时段的不同情绪状态图）[94]。这些具有情绪表达功能的可穿戴设备，对有心理压力、心理疾病的用户来说，可以帮助他们表达情绪，在智慧图书馆进行阅读疗法、心理疗愈服务时发挥较大的功效。同时，通过定性这些情绪，能让人们更加了解自己以及自己在阅读时候的情绪状态。

不仅如此，对绝大多数读者来说，可穿戴技术还能够丰富读者的阅读体验。通过虚拟现实、增强现实技术的引进，以沉浸式体验、游戏、立体影像等形式进行阅读。甚至可以在图书馆中打造虚拟现实体验馆，将需要推广的书籍以沉浸式体验的阅读方式，调动读者的视觉、触觉、嗅觉等多种感官来吸引读者。对于善本、特藏等不便经常取阅的藏品，可借助虚拟现实技术，通过三维建模构建和实体图书馆环境一致的数字化 3D 场馆，在集成图书信息检索和虚拟阅读等功能后，形成一套完备的图书馆仿真系统，让读者在虚拟阅览室享受珍品的视觉盛宴[95]。

移动终端是目前最为贴身的通信工具。因此，它提供的感知数据是智慧图书馆得以进行泛在服务的重要依据。泛在服务模式是以用户为中心的服务理念，它跨越了现有的物理图书馆和数字图书馆的藩篱。随着可穿戴设备乃至脑机接口等技术的发展，图书馆可以将现在比较流行的 AR、VR 等技术拓展为基于用户的听觉、触觉、嗅觉、味觉等各种感知数据的分析，提供集环境扫描、语音控制、增强现实、虚拟现实等多功能于一体的即时泛在服务。

传统的图书馆服务需要用户以输入检索式、关键词等方式来获取服务，而基于移动终端的多觉感知技术最大的优势就在于它让服务随身而行，用户的一个眼神、一个手势、一句话、一个表情，都能成为服务需求的指令。用户看到的、听到的，也成为图书馆的所见所闻。这种基于全方位感知的随身服务又比多模态识别的交互服务进了一步，能更全面地了解用户的实际需求。

三、基于大数据多维分析的关联预见

基于人工智能多模态识别的自然交互，让图书馆能够自主确认用户的身份；基于移动终端多觉感知的即时泛在，让图书馆能随时随地跟着用户，感知他们的需求并及时提供相应的服务。这两者仍然需要图书馆通过一个媒介来跟用户进行接触，从而进行识别、感知、提供服务。而基于大数据多维分析的关联预见则不需要接触用户本人，而是通过采集、分析用户的显性和隐性数据，构建用户画像，相当于在图书馆里为用户建立了一个数字人。图书馆根据数字人对图书馆的使用习惯等方面的信息去推测在某个时候用户可能需要什么服务，从而预先为用户推送服务。

这样的预见服务是如何实现的呢？大数据是实现预见服务的基础。"大数据"（big data）研究机构 Gartner 认为"大数据"是需要经济高效的创新信息处理形式，以实现增强的洞察力、决策和流程自动化的高容量、高速和 / 或高种类的信息资产[96]。在商业系统中，如淘宝，它对每一位用户都打了几千个甚至上万个标签，这些标签就形成了每个用户的大数据。利用这些标签以及每一次交易所产生的对标签的加权和打分让每个用户呈现出自己的个性档案。这样的大数据挖掘使得对用户需求的猜测成为可能。同理，图书馆的每一位用户在图书馆系统中的借阅、收藏等数据，在各平台的书籍浏览及购买数据，甚至用户在各种阅读软件、阅读设备中诸如单击、滑动、放大 / 缩小等手势行为，都可以用来作为构建用户画像的数据[97]。利用这些大数据，图书馆可以相对准确地分析出用户当前的学习、工作状态以及他可能需要的服务与资源。这种服务是在用户正式向系统提出需求之前就有可能被感知到的，因此这一节中将它定义为预见服务，甚至可以预见用户自己尚未意识到的需求，帮助用户拓展学习和研究的视域。

除了"个人画像"，智慧图书馆能够对相似行为特性的用户进行语义划分，定性分析读者的行为习惯，构建"群体画像"，进行相似性推介、差异性推介和关联性推介等服务[98]。在高校图书馆的学术期刊服务中，通过采集用户在移动终端的浏览量、高频检索词、关注期刊等信息构建关于学术期刊使用的用户画像，并基于此为该用户及同类用户推送相关学科的优质期刊、精英学者、重大会议论坛、研究热点与前沿信息等，帮助用户形成更加完整的知识体系[99]。

基于用户画像的预见服务还能融入场景特征，基于可穿戴设备等移动终端的多觉感知，通过定位、声音识别、其他 app 的使用历史等数据，图书馆可以判断用户所处的场景及该场景下用户的心理状态和特定需求，提供预见服务。比如对于周末、假期经常出行游玩的用户推荐游记、美食等书籍，对考试周心理焦虑的用户推荐放松、情绪调节的音乐、视频、书籍等[100]。

智慧图书馆的预见服务不仅体现在线上资源推介，还包括线下活动推送、实体空间推荐等服务。传统的图书馆活动推送方式往往采取海报、推文、电子邮件等形式推送给所有图书馆的用户群体，这样无差别的推送容易给用户造成负担，也可能让用户在海量信息中错过了感兴趣的活动。有学者利用用户的静态数据和动态数据构建了关于讲座偏好的用户画像。静态数据包括用户的姓名、性别、研究方向、学习经历、爱好特长、必修课程等信息，动态数据主要有学术报告、课题项目、参加讲座等学习活动和图书馆书籍借阅、数字图书馆访问等图书馆活动等。基于对上述数据的计算，为用户推送适合的讲座信息[101]。

传统的研讨空间和座位管理系统主要是用户根据空间介绍及空间平面图进行选择和预约，是相对被动的一种服务方式。而智慧化的空间服务是根据用户当前的显性和隐性的空间需求，依据平时用户对空间的使用轨迹、使用目的、使用时间等数据，为用户进行空间推荐，可以精细到为用户推荐靠窗、带插座等定点空间，或是与用户学科相关的研讨室等空间[102]。

运用大数据进行服务的预判打破了传统图书馆服务的思维定式。传统图书馆服务是被动的、固定的、按需提供的，而智慧图书馆服务运用了大数据思维，无论在时间还是内容上都掌握了先机，具有预见性。但事物都有两面性，大数据可以揭示事物之间的关联，但这种关联不代表因果关系。因此，大数据分析会存在对用户的理解偏差，不可能十分精准。这就要求人们在使用大数据分析时始终保持敬畏之心，机器的数据只能作为决策参考，是智慧服务的重要辅助，依然需智慧图书馆员在后台进行动态监测和调优。

没有绝对的精准，也没有永远的满足。亚马逊创始人杰夫·贝索斯认为，客户是永不满足的，今天的赞不绝口很快就会沦为明天的家常便饭，但正是这种永不满足的需求成为亚马逊增长飞轮的核心[103]。在智慧图书馆服务中，用户体验与反馈是服务能够无限接近精准的重要保障。因此，在基于大数据多维分析的预见服务中，还需要增强系统可反馈性、用户互动性和自主学习的功能，保证用户个性化服务需求分析结果可依据用户大数据特征信息变化趋势而动态变化[104]。要给予用户足够的主动空间，而不是让他们被动地接受推荐结果。比如用户可以打开和关闭一些信息采集的窗口或是设置推荐系统，直接表达自己的偏好，前提是用户应当拥有对个人数据与信息采集、分析和使用的知情权和决策权。也可以为用户提供即时反馈的平台，以点赞、评分、评论等形式表达体验感受，形成与图书馆的良性互动[105]。特斯拉的脱颖而出得益于它的"反馈循环"机制，收集反馈的速度越快，消除客户痛点的改进与更新就越及时。

从工业革命到互联网革命，再到人工智能时代，人类社会的生活方式正在加速演进。2022年5月，谷歌震撼发布地图新功能，实现虚拟现实的深度融合，表明全球的数字孪生将会在很快的时间内实现，未来已来。也许某一天图书馆可以"掌握"读心术，比用户自身更了解其需要什么。也许你刚计划明天开始小组讨论，它就帮你约好了研讨空间并准备通知相关成员；也许你一个凝眸，它就推送来关注点的背景信息以及相关的知识空间与脉络；也许你刚打开门，图书馆的无人机就送来了那本你正打算去借的书……

（执笔人：黄晨、金佳丽、吴俊洁）

参考文献：

［1］王怀诗,程传超.图书馆服务内容与方式的历史演进刍议[J].图书馆论坛,2007(5):134-137.

［2］陈杰.徐树兰和古越藏书楼[J].兰台世界,2010(19):33-34.

［3］张树华.图书馆服务发展的三个阶段[J].图书馆理论与实践,2006(4):1-4.

［4］程亚男.再论图书馆服务[J].中国图书馆学报,2002(4):17-20.

［5］中国政府网.中华人民共和国国民经济和社会发展第十四个五年规划和2035年远景目标纲要[EB/OL].[2022-08-29].http://www.gov.cn/xinwen/2021-03/13/content_5592681.htm.

［6］文化和旅游部关于印发《"十四五"公共文化服务体系建设规划》的通知[EB/

OL].[2022-08-29].http://zwgk.mct.gov.cn/zfxxgkml/ggfw/202106/t20210623_925879. html.

［7］［42］宋生艳,段美珍.智慧社会发展背景下智慧图书馆内涵、服务与建设路径[J].图 书情报工作,2018(23):51-58.

［8］［21］［52］初景利,段美珍.智慧图书馆与智慧服务[J].图书馆建设,2018(4):85-90, 95.

［9］［39］［47］梁光德.智慧服务:知识经济时代图书馆服务新理念[J].图书馆学研究, 2011(11):88-92.

［10］丁安,褚艳秋,朱朝凤,等.近十年我国智慧图书馆服务模式研究综述[J].图书馆学刊, 2019(1):122-126.

［11］程亚男.图书馆服务新论[J].图书馆,2000(3):5-7,18.

［12］吴建中.转型与超越:无所不在的图书馆[M].上海:上海大学出版社,2012.

［13］沈奎林.智慧图书馆建设思考与实践[J].大学图书情报学刊,2022,40(1):7-14.

［14］［30］方清华.信息增值服务:从文献服务到知识服务[J].图书情报工作,2006(11): 29-32.

［15］袁咏秋,李家乔.外国图书馆学名著选读[M].北京:北京大学出版社,1988.

［16］杜思思.飞轮上的亚马逊|亚马逊中国总裁张文翊专访[EB/OL].[2022-08-29].http:// www.fortunechina.com/business/c/2017-07/24/content_287375.htm.

［17］［22］吴建中.从数字图书馆到智慧图书馆:机遇,挑战和创新[J].图书馆杂志,2021 (12):4-11.

［18］著名计算机应用专家潘云鹤院士:勇闯无人区[EB/OL].[2022-06-18].https://www. ccdi.gov.cn/yaowenn/202007/t20200702_80490.html.

［19］饶权.全国智慧图书馆体系:开启图书馆智慧化转型新篇章[J].中国图书馆学报,2021 (1):4-14.

［20］李梓奇,朱泽,王常珏,等.智慧图书馆发展的"十四五"开局之问:"2021第五届智慧 图书馆发展论坛"学术报告述评[J].大学图书馆学报,2021(6):23-29.

［23］Bringing cultural heritage to life:an interview with the winner of the Europeana STEM Challenge[EB/OL].[2022-08-29].https://pro.europeana.eu/post/bringing-cultural- heritage-to-life-an-interview-with-the-winner-of-the-europeana-stem-challenge.

［24］Europeana Reuse[EB/OL].[2022-08-29].https://pro.europeana.eu/page/europeana-reuse- be-inspired.

［25］周义刚,聂华.新一代图书馆服务平台调研及思考:基于北京大学图书馆的需求[J].图 书馆杂志,2019(2):69-78.

［26］刘炜,嵇婷."云瀚"与智慧图书馆:以开放创造未来[J].中国图书馆学报,2021(6): 50-61.

［27］张秀丽,马新蕾.图书馆智慧化知识服务建设路径研究[J].情报探索,2022(4):122-128.

［28］王超.智慧图书馆知识服务生态系统模型构建研究[J].图书馆工作与研究,2021(12):12-21.

［29］柯平.当代图书馆服务的创新趋势.高校图书馆工作,2008(2):1-7,18.

［31］张晓林.走向知识服务:寻找新世纪图书情报工作的生长点[J].中国图书馆学报,2000(5):30-35.

［32］［33］淳姣,樊伟.16所世界一流大学图书馆服务特色及创新概览[M].成都:四川大学出版社,2020.

［34］GABE M.WIENER MUSIC&ARTS LIBRARY. Digital Music Lab.Columbia University Libraries[EB/OL].[2022-08-29].https://library.columbia.edu/libraries/music/music-lab.html.

［35］SUSAN L，MICHELLE K.Facing reality:the growth of virtual reality and health sciences libraries[J]Journal of the Medical Library Association,2017(4):407-417.

［36］HSIAO C H，CHANG J，WU P，et al.Borrowing books from a convenience store? An innovative library service[J].Library Hi Tech,2019(3):537-553.

［37］张萌.全国首批"被动房"智慧图书馆建成[EB/OL].[2022-06-18].http://www.gba.org.cn/h-nd-1498.html.

［38］刘志勇.智慧服:网络时代图书馆员的崭新职业理念[J].现代情报,2004(2):140-141.

［40］张延贤,王梅.图书馆智慧服务的概念、内涵与分析[J].现代情报,2013(4):34-38.

［41］段美珍,初景利.国内外智慧图书馆研究述评[J].图书馆论坛,2019,39(11):104-112.

［43］张翀,于兴尚,郭畅,等.智慧图书馆研究范式和服务路径探析[J].图书馆,2021(11):30-37.

［44］孙其博,刘杰,黎羴,等.物联网:概念、架构与关键技术研究综述[J].北京邮电大学学报,2010(3):1-9.

［45］胡晶宇,付志远,陈绪兵.基于RFID的图书馆自习室座位管理系统的研究[J].现代电子技术,2014(20):38-40.

［46］［58］沈奎林,邵波,陈力军,等.基于超高频RFID的图书盘点机器人的设计和实现[J].图书馆学研究,2016(7):24-28.

［48］王颖纯,董雪敏,刘燕权.基于知识挖掘的图书馆智慧推荐服务模式[J].图书馆学研究,2018(9):37-43.

［49］柯平,邹金汇.后知识服务时代的图书馆转型[J].中国图书馆学报,2019(1):4-17.

［50］李杨,郑德俊.与用户共创图书馆的知识服务价值:云舟知识空间的用户智慧融入案例及其启示[J].图书情报工作,2020(4):34-42.

［51］胡子轩.国家图书馆开放新阅读空间打造沉浸式阅读体验[EB/OL].[2022-06-18].

http://newcitizens.cn/newsitem/278580337.

［53］杨倩.智能机器人技术在图书馆中的应用历程与展望[J].大学图书馆学报,2021（6）:30-37.

［54］中国通信院.人工智能时代的机器人3.0新生态[EB/OL].[2022-08-29].http://www.caict.ac.cn/sytj/201708/t20170809_172905.htm.

［55］王展妮,张国亮.图书馆机器人应用研究综述[J].大学图书馆学报,2015（3）:82-87.

［56］MetraLabs GmbH.Mobile service robots in libraries[EB/OL].[2022-08-29].https://www.metralabs.com/en/libraries/.

［57］SCITOS A5 GUIDE AND ENTERTAINER[EB/OL].[2022-08-29].https://www.metralabs.com/en/service-robot-scitos-a5/.

［59］智慧盘点机器人[EB/OL].[2022-08-29].http://lib.nju.edu.cn/info/1187/1855.htm.

［60］樊慧丽,邵波.智能机器人图书盘点创新实践与思考:以南京大学图书馆为例[J].图书馆,2018（9）:5.

［61］申悦.人工智能机器人在图书馆的设计与实现:以国家图书馆数字图书馆体验区为例[J].图书馆,2020（6）:37-41.

［62］［70］TAKASHI H.Robotics and artificial intelligence technology in Japanese libraries[EB/OL].[2022-10-21].https://library.ifla.org/id/eprint/2695/1/s08-2019-harada-en.pdf.

［63］［68］沈奎林,邵波,陈力军.情景共融环境下图书馆盘点机器人的发展研究[J].图书馆研究,2020（5）:98-102.

［64］WEIZENBAUM, JOSEPH.ELIZA:A Computer program for the study of natural language communication between man and machine[J].Communications of the Acm,1983（1）:36-45.

［65］TURING A M.Computing Machinery and Intelligence[J].Mind,1950（236）:433-460.

［66］唐云云.电脑冒充13岁男孩首次通过"图灵测试"[EB/OL].[2022-06-18].https://www.chinanews.com.cn/cul/2014/06-10/6263081.shtml.

［67］VINCZE J.Virtual reference librarians（Chatbots）[J].Library Hi Tech News,2017（4）:5-8.

［69］RIYA T.The Landscape of AI & Robotic Guides in Museums & Cultural Places.[EB/OL].[2022-08-29].https://www.softbankrobotics.com/emea/en/blog/news-trends/landscape-ai-robotic-guides-museums-cultural-places.

［71］南京大学图书馆.南京大学智慧图书馆二期:智能机器人正式发布[EB/OL].[2022-06-20].http://lib.nju.edu.cn/info/1065/2430.htm.

［72］机器人4.0白皮书[R/OL].[2022-06-20].http://cbdio.com/image/site2/20190703/f42853157e261e868e4d16.pdf.

［73］COHEN S A，FEREIRA J，HORNE A，et al. My library：personalized electronic services in the Cornell University library[J/OL].https://api.semanticscholar.org/CorpusID：34795075.

［74］JESSE V，SHILAD S，JOHN R.Tagsplanations：explaining recommendations using tags[EB/OL].[2022-06-20].https://dl.acm.org/doi/10.1145/1502650.1502661.

［75］项亮.推荐系统实践[M].北京：人民邮电出版社,2021.

［76］EHRENBERG A S. Repeat-buying：theory and applications[M].Amsterdam：North-Holland Publ,1972.

［77］GEYER-SCHULZ A，Neumann A，T A. An architecture for behavior-based library recommender systems[J].Information Technology and Libraries,2003（4）:12-130.

［78］王艳翠.通过实施推荐系统强化图书馆目录的实用性：以德国卡尔斯鲁厄大学图书馆为例[J].数字图书馆论坛,2010（9）:4.

［79］中国人民大学·云书房[EB/OL].[2022-06-20].https://vstudy.ruc.edu.cn/mystudy/index.

［80］史红娟,唐静.高校图书馆个性化信息服务"云书房"模型的探析与构建：以中国人民大学图书馆"云书房"模型为例[J].现代经济信息,2021（23）:185-186.

［81］Newton Free Library. Personalized Book Recommendation[EB/OL].[2022-08-29].https://newtonfreelibrary.net/services/services/recommendations-for-you/personalized-book-recommendation-form/.

［82］黄晓斌,张海娟.国外数字图书馆推荐系统评述[J].情报理论与实践,2010（8）:125-128.

［83］吴澹宁,陈敏.图书馆用户画像与智慧推介的实证研究：以浙江音乐学院图书馆为例[J].图书馆论坛,2022（6）:96-105.

［84］［85］推销高手亚马逊的秘密[R/OL].[2022-06-20].http://www.fortunechina.com/business/c/2012-08/01/content_110295.htm.

［86］吴建中.从数字图书馆到智慧图书馆：机遇、挑战和创新[J].图书馆杂志,2021（12）:4-11.

［87］BORING E G.Sensation and perception in the history of experimental psychology[M].New York：Appleton-Century-Crofts,1942.

［88］黄海平,杜安明,何凡,等.一种基于脑电意念和深度学习的智能电动轮椅实现方法：CN107616880B[P].2020-10-09.

［89］王世伟.加快数字化发展中的中国智慧图书馆建设·后疫情时代的社会数字化转型[C]//丁波涛,夏蓓丽,范佳佳,等.全球信息社会蓝皮书：全球信息社会发展报告（2021）.北京：社会科学文献出版社,2021:228-252.

［90］茆意宏,吴政,黄水清.手机图书馆的兴起与发展[J].大学图书馆学报,2008（1）:3-6,27.

［91］叶飞,弓越,翟姗姗,等.面向知识服务的高校图书馆智慧空间构建研究［J］.情报科学,
2021（12）:17-24,45.

［92］Necomimi Brainwave Cat Ears Review［EB/OL］.［2022-08-29］.https://www.necomimi.
com/.

［93］SENSOREE［EB/OL］.［2022-08-29］.https://www.sensoree.com/tag/mood-sweater/.

［94］Moodmetric Measurement is a tool for individual stress management［EB/OL］.［2022-08-
29］.https://moodmetric.com/.

［95］高义栋,李曼曼,雍炎炎,等.基于UDK引擎的图书馆虚拟漫游系统的设计与实现［J］.
现代教育技术,2013（10）:121-126.

［96］Gartner Glossary［EB/OL］.［2022-08-29］.https://www.gartner.com/en/information-
technology/glossary/big-data.

［97］汪强兵,章成志.融合内容与用户手势行为的用户画像构建系统设计与实现［J］.数据
分析与知识发现,2017（2）:80-86.

［98］［99］韩云惠.基于用户画像的学术期刊精准服务研究［J］.编辑学报,2021（2）:142-
146.

［100］陈丹,柳益君,罗烨,等.基于用户画像的图书馆个性化智慧服务模型框架构建［J］.图
书馆工作与研究,2019（6）:72-78.

［101］杨传斌,楼应凡.基于用户画像的讲座信息精准推送服务研究［J］.数字图书馆论坛,
2021（10）:60-65.

［102］刘柏嵩,豆洪青,杨春艳.从数字化到数据化:关于"图书馆大脑"的思考［J］.数字图
书馆论坛,2018（3）:2-6.

［103］陈劲,韩令晖."万物商店"亚马逊的战略飞轮［J］.清华管理评论,2020（6）:108-118.

［104］陈臣.大数据时代一种基于用户行为分析的图书馆个性化智慧服务模式［J］.图书馆
理论与实践,2015（2）:96-99.

［105］洪亮,任秋圜,梁树贤.国内电子商务网站推荐系统信息服务质量比较研究:以淘宝、
京东、亚马逊为例［J］.图书情报工作,2016（23）:97-110.

第七章　智慧图书馆空间建设

　　图书馆空间既是一个建筑容纳体，也是一个文明连接器。它不仅承载用户及其在其中的活动，而且将资源、设施、技术等集中整合到一个环境中，提供基于场景的知识信息服务，成为用户使用图书馆文化服务的重要媒介。进入智慧图书馆的新发展阶段，空间建设依然是重要命题，实体空间的智慧化是普通用户对智慧图书馆的第一感知，研究智慧图书馆空间建设的理念和实践具有重要的现实意义。

　　本章通过历史分析、对比分析、文献调研、问卷调查等方法，梳理图书馆空间建设的过程，确定智慧图书馆空间建设的内涵、重点，总结智慧图书馆空间建设的现状、问题，并以此为基础提出智慧图书馆空间建设的总体思路。

第一节　图书馆空间及其建设发展概述

　　本节根据空间的"建筑""场所""环境"特征论述图书馆空间价值，分析不同因素对图书馆空间发展的影响，总结我国图书馆空间建设发展的典型阶段，明确智慧空间的阶段定位。

一、图书馆空间的价值

《辞海》将"空间"定义为"物质的广延性"[1]，海德格尔说空间的本质是"空而有边界"[2]。图书馆空间是图书馆保存文献信息资料、提供读者服务、开展各种业务活动的物理场所。馆舍、人、资源是传统图书馆的核心要素，而现代图书馆之所以成为一个地区、城市的文化标识，除了事业内涵表征意义，其馆舍空间的形象、功能也非常重要。图书馆空间在网络信息时代仍然具有不可忽视和替代的重要价值。我们可以从"建筑""场所""环境"这三个与"空间"紧密相关的概念出发去认识和理解图书馆空间的价值。

1. 建筑审美价值

意大利建筑理论家布鲁诺·赛维将建筑定义为"空间的艺术"；康德等人提出：在建筑作品中刺激审美感知的是"空间"[3]。图书馆作为一种公共建筑，不论是外部空间还是内部空间、过渡空间的设计，都会在实用之外更多地承载公众的审美价值。21世纪以来，图书馆新馆建设浪潮不断，这些国内外城市图书馆设计多出自名门，而近年来，越来越多的图书馆成为网红打卡地，荣膺"最美图书馆"评价，这些都表明图书馆建筑本身对于艺术审美价值的追求和实现。在人类世界中，美是最高价值，美是一切让人感到愉悦的抽象因素的总和。只要图书馆建筑这种人为创造空间存在，对美的追求就不会停止，对于公众来说便是目之所及的价值。

2. 场所文化价值

诺伯舒兹（舒尔兹）认为，场所是特定地点的具有清晰特性的空间，这种特性是由具体的物所组成的整体决定的，是一种不可约简的特殊的氛围，是场所最丰富的本质，也是场所精神"认同感"形成的基础[4]。图书馆空间作为固定场所，馆舍空间及放置其中的文献、书架、阅览桌、装饰品等设施所营造的整体阅读文化氛围构成了图书馆空间独一无二的特性和价值，这种特性和价值已经随着书本的流传绵延了千年，深入人心。提到图书馆，走进图书馆，人们会联想、体验到厚重、丰富、静谧、自由，是一种伴随阅读求知过程的无形的精神享受。博尔赫斯那句"天堂应该是图书馆的模样"反复被传诵，正是人们对图书馆空间所代表的文化意象的体验认同与归属，而这绝不是虚拟的数字知识世界能赋予的。

3. 环境社交价值

社会学里"环境"是指以人为主体的外部世界；当空间融入了人的行为活动，并在其中获得意义时，便可称之为"环境"[5]。因此，人在图书馆空间中活动所达成的目的也是其价值的重要组成。人的社会属性决定了人有社交的需求，而知识的流动也不仅仅是从书本到人，人与人之间的交流互动同样重要。除了与图书馆的阅读特性相关的文化功能，不少新建图书馆被冠以"城市会客厅""市民中心"这类名衔。这些图书馆空间更加开放、共享，以读者为中心，提供丰富的休闲、交互性设施和服务，较之传统图书馆吸引了更多的人气。在图书馆这样一个文化共享空间内，以文会友，进行思想交流碰撞是雅事、乐事、平常事，也是图书馆空间"阅读+"价值的体现，图书馆空间越来越成为人们社会生活的驻留地。

二、图书馆空间发展的影响因素

图书馆空间建设自图书馆诞生起便是图书馆建设不可分割的一部分，它的发展是一个累积的、递进的过程，并在这个过程中受到多种因素的影响。

1. 人文理念

书籍是人类文明进步的阶梯。如何看待书籍与人的关系在一定程度上决定了图书馆建设的定位和方向，也影响着图书馆空间的功能和形态。从古代藏书楼到近现代图书馆，图书馆经历了文献从以藏为主到以用为主，服务从以书为本到以人为本的发展过程。随着联合国教科文组织/国际图联《公共图书馆宣言》（1994）、国内《图书馆服务宣言》（2008）、《中华人民共和国公共图书馆法》（2018）的发布实施，公益、平等、以读者为中心的现代人文服务理念逐渐成为行业共识。反映在空间上，则是功能布局、空间围合形式、设施摆放形态关系等的变化，如从藏阅分离到藏阅一体，从按照采编流通的业务流程安排业务空间到按照读者人流变化走向合理安排楼层功能，从一般大众服务空间到婴幼、视障等特殊人群服务空间设施的增设等。

2. 建筑理念

图书馆作为一种公共建筑，尽管有一定的行业特殊性，但其空间设计也会受到当时的建筑理念和思潮的影响，反映世界建筑的潮流趋势。早期的西方图书馆建筑多受宫廷建筑的影响，高大宽敞，富丽堂皇。20世纪现代主义建筑大师 Ludwig Mies Van der Rohe 提出"全面空间"引发的"模数制"建筑风潮对图书馆建筑影响深刻，遵循"三同一大"①的模数式图书馆及其改良形式成为现代图书馆建筑空间设计的主流。20世纪后期以来倡导的绿色生态建筑理念同样影响图书馆建筑空间设计。据统计，截至2010年，美国有13家图书馆获得美国绿色建筑委员会制定的LEED（能源与环境设计认证）白金级认证[6]。国际图联2016年设立绿色图书馆奖，倡导图书馆建筑的绿色化也是其中的重要内容之一，国内的广东省立中山图书馆、香港中文大学图书馆、佛山图书馆、杭州图书馆先后获得了这一奖项[7]。

3. 空间相关理念

图书馆空间建设在十余年来成为一个专题受到广泛关注，这与空间相关理念的引入、阐发密不可分。这些理念不仅丰富了图书馆学的理论研究，对图书馆空间功能建设实践也有着直接的指导和促进作用。比如，20世纪90年代自美国高校图书馆兴起的"信息共享空间"理念[8]，对图书馆特别是高校科研院所图书馆的服务转型、空间建设产生了积极的影响，图书馆信息共享空间、学习共享空间建设案例不断涌现。2009年国际图联卫星会议设立"作为第三空间的图书馆"分主题[9]，引领着近年来图书馆空间转型、空间再造的创新实践。在第三空间范式下，图书馆空间在阅读之外有了更多的构建可能，包括文化交流、艺术展演、学术研讨、社交、休闲、体验等。此外，还有创客文化、创客空间理念对图书馆创新空间建设的影响等。

4. 城市发展

图书馆是城市建设的基础文化配套设施。城市发展进程影响图书馆事业发展的进程；城市发展规划情况影响图书馆设施建设的水平，直接关系到图

---

① "三同一大"，即同柱网、同层高、同荷载、大开间。

书馆空间建设的选址、规模以及后续的整体业务建设、体系发展。21 世纪以来，我国经济的持续稳步发展和城市化进程的不断加快，为包括图书馆事业在内的各项文化事业的发展奠定了坚实的物质基础，也为我国的城市图书馆事业迎来了历史上最好的发展时期，其中最为突出的表现就是新馆建设、旧馆改建出现了一个新的高潮。城市图书馆建设在大、中、小型城市及城市辖区内的区级、街道、社区深入开展，涌现出深圳图书馆、南京图书馆、广州图书馆等一批特大型的世界级城市图书馆[10]，也涌现出天津泰达图书馆、东莞图书馆、大岭山镇图书馆（东莞）等众多超出一般规模建制的特色城市图书馆。这些都与我国城市建设发展不断走向深入、水平不断提升有关。

5. 信息技术发展

收藏、组织知识信息的工作特性决定了图书馆具有超出其他一般行业的信息技术敏感性。"图书馆是信息技术历史发展的产物"[11]，信息技术的发展引领着图书馆业务发展变革的方向，也影响着图书馆空间设施的建设。19 世纪 40 年代，滚筒印刷术的普及使得图书馆的文献藏量迅速增加，逐渐改变了西方图书馆藏书、阅览、工作室三合一的布局方法[12]；20 世纪后期以来，在自动化、数字化、网络化技术的加持下图书馆快速向数字图书馆发展，与之相应的空间变化则有传统目录大厅的消失，计算机房、弱电间等信息设备用房的增设，视听、缩微等电子阅览空间、自助图书馆的出现，等等；智能手机的普及和移动互联网的发展极大改变了人们的阅读习惯，特别是休闲阅读，图书馆相对应的传统阅读服务逐渐式微，反映在空间上的变化如在传统阅读空间中融入更多数字阅读的设施和服务，增加读者自带移动设备的阅读体验空间等。近年来，随着物联网、人工智能、大数据、云计算等技术的发展与应用，智慧图书馆越来越引起业界关注，智能书库、智能图书盘点机器人、智能采编作业系统等智慧空间设施建设探索已见成效。

三、我国图书馆空间建设发展的典型阶段

在各种理念、城市发展、信息技术发展等多种因素的共同作用下，我们可以看到 20 世纪后期以来我国图书馆空间建设的发展是最为显著的，而这段时期的发展又可以划分为三个比较典型的阶段。

1. 行业建筑标准化阶段

改革开放之后，我国图书馆事业进入新的发展时期，就图书馆空间而言，其发展的突出特点是作为行业建筑整体受到重视，快速走向标准化。首先表现为接续不断的新馆建设热潮，先是各地省级图书馆包括直辖市、特区及沿海开放城市图书馆、高校图书馆迎来一波新建高潮[13]，紧接着 20 世纪 90 年代中期以来各级城市图书馆、科研院所图书馆持续新建、改建。为适应大量图书馆新馆建筑设计的需要，关于图书馆建筑标准规范的研究不断推进。1987 年 5 月，《图书馆建筑设计规范》（JGJ 38 — 1987）以两部一委（城乡建设环境保护部、文化部和国家教育委员会）名义下发。该规范以图书馆空间的五大组成部分——藏书、借书、阅览、内部业务和技术设备用房为重点，对其中有关安全、卫生和满足功能等方面列出必要的技术规定和定额指标，从而结束了我国图书馆建筑设计工作历来无章可循的局面[14]，也由此开启了图书馆作为行业专门建筑建设的标准化历程。此后，这一规范先后在 1999 年、2015 年修订两次，以指导图书馆的建筑及空间设施建设更好满足图书馆资源、技术、管理发展的新需要。

2. 功能拓展阶段

20 世纪 90 年代以来，伴随着计算机自动化、数字化、网络化技术和人文服务理念的发展，图书馆的办馆理念、方式、内容发生了一定的变化，处于传统图书馆向现代图书馆转变的初级阶段，在空间功能上呈现出多元拓展的趋势。如：因文献资源形态发展而出现的缩微文献阅览、光盘磁盘视听等电子文献阅览功能区间；由计算机自动化工作方式发展而出现的机房、联机目录检索大厅、文印服务设施；由平等服务理念引发的对特殊人群服务的关注，对孕婴、残障人士、老年人提供专门服务的空间、设施；等等。总体而言，这些发展本质上并没有改变图书馆的传统业务流程。一方面，即便传统业务流程的实现方式有变化，但不影响最终的纸本文献服务结果，读者的体验变化不明显；另一方面，即便出现不同终端形态的数字图书馆、自助图书馆，但它们发挥的作用更多体现在对实体和主体图书馆服务时空上的延展补充，和主体图书馆服务的边界比较清晰，因而对传统业务空间的改变有限。图书馆的空间发展在这个阶段主要是根据新的发展需要，在原有的服务格局基础上，增加新的功能性空间和设施，更多体现在传统业务空间的布局形式变化上，如藏借阅一体化，人在书中、书在人旁的形式。

3. 整体转型升级阶段

近十年来，数字阅读快速发展普及。以智能手机应用、移动互联网通信为代表的新技术发展将数字信息以前所未有的丰富形态、内容、功能和便捷方式与普通百姓日常工作、学习、生活相连，颠覆图书馆传统的知识信息入口功能和形象，使传统文献信息服务受到很大影响，促使图书馆直面日益紧迫的转型问题，更加深入地思考未来图书馆的发展定位。如何从一般文献信息服务转向知识服务，从文献信息中心转向学习中心、文化中心等，这些反映在空间层面，则是探索如何通过物理空间更好地串联起资源、人、技术设施这些图书馆要素，满足新技术环境下读者的阅读文化需求，提升图书馆空间的整体服务效能，最大限度发挥图书馆空间的价值。信息共享空间将传统文献与数字资源有机整合，协同服务读者，发挥图书馆资源一体化优势；第三空间将人与人，图书馆与城市和社区连接，提升图书馆作为城市公共空间的影响力；创新空间将人与新技术设备连接，推动人的知识创新创造。这些探索都是对传统图书馆服务流程、服务重心和服务方向的重塑，不论相关的实践是针对图书馆空间的局部还是主体，其对图书馆的影响都是整体性的和长远的。

当前，图书馆正进入智慧化发展的新阶段，图书馆空间也逐渐向智慧空间转型。在智慧感知识别、人工智能、无线通信、VR/AR 等新技术设施的应用下，智慧空间可以更好地连接线上和线下，提供更加个性化、交互性、沉浸式的智慧图书馆服务，大幅提升读者对图书馆空间服务的体验效果，提升图书馆空间设施运营管理的效能。

第二节　智慧空间建设的内涵

本节通过相关概念辨析，明确智慧空间的内涵，提出图书馆空间实现智慧化必须具备的三个方面：提升用户体验（目的），提供智慧服务（功能）和感知互联、人工智能等技术应用（手段），并就这三个方面分别论述建设的内容重点。

一、智慧空间的概念辨析

（一）智慧空间与智能环境、智能建筑

对于智慧空间，业内学者们的理解不一。刘炜、赵冬梅认为，智慧空间是提供智慧服务的空间，与采用何种具体技术无关，智慧空间提供与空间相关的无人或自助服务，具有"拟人"的特征，能感知用户需求，并主动提供服务[15]。单轸、邵波认为，智慧空间是以用户体验为中心，通过感知、分析、记忆、服务用户，整合 Web 3.0 技术、设备、资源、服务、环境及整个图书馆网络，由物理空间、虚拟空间、用户感知空间、支持空间等构成的多维自优化系统。它的核心是用户体验，特征是高度的感知性、互联性和智能化[16]。程焕文、钟远薪认为智慧服务空间具备 3 个特点：以用户需求为中心，以智能技术为主导，以人性化服务为目标[17]。

美国国家标准与技术研究院将智能空间（Smart Space）定义为嵌入了计算、信息设备和多模态传感装置的工作或生活空间，具有自然便捷的交互接口，以支持人们方便地获得计算机系统的服务[18]。国际智能环境会议指出，智能环境（Intelligent Environments，IEs）指的是 IT 和其他普适计算技术交织在一起的物理空间，用于实现用户、环境或两者的特定目标。IEs 的最终目标是丰富用户体验、更好地管理环境以及提高用户对该环境的意识[19]。我国《智能建筑设计标准》（GB 50314—2015）中明确指出，智能建筑是以建筑物为平台，基于对各类智能化信息的综合应用，集架构、系统、应用、管理及优化组合于一体，具有感知、传输、记忆、推理、判断和决策的综合智慧能力，形成人、建筑、环境互相协调的整合体，为人们提供安全、高效、

便利及可持续发展功能环境的建筑。

以上行业内外的定义基本都包含了实体空间智慧化（智能化）实现所必须具备的三个方面：目的、功能、手段，即提升用户体验是智慧空间的目的，提供智慧服务是智慧空间的功能，而实现两者的手段是以感知互联、人工智能、普适计算为典型代表的技术应用。可以认为，图书馆智慧空间是以图书馆建筑空间为平台，利用传感器、通信设备、计算终端、软件系统等对建筑空间进行嵌入式信息化改造，从而增强建筑空间的技术和用户体验，使其具有感知、分析、推理、通信、自适应和普适计算的能力，为用户提供智能服务的空间。

（二）智慧空间与共享空间、创新空间、第三空间

在现有的有关图书馆智慧空间的论述中也同时出现了共享空间、创新空间、第三空间等相关的内容，比如翟秀凤、刘宝瑞认为"图书馆智慧空间集合了信息空间、学习共享空间、创客空间的优势，同时融入人工智能技术，实现智慧化服务"[20]；黄少琴认为信息共享空间、创客空间、数字体验区本身就是智慧空间，是智慧空间的雏形和体现[21]；常悦将体验空间、文化创新空间、知识共享空间作为智慧空间构建的形态[22]；卢章平认为信息共享空间、知识共享空间和智能空间都属于创新空间，是图书馆空间形式在人类信息—知识—智能活动中的演变与功能发展[23]，这些相关的概念既有区别也有联系，有必要廓清以进一步明确智慧空间的内涵。

共享空间是"各种信息资源与信息工具汇聚的场所，更是人与人切磋与交流的场所。共享空间把信息资源与人的资源、静态资源与动态资源、印刷型资源与多媒体资源汇合在一起"[24]，是一个一站式的协同学习环境。根据侧重点的不同，目前出现了信息共享空间、学习共享空间、文化共享空间的

形式，未来还可以根据主题特色设立不同的主题共享空间。

创新空间，也称"创客空间"，来源于创客文化。图书馆的创新空间是提供计算机、3D 打印机、音频和视频编辑等最新工具乃至传统艺术和手工艺用品等资源给用户使用，以创建新知识和新产品的空间[25]。图书馆的创新空间除了以"创新空间""创客空间"直接命名，还有其他多样的命名形式，比如上海图书馆的"新技术体验中心"、加拿大温哥华公共图书馆的"灵感实验室"（Inspiration Lab）[26]、澳大利亚昆士兰州立图书馆的"创作空间边缘"（The Edge）[27] 等等。

第三空间是指除居住、工作以外的非正式公共聚集场所，如咖啡馆、茶馆、酒吧、社区中心等。图书馆引入"第三空间"概念，旨在强调图书馆的文化休闲与社交功能，而不只是单一的静默的阅读学习场所。第三空间对图书馆而言是一种整体上自由、宽松的空间氛围，也意味着报告、演出等更多社会文化交流展示空间的提供。

共享空间、创新空间、第三空间是分别以资源、技术、环境为侧重点对传统图书馆空间进行的转型。智慧空间则强调感知互联、人工智能等技术的应用，尽管我们会赋予"智慧"更多的人文内涵，但智能技术的应用始终是智慧空间的首要特征。共享空间、创新空间、第三空间集中体现了图书馆知识共享、知识创新、文化休闲的最新知识服务和文化服务的理念，这些空间通过智能技术的加持转变为智慧空间，可以更加充分地发挥空间作用。因此智慧空间是共享空间、创新空间、第三空间在智能技术应用层面的进一步升级，而它们之间的服务理念是相通的、共享的，共享空间、创新空间、第三空间可以作为智慧空间建设的不同功能形态，创新空间也可以是支持共享的创新空间，应用智能技术设备、提供智能服务的智慧空间。

二、智慧空间的技术环境

技术环境是智慧空间有效运行、发挥作用的技术支撑系统。智慧空间的主要支撑技术包括：传感器与执行器、网络与中间件、普适计算、人工智能、人机交互[28]。

传感技术通过各种类型的传感器监测环境信息，如压力、位置、方向、距离、运动、光、辐射、温度、固体、液体、气体、身份信息、声音、图像等，传感器提供各种不同的输入，从简单的开 / 关值，到数字范围内的值（例如，温度和人的体重），再到指纹、声音、图片和视频等更丰富的数据，从而供上层系统决策和执行相应的操作；网络是数据传输到主系统的通道，包括蓝牙、Wi-Fi、ZigBee、NFC、5G 等无线或有线网络；中间件是数据与应用系统间的接口软件，用于实时处理输入信息、管理设备与传感器、促进应用系统间的互操作等；普适计算，又称泛在计算、环境智能，是新一代的计算环境，以分散的、小型的计算设备的网络应用为特征，使人们能够使用任意设备、通过任意网络、在任意时间获得一定质量的服务，普适计算的设备多种多样，包括计算机、手机、平板、汽车、家电等任何能够联网的设备，计算不再限于桌面，可以变为手持或穿戴形式，从而更全面地嵌入人们的工作、生活空间中，我们熟知的云计算是普适计算的一种应用；人工智能是模拟、延展人的认知和决策过程的技术，目前人工智能在语音识别、图像识别、自然语言处理、机器人等领域取得了显著的进展得到了广泛的应用；人机交互则是用户通过人机界面与机器或软件系统进行的交流和操作，现已产生诸如眼动追踪、表情识别等技术来评价人机界面设计的可用性。

上述技术代表了推动智慧空间技术环境发展的关键性技术方向，在实际应用中，技术环境常常需要系统性的规划、设计和部署。从信息的收集、数据的传输到系统的识别控制、设备的使用、交互操作，有些是用户可见的，有些是不可见的。其中，对用户可见的部分主要集中在传感器和人工智能设备的应用上，如各种工业机器人，图书馆物理空间的智慧化改造也集中体现在智能设施设备的应用上。

三、智慧空间的服务功能

智慧服务是智慧空间提供给用户的产品，是用户体验的内容。规划服务功能是智慧空间建设的首要任务。只要具备可行性和必要性，图书馆可以通过物理空间提供任何有价值的智慧服务。图书馆是随社会环境发展不断生长的有机体，未来存在不确定性；而不同类型、区域、规模的图书馆本身的定位不同，发展所选择的智慧化重点也会有所不同。但无论如何，以实体空间资源存在与使用为前提的服务不会改变，这些服务是智慧空间功能改造的基本面。

（一）空间设施使用与管理

空间即资源，空间即服务，空间即价值。进入智慧图书馆发展阶段，图书馆空间设施的智能化、基于空间的智慧化服务将成为读者对智慧图书馆的第一感知。在当前的智能技术支持下可以实现的功能可以有：室内移动定位与虚拟仿真导航；空间设施自助预约和智能认证使用，如到馆预约，阅览座席、自习座位预约，小型功能室如研讨间、朗读间、录播间等的预约使用；自助文印；电梯、空调、照明系统智能控制；智能安检消防；等等。

（二）文献流通服务与管理

作为文献保存的机构，只要纸媒存在，图书馆就需要为其提供加工、存放、阅览的空间，开展相应的工作，提供相应的阅读流通服务。就目前而言，纸本文献仍然占据了图书馆空间使用的主体。提高文献流通服务与管理过程的智慧化水平，对于馆员和读者都是重要的，对于提升图书馆的整体绩效非常关键。相关的空间功能有：自助办证，如自助办证机办证、在线信用办证等；自助借还、无感借阅；机器人取书送书；体系化智慧物流、快递借还书；纸电融合一站式检索发现；读者画像与个性化推荐；智能分编、典藏、上架、盘点；AI 智能客服；等等。

（三）文化休闲与交流

现代图书馆空间已经明确了作为人们居住、工作场所之外第三空间的社会定位，是人们参与社会文化生活的主要场所，除了满足读者的一般休闲生活需要，还经常性地举办展览、讲座、培训、阅读推广等各种线下读者活动。为提高读者活动参与过程的智慧化水平，智慧图书馆的空间功能包括：活动自助预约、签到；智能同传；智能讲解、导览；自助餐饮；等等。

四、智慧空间的用户体验

用户体验（User Experience）是指用户与产品之间的整体交互，以及交互中形成的想法、感受和感知。绩效和满意度是衡量用户体验的两个主要方面[29]。国际体验设计大会 IXDC2015 对用户体验重新进行了定义，指出用户需要的不再是单一的体验，而是趋于沉浸式即高度参与感的生态体验，产品除了满足用户对基本功能的需求外，应更多地考虑为用户提供创新服务和体验[30]。图书馆智慧空间的用户既包括读者，也包括馆员。提升用户体验的核心就是提高读者使用基于智慧空间的图书馆服务的绩效和满意度，增强读者沉浸式创新阅读文化体验，同时提高馆员基于智慧空间开展图书馆业务工作和管理的绩效。

绩效用于衡量成功完成一项任务或一系列任务的程度，具体包括完成每个任务的时间、所付出的努力、所犯错误的次数以及成为熟练用户所需的时间（易学性），简单讲就是所付出的认知上和身体上的努力越少越好。现代信息技术发展本身就是为了减轻人的身体劳作负担，缩短与目标对象连接的时间和距离；进入智能技术时代，这种效用会更加突出，影响范围也更加广泛。但同样的技术在不同的人手中发挥的作用不同，区别在于技术与人的交互过程中，人的能动性不同。智能系统要发挥普适价值，必须以一般人群为对象，着力加强人机界面的信息设计。在新技术引入的前提下，提升面向大众服务的图书馆智慧空间使用绩效，应重点关注和加强人机交互逻辑与 UI（用户界面）的设计，尽量简化人为操作的部分，必须操作的内容则以普通用户看得懂、学得快、用得多为准则。

满意度是对用户的期望被满足或超越的感知的衡量。提供超出用户期待的价值，加强产品和服务质量检测，及时发现问题并纠正，保持和用户的经常性接触，关注用户，有针对性地奖励用户并发展用户成为伙伴，有助于提高用户满意度[31]。这些方法对图书馆同样适用。值得注意的是，绩效和满意度并不存在必然关联，较高的服务绩效并不一定使读者满意。比如人脸识别可以进行读者智能认证，读者无须出示读者证或手机二维码就可以快速获取需要的服务，但可能会有读者担心个人隐私数据暴露和存留在第三方，从而不满意这项功能。因此，关注用户的潜在需求也是提升满意度的重要方面。

沉浸式创新体验是指那些能够让用户进入沉浸状态的新体验。技能和挑战的平衡是进入沉浸状态的要素，比如游戏的设计。沉浸体验包括感官体验和认知体验两方面[32]。沉浸式阅读是阅读的最佳状态，图书馆智慧空间可以从情景阅读、知识服务两方面增强阅读学习的感官体验和认知体验，帮助读者进入沉浸式阅读状态，例如阅读内容的多媒体展示、游戏化学习系统应用、虚拟现实、增强现实技术设备应用以及文献资源纸电一体化揭示、知识内容的细粒度标引关联显示，等等。

第三节 智慧图书馆空间建设实践分析

本节根据调研的结果，对智慧图书馆空间建设实践的主要内容和具体案例进行了阐述，分析了智能分拣传输、智能仓储这两种典型的空间智能设施在图书馆的应用与进一步发展的方向，以及数字孪生技术对智慧空间建设的影响。

一、智慧图书馆空间建设情况概述

笔者利用知网、科学网、Emrald 等数据库以及互联网搜索引擎，开展图书馆智慧空间建设情况文献调研，以"智慧图书馆（smart library）""图书馆（library）+ 智慧空间 / 智能空间 / 智慧环境 / 智慧服务（smart space，intelligent space，intelligent environment，smart service）""AI/ 人工智能 / 智

能设备 / 物联网＋图书馆"为检索词进行关键词、主题搜索，并面向国内较有代表性的公共图书馆、高校和科研院所图书情报机构共 34 家单位开展建设现状问卷调查。

根据调研的结果，智慧图书馆空间建设主要体现在建筑环境智能控制、服务空间智慧化建设、基于空间的智慧服务三个方面。

（一）建筑环境智能控制

智能安防系统是现代图书馆建筑的基本配置，大多数图书馆都已具备，区别在于是否在既有功能之上结合图书馆的特殊防控需求进行新的开发应用，比如疫情防控对人流的实时控制和显示。此外，智能空调、照明系统也得到一定程度的应用，特别是照明系统与阅读环境密切相关，受到一些图书馆的重视。例如，普林斯顿大学燧石图书馆为书架配备智能感应照明系统，根据读者与书架的距离智能调节照明亮度[33]；杭州图书馆在馆内配备亮度感应器，实现馆内各区域自动调光，并在阅览区、展览区配备人体智能感应照明系统[34]；厦门市图书馆集美馆区智能照明可以实现多种照明模式，如晴天模式、阴天模式管理。在建筑整体智慧化运维管理方面，上海图书馆东馆基于建筑信息模型（BIM），依托大数据和人工智能技术，实现碳排放计算管理、建筑空间资产管理、机电设备运维管理、图书分拣系统运行管理和安防管理五大系统智慧运维，例如在机电设备运维管理中，融合楼宇自控系统实时监测数据，在模型中直观展示各个系统的运行状态，当设备发生故障时，自动定位到故障设备，并打开附近摄像头，辅助管理人员进行决策；图书分拣系统运行管理可实现书本运输状态监测、自动流水线自动分拣、书篓满载自动通知管理员、实时监测小车报警情况等；在碳排放计算与管理方面，基于建筑数字孪生模型，实时计算碳排放情况，如遇碳排放值异常报警，系统将挖掘碳排放异常区域和系统，帮助解决问题，落实减碳目标[35]。

（二）服务空间智慧化建设

图书馆对特定业务空间的智慧化建设实践主要集中在馆藏空间和阅览空间上。馆藏空间方面，国外图书馆20世纪90年代即开始了智能书库的建设探索。我国图书馆则在近年来才出现应用案例，并且集中在新建馆或经济发达地区的图书馆，例如新建成的苏州第二图书馆（2019）、贵州省图书馆北馆（建设中）、深圳第二图书馆（建设中）均包含智能书库项目，深圳南山图书馆2020年底启用智能书库开展预借服务，广州图书馆2020年启动智能书库改造。

阅览空间智慧化建设主要体现在RFID为基础的服务设施，VR/AR设备，智能阅读交互设备，智能管理软件以及咨询、引导等不同类型服务机器人的应用上。以RFID为基础的自助借还设备在国内大中型图书馆已较普及，广州白云区图书馆新馆建成了全国首家基于高频解决方案的无感借阅通道，结合RFID、感应侦测、生物识别等技术，实现出馆即借、入馆即还，借阅零停留[36]；广州图书馆在其24小时自助借还区应用了智能书架。除了虚拟机器人的应用，多个图书馆在阅览区应用了实体机器人，例如金陵图书馆提供智慧找书服务，基于智能盘点机器人与蓝牙定位技术，提供馆藏图书查询导航服务，方便读者检索并辅助导航到图书所在书架；西南大学图书馆引进了三台名为"西小图"的智能机器人，不仅能实现前台接待、问路引领、场馆介绍等功能，还能依靠数据库实现图书检索、智能导览、智能互动、知识库问答等功能[37]；首都图书馆大兴机场分馆提供智能导引机器人服务；等等。阅览空间的其他智能体验和服务如首都图书馆提供《燕京岁时记》VR体验；四川省图书馆引入"瀑布流电子借阅系统"、智能棋艺桌、书法桌等设备；

广东工业大学图书馆引入无人值守的云桌面管理设备及系统，建立开放式无人值守的云平台终端机区，实现读者电子阅览室集中统一管理[38]；等等。

学习创新空间方面的智能设施改造较少，主要体现在智慧教学屏幕的引入，如美国长岛大学布鲁克林校区图书馆配备大尺寸交互式智能白板等先进设备建成智能教室[39]，东莞图书馆学习中心先后引入智能白板、触摸电视一体机、会议平板等智能设备。而在创新空间方面，单纯的智能设施的引入因为没有相应的服务场景支持会显得刻意，所以实践较少，美国康涅狄格州的韦斯特波特图书馆引入机器人Dash和乐高机器人，并面向少年儿童开展相关的机器人和编码基础知识学习活动[40]。

（三）基于空间的智慧服务

部分图书馆通过提供远程的空间虚拟导航、设施活动预约以及近场的空间位置服务来提升、拓展图书馆空间服务的时空体验，如成都天府人文艺术图书馆3D全景导览系统可实现多楼层平面导视、实景3D 360°环绕俯视、真实场景的VR实景导览，并可在空间内实现真人讲解及热点间短距离漫游；2022年4月，澳门大学360°全境虚拟导览图书馆正式启用，读者可以通过移动设备访问网页多角度参观图书馆的外观建筑、内部书库、阅览空间、演讲厅、展览厅、古籍馆等空间及藏品等[41]；等等。众多图书馆启用座位管理系统，如苏州图书馆读者通过微信小程序可预约活动并选定座位；南京大学图书馆以整个图书馆建筑为载体，以计算机视觉识别技术、一卡通、手机二维码等技术为通道，打造一个能够记录用户轨迹的智慧应用[42]；湖北省图书馆少儿服务区域部署Wi-Fi 6，并启用了定位和导航服务。

总体而言，图书馆智慧空间建设还处于起步阶段，不论是特定空间（书库）的智慧化建设、改造，还是整体环境、业务空间中不同智能设施系统的引入、智能服务的提供，都还是个别图书馆的实践。各个图书馆针对某项技术、系统规划的服务场景也比较单一，例如虚拟导航以馆舍整体空间展示为主，建筑智能重点放在阅读环境智能控制方面，缺乏对读者在图书馆全程活动的考虑。从智慧空间建设整体部署到具体功能实现，尚缺乏全面、整体的考虑和规划，需要在今后的实践探索中加强。

二、智慧空间建设典型案例

（一）图书馆空间典型智能设施应用分析

RFID 标签的应用是实现馆藏从智慧感知发现到智慧流转的技术基础，也是建立密集书库、释放图书馆传统空间压力与价值的基础，是图书馆空间智慧化建设的重要内容。在本次问卷调查的国内 34 家单位中，RFID 应用达到了 94%。新加坡国家图书馆管理局在 2002 年发布世界上首个全面部署 RFID 的图书管理系统，应用 RFID 标签的资源达到 900 万种[43]。2005 年，台北市立图书馆在内湖家乐福卖场建设了台湾首座智慧图书馆，读者凭交通优游卡或 RFID 读者证进入使用[44]。一些图书馆还应用或研发使用了智能分拣传输系统、智能仓储系统，从而改造了传统图书馆的馆藏、阅读与业务办公空间，实现了空间中文献资源的智慧化管理与服务。

1. 智能分拣传输系统

依据应用技术、设备的不同，智能分拣传输有运用交叉带、升降机、轨道和自动导航运输车等多种方式，根据分拣传输方向又分为平面分拣传输和垂直分拣传输。图书馆应用的智能分拣传输系统主要是两种：一种是内嵌在建筑体中的垂直轨道交通系统，另一种是机器人存取搬运系统。

前者可以通过垂直轨道架设及平层空间顶部轨道铺设实现建筑体内任意楼层、主要文献流通、加工场地点对点的双向传输，对于文献加工、典藏规模大及馆内流通量大的图书馆，可以较好地提高文献在各个部门、服务窗口的传输效率，传输稳定性好，并且具有楼层开孔面积小、较少占用读者空间的优势，中国国家图书馆二期（2008）、上海图书馆东馆（2021）均应用了这一系统；广州图书馆垂直自动分拣系统则采用直线型交叉带分拣技术，并通过升降机将文献垂直运送至各个楼层。

后者以机器人应用为典型特征，实现文献的存取和运输，当前以自动导航运输车（Automated Guided Vehicle，AGV）系统应用为主流。AGV 是指装备有电磁或光学等自动导航装置，能够沿规定的导航路径行驶，具有安全保护以及各种移载功能的运输车。AGV 可在不改变图书馆书库空间结构的前提下，自动完成图书的搬运和放置等重复性工作，具有结构简单、工作效率高、价格相对低廉等优势。国外许多大型图书馆都已建立了各具特色的AGV 图书搬运系统，例如德国汉堡大学图书馆 AGV 系统通过在地面铺设导轨，实现图书在服务总台和各功能区之间自动传送；日本大阪市立大学图书馆 AGV 系统利用埋设在地下的磁导引线构建自身的导航系统，完成图书收纳归还、搬运、放置等工作[45]。国内图书馆的 AGV 应用主要是两类：一类是完成读者还书自动运输分拣，比如深圳宝安区图书馆建成使用的钢平台分拣机器人系统（图 7-1），使用 32 台 AGV 分上下两层在工作台上穿梭完成运输和分拣任务；广东顺德图书馆利用小型 AGV 进行还书分拣运输，大型AGV 负责将书通过电梯运送到各楼层书架旁[46]。另一类是与智能仓储系统配套，实现文献出库后的智能搬运，例如苏州第二图书馆和深圳南山图书馆的智能书库中都应用了 AGV 来进行图书搬运、分拣。

图 7-1 深圳宝安区图书馆 AGV 自动分拣钢平台

参考来源：深圳宝安网.黑科技来了！宝安图书馆里的人机大战[EB/OL].[2023-12-27].http://ibaoan.sznews.com/content/2019-07/16/content_22260299.htm.

当前的图书馆智能分拣传输系统，除了通过网借服务满足读者的离馆借阅需求，在馆内的文献流转主要还是根据事先的规划进行相对固定的站点运输，对于馆内文献被便捷传送到读者个人位置的应用还鲜有涉及，可以在智慧物流主干传输之外的末端传输进行更多的探索。并且上述两种物流系统适应工作场景不尽相同，可以考虑融合建设，以全方位地提升图书馆文献流转自动化程度与体验效果。

2. 智能仓储系统

智能仓储系统是智能书库建设的核心，其主要分为三个部分：文献料箱、料箱存放的框架阵列以及自动存取机械设备。根据设备应用规模的不同，智能仓储系统可以分为大型高密度自动化仓储系统（ASRS）与小型智慧存书系统两种形态。为解决馆藏空间有限的难题，国外图书馆较早开始了ASRS 的探索应用。美国加州大学北岭分校奥维亚特图书馆 1991 年第一个引入 ASRS 进行馆藏储存，北卡罗来纳州立大学亨特图书馆 2013 年新馆开馆时启用高 15 米的"仓储式立体书库",当中包括 4 个机器人和存放在 18000 多个金属箱中的 150 万册图书,从读者提出借书请求,到机器人借助升降臂准确找到要借的书籍所在金属箱并运抵工作人员面前递给用户,整个借书过程可在几分钟内完成[47]。

近年来,国内图书馆也开始了大型 ASRS 设施的规划建设。苏州第二图书馆于 2019 年建成国内首个大型自动化立体书库(图 7-2),占地 3000 平方米,设计藏书总量为 700 万册,系统由立体货架、堆垛机、穿梭车、拣选台、分拣系统、WMS 系统等构成,立体书库包含 4 个库区,配备了 11 个拣选工作台和 56 个分拣口,支持每天 2 万册图书的出入库效率;广州市图书馆 2020 年进行智能书库改造,书库设计容量 80 万册,提供 12523 个料箱架位,出箱效率为每小时 45 箱,配备 2 台智能穿梭小车、2 台提升机并设计 3 个人工操作工位满足多任务同时进行,实现库内图书预约取书功能①。而在小型智慧存书系统方面,国内图书馆的创新实践更加突出。东莞图书馆 2007 年推出国内首台可放置于城市任何角落的图书馆 ATM,柜体式存放 RFID 加工图书 500—1000 册,利用机械手臂识别和运送 RFID 加工图书到设备出口或指定架位,并集成其他软硬件设备,实现读者自助办证、文献查询、借还等功能;深圳图书馆 2008 年推出形态相近、功能更加全面的城市街区 24 小时自助图书馆设备;而近年来,规模更小、摆放更加灵活、成本更加节约的智能书柜与 MINI 智能书柜也出现在国内图书馆文献服务体系中,例如宁波市图书馆、南京图书馆分别将智能书柜放置在地铁站、社区管委会。智能书柜不仅可以办证查询和借还图书,还成为网借服务的投递点、取书点,丰富了图书馆文献物流的网点。

---

① 数据来自于问卷调查结果。

图 7-2　苏州第二图书馆智能书库高 14.5 米的书架阵列

参考来源：中共苏州市相城区委宣传部."未来图书馆",安排[EB/OL].[2022-10-10].
https://baijiahao.baidu.com/s?id=1690366856211637998&wfr=spider&for=pc.

智能仓储系统的核心功能是实现文献的高效存储与便捷取用。在其应用场景规划和技术设施整合利用中，国内图书馆结合实际大胆突破，不仅创新研发了小型存取系统，而且对大型仓储系统的入库标准和设备使用也进行了细分。例如苏州第二图书馆对立体书库的 4 个库区分别制定入库标准提供不同的机器存取设备，并结合 AGV 自动分拣系统，实现文献保存、调配、预借等多场景服务功能[48]。图书馆的智能仓储系统建设可以借鉴国内外图书馆大型仓储系统的经验和国内小型仓储系统的优势，在容量、功能设计、设施选用方面结合自身馆藏特点与读者服务发展情况，统筹规划，构建满足本地区需求的智能仓储体系。

（二）其他行业智慧空间建设——数字孪生空间

数字孪生是社会数字化、智能化发展不断深入过程中出现的新理念，是在以物联网、大数据、人工智能等为代表的技术集成创新应用过程中出现的新技术，全球知名咨询分析机构 Gartner 连续三年（2017—2019）将数字孪生列为十大新兴技术之一。数字孪生是针对物理世界中的物体，通过数字化的手段构建一个在数字世界中一模一样的实体，借此来实现对物理实体的了解、分析和优化[49]。数字孪生是对产品全生命周期的管理，最早应用于航天航空与军事领域，后延伸到医学、教育、建筑、工业生产等方面。就空间建设而言，数字孪生当前主要集中在智慧建筑、智慧城市两方面。

1. 数字孪生建筑

数字孪生建筑可以看作数字孪生在城市智慧空间建设微观层面的应用，其目标是实现建筑体规划、设计、施工、运营的一体化智慧管控[50]，BIM应用是数字孪生建筑的核心。当前 BIM 技术被国际工程界公认为建筑产业革命性技术，并被许多国家列为强制应用技术，我国上海等地相继出台了相关政策，开始在国有投资项目中强制推行 BIM 技术[51]。湖南建工集团以BIM 为基础打造"湖南建工智慧建造"数字管理数据平台，尝试智慧工地、智慧建造，初具数字孪生建筑雏形[52]。上海黄浦区与华为联合创新，选取南京大楼作为城市数字治理最小管理单元进行试点，基于城市智能体参考架构，融合华为云、大数据、AI、边缘计算、5G 等多种先进技术，共同打造了 1∶1 "活"的大楼数字孪生，在静态建模基础上，通过叠加多维实时动态数据，支持以生命体、有机体的视角对大楼进行感知和管理，构建系统化的数字生命体征，实现建筑体运行管理的实时预判、实时发现、实时处置。例如，当南京大楼的顾客被窗外的繁华景象所吸引，打开窗户，将手机探出窗外拍照，此时大楼数字孪生系统在第一时间检测到开窗行为所带来的隐患，自动向店内保安手环告警，当保安前往现场处理后，数字孪生系统随即显示窗户关闭，大楼生命体征恢复至健康状态[53]。整栋大楼安装了 17 大类 80 多套物联感知设备，实时采集大楼的各项状态数据，包括大楼震动倾斜数据、烟感数据、电梯数据、温湿度数据、噪声数据等。除此之外，遍布各角落的170多个摄像头，配合20多种AI算法，可对客流、吸烟、开窗、消防告警等状况进行实时感知和预警处理[54]。

2. 数字孪生城市

数字孪生城市是在整个城市或园区空间范围内实现城市建筑、基础设施、市政管理的智慧规划、建设与运维。以BIM、GIS、IoT为基础的多源数据融合可视化的城市信息模型（CIM）是数字孪生城市建设的基础。数字孪生城市现已成为新型智慧城市建设的主流模式，住房和城乡建设部积极倡导基于CIM的新城市建设，推动CIM在多个城市的试点。2020年，住房和城乡建设部联合相关部门先后制定印发《关于开展城市信息模型（CIM）基础平台建设的指导意见》《城市信息模型（CIM）基础平台技术导则》，并将新城市建设试点扩大至16个城市。当前，试点城市建设初见成效，如雄安新区建成了BIM管理平台，覆盖现状空间、总体规划、详细规划、设计方案、工程施工、竣工六大环节的展示、查询、交互、审批、决策等服务，实现对雄安新区发展全过程的记录与控制管理；南京CIM平台实现了各类覆盖地上、地表、地下的现状和规划数据的集成与展示应用[55]。南京江北新区基于BIM+GIS构建数字孪生空间，从宏观上描绘江北新区地域细节、表现态势、推演发展，微观上通过无人机实景回传与BIM相结合的方式还原建设项目施工进度，进行施工进度管理，5G+无人机巡航功能同时对城市交通状况、突发事件、地质情况及违法事件等进行甄别，实现城市治理的精准管控[56]。

此外，数字孪生还在工厂车间、校园等场所展开应用。数字孪生对于智慧空间建设具有深远意义，它通过对实体空间要素的数字化、虚拟化、全状态实时化和可视化、运行管理协同化和智慧化，实现实体空间和数字空间的虚实交互、平行运转，是实体空间走向全面智慧化的基石。对图书馆而言，不论是图书馆建筑体本身的建设，还是其中设施系统的运维，抑或建筑空间内人的活动，乃至于区域内的图书馆体系，均可进行数字模拟、预判、管理和服务。图书馆智慧空间建设应该充分重视和利用数字孪生，在功能空间／系统、建筑体、体系等不同层面构建数字孪生信息平台，为图书馆空间的全要素、全流程、全业务智慧管理奠定基础。

第四节　智慧图书馆空间建设的规划设计

本节结合智慧空间建设实践进行智慧图书馆空间的整体规划设计，就建设的理念、层次形态、任务、需要注意的问题展开具体论述。

一、智慧图书馆空间建设的理念

智慧图书馆是现代图书馆建设发展的新阶段，智慧空间是实体图书馆转型发展的新形态。智慧图书馆空间通过智慧环境设施的提供、智慧系统的应用、智慧服务的开展，培育和发展智慧用户，提升图书馆空间的文献信息服务、知识共享创新与文化传播能力，增强用户黏性，全面提升图书馆空间的价值，使其成为智慧城市中人们文化休闲交流求知的主要站点和门户。其建设需根据实体空间的各要素整体统筹考虑，应体现以下理念：

1. 以用户为中心

以用户为中心是现代图书馆的核心理念，也是智慧图书馆空间建设遵循的首要原则，一切从用户出发，帮助用户。智慧图书馆空间的用户既包括读者，也包括馆员。提升用户体验是智慧空间建设的根本目的，这一目的的实现就是以用户需求为起点和导向，以用户体验设计为中心，以用户评价为衡量标准指导智慧空间建设的全过程。

2. 虚实结合

智慧空间是物理空间和信息空间的叠加。实体是空间设施、图书文献资源，是图书馆空间内人的各种活动，是遍布城市的图书馆服务网点；虚拟是图书馆前台与读者交互的网站、app、小程序、微博、微信、视频号等多终端多应用线上服务平台，以及电子图书、电子期刊、多媒体等各类型数字资源。智慧图书馆空间应在空间设施、服务资源、服务活动的各个层面进行平行或交叉的虚实结合建设，建立线上线下空间互相映射、实体与虚拟资源立体互联、线下线上活动互动参与的多维智慧服务体系。

3. 体系化

图书馆服务体系是 21 世纪图书馆事业发展的巨大成就，不同系统各级图书馆、城市图书流动车、自助书房、阅读驿站等组成了图书馆的服务空间体系，通过集群系统开发应用开展通借通还业务，成为图书馆提供普遍均等阅读服务的物质基础。智慧图书馆空间的建设同样需要体系化开展，这是纸本文献智慧化全域流通的必然要求，但除了图书智慧标签的体系化应用，还应甄别能够适应领域内不同级次、形态图书馆空间的典型智慧服务，如智能客服、空间导航、座位预约使用、活动预约参与等，对其线上应用系统开发进行体系化功能、内容设计和应用部署，以便实时监测各网点图书馆空间线下服务情况，提升图书馆空间体系智慧化运营管理水平。

4. 泛在服务

当前，人们已经越来越习惯利用智能设备随时随地获取互联网服务，日常衣食住行、休闲娱乐、健康管理等各个方面，智能应用场景无处不在、如影随形。图书馆的智慧空间建设应主动适应用户的智能生活场景，通过图书馆不同类型计算设备的广泛布置和用户计算设备的充分利用，构建用户可以任何时间、任何地点、任意设备获取图书馆空间服务的泛在计算环境。

二、智慧图书馆空间建设的层次形态

智慧图书馆空间既是一个独立提供智能服务的功能空间，也是集成各种智慧功能的智能建筑，同时也是领域内提供智慧服务的实体空间设施的整体体系。智慧图书馆空间是以区域内的智慧馆藏空间设施、智慧阅读空间体系为主架构，以智慧文化交流空间、智慧学习创新空间、智慧儿童成长空间为特色功能节点的智慧文化服务体系。按照范围大小，可以将智慧图书馆空间建设划分为智慧功能空间、智慧楼宇、智慧体系三个层次。

1. 智慧功能空间

智慧功能空间层次是依据图书馆业务功能，对图书馆特定业务空间进行智慧化改建或新建，主要包括智慧馆藏空间、智慧阅读空间、智慧学习创新空间、智慧文化交流空间、智慧儿童成长空间五种功能形态。

（1）智慧馆藏空间。智慧馆藏空间将传统书库建设为智能书库，通过

RFID 芯片、可识别的图书存储装置、不同类型机器人以及功能软件系统的应用，实现文献的自动入库、上架、巡查、存取、出库。

（2）智慧阅读空间。智慧阅读空间开展传统与数字融合的文献阅览服务，提供纸电文献的一站式检索、浏览和自助借还，提供专题文献多媒体沉浸式阅读体验，自动感知识别读者文献阅览需求，通过智能书架、智能服务机器人满足读者即时的阅览需求。

（3）智慧学习创新空间。智慧学习创新空间可以包括自习室、研讨室、会议室、培训室、录播室、朗读间、文印间、视听间、创客空间等不同功能区间。智慧学习创新空间通过智能教学、会议、自助打印、学习辅助机器人[57]等设施、系统的引进，空间设施、席位的智慧管理，学习资源、制作工具软件等的一站式提供，支持读者个人或小组在场或远程的学习、研讨、教学活动，支持读者合法的知识和产品生产创作活动，支持开展读者数字素养教育等。

（4）智慧文化交流空间。智慧文化交流空间用于组织开展讲座、展览、演出、阅读推广等活动，通过多媒体展示、录播、虚拟化等技术应用和设备配置以及活动管理系统应用，构建文化活动的平行在线空间，为读者提供虚实交互的文化活动参与体验，实现文化活动的多渠道、跨时空传播。

（5）智慧儿童成长空间。智慧儿童成长空间致力于激发儿童的好奇心和创造力，满足儿童的求知欲，营造健康、绿色、富有科技感和未来感、充满童趣的装饰环境，以及能够感知、识别、定位、导航的智能环境，并提供文、图、声、影等多样化、动静结合的阅读资源；通过配备多媒体阅读、展示、体验设施，为儿童提供游戏化、体验式学习和沉浸式阅读服务；根据儿童成长教育特点，创设合作学习、科学实验、手工、计算机软件应用等多种学习任务情境，并为之提供空间和设施支持；科学设计儿童使用空间服务的流程，引入智能机器人，为儿童提供引导、提醒、咨询、聊天、领读陪读、学习辅助等多样化的智慧服务。

2. 智慧楼宇

智慧楼宇是基于整个图书馆建筑体进行智慧化建设，基于 BIM 基础平台，整合建筑体内的智能设施系统，实现楼宇空间设施全生命周期管理。建成后的图书馆智慧大楼应至少具备以下基本特征：一是环境友好舒适，通过空调系统、照明系统等的智慧化改造对环境声音、光线、温度、湿度智能感知调控，满足人体与文献资料保存的需要，除了建筑整体宏观环境，也包括用户个人使用微观环境以及特殊设施、设备使用环境的智能调控；二是设施利用方便高效，提供包括停车场等图书馆属地范围内所有公用空间、设施设备位置、状态的全面感知与智能导航，提供全覆盖的快速可靠通信和互联网接入；三是管理安全可控，通过智能门禁、监控、消防、巡更系统部署，实现访客信息、灾情信息高效精准掌握，确保建筑体的正常安全运行使用。

3. 智慧空间体系

智慧空间体系是区域图书馆空间系统整体的智慧化建设，是指体系内所有图书馆设施的运行主要基于 BIM、GIS 感知、呈现和管理。智慧空间体系主要包括智慧仓储体系和智慧阅读空间体系两方面：智慧仓储体系是以服务区域读者的智能书库为中心，以散布在各服务网点的智能书柜为补充，借助社会物流系统实现区域文献投递与自助存取的仓储系统；智慧阅读空间体系由区域内的各级图书馆、图书流动车、24 小时自助图书馆及具有空间特征的阅读服务站点共同构成，根据服务网点空间资源条件的不同，分级分类提供智能识别、智能问询、自助办证、自助借还等基本服务，移动数字阅读、VR/AR 阅读等体验性服务，以及文献智能检索与导航、智能推荐、智能取书送书等个性化服务。

三、智慧图书馆空间建设的任务

智慧图书馆空间建设是一项系统性工程，是图书馆空间的整体转型和升级。空间、设施、资源、馆员、用户是图书馆智慧空间及空间活动的构成要素。智慧图书馆空间建设应体现以用户为中心、体系化、泛在化、虚实结合等理念，围绕空间服务的内容、方式、过程进行环境优化、设施改造、资源重组 / 加工、服务融合、用户教育和管理完善，系统提升空间各要素的智慧和能力。

1. 环境优化

优化建筑空间的暖通、照明、安防等系统，通过传感设备的综合运用，实现环境温度、湿度、亮度等的自动感知和智能调节控制，特别是书架、阅览桌的智能照明控制，建设自然、绿色、节能、环保的建筑空间，提供安全、舒适、人性化的阅读环境，打破传统图书馆的空间形态，打造开放灵活、多样调整的空间布局，注重空间细节设计，提升装饰材料、家具用品的品质，建设更加开放、有设计感的阅读空间[58]。

2. 设施升级

有计划地引入智能设备系统，诸如智能书架，智能桌椅，智能窗帘，智能玻璃，智能轮椅，智能摄像头，智慧屏幕，自助借还设备，文印设备，各类型交互机器人，文献自动分编、输送、存取系统等设施，逐步提升图书馆服务空间和办公空间与设备的智能化水平，为基于空间的智慧化服务与管理奠定设施基础。

3. 资源重组

一方面，应用智能标签 RFID 芯片，对空间内的文献资源进行信息加工组织，构建图书智慧加工流转体系的技术基础，并通过数字阅读设施配备、特色资源数字化开发、元数据整合，建设纸电资源一体化的线下阅读和知识服务空间；另一方面，对空间设施资源分层次组织整合，从空间中的阅览座席、自习座位，到小型功能室如朗读间、研讨间、录音室等，再到整体图书馆空间的各个功能区域，实现图书馆线下空间设施的线上预约使用和立体导航；此外，重新认识梳理图书馆可以进一步利用的数据资源，运用云计算、数据挖掘等技术进行数据资源应用开发，基于用户身份感知识别、智慧数据墙等技术和设施，推动后端应用系统服务数据在前端空间内的场景化、个性化服务与可视化展示。

4. 服务延展

打破图书馆空间服务的时空界限，运用虚拟展厅、会议系统、直播等平台或技术实现空间、活动的线上线下实时交互与再现；充分利用智能手机这一几乎全民普及的高级计算设备，加强 app、微信图书馆、小程序等移动平台建设，加大诸如活动预约签到、快递借还书等图书馆空间服务系统的开发应用力度，推动图书馆空间设施资源及其管理应用系统与用户智能终端的互联互通[59]，方便用户随时随地获取图书馆空间内的文献、设施与活动资源。

5. 用户教育

智慧图书馆员需要培养，"智慧"用户同样需要培育。提升用户体验除了新技术设施服务来体现，还需要针对不同群体用户认知特点，通过完善用户使用说明、开展智慧服务宣传推广、组织用户学习教育活动等方式进行用户教育，提升用户的数字素养水平。

6. 管理完善

开展员工智慧空间理念、技术与服务培训，建设智慧空间运营管理、知识服务、数据分析的专业馆员队伍；建立和实施常态化、科学化的智慧空间管理维护更新制度，以空间设施使用绩效和用户满意度为主要衡量指标，建立空间运营评价制度，加强用户关系管理，及时获取用户意见和反馈，保持对用户需求的敏感性和空间革新的动力，促进图书馆智慧空间的健康、可持续发展。

四、智慧图书馆空间建设需要注意的问题

随着数字中国、智慧城市的蓬勃发展，特别是全国智慧图书馆体系建设项目的立项实施，智慧图书馆已成为众多图书馆"十四五"战略规划内容的重要组成部分。智慧空间作为读者对智慧图书馆的第一感知备受重视，例如金陵图书馆规划在全南京市各级图书馆及基层服务点普遍建立线下智慧服务空间。建设图书馆智慧空间的目标明确，但也面临来自成本、技术、用户等方面的多重问题和挑战。

1. 成本

成本是当前图书馆智慧空间建设最先面临的问题。智能书库项目耗资动辄千万元起，小型服务机器人、智能书柜，单价亦有数十万元不等，数

十万、百万册 RFID 图书加工整体置换造价同样不菲，而空调、照明系统与建筑体深度绑定，智能改造的可行性和效果需要充分的论证。当前个体的智慧空间建设尚难，基本通过新建馆的契机争取财政支持，体系化的建设更需等待时日和时机，需要强有力的政策导向和扶持，也需要图书馆方面做出更加精确、有说服力的建设成本效益对比分析。在预算有限的情况下，图书馆可以优先考虑应用软件技术提高空间的智慧服务能力，比如空间虚拟导航、空间与活动预约、智能客服等系统的体系化设计应用。

2. 技术

一方面，技术的动态可变换性使得图书馆面临智能设施、技术选用的困难，增加可能的试错成本，几乎没有完美的技术产品，图书馆需要找到自身需求特点与产品技术特点之间的契合点，从而达到应用智能设施技术的既定目标；另一方面，技术的复杂性使得图书馆在智慧空间建设时更多地强调功能的实现，而很难深入理解及介入智能设施、技术系统设计本身，从而难以从自身立场做出最合理的计划，这需要从业人员增加专业学习培训，与时俱进，不断提升新技术素养，至少在理论方面掌握基础知识，同时具备技术应用的广阔视野。

3. 用户

一方面，智慧空间服务对用户的感知与用户隐私保护存在一定的矛盾，需要图书馆在智慧服务与用户许可之间找到平衡或合适的处理方式；另一方面，智慧服务的强技术特征，使得图书馆提供普惠均等的智慧服务面临更多的挑战，受到更多来自智能产品的制约，需要图书馆更加强调公平的服务，缩小数字鸿沟；此外，用户需求被市场引导，被更广泛的社会数字环境、智能环境塑造，图书馆容易陷入被动跟随的境地，在思考求变的过程中，需要图书馆既保持行业变革的敏感性，也保持一定的定力，在时代浪潮里始终保有并不断增强自身的知识服务核心能力。

（执笔人：奚惠娟、李东来）

参考文献：

［1］辞海.空间［DB/OL］.［2022-02-12］.https://www.cihai.com.cn/search?q=%E7%A9%BA%E9%97%B4&type=wordSearch.

［2］［3］［5］詹和平.空间［M］.南京：东南大学出版社,2006.

［4］诺伯舒兹.场所精神：迈向建筑现象学［M］.施植明,译.武汉：华中科技大学出版社,2010.

［6］崔旭.美国绿色图书馆建设的理论、实践及启示［J］.中国图书馆学报,2015（1）：38-49.

［7］李思敏,杨峰,王龙.绿色图书馆获奖项目的分析与启示［J］.图书馆研究与工作,2022（1）：77-83,91.

［8］李梅.图书馆2.0视角下的大学图书馆信息共享空间研究［D］.上海：复旦大学,2010.

［9］程大立,吴春祥.图书馆第三空间建设研究综述［J］.图书馆理论与实践,2019（12）：40-45.

［10］李东来,刘锦山.城市图书馆新馆建设［M］.北京：北京图书馆出版社,2006.

［11］杨文祥.21世纪理论图书馆学的理论起点、历史任务和研究思路［J］.中国图书馆学报,2003（2）：27-31.

［12］鲍家声.图书馆建筑［M］.北京：书目文献出版社,1986.

［13］张白影,荀昌荣,沈继武.1978—1987中国图书馆事业十年［M］.长沙：湖南大学出版社,1989.

［14］孙怀瑾.关于《图书馆建筑设计规范》的内容简介［J］.中国图书馆学报,1988（1）：57-59.

［15］刘炜,赵冬梅.图书馆智慧空间建设：概念、演变、评价与设计［J］.图书情报工作,2022（1）：122-130.

［16］单轸,邵波.图书馆智慧空间：内涵、要素、价值［J］.图书馆学研究,2018（11）：2-8.

［17］程焕文,钟远薪.智慧图书馆的三维解析［J］.图书馆论坛,2021,41（6）：43-55.

［18］余涛,余彬.智能空间［M］.杭州：浙江工商大学出版社,2011.

［19］CESAR A，PANKOO K.Ambient Intelligence and Smart Environments［EB/OL］.［2022-

04-05].https://ebooks.iospress.nl/volumearticle/47237.

［20］翟秀凤,刘宝瑞.融入情景感知的图书馆智慧空间实践调查分析研究[J].图书馆研究, 2020,50(2):111-117.

［21］黄少琴.基于智慧图书馆的智慧空间建设研究[J].湖南工业职业技术学院学报,2019, 19(4):21-24.

［22］常悦.论智慧图书馆的空间及其构建[J].河南图书馆学刊,2022,42(3):87-90,96.

［23］卢章平,梁炜,刘桂峰,等.信息-知识-智能转换视野下图书馆创新空间演变研究[J]. 图书馆建设,2017(6):11-17.

［24］吴建中.转型与超越:无所不在的图书馆[M].上海:上海大学出版社,2012.

［25］Library Makerspace[EB/OL].[2022-04-10].http://en.volupedia.org/wiki/Library_ makerspace.

［26］王丽华,王文琳.从国际图联营销奖看国外公共图书馆营销:以温哥华公共图书馆灵 感实验室项目为例[J].图书馆杂志,2018(11):83-89.

［27］STATE LIBRARY OF QUEENSLAND.The Edge[EB/OL].[2022-04-20].https://www. slq.qld.gov.au/plan-my-visit/spaces-visit/edge.

［28］AUGUSTO J C,CALLAGHAN V,COOK D,et al.Intelligent environments:a manifesto[J].Human-centric Computing and Information Sciences 2013,3(1):1-18.

［29］图丽斯,艾博特.用户体验度量[M].周荣刚,等译.北京:机械工业出版社,2009.

［30］石云平,鲁晨,雷子昂.用户体验与UI交互设计[M].北京:中国传媒大学出版社, 2017.

［31］格尔森.衡量顾客满意度[M].万君宝,陈永华,王晖,译.上海:上海财经大学出版社, 2000.

［32］汪宇.沉浸式学习[M].上海:上海交通大学出版社,2020.

［33］赵梅.美国普林斯顿大学燧石图书馆空间再造实例研究与启示[J].新世纪图书馆, 2020(2):71-75.

［34］洪伟.杭州图书馆新馆照明的节能设计[J].电气应用,2009,28(15):54-57.

［35］新民晚报.上海图书馆东馆将于4月底开放实现智慧制造,提供智慧运营[EB/ OL].[2022-06-25].https://baijiahao.baidu.com/s?id=1726871466317278759&wfr=spider &for=pc.

［36］广州日报.白云区图书馆新馆揭幕,带你体验全国首个高频无感借还书![EB/ OL].[2023-12-27].https://baijiahao.baidu.com/s?id=1697820307255232989&wfr=spider &for=pc.

［37］新华网.图书馆里来了智能机器人[EB/OL].[2023-12-27].https://baijiahao.baidu.com/ s?id=1631428062161304796&wfr=spider&for=pc.

［38］钟燕军.大数据背景下高校图书馆个性化信息服务体系探究[J].采写编,2019(1):

183-185.

[39] WANG Z H. Smart spaces：creating new instructional space with smart classroom technology[J].New Library World,2008,109（3/4）:150-165.

[40] The Westport Library.MAKE IT WORKSHOP：Dash Robots[EB/OL].[2022-04-22]. https://westportlibrary.org/?s=robot.

[41] 澳门大学360全境虚拟图书馆启用[EB/OL].[2022-04-28].https://baijiahao.baidu.com/ s?id=1731359580678523869&wfr=spider&for=pc.

[42] 沈奎林.智慧图书馆建设思考与实践[J].大学图书情报学刊,2022,40（1）:7-14.

[43] Mei Lin Fung.RFID技术有助于建立客户忠诚和关系吗?:来自1997年—2003年新加坡国家图书馆管理局RFID项目的经验之谈[J].数码世界,2004（7）:36-37.

[44] 刘迁.台北市智慧图书馆的实践探索[J].图书馆建设,2015（9）:56-59.

[45] 王展妮,张国亮.图书馆机器人应用研究综述[J].大学图书馆学报,2015,33（3）: 82-87.

[46] 5大智能图书馆AGV应用[EB/OL].[2022-05-01].https://www.sohu.com/a/479764300_ 218783.

[47] 布和宝力德.人工智能技术在图书馆的应用、挑战及发展趋势[J].图书与情报,2017 （6）:48-54.

[48] 邹阳.智能仓储系统在国内外图书馆的应用分析[J].四川图书馆学报,2021（6）: 18-21.

[49] 陈根.数字孪生[M].北京:电子工业出版社,2020.

[50] 杜明芳.基于数字孪生建筑构建数字孪生城市与城市信息模型[J].智能建筑,2021 （8）:13-17.

[51] 金明堂.数字孪生在智慧建筑中的应用探索[J].建设监理,2021（6）:8-10.

[52] 沈娟斐,李超,陈岳飞.数字孪生在建筑工程领域的应用[J].中国检验检测,2022,30 （3）:6-10.

[53] 1:1 "活"的数字孪生大楼来啦[EB/OL].[2022-07-16].http://www.why.com.cn/wx/artic le/2021/02/26/16143107561243576449.html.

[54] 传感器如"五官",南京大楼在数字世界"活"了[EB/OL].[2022-07-16].https://m.gmw. cn/baijia/2021-05/07/34826280.html.

[55] 党安荣,王飞飞,曲葳等.城市信息模型（CIM）赋能新型智慧城市发展综述[J].中国名城,2022,36（1）:40-45.

[56] 钟声,周峥华,张清.基于BIM的数字孪生建筑的应用[C]//.第七届全国BIM学术会议论文集,2021:51-55.

[57] 杨扬,郑玄.机器人技术与图书馆服务创新的融合研究:进展、问题和前景[J].国家图书馆学刊,2021,30（6）:78-87.

［58］饶权.回顾与前瞻:图书馆转型发展面临的问题与思考[J].中国图书馆学报,2020,46
（1）:4-15.

［59］饶权.全国智慧图书馆体系:开启图书馆智慧化转型新篇章[J].中国图书馆学报,
2021,47（1）:4-14.

第八章　智慧图书馆管理运行

智慧图书馆管理运行具有复杂性。相较于传统的图书馆，智慧图书馆从软件到设备，从人员到业务结构都有很大的不同。一方面，图书馆底层管理系统全面升级，另一方面，图书馆服务人群和服务内容精细化，这些要求图书馆在管理阶段需考虑到多方需求。目前，智慧图书馆仍处于摸索发展阶段，还存在服务缺失、管理冗余等多方面的问题；在此基础上，以下一代图书馆服务平台建设为重点，分析图书馆在进入智慧化发展阶段后业务流程、服务模式、联盟形态等方面的变化；此外，本章还围绕智慧图书馆管理运行中馆员这一关键要素，探讨了如何建设符合图书馆智慧化转型要求的馆员队伍；最后从案例入手，选取智慧图书馆实际运行和管理中已见成效的两个实践案例，探讨智慧图书馆建设的成效。

第一节　图书馆管理和运行的问题和不足

随着云计算、深度学习、人脸识别等新兴信息技术的发展，数字化、智慧化已成为当前时代发展的主流。图书馆作为人们获取知识服务的重要机构，是当前社会生活中不可或缺的重要组成部分。基于当前智慧服务普遍化、常态化的社会环境，图书馆必须应用现代信息技术进行理念革新和功能迭代，以推动图书馆由数字图书馆向智慧图书馆转型升级。从图书馆服务来看，首先，需要对"纸质资源＋电子资源＋资源发现服务"融合的一体化电子资源管理体系进行深入研究；其次，随着互联网技术的深入发展与应用，数据已经成为各行业开展业务活动的重要生产因素，而图书馆作为重要的信息服务机构，其海量用户信息数据体现了日益个性化、多样化的需求特征，因此国内外学者及图书馆员也越来越关注如何分析、利用这些数据并为用户提供精准化的服务。

一、纸、电、数资源的管理与服务效率有待提高

由于资源获取方式的进步与阅读习惯的改变，图书馆用户对电子资源的需求逐年递增，图书馆也越来越注重电子资源的购置。例如，北京大学图书馆年采购经费中，纸电比例达 1:1，新加坡管理大学图书馆馆藏文献的电子化比率更是高达 90%。电子资源为用户带来便利是毋庸置疑的。然而，随着图书馆中电子资源所占比例日益提高，进行高效的电子资源管理与服务变得更棘手：一方面，对于传统纸质资源的采购与管理、引进与应用，图书馆有稳定成熟的方式，遵循着传统图书馆集成管理系统（Integrated Library System，ILS）的采访、购买、编目、流通、维护等[1]的生命周期，而电子资源的采买与使用等流程更加复杂而独特，传统的 ILS 无法进行纸、电、数资源元数据共享与统一管理；另一方面，目前国内图书馆使用的电子资源管理系统（Electronic Resource Management System，ERMS）管理方式较为粗

放，电子资源各个生命周期流程分散，采买与运维相互独立，而且不能为读者或馆员提供完备的信息服务与支持。尽管近些年我国部分图书馆尝试通过引进国外 ERMS 或自主研发 ERMS 来解决电子资源管理问题，但效果仍不尽如人意。同时，虽然基于下一代图书馆服务平台的电子资源管理探索如火如荼，但因存在成本、技术等风险，直接更换平台的方式仍有待商榷。下面将介绍和分析图书馆电子资源管理系统的发展历程和现存的问题。

（一）电子资源管理系统发展与演进

在互联网环境变化和新技术的驱动下，为了满足读者需求，图书馆非纸质馆藏资源的数量越来越多，馆藏资源越来越趋于电子化、数字化。在大数据和人工智能时代，图书馆需要提供更加泛在的信息服务，从以纸质资源为核心的传统图书馆向数字图书馆、智慧图书馆转变。电子资源管理系统主要用于管理图书馆电子资源相关的各种数据和元数据，它的出现解决了传统图书馆自动化管理系统无法管理电子资源如电子期刊、电子图书、书目数据库和全文数据库等难题。

国外 ERMS 经历了从图书馆自行研究到产品市场化与商业化的转型，并逐渐建立了较为完善的电子资源管理标准规范体系，在系统实施与应用上也已趋于成熟，对 ERMS 的选择、评估与反馈也已经形成一套完整的研究体系。ERMS 起初是由国外大学图书馆根据自身需求自主研发，比较出名的有美国麻省理工学院开发的 VERA（Virtual Electronic Resource Access）、宾夕法尼亚州立大学开发的 ERLIC（Electronic Resource Licensing And Information Center）、霍普金斯大学图书馆开发的 HERMS（Hopkins Electronic Resource Management System）等。美国数字图书馆联盟（Digital Library Federation，DLF）和国家信息标准化组织联合工作组的电子资源管理项目（Electronic resources management initiative，ERMI）的成形，拉开了电子资源管理系统发展的帷幕。随后图书馆软件开发商也投入 ERMS 开发行列中，商业性的 ERMS 产品不断涌现。此外，俄亥俄州立大学图书馆[2]、华盛顿州立大学图书馆[3]、格拉斯哥大学图书馆[4] 还与相关公司合作开发 ERMS。电子资源管理相关的标准规范体系也逐渐完善，美国数字图书馆联盟发布了电子资源管理项目报告[5]，随后美国国家信息标准组织（NISO）也发布了电子资源管理系统未来标准需求白皮书[6]，这些相关标准的出台极大促进了 ERMS 的进一步成熟完善。随着国外下一代图书馆服务平台，如 Alma、WorldShare Management Services（WMS）和 Sierra 等的出现，以及开源软件 CORAL 与开源图书馆服务平台 FOLIO 在高校图书馆的应用[7]，成熟的 ERMS 体系逐渐转型为更加集成的下一代图书馆服务平台。

国内的 ERMS 实践应用也有一定成果，如清华大学图书馆引进 Verde 系统进行电子资源管理实践[8]，深圳大学图书馆还自主设计研发了开源电子资源管理系统 Open ERMS[9]，以上实践应用取得了显著成效。但与此同时，国内系统在整合与本地化等方面的问题也日渐凸显。

（二）图书馆资源管理现存问题

虽然 ERMS 的实施与应用提高了工作效率，但在 ERMS 的建设中也存在数据标准、工作流管理、互操作、许可信息的处理等棘手问题[10]。图书馆虽然积极购置电子资源，改善硬件设备，探索新的服务方式，但这并没有使服务能力得到显著提升，反而使图书馆信息化体系愈加复杂。

首先，现有的电子资源管理平台在实际操作过程中已经暴露了很多缺陷，比如电子资源的传统 Excel 管理方式粗放落后，学科建设服务缺失，系统订购、续订与试用评估功能整合度低导致采购流程烦琐，面向读者的资源揭示途径有待优化，系统无法监控资源访问等，如果维持现状，会降低电子资源管理效率和服务水平。但全面更换下一代系统也存在着很大的风险和困难，主要表现在元数据缺乏科学统一的标准规范、ERMS 的卖方市场有限导致用户缺乏自主选择权、系统更换对接以及迁移部署难度大、国外产品无法满足我国图书馆特色需求以及云端部署带来的信息安全隐患等方面。为了有效并有序解决图书馆的信息化建设问题，新技术应用、新平台建设已刻不容缓。

同时，随着移动互联网技术的发展，读者对电子资源、数字资源的需求不断增长，希望便捷地获得纸本、电子、数字资源一体化的服务；图书馆员也希望在新的图书馆服务平台上实现纸、电、数资源的统一采购，统一元数据管理和统一的资源发现服务。互联网时代，图书馆现有的纸、电、数资源管理已无满足读者的需要图书馆早已不是资源需求的第一选择，在这种环境下，作为文献、资源、知识和空间的重要服务场所，图书馆应该以新技术改变自己的服务方式，建设智慧图书馆，搭建下一代图书馆服务平台，结合图书馆的特色，进行服务的理念创新和实践创新，满足用户泛在化的资源需求。图书馆的管理工作流程一直是以图书馆员为中心的，比如采、编、流等，都是为了图书馆人员管理的方便。而在新信息环境下，应该以"读者为中心、资源为核心"变革图书馆的管理流程，探索更好的服务模式。此外，图书馆应该树立跨界思维，将各行业的优势做法借鉴到图书馆，借助大数据技术和思维方式，既做到海量信息的提供，更要做到精准信息服务。

二、数据管理的缺失

数据是一种有价值的资源，正确使用高质量的数据有助于人们做出更好的预测、分析和决策。在新的技术环境中，数据社会给科技发展带来的无限潜力，以及人们数据意识的全面增强，使得用户对于数据来源和保存的需求也越来越精细。

图书馆恰恰是广泛权威的学术数据的最大所有者，而且图书馆一直以来都应作为数据管理和服务的引领者[11]。未来图书馆服务的发展方向应转向知识服务，通过知识服务和数据服务将整个服务环节链接到前期的数据处理阶段[12]。考虑到科学数据管理中不同主体的利益诉求，图书馆还应将自身定位为嵌入式科学数据管理机构、基于过程的科学数据监护机构和提升数据素养的教育机构。

国外高校图书馆对于数据管理启动较早，成熟的平台例如斯坦福大学数据管理服务平台、康奈尔大学数据管理平台等都在高校教学和科研中发挥了较好的示范作用。国内的数据服务主要由图书馆主导，分为社科型（如复旦大学社会科学数据平台）和综合型（如北京大学开放研究数据平台）[13]。但是国内数据管理还存在一些不确定因素，要在未来很长时间内保证科学数据的可用性、真实性和可理解性，有效防范数据丢失或被毁、设备故障、病毒侵袭等风险。

图书馆经历了从自动化图书馆到数字图书馆，再到智慧图书馆的发展历程。智慧图书馆的数据丰富多样，主要有资源数据、业务数据与用户数据三大类[14]：资源数据包括纸质资源、电子资源等；业务数据是图书馆日常运营产生的数据，如门禁、流量监控等；用户数据是用户在馆中的个人信息、行为数据、服务记录等。这些数据的整合、关联、挖掘、分析与利用对图书馆管理决策、服务质量的改善、用户满意度的提升至关重要。因此，图书馆需要革新服务理念、丰富数据服务的内容和模式。

（一）图书馆数据服务理念需要增强

数据服务是随着大数据的产生而兴起的新型服务，图书馆原先以前台业务为核心的服务理念逐渐被淡化，数据化、智能化的服务理念逐渐占据主导。用户的需求不再只是通过用户的语言和借阅记录展现，在智能化的空间内，通过人脸识别技术、GIS 技术等可以获取用户全方位的信息，从而使图书馆更好地决策为用户提供何种服务。在这个过程之中，图书馆是主动的，不仅要推送通过数据挖掘与分析得出的结论，而且要引导和培养用户接受、使用这些服务，帮助优化用户行为。

（二）科研数据管理的服务亟须增值

C. Peters 和 A. R. Dryden 在调查休斯顿大学科研项目时发现，科研人员对科研数据管理实际上需要的不仅是物理存储能力，还有资助机构的数据管理要求、拨款申请流程、寻找校园数据相关服务、出版支持以及数据管理附带的有针对性的研究援助[15]。国内科研数据管理平台的服务一直以传统的数据服务为主，在大数据环境的推动下，数据使用者越来越多地产生更深入的数据需求，如数据分析、数据软件使用、数据可视化等。高级统计分析功能需要前期完善的数据管理工作，如果使用国外开源平台，需要对系统平台做好汉化工作，使系统平台能够更好地适应国内科研环境，提供适合中文环境且兼具国际通用标准的数据分析服务。

（三）图书馆数据管理需要强化

图书馆数据管理有两层含义：一方面，是基于馆内资源的大数据管理；另一方面，是融合馆外资源的大数据管理。在图书馆实际运行的语境中，分别对应着馆内数据的大量新增（纸质文献、电子资源、数字资源等），以及已成定式的馆外数据的融合共享。

在这样的趋势下，图书馆原本传统的半开放单体系统模式已远远不能满足需求，新一代服务平台应与社会知识网络及公共信息平台融合，这样既能保证新一代服务平台满足图书馆完整的业务流和数据流的需求，同时也可以建立向外融合的知识网络和开放公共信息。以上两个层面数据的收集、分析，可实现图书馆服务的最大化，其未来服务模式之大是不可预见的。

三、精准服务的不足

图书馆精准服务是图书馆在普适性服务的基础之上，面向用户的个性化需求而建立的、以用户问题为导向的服务，并非一种新的服务类型，而是基于新的服务理念，嵌入已有服务类型全过程的新的服务模式[16]。与此同时，市场意识与精准营销理念也应被引入图书馆精准服务的建设中，以突破目前图书馆在服务中遇到的困境。图书馆的精准服务模式打破了传统的资源配置习惯，由以读者共性需求为配置资源依据，转变为以读者个性化需求为配置资源依据。图书馆开展精准服务首先要能准确捕捉读者需求，而后能够通过特定渠道及时为读者提供解决特定问题的服务或资源配置方案。

在大数据时代，随着"互联网＋图书馆"模式的不断发展与创新，作为图书馆信息化建设重要手段之一的图书馆精准服务的潜力和价值无疑是巨大的。但在图书馆的实际工作中，对精准服务的投入和应用却往往是不充足、不充分的，服务普及程度不高，在服务满意度上有较大上升空间。无论公共图书馆、高校图书馆还是包含少年儿童图书馆、盲人图书馆在内的其他类型图书馆，精准服务的形式较少且存在同类化现象、精准服务形式泛化等问题。目前，图书馆精准服务面临的困境主要表现在以下方面：

（一）不够完善的需求采集机制限制了精准识别

在提供服务的过程中，图书馆传统的用户需求采集机制不够完善，数据分析技术也不够先进，对读者兴趣的把握容易出现偏差，有失精准。调查问卷的内容与形式科学性存疑，对问卷设计者的学术水平要求较高需求采集的时间与频率难以固定，服务评价与满意度的反馈渠道不够畅通、反馈效率不高等问题普遍存在，故而难以及时、准确地获取、筛选、预判读者对信息资源的需求。与此同时，依靠传统采集方法获得的样本质量较低，取得数据的真实性无法得到有效保障。再者，读者的服务需求在馆员现有的数据分析技术面前难以被精准预测，其分析结果的准确合理性大大降低。

（二）囿于传统的服务模式限制了精准供给

若在研判阶段就已出现了用户数据收集不完整的情况，那么在图书馆的精准服务供给环节，尤其是对于读者个性化的服务需求而言，这些数据的实际效力将大打折扣。事实上，长期以来图书馆提供公共文化服务时都偏好采用上层决策的思维方式，导致相当一部分公共文化资源及服务的供给分散、闲置、浪费乃至无效化供给的情形都时有发生。部分图书馆在举办公共文化活动时，对目标人群的调查和需求分析没有跟进到位，欠缺对时空限制、活动人数的考虑，最终致使资源出现浪费。

（三）关键技术匮乏阻碍了精准服务的落实

图书馆作为服务性行业，有必要利用新兴的技术来弥补图书馆数字信息与物理信息之间的差距。以用户画像、兴趣图谱、数据仓库技术、语义网与关联数据技术、室内定位导向技术和智慧机器人为主的相关技术是发展图书馆精准服务的主要手段。如果缺乏与时俱进的智能技术，从复杂而庞大的数据中提取有效信息将变得非常困难，这也是图书馆智慧化转型阶段最为常见的障碍之一。以下仅以室内定位导向技术和用户画像技术为例，对这一问题进行说明。

知晓自己在馆内的实时位置以及所需资源的位置是用户在使用图书馆的过程中最基本的需求，将室内定位导向技术应用于图书馆为满足用户的这些需求提供了可能。室内定位导向技术支持下的图书馆得以将用户的身份信息和以往的借阅、浏览记录，结合用户的情景信息（时间、位置、周边环境等）一并纳入考虑，用于推动实现两大类服务：基础的精准实时导航服务，以及在传统个性化推荐服务基础上，结合用户的情境信息进行的精准推送服务。前者囊括了图书精准定位与导航、自习座位占用情况显示及空余座位导航、研讨室指引、公共设施故障报修、讲座签到、用户互助、应急服务等常用基础功能。后者主要指信息推送、纸质文献推荐、电子资源实时推送功能等[17]。在图书馆启用室内定位导向技术，不仅可以实现用户定位及位置引导功能，还能为资源导航开辟捷径，同时作为重要的数据来源，为用户行为与需求分析打下坚实基础，大幅提升用户体验。但室内定位导向技术在国内图书馆应用中遇冷也属事实，受制于建设维护成本以及隐私安全问题，目前只有极少部分图书馆如北京大学图书馆、南京大学图书馆提供此类服务。

用户画像是真实用户的虚拟代表，其实是建立在一系列真实数据之上的用户模型。在图书馆环境中，用户画像可以理解为在前期对用户大量调研的基础上，抽取与用户信息需求相关的一些关键指标，并模型化析出不同用户的典型特征。唯有准确把握用户信息需求各个方面的特点，图书馆信息服务才有可能实现用户与资源的精确匹配。近年来，图书馆界的一个共识是，用户画像作为构建智慧图书馆的必要技术，正确运用后对实现图书情报界资源、服务、产品的精确定位大有裨益。然而，学界、业界对用户画像的认知与使用依旧存在许多不完备之处。其一是对概念的解释模糊、缺乏深度；其二是研究视角的不全面；针对用户安全与隐私的技术问题尚未得到有效解决，缺少对实时用户画像的研究；其三是用户画像数据层保障不足。国内没有用户画像真正投入实践的图书馆案例，相关学术成果多是提出构建用户画像的模型和设想，并没有实际运用到图书馆中。换言之，大多数图书馆的资源推荐和知识发现服务，并没有实现智能化，还在采用传统的书目推广和数据库检索模式，智能检索、移动视觉搜索、内容推送服务都遥遥无期。国内图书馆领域用户画像的全面实践尚未开启。

（四）精准服务评估体系的缺失阻碍了后续发展

精准服务是一个循环的过程，用户对于服务效果的评价和专业人士对服务效率的评估既是对图书馆精准服务结果的考量，也是接下来改进服务质量的理论和实践依据[18]。科学、全面评价图书馆精准服务效果的第一步是综合考量多方面因素，构建一个客观、实效的评价指标体系。这项工作应由图书馆承担。图书馆员对工作强度和难易程度的感受亦可作为评估指标。国内现在缺少一套完整权威的图书馆精准服务评估体系，这不利于尽早发现并解决各工作环节之中存在的问题，将在很大程度上影响后续发展。

第二节 智慧图书馆管理系统建设

下一代图书馆服务平台（New Generation Library Service Platform，NLSP）作为智慧图书馆转型的重要环节之一，可在信息资源的生产、组织、加工、消费的过程中建立平衡机制，在整合全资源的基础上，建立起开放共享的生态系统，从而带来信息系统生态链的全面升级。因此，如何在智慧图书馆建设期间，实现传统图书馆管理系统向下一代图书馆服务平台的转型和升级，成为重要的问题。智慧图书馆建设过程中形成的资源建设、用户管理和服务新模式，使得图书馆原有的部门和业务不能有效应对，对应的部门和业务重组势在必行。下一代图书馆服务平台带来了图书馆业务流程、服务模式和人员配置的革新。首先带来的变革是图书馆业务流程的重组，图书馆采编、服务、资源建设等核心业务都是流程化的，下一代图书馆服务平台改变了图书馆的资源采编与管理方式、部门设置与人事调配和用户服务模式，这就需要图书馆不断改进工作流程，重组业务模块，保证知识服务的效能；其次是用户与图书馆服务模式的重建，图书馆服务连接了用户需求和图书馆资源，是下一代图书馆服务平台建设的重要落脚点；此外，平台也对图书馆联盟的结构产生了影响，尤其体现在图书馆区域联盟上。下一代图书馆服务平台的出现为区域联盟服务提供了"共用平台"的思路，为区域联盟面临的组织松散、运维失效等问题提出了解决方案。本节将分别剖析下一代图书馆服务平台的发展及其对图书馆业务流程和服务模式的变革。

一、下一代图书馆服务平台发展现状

（一）下一代图书馆服务平台的提出和建设现状

2012 年，图书馆系统改革浪潮中出现了"下一代图书馆集成系统"[19]的概念。随后，美国著名的图书馆自动化系统专家 Marshall Breeding 正式提出下一代图书馆服务平台的概念，下一代图书馆服务平台是下一代图书馆自动化系统与发现系统的集成，"它面向现实中图书馆纸、电、数资源聚合的复杂馆藏"，且不仅仅是图书馆集成管理系统，还"为采购工作、数据管理的自动化以及协助用户获取感兴趣的内容资源提供全新的方案"[20]。刘炜认为，新一代服务平台是在微服务架构的基础上，实现纸、电、数资源一体化管理，支持阅读服务、空间服务、知识服务、咨询服务与带有鲜明特色的典藏服务[21]。谢蓉等认为，下一代图书馆服务平台＝图书馆集成系统＋数字资源管理＋云服务[22]。范并思认为，基于云环境的图书馆集成系统本质上就是 SaaS 服务[23]。傅平则将"共享图书馆管理集成系统"列为未来图书馆热门的新技术趋势之一[24]。简单来说，下一代图书馆服务平台就是纸、电、数资源集成管理的微服务架构系统，并且具有支持知识发现和融合服务的功能。它的特点是以用户为中心，具备开放的生态环境，具备纸、电、数资源一体化管理和发现的系统，利用云服务和共享知识库连接所有图书馆、数据资源和用户。它可以用来简化图书馆业务，相较原有的图书馆集成管理系统更具包容性。

下一代图书馆服务平台的出现加快了智慧图书馆发展的进程。从其命名来看，"下一代"的含义在于与原有的图书馆自动化系统进行区分[25]，这是图书馆自动化系统发展的一次"变革",而非简单的"升级"。其采用了面向服务的体系架构,搭建的元数据环境适合图书馆多种形式的资源,在资源采购、资源管理等方面重塑了图书馆的业务流程,同时也能够为图书馆联盟的重构提供技术支持。正是由于 LSP 在智慧图书馆转型和体系化发展中发挥了核心作用,所以不仅国外图书馆领域对 LSP 的引进、研发和应用孜孜不倦,国内图书馆也从战略层面上高度重视 LSP 建设。2021 年 6 月,文化和旅游部发布的《"十四五"公共文化服务体系建设规划》提出"推动实施智慧图书馆统一平台建设"[26]。国家图书馆"全国智慧图书馆体系"建设项目采用"1+3+N"的总体架构,其中的"3"包含了智慧图书馆管理系统,对图书馆实现全流程智慧化管理[27]。南京大学图书馆在自身的"十四五"规划中阐述了"一平台四中心"建设的主要任务,智慧图书馆建设与服务支撑平台建设被列为核心。

自下一代图书馆服务平台的设想提出后,国内外系统开发商与图书馆界开展了深入合作,不断推动着图书馆管理系统的转型和变革,LSP 产品的市场竞争日益激烈。经过近十年的发展,Intota、Open Skies、Kuali OLE 等产品中途夭折,目前较为主流的国外产品主要为 Ex libris 的 ALMA,OCLC 的 WMS,Innovative Interfaces 的 Sierra 以及在 EBSCO 全力支持下发展迅速的 FOLIO,它们在全球市场上拥有较大的话语权。第 14 届全球图书馆自动化系统调查报告结果显示,截至 2020 年,在众多主流的成熟产品中全球范围内使用最多的是 Alma,成员满意度普遍较高,而且用户的忠诚度也很高[28]。国内最早引入 LSP 的一批高校图书馆中,Alma 的使用率也很高,如北京师范大学图书馆[29](2017 年上线)、清华大学图书馆[30](2018 年上线),下一代图书馆服务平台的广泛使用也成为图书馆智慧化转型的重要标志。

国内图书馆也一直在探索建设适合国情和馆情的 LSP 系统。目前,国内图书馆对于 LSP 的应用大致可以分为三种类型。

第一类主要采用产品引进的形式。例如华中科技大学图书馆购买的 Sierra，北京师范大学、清华大学、中国科学院高能物理研究所、南方科技大学、香港中文大学（深圳）等图书馆购买的 Alma 等，都是选择国外相对成熟的产品直接应用。使用这种形式的原因包括：馆内原本就有购买的相同开发商的旧系统，升级应用的成本相对较低；直接应用成熟的产品功能故障少，不用承担太多风险；直接引入可以减少研发时技术、人员上的消耗。不过，这些商业产品与国内图书馆管理业务流程差距较大，并不能精准匹配国内图书馆行业的实际需求。同时，此类产品与传统管理系统的功能架构差异显著，对工作端的馆员而言掌握和使用的时间成本较高。

第二类是基于国外开源产品的自主平台开发，这主要得益于 FOLIO 等开源产品的出现，为国内各大图书馆自主完成平台的本地化构建提供了条件。较为典型的主要有深圳大学图书馆基于 FOLIO 平台合作开发的 LAS4系统，CALIS 遵循 FOLIO 的设计理念和技术架构二次开发出的 CLSP 项目[31]以及上海图书馆依托微服务技术所搭建的"上图 FOLIO 平台"[32]，等等。这种方式虽然仍是基于国外产品完成，但本地化程度较高，更为符合国内图书馆实际业务需求，并满足了个体图书馆馆情的多样化特征。

随着相关技术的成熟与实践经验的积累，我国图书馆市场出现了第三类平台，即国内自主研发的下一代图书馆服务平台。当前国内市场中，浙江飞阅文化[33]、江苏汇文[34]等系统开发商都在进行下一代图书馆管理系统的开发，也诞生了中国矿业大学自主研发的智慧图书馆管理与服务平台[35]、维普开发的 DALIB·智图[36]、南京大学图书馆与江苏图星软件科技有限责任公司共同研发的 NLSP 系统[37]等自主研发的 LSP 产品。

（二）下一代图书馆服务平台的功能和建设案例

1. LSP 的功能与特征

LSP 的基本组成有统一资源管理系统、发现系统、二次文献库、大数据中心、大数据分析平台、采购平台、开放平台和图书馆联盟平台。相较于传统系统而言，下一代图书馆服务平台重点特征如下：

①高度的集成性。图书馆是各种类型资源及知识信息的集散地，也是公共文化服务与信息服务的中心，下一代图书馆服务平台以 Z39.50 协议、RDA 框架等集成化技术作为支撑，处理并储存异构数据和元数据，将服务与资源进行充分整合集成，不仅能够管理馆藏资源，还能优化工作流程，并利于与读者通过系统交互，推动图书馆资源建设与服务。

②微服务架构。图书馆现有自动化系统技术架构普遍已经落后，系统臃肿、稳定性差，增加了维护和升级的困难。LSP 通过 SOA 组件模式，实现多产品服务的统一管理，支持多租户和订阅型服务，具有易部署、易管理、易维护等优点，能够降低服务成本（减少图书馆硬件存储投入成本，降低图书馆系统运维要求），同时提高馆员工作效率，提升读者阅读体验。

③智能业务模式。云计算、大数据等新技术应用于 LSP，不仅仅推动了图书馆服务系统技术变革，同时优化了馆员工作流程，提升了工作效率。基于大数据智能化精确分析，LSP 能协助馆员精确选购，合理布局馆藏；开展个性化阅读推荐，提升读者服务质量；基于智能数据分析和预测，协助馆务决策；实现知识仓储自动更新 MARC、DC 等元数据并同步到本馆，馆员可自动关联获取，无须人工干预。

④开放融合新生态。在新需求推动下，图书馆与出版社、书商、资源提

供商、电商、物流等需要更深入的整合，实现业务对接、数据共建共享。新平台需要建立开放的生态系统，可扩展的开发者平台，通过 OAUTH 协议提供丰富的应用程序接口（API），连接出版社、书商、第三方服务商、用户、降低成本、提高效率、完善服务体系。

2. 国内 LSP 本土化建设案例

（1）南京大学图书馆 NLSP

2019 年 4 月 26 日，南京大学图书馆与江苏图星软件科技有限责任公司联合研发的新一代图书馆服务平台 NLSP 正式上线，这也是国内第一个自主开发的新一代图书馆服务平台。2020 年 9 月，NLSP 已迭代到 3.0 版本。NLSP 采用 PaaS+SaaS 的部署模式，提供标准开放的 API 接口，实现了纸、电、数全资源管理，为智慧图书馆的发展提供强有力的支撑。NLSP 拥有中央知识库、资源采访、资源管理、资源典藏、读者服务、分析决策、系统管理七个模块，集成纸、电、数资源一体化管理与读者服务一体化管理。它采用混合云的微服务构架进行 SaaS 云服务，模块功能划分清晰减轻了系统运维、存储、备份压力，实现稳定运行，流程通畅。NLSP 不仅实现了纸、电、数全资源管理，而且搭建完成了学院分馆体系，独立的工作台保证学院图书馆和中央图书馆之间能实现统采统编以及用户的一体化管理。标准开放的 API 接口体系，让馆员和用户可扩展多项应用。由于部署简单，上网就能工作，在家就能办公，简化了馆员采编的步骤，节约了时间。迭代式更新时，服务不停止，无须闭馆。内置大数据分析功能，建立用户画像，不断提高用户服务质量和优化馆藏质量。表 8-1 是 NLSP、Alma、传统自动化系统功能的比较。

表 8-1 NLSP、Alma、传统自动化系统的功能比较

平台名称	NLSP	Alma	传统自动化系统
技术架构	公有云 + 混合云，微服务架构	公有云	单体应用、本地安装
体系架构	微服务技术架构，SaaS 服务，在线更新	SOA 架构，在线更新	B/S 多版本、用户更新
系统维护	不需要停止服务，不影响业务，无须维护数据库、维护系统	不需要停止服务	需要闭馆升级，需要馆员维护数据库
产品特点	1. 纸质、电子、数字多资源类型一体化管理； 2. 支持多资源类型采购与管理； 3. 一体化元数据管理（MARC，DC 元素据等），馆藏管理 4. 一体化读者服务； 5. 符合国内业务模式与批次订购	1. 纸质、电子、数字多资源类型一体化管理； 2. 支持多资源类型采购管理； 3. 一体化读者服务	只支持纸质管理
开放平台	统一标准的开放平台	开放的 API 平台	无
扩展应用	1. 期刊论文与学位论文管理； 2. 院系管理； 3. 电子资源库管理； 4. 支持专题库的建立与管理； 5. 电子资源试用与用户评价管理	院系管理、电子资源库管理等	无
机构模式	不限层级院系总分馆、联盟馆、多校区模式	成员馆	无
OPAC 检索	支持多资源类型的一体化检索（纸质、电子、多媒体、光盘等）	支持多资源一体化检索 + 发现服务	传统 OPAC 服务
中央知识库	支持	支持	无
多资源分析决策	基于多资源类型统计分析（纸质、电子资源库，电子图书，电子期刊，数字资源）	支持	无

（2）上海图书馆"云瀚"

上海图书馆的"云瀚"是 FOLIO 的中国化，希望通过构建一个开放的社区，合力打造一个平台，以满足中国图书馆不断发展的需求，支持全球图书馆走向一个光明的未来。虽然它不是 FOLIO 中国化的第一个成果，但它是第一个将 LSP 标准化、规范化的问题纳入视野的平台。它要建立的不仅仅是 LSP，也包括一组能满足图书馆当前运行和未来发展功能需求的应用，以及一个运行良好、健康发展的社区。只有建设好社区，才能构筑起一个可持续的产业生态，才能保障上述愿景目标的实现和可持续发展。"云瀚"的三大目标是：①在功能、质量、性能、稳定性、用户体验和使用方式等方面提供超过平均水平的解决方案，解决目前图书馆对平台和系统软件普遍不满的问题。②提供一种具有高性价比的高竞争力解决方案，让更多的图书馆用上最先进的平台。③构建一个社区生态，使"平台＋应用"模式在图书馆行业落地，让平台真正为业务服务，并且能够不断迭代进化。为了实现这个社区，上海图书馆、上海交通大学图书馆、江苏嘉图网络科技股份有限公司等图书馆、系统开发商、集成商及各类组织机构已成立智慧图书馆技术应用联盟，以克服 FOLIO 和"云瀚"运行环境、系统开发中的诸多困难[38]。

（三）下一代图书馆服务平台的发展趋势

在已经实现纸、电、数资源管理一体化，内置大数据分析的基础上，LSP 应当逐渐强化内嵌发现系统的知识服务功能，致力于将资源管理与用户知识服务精准对接，实现从面向图书馆向面向用户过渡、从管理系统向服务平台转化，逐步演化为知识服务平台（Knowledge Service Platform，KSP）。

1. 打造知识共享社群

图书馆服务水平的提高需要尽可能地从用户个性化需求出发，提供以用户体验为焦点的社交型服务，包括对用户个人画像的管理、用户需求数据管理等。具体而言，图书馆可通过记录用户包括借阅、浏览、收藏、评论等在内的全方面行为轨迹，探析用户的属性与兴趣，为用户建立标签及进行用户画像，并借助积分管理制度与用户行为建立关联，以提供更为精细化的服务。在大数据技术的支持下，多数 LSP 已实现用户数据的自动挖掘和可视化呈现。此类用户画像是将个人特征抽象聚类为群体特征，具有典型性和指导意义，但对于识别个体需求而言仍然不够精准。图书馆必须要给予用户足够的自主权和参与感，让用户能够并且愿意在图书馆留下痕迹。用户驱动采购是用户参与图书馆业务的范例之一，在提供用户荐购渠道、展示荐购排行榜等常规方式之外，LSP 系统下一步应考虑将用户荐购资源的生命周期管理流程呈现出来，使用户能够明确知悉图书馆对于个人需求的处理情况。这样可让用户提出的需求可追溯、有实感，较之传统用户需求"有去无回"的处理方式而言更能激发用户的积极性和主动性。

打造图书馆专属的社群知识共享模式将是 KSP 的未来发展目标之一，在未来图书馆的知识共享社群中，KSP 将成为用户与读者、用户与学者、用户与图书馆连接的桥梁。图书馆需要在社交网络应用的基础上，创建知识社群来提高用户黏性。在虚拟知识社群的创建上，图书馆应在服务软件内为用户提供网络社群互动的平台和个人的使用接口，让用户和专家能借此进行远程交流，以此由内向外扩大图书的影响力和覆盖面。图书馆还应考虑通过用户信息的录入和公开以及阅读列表的创建和分享，来实现用户从个体到群体的连接，以人为本推动知识社群的建设，打造出图书馆专属的社群文化。在实体知识社群的构建上，图书馆可通过定期举办读书会、知识讲座、知识评鉴、专家演讲、教育训练等方式来进行知识分享，使用户能够通过面对面的接触和直接的交流，在第一时间得到实质性的回馈和响应。通过图书馆社交圈的打造，提升用户的归属感和参与感，进一步盘活图书馆的各类资源。

2. 优化知识发现模式

图书馆应基于知识服务的需求制定配套的管理策略，形成以知识服务为轴线的管理体系。首先，图书馆需要通过建立科学的馆藏体系来为知识共享提供有力支撑。图书馆采购策略的制定，必须要重视数据挖掘和知识分析结果的应用。在进行文献资源采买时，未来 KSP 应基于相似馆藏、学科分布和经费预算等信息绘制出资源画像，还应从采购数量、订购分配、供应商选择等方面为馆员提供具体的采购建议，构建更加合理的馆藏体系。

在此基础上，应强调知识发现的特性，由旧有的"人找知识"转变为"知识找人"，以面向读者的新型知识服务平台为依托，完成从通用性发现到个性化发现的全方位服务供给。以"知识无边界、读者零跑路"为目标，为全民学习、泛在学习、终身学习社会风气的形成提供助力。结合 LSP 的现有实践，在 KSP 系统的尝试中，通用性发现包括仓储式发现、陈列式发现、推荐式发现三个方面，见图 8-1。

（1）仓储式发现。仓储式发现主要是指 KSP 通过采集用户行为数据、用户背景数据、兴趣偏好数据、社交关系数据等形成数据仓库，并基于预测算法、机器学习、文本挖掘等技术进行用户建模，勾勒出图书馆的用户画像。目前多数 LSP 较为关注对性别、年龄、学历等静态数据和用户检索、下载、收藏等动态数据的分析，未来 KSP 的用户画像则将对用户在知识社群中咨询、讨论、分享、合作等社交行为重点关注，通过分析用户的活跃度、贡献度和影响力推动用户画像进一步走向个性化和精准化。

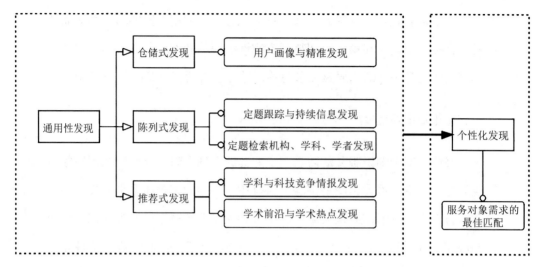

图 8-1　全方位的知识发现服务体系

（2）陈列式发现。陈列式发现，顾名思义，是对特定知识需求的陈列式展示，较有代表性的服务主要包括定题跟踪与持续信息发现以及定题检索的机构、学科、学者发现。定题跟踪与持续信息发现主要是指当用户订阅了特定主题后，KSP 可对图书馆馆藏范围所有资源进行自动检索、跟踪和更新，为用户实时推送该主题下的最新信息。至于定题检索的机构、学科、学者发现，当前的不少知识发现系统已经可以实现这一功能。但目前国内外的知识发现系统并未真正地蓬勃发展起来。国外市场中，除了与 Summon 合并的 Primo 外，当前市场占有率较高的仅有 EDS，但元数据收割不全的问题极大影响了用户体验，对于有专业检索需求的用户而言，单个数据库的逐个检索反而更加稳妥。国内市场中，超星知识发现系统占据了较多的市场份额，但在 CNKI 数据库的强势冲击下，多数用户常规的机构、学科、学者发现需求在单一数据库中也能得到满足。同时，知识发现系统十分依赖数据库的数量，但对于个体图书馆而言，成型的知识发现系统打包接入意味着图书馆也必须要为系统背后的数据库买单，而这可能并不贴合该馆的用户需求实际，也会为图书馆带来沉重的经费负担。因此，KSP 需要在对元数据完整收割的前提下，为图书馆提供自主搭建知识服务平台的接口，用户的检索发现以图书馆实际购买的商业数据库和本地机构库为依托，将更贴合特定图书馆的实际需求。

（3）推荐式发现。推荐式发现将用户所在学科和行业的发展热点和情报信息主动推送给用户，是"知识找人"的最好体现。当前图书馆的推荐式发现主要包括学科与科技竞争情报发现以及学术前沿与学术热点发现。学科与科技竞争情报发现需要以图书馆的联盟为依托，KSP 需依靠云服务搭建起图书馆的联盟体系，从而达成机构间信息互通、情报共享的目的。学术前沿与学术热点发现应该以用户所在学科为分类依据进行系统组织，当前高校 LSP 的实践以少数优势学科的知识支持服务为主，未来的 KSP 应实现全学科的知识服务覆盖。

未来 KSP 的建设或将采用通用性发现与个性化发现并行的模式。个性化发现与通用性发现的不同之处在于，通用性发现是基于固定的主题和标签进行知识发现。无论是定题的追踪和检索，还是学术热点与竞争情报，只要限定的是相同的主题或学科，每个用户得到的信息都是一致的。通用性发现的用户画像也是将单个用户归纳到典型的用户群体中并为其打上标签进行推送，只要是具有相同标签的用户，其所接收到的推送信息都是相似的。但个性化发现将具化到单个用户，强调与服务对象需求的最佳匹配，从以群体转变为以个体为最小分析单位。这种个性化知识发现可体现在用户进行特定主题检索时，检索结果不再以文献资源的发表时间、被引量、下载量、主题词的相关度等条件进行排序，而是系统优先依据用户数据推测出用户更有可能感兴趣的文献并将其优先陈列。

二、图书馆业务流程重组

图书馆的日常工作围绕知识的收集、储存、加工、发现、利用展开，并衍生出图书馆的核心业务——采编、服务和管理。图书馆业务具有非营利性和信息流主导的特征，以提高用户的服务效率、实现图书馆的社会职能为目标。智慧业务建设是智慧图书馆的重要组成部分，面对下一代图书馆服务平台带来的巨变，原先的业务流程将被彻底颠覆，业务流程重组势在必行。业务流程重组（Business Process Re-engineering，BPR）理论将为图书馆内部业务提供理论支撑。而下一代图书馆服务平台，采用微服务架构，实现了纸、电、数一体化管理与融合发现系统的功能，简化了图书馆业务流程，为图书馆的业务流程重组提供了必要的技术支持。

（一）业务流程重组理论

1.业务流程重组理论的产生与内涵

业务流程重组理论是一种对关键的流程进行重新设计以提高效益的管理方法，也称"业务流程再造"或"业务流程重新设计"。1990年，迈克尔·汉默在《哈佛商业评论》中首次提及了企业的流程重组问题，汉默对再造工程的看法是，它需要一个组织的积极性和广泛的重组，以摆脱"过时"的业务流程[39]。1993年，迈克尔·汉默和詹姆斯·钱贝发表《公司重组：企业革命的宣言》，首先提出了完整的BPR理论，将BPR定义为"对关键步骤和流程的重新设计或组织，以实现企业业绩的突破"[40]。这是一种彻底性的基于流程的变革思想，出现伊始便帮助美国的许多大型企业取得了超越性的成功。

BPR 是通过流程整合、优化，最大限度地满足组织高效发展需要的一种方法，其根本目标是缩减无价值的部分，增加生产力，实现组织整体效益的最大化。效益的增加具体表现为去冗、增值、节约时间、技术驱动和人员优化，但这些并非全部，BPR 追求的是整体性效益增值。BPR 提升效益或价值的核心思想主要有六个方面：①以流程为中心替代以职能为中心，在此过程中，部门之间的界限变得模糊；②岗位合并，撤除冗余，缩减复杂的机构，节省人力资源，在这样的情况下，垂直机构减少，组织趋于扁平化；③个人选择多样化，鼓励个性，发挥每个人的主观能动性和潜能[41]；④注重系统化、整体化思想，追求整体流程的最优化设计而不是细枝末节的精致设计；⑤以一站式平台集中管理与共享资源，降低重复劳动和无效劳动，实现数据在整个流程上的共享，有利于价值增值；⑥信息技术驱动下的全面改革，信息技术是第一生产力，它改变了用户需求，也深刻影响组织的产品定位、战略方向和管理模式，推动组织结构优化升级。

2.业务流程重组理论在图书馆的应用

图书馆的核心业务都是面向流程的。在图书馆领域，BPR 理论的实践也陆续取得成功。圣母大学图书馆通过实施跟踪数据库，获取数据支持修订工作流程，更快、更有效地更新电子馆藏目录，甚至追踪失踪书刊，减少积压并确保更高的用户满意度[42]。亚特兰大大学中心利用业务流程分析和改进原则，将其参考服务从单一的服务台重新规划为双书桌模式，从而改善客户服务，增加参考资料的使用服务，更有效地利用专业图书馆员的时间和努力[43]。

在国内，缪其浩于 1996 年针对上海图书馆的新馆建设提出了业务流程重组的概念[44]，随后，国内图书馆逐渐重视 BPR 的应用。1996 年，《信息资源共建共享倡议书》提出通过"国家—地方"两级体系建设资源共享网络，涵盖了联机联合编目、联合采购、文献传递等多项业务；2001 年，中国科学院文献情报中心实施了"国家科学数字图书馆"（CSDL）项目[45]，开启了我国图书馆数字化转型的征程。这一时期，以传统资源的数字化、目录的编制、地区图书馆之间的联合为主。业务流程优化集中于文献服务、馆内服务等基本服务，包括文献采集、文献检索、参考咨询等。

2011 年左右，"互联网+""图书馆转型""大数据""云计算"等理念和技术陆续影响图书情报领域。在技术发展和社会需要的推动下，图书馆的业务流程重组问题迫在眉睫。业务流程重构以用户和嵌入的深度服务为核心，包括知识咨询、情报分析与研究、数据管理与服务、出版服务、学科服务等。新一代图书馆系统应秉持图书馆业务流程重组的理念，进行系统的架构，以及要素、子模块的组合，以达到效益最大化[46]。

在智慧化转型时期，智能技术的发展与用户需求的变化成为图书馆的业务流程重组的主要动因。智慧图书馆的业务流程重构有以下三个特点：①适应新的智能技术。图书馆基于预测算法、机器学习、文本挖掘等技术勾勒出用户画像，逐渐改变图书馆服务方式这种使图书馆的人员、组织、机构的安排和角色都发生了很大转变。②适应用户诉求的改变。智慧化时代，用户的需求趋于个性化，对于信息资源获取的速度、便利程度和契合程度都提出了更高的要求，空间、资源、技术、设备都必须进行要素重组，以精、准、快地满足用户的核心需求。③基于新的服务平台。随着云计算的引入和软硬件设施的更新，业务流程的推进环境发生了根本性变化，以 NLSP、Alma、FOLIO 为代表的新一代图书馆服务平台为其提供数据支撑和平台保障。

BPR 理论与图书馆结合有足够的根基和实践经验，并对时代的变迁展现出强大的适应性。BPR 理论一直强调，要注意业务流程中"只顾眼前利益""过度依赖技术"和"缺乏战略统筹"等问题。只有通过业务重组大幅度提高用户服务的质量，提高效率，同时降低服务成本，图书馆才能保障对现代环境的适应能力及其发展的可持续性。

3. 下一代图书馆服务平台对业务流程的重塑

下一代图书馆服务平台具有模块化的组件服务、全面的采访功能、完整的在线元数据编辑器、统一的纸、电、数资源管理、综合数据监控与分析、统一检索功能、统一的读者管理与服务、完善的权限与配置项、前后端分离并支持多终端的优势。目前已有的 LSP 都取得了开放 API 的共识，支持中央知识库和多资源分析决策，为业务重组提供数据流的保障和开放融合的服务基础。LSP 对图书馆业务流程的重塑，主要体现在如下几个方面：

（1）取消冗余业务。

借助 LSP 的中央知识库，图书馆可以实现电子资源的直接复制和异构平台资源的统一元数据管理，这种集成式的管理节约了资源建设的成本，原先重复建设和盲目建设的业务内容需要取消。云服务和 Web 化的流程、参数减轻了馆员压力[47]。例如：LSP 系统维护时，无须闭馆，也无须馆员维护数据库。馆员获得了从原先的烦琐工作中解放出来，而投身于创造更大价值的业务链中的机会。

（2）优化传统业务。

传统自动化系统以业务管理为中心，以 B/S 系统为主，但仍然主要是针对印刷资源的，且包含大量的业务系统，并支持在线读者服务。而 LSP 采用集中模块管理，实现纸电资源一体化，微服务架构的特征是独立部署、服务粒度小、只聚焦一件事、松耦合[48]，这使业务运行效率显著提高。而依靠智能计算，传统的资源推介、参考咨询服务也深化为更切合用户需求的精准推荐和智能咨询。

（3）拓展新型业务。

开放的 API 使平台之间的集成更容易，且为图书馆员开发更多本地应用创造条件[49]。开放的生态环境允许 LSP 利用云服务和共享知识库连接所有图书馆、数据与用户，馆员和用户都能获得开发智能服务的资源，并参与到新业务的开发之中。

综上所述，LSP 投入使用后，一些资源从束缚于传统 ILS 的工作流中解放出来，图书馆获得了灵活设计业务流的更大空间。图书馆可以有选择地组织工作流程，而不是呆板地遵循系统强加的工作模式。同时，为了解决系统间的信息孤岛、业务冗余、智能化服务不足等诸多问题，图书馆的工作流程必须融入新的服务平台，才能实现数据共享、服务共享[50]。如何设计出与 LSP 相适应的新型业务模式，从而提高图书馆系统的整体效率，成了当务之急。

（二）图书馆业务流程重组的实施

1. 采访流程再造

LSP 拥有中央知识库，可以为不同形式的资源建立统一的元数据管理，因此基于 LSP 的采访流程具有简约性、便利性和灵活性的特点，以 Alma 与 NLSP 为样本进行阐述（图 8-2）。

（1）采编业务一体化、网络化

借助 LSP，可以实现采访流程的网络化，节约外包编目人员往返图书馆的时间，通过二次查重减少重复浪费，提高采访效率，优化人力资源配置。在平台上实现纸电资源一体化采访，方便、快捷，节约了因分离采访而带来的资源浪费。其中，电子资源的采访流程尤为重要。电子资源采访均支持通过中央知识库复制到本机构资源库中，且支持自建资源库。这样就能在图书馆系统中形成庞大的数字资源数据集合。电子资源库与电子资源清单（Alma 中的电子资源库列表）之间均通过电子资源服务来连接，统一服务入口与服务路径。

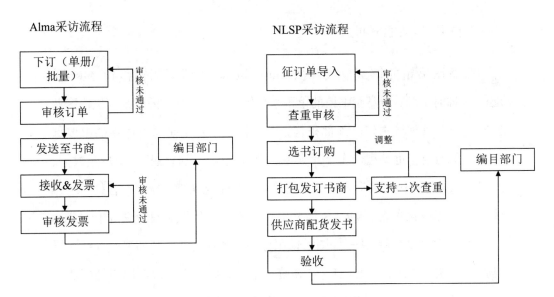

图 8-2 基于 LSP 的新采访流程

（2）采购决策依据智能化

除了传统的读者荐购、经典阅读等方式，预订时图书馆员可以依托平台大数据分析的结果，挖掘用户的需求点，选取图书，用户"被动地"参与其中，选书与馆藏需要契合的准确性大大提高。在这个环节，馆员还可以利用知识库里的信息，对同主题资源、同资源对应的各个供应商展开比较，节约了市场调查的时间，也能让图书馆最省力地选取最优方案。

（3）催生新型的商业合作模式

采访平台在采编的流程中作为图书馆与书商、供应商沟通的桥梁，有利于图书馆多元合作的展开。采访平台上供应商与图书馆交流非常便利，供应商可以直接把编目信息发送给图书馆，模块中也储存有供应商的相关信息和编目包。书商、出版商、馆配商，乃至第三方都可以通过 LSP 的采访模块与图书馆对接，图书馆也可与联盟、合作机构对接，有何问题皆可在线上解决，并与编目模块或自动编目系统实行无缝衔接。

2.图书馆馆藏模式再造

智慧图书馆的馆藏模式要从"just-in-case"（即例）转移到"just-in-time"（即时）[51]。智慧图书馆的馆藏来源体系是一个开放的体系，机构资源库与人员、其他图书馆、外部机构、互联网、用户都是这个体系的组成部分，馆藏的内容也类型众多，元数据、资源数据、设备数据、用户大数据、科研大数据等，馆藏的形式呈多元化趋势，数字化文献、视频、音频、新媒体资料、可视化资料、VR/AR 体验等。图书馆的馆藏管理经历了传统 ILS系统到 ERM 系统再到新一代图书馆服务平台的演变。传统的 ILS 系统主要是针对纸质资源进行管理，ERM 系统（电子资源管理系统）用于处理数字化的资源，例如电子期刊、书目数据库等。这两者都是"just-in-case"的，只能呆板地等待用户的请求，再进行文献服务，单一而迟缓，有时候还需要通过馆际互借等手段才能满足用户的信息资源需求。而 LSP 整合"纸、电、数一体化＋发现服务"的功能，统一处理纸质、电子、数字资源（图 8-3）；使用 Web 规模的发现系统，这些系统允许使用单个中央索引和搜索界面，允许搜索本地图书馆服务，订阅集合以及开放访问资源[52]，例如 Alma 和Primo，WMS 和 World Cat，FOLIO 和 EDS，这些平台都可以主动识别用户需求，并精准做出"即时"反馈。

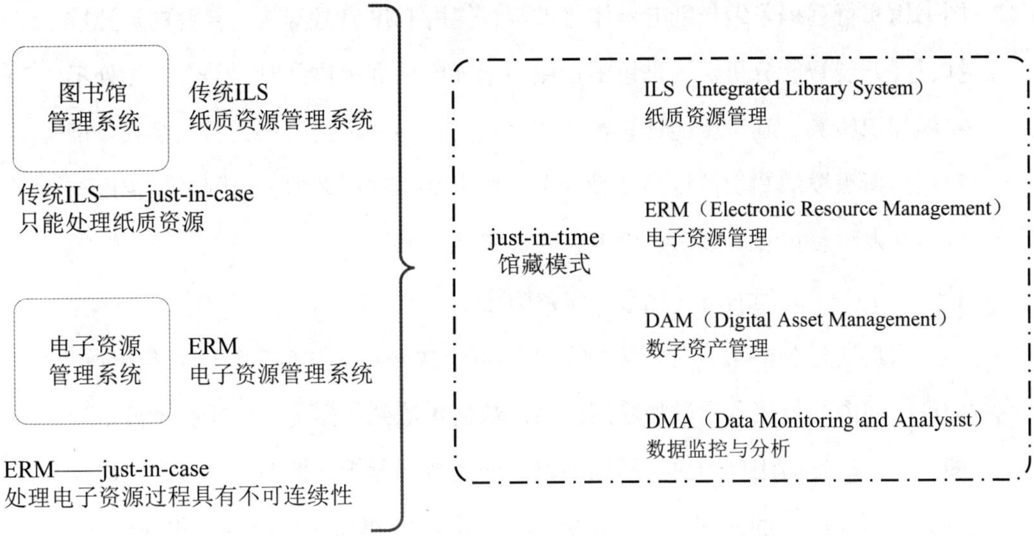

图书馆
管理系统 传统ILS
纸质资源管理系统

传统ILS——just-in-case
只能处理纸质资源

电子资源
管理系统 ERM
电子资源管理系统

ERM——just-in-case
处理电子资源过程具有不可连续性

just-in-time
馆藏模式

ILS（Integrated Library System）
纸质资源管理

ERM（Electronic Resource Management）
电子资源管理

DAM（Digital Asset Management）
数字资产管理

DMA（Data Monitoring and Analysist）
数据监控与分析

图 8-3 图书馆馆藏模式演进

3. 图书馆服务流程重组

（1）以用户为中心的智能融合服务

服务流程重组的主要任务是完成从以图书馆为中心的服务模式到以用户为中心的服务模式的过渡。传统图书馆以文献整理为核心业务，给用户提供简单的借阅服务，系统和技术功能单一，无法支持复杂的合作馆藏管理和高深的知识服务。20世纪90年代，互联网技术在图书馆普及，数字图书馆建设为业务的在线化和用户远程触及图书馆资源创造了条件。这段时间内，图书馆社会合作进一步加深，采编基本实现外包；电子馆藏比例逐步增长，图书馆管理以 ILS+ERMS 为主，配合以阅读推广、馆际互借、科技查新等服务业务，但服务模式被动，图书馆服务以咨询为主，服务效能取决于馆员文化和道德素养，且需要用户主动反馈。智慧图书馆集成多种新型智能技术，在各种传感器的作用下，用户本身产生了大量图书馆易于获取的数据资源。

图书馆实行远程采编与纸电一体化采购，使用 LSP 管理异构、异源的资源数据，并开展智能分析。图书馆根据用户形成的数据提供即时、动态且无处不在的知识服务，利用智能计算挖掘用户自己都不一定能意识到的兴趣点，推荐用户所需要的知识信息与文献资源，并吸纳用户更多地参与图书馆建设与应用开发，真正实现以用户为中心的智能融合服务。

（2）基于流程的自优化服务体系构建

用户通过智能检索与知识发现功能可查找储存于数据平台的各类资源。物理空间内的传感器通过物联网把用户数据传输到数据平台，开展大数据分析，构建动态的用户画像。而图书馆根据大数据分析，挖掘用户偏好，推荐最契合用户需求的知识单元，照顾用户差异性，提供有差别的、包容性的、针对性的精准服务。用户一旦发现问题，数据也可通过主动传输或传感器接收的方式进入后端，再次开展分析，推送新的服务。流程管理系统分开服务设计与定制组件，这样做的好处是用户在享受服务的过程中体验到业务的延展更为灵活、方便和独立。智能服务的过程可以直接重用，并依靠自适应技术修改有问题的流程，在此过程中吸纳用户与技术人员，保证其合理性与灵活性，并构建起自组织的创新性知识服务体系和学术服务体系。

（3）基于图书馆生态链的多元服务协同

图书馆的本质属性是中介性，图书馆服务平台是知识生产者（出版商、书商、作者）和知识消费者（用户）的有效连接者，共同构筑起开放融合的知识生态体系。在多元合作和多方协同的治理下，图书馆把从出版商、书商、数据商获得的资源传递给用户，再把从用户那里获取的需求点传递给出版商和书商，使得用户的需求被不断满足，出版商的利益也被不断扩大，生态系统达到平衡，并通过不断的良性循环，以达到整个生态系统各层次服务的不断优化。

4.图书馆人员再造

新的服务平台以及智能技术的引入，使得以借阅服务、参考咨询为主的传统馆员不再适应新体系。熟悉平台操作、技术指导，为图书馆用户提供人文关怀和情感交流等将成为智慧图书馆员的业务重点。而要实现图书馆人员再造有三种途径：一是通过技能培训，来提高职业素养；二是招募符合职业能力要求的人员；三是对部门和机构进行重组，优化人员配置，裁撤冗余，节约人力资源。图书馆人员重组的重点主要集中于业务重心的重塑和业务能力的再造两个方面。

（1）业务重心的重塑

智慧图书馆建设时期，图书馆员的业务重心将从简单的问答咨询服务转移到为读者提供深层次的智慧服务上来。要实现深层次的智慧服务，大数据是基础，只有掌握了完整的用户大数据和高效的分析算法，才能更加了解用户，推送用户所需要的知识。传统图书馆员是文献信息的提供者、文献资源的传递者、资源利用的咨询者。智慧化时期，用户对数据密集型的服务需求加大，数据馆员和智慧图书馆员才是新时期图书馆员的正确定位。一方面，人工智能的出现取代了烦琐的图书馆日常业务，图书馆的人力资源被解放出来，这部分人员致力于大数据分析、创新服务、技术开发等更能为图书馆增加效益的业务，从而实现图书馆价值提升的良性循环；另一方面，平台后端根据采集到的用户数据开展分析，并将结果可视化后，便能挖掘出更多潜在的用户需求，数据馆员据此开发更多的服务应用，不只将资源推送给用户，还要说服用户使用智慧化的资源、服务或改变自身的信息行为，并提升用户的数据素养，即以"资源找人"取代"人找资源"。

（2）业务能力的再造

随着图书馆对熟知技术、致力创新的人力资源的需求上升，图书馆业务流程越来越自动化和智能化，且馆员介入业务越来越多地可以在统一的平台上操作，图书馆员需要具备更多的技能以适应每个环节的流程，同时根据自己的个性和擅长的领域，以积极主动的姿态投入能让自身价值最大化的工作流程中去。新时代的智慧图书馆员应当具备扎实的专业知识，不仅要全面掌控图书馆专业的知识、知识产权知识以及语言文化知识，还要对新技术、新设备最基本的概念有所掌握并能理解相关原理，包括云计算、数据可视化、文本挖掘、用户画像、数字保存、AI 技术、网络通信协议、标准、数据库设计等。

图书馆员需要对自身的角色有正确的定位，也需要对新的业务重心有所理解。琐碎的、简单的工作让机器代劳，除了关注技术开发，作为智能化空间的互补，馆员应更为主动地关怀用户，与用户进行情感交流。还应当关注用户隐私泄露等问题，具备数据道德和文化内涵，秉持以用户为中心的理念，及时与用户沟通。图书馆员不只要培养自身的数据素养，还应嵌入式地参与到用户的信息素养教育中去。图书馆员还应树立创新性思维，积极开发新技术，并从数以亿万的海量信息中发现契机，探索图书馆管理与服务的新模式。

三、图书馆服务模式重建

（一）智慧图书馆环境下的用户需求

图书馆是一个以用户为中心的综合性服务体系，"以用户为中心"是现代图书馆所奉行的服务法则[53]。随着时代的发展与技术的变革，各种新兴技术在图书馆不断得到应用，也催生了图书馆用户的新需求。

1. 多样化信息资源需求

智慧图书馆呈现出了图书数字化、服务智能化、范围世界化、资源网络化和存储海量化等特征[54]。在传统图书馆中，信息资源建设主要集中于形式较为单一的馆藏纸质资源建设，而智慧图书馆时代的用户则显现出了更为泛在化、个性化的多样化信息资源新需求。

一方面，是信息资源获取渠道的泛在性需求。智慧图书馆以广、快、精、准的泛在服务为核心，打破了原先传统图书馆时间与空间的限制，使得用户能通过网络全天候连接到更有广度与深度的信息资源。

另一方面，是线上资源建设方面的个性化需求。以用户为中心的个性化服务数据库是对智慧图书馆信息资源建设的有力支撑，图书馆应当结合用户的需求和所在地区区域文化，按照语种、自建、地方特色、专业划分等类型，建设资源充足、更新频率高、布局合理、内容精细的个性化服务数据库。

2. 空间感知需求

智慧图书馆价值的实现离不开图书馆智慧空间建设，其直观的价值提升方式就在于通过智慧化建设为用户打造情境感知能力更强、体验感更丰富、知识服务更迅捷的智慧空间[55]。传统图书馆的空间建设，着眼于实现线下图书馆的书籍收藏与借阅功能，以书籍为中心进行空间布局，书籍整理等工作也依赖于人工。而智慧图书馆则以用户为中心进行建设，通过人工智能、大数据等技术满足用户在空间感知各层级的需求。

3. 精准服务需求

不同于传统图书馆馆藏资源的固定性和线下访问渠道的单一性，智慧图书馆服务的泛在性决定了图书馆用户类型的多样性，其数据资源的海量性决定了图书馆用户对有效精准信息获取的高需求。因此，在大数据背景下，利用智能感知技术、协同推荐算法和云计算技术等对图书馆用户提供精准服务势在必行。例如传统图书馆用户在借阅过程中，对于书籍的借阅管理、续借需求、预约后书籍到馆提醒、书籍到期归还提醒等需求较大。而智慧图书馆的用户消息提醒不仅对图书馆系统的主动性要求更高，而且涵盖的范围更加广泛，如健康提醒、灯光提醒、位置提醒、安全提醒等。

4.数据安全需求

智能技术在图书馆的应用面临着信息伦理的挑战，例如人脸识别技术等收集的用户信息是否违背用户道德、机器人是否挑战人类伦理等，保护用户安全的呼声也日益强烈。2021年6月，我国颁布了《中华人民共和国数据安全法》，用户隐私数据的保护进入了有法可依的时代。而在智慧图书馆建设过程中，对于用户数据的搜集分析是智慧服务的基础，"如何确保数据的可靠与安全""如何确保用户隐私得到有效保护""是否与现行法律法规冲突""是否有一套完整的保护机制为用户隐私保驾护航"等问题，尚待国内图书馆界进行全面深入研究与实践[56]。用户大数据的采集和利用本身就是一个需要严格规范的过程。

（二）智慧图书馆服务模式重建路径

未来图书馆服务的发展方向应转向知识服务，通过知识服务、数据服务将整个服务环节链接到前期的数据处理阶段，形成科学规范、高效协调的自优化服务体系。

1.图书馆服务理念变革

除去技术角度的平台构建外，图书馆的"人文精神"更多地体现在服务理念上，图书馆服务应当从"查询"转为"利用"，从"人工"转为"智能"。应充分发掘和融合各个方面的资源、数据、服务等，在满足用户显性需求的基础上，让其释放隐性的深度需求，并对这一部分深度需求进行充分的数据挖掘利用，形成数据模型进而产生智能化服务提供给用户。在需求分析的过程中，要基于新型的服务平台，把相对独立的馆藏信息、读者信息、采购来源等信息转化成为更为增值、多元化的服务模式信息，同时将原来重复的人工行为，转化为可半智能或全智能的服务形式提供。

2.服务体系拓展

随着移动互联网、物流服务的兴起，图书馆服务能够辐射的用户范围更加广泛。同时，由于移动互联网技术的发展带动了电子资源需求的激增，读者希望获得纸质和数字资源一体化服务的呼声越来越高。图书馆需要满足新形势下读者个性化需求，包含阅读、教育、交流、休闲、文创等需求。传统的图书馆文献服务系统只能满足纸质资源的管理，从图书馆员的角度来讲，更希望新的图书馆服务平台能够实现纸电文献资源的统一采购、统一元数据管理和统一的资源发现服务。此外，图书馆服务朝着总分馆制、区域联盟等服务体系方向发展，新形势下需要搭建新的多级跨区域图书馆服务体系，实现资源共建（联合采购、协调采购）、共享（文献调度、文献传递、馆际快借、通借通还）等服务功能。

3.数据服务强化

高校图书馆数据服务的对象重点是一线科研、教学人员和学生，需要在充分调研教师、学生的使用需求，沟通学校各科研组织及校外科研资助机构，衡量各方利益和数据使用要求的基础上，构建全过程的图书馆数据管理平台。在这样的发展模式下，科研人员能直接利用平台课题协作功能和数据进行科学研究活动，教学人员能将数据和数据分析建模功能直接用于课堂教学，形成具备优秀数据素养的教学团队。数据成为研究对象和教学资源，可直接服务教学和科研活动，而不仅仅是间接通过管理系统支持教学和科研活动。公共图书馆的用户层次多、需求差异大，需要将图书馆的数据资源进行深度整合，开展分层服务和精准服务。而公共图书馆的优势是对外开放程度高，深入社区，与市民生活结合紧密，需要与社会各机构开展多元合作，实现业务对接、数据共建共享，开展延伸服务，不断完善服务体系。

四、图书馆区域服务重组

一直以来，图书馆联盟以资源共享为主旨，将不同层级的图书馆连接成线，共同构成资源、服务、技术的联盟网络。在新型科技革命的大背景下，部分小型图书馆联盟逐步消亡，馆员出现"去职业化"的危险倾向[57]；已有研究发现，图书馆区域联盟已出现衰落的态势[58]，导致联盟建设成果不能长期保存，而且停滞的联盟服务影响到较多小型图书馆的资源使用。多重困境阻碍了图书馆联盟持续发挥其资源共建与共享的职能，区域服务需要重组以改善现状。联盟需依托下一代图书馆服务平台，通过"共用平台"的思路，引入资源商，从组织结构、服务内容、管理运行方面进行重组。

（一）区域服务重组的基础

1. 技术基础：共用的下一代图书馆服务平台

从联盟发展的趋势来看，图书馆联盟若继续按照原本的单馆建设形式，必然无法长期存在。而且联盟的资源沟通和读者服务也只能遵循原样，无法做到自我升级和长期维护，最终联盟依旧趋于消亡。从最初图书馆自动化系统的全面引入并使用，到电子资源管理系统解决数字资源问题，图书馆改革始终围绕图书馆管理系统进行[59]。从下一代图书馆服务平台在业界开始广泛使用以来，已有联盟开始思考联盟的走向。国内较为领先的是香港地区的高校，2016 年开始，LSP 在香港高校间基本已经开始大范围使用，香港特别行政区大学图书馆长联席会（JULAC）也开始了联盟的改革[60]，选用 Alma 和 Primo 作为共用平台。通过共用平台，联盟成员之间不再分隔，能够统一协调分工，联盟的工作流程也被重组，合作编目、联合存储、资源发现等联盟服务实现了重组。下一代图书馆服务平台的云服务模式，由原来的单体系统联盟模式升级为基于互联网云服务的联盟模式。在基于联盟规则的体系下，提供主动型的联盟服务，使联盟各高校在享受联盟资源开放与多元联盟服务的同时，也能给联盟发展提供及时反馈，提高联盟的开放性和影响力。

2. 环境基础：开放的生态系统为多元主体参与建设提供了可能

从联盟的资源建设来看，图书馆作为资源的供给侧，需要主动与行业上下游公司或企业开展合作，打通出版社、书商和图书馆的信息通道[61]。也就是说，要将资源商整合进联盟的流程当中，图书馆、出版社、联盟三者共同实现业务对接和数据共建、共享。新的图书馆联盟平台需要建立开放的生态系统，提供丰富的 API，形成上游（出版社、资源商）、中游（书商、第三方服务商）到下游（最终用户）资源通道，降低成本、提高效率、完善服务体系。

（二）联盟组成重构

按照共用平台和资源联通的思路，重构后的数字图书馆联盟将由读者联盟、出版社联盟、图书馆联盟三部分组成。读者联盟主要解决图书馆用户知识服务和数据服务需求，出版社联盟主要连接出版社方面提供电子书的采购方案，图书馆联盟面向图书馆用户。

①读者联盟。从行业内来看，规模迅速增长的读者需求从文献服务向知识服务和各种非文献服务发展，文献服务从纸电独立的服务向纸电一体化服务发展，图书馆服务的方式、内容、范围和要求都发生了非常大的变化。资源范围、读者群体、空间利用方式、服务方式等都出现了很大的不同，所以需要打造新的读者服务联盟。

②出版社联盟。从电子书采购需求来看，需要由出版社从源头提供电子书的采购方案，包含定价、电子书试读方式、最大并发数量等，可以上传平台规定的 pdf 格式或者其他标准的全文数据，提供给读者使用，通过在线阅读器阅读，解决电子书单本采购的问题。

③图书馆联盟。图书馆服务正朝着总分馆制、地区联盟服务体系方向发展。在新的服务体系下，横向需要建立图书馆与图书馆之间的联盟；纵向需要搭建基于地区机构的区域图书馆联盟服务体系。横—纵两级联盟共同实现图书馆间资源共建共享、馆际对比分析等服务功能。

（三）联盟服务内容重构

联盟基本服务涵盖了出版社联盟、图书馆联盟、读者联盟三方的所有服务（图 8-4）。出版社联盟着力打造智能采选平台，在其上完成电子书的管理、上传、定价。图书馆联盟包括联合采选服务、联盟内部的资源建设服务，以及通过大数据技术，对采访和读者使用数据进行处理分析，挖掘潜在信息从而提高服务质量。读者服务方面涉及的内容较多，按照用户使用流程来说，首先是统一身份认证，然后是资源检索、电子资源共享（包括在线阅读、文献传递）等基础服务。随着图书馆空间再造的兴起，图书馆虚拟空间、图书馆智慧空间扩展了图书馆的服务外延，结合最新的媒体设备，能够给用户提供更精准的位置信息感知、用户导航等服务。

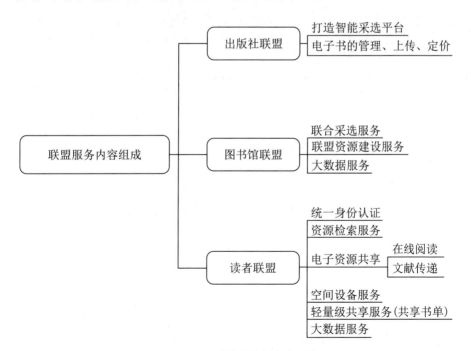

图 8-4 区域联盟服务内容重构

（四）联盟运行流程重构

新联盟整体运行分为五个部分：联盟中心管理后台、统一身份认证中心、出版社平台、图书馆业务管理平台（LSP）、读者应用平台（图 8-5）。

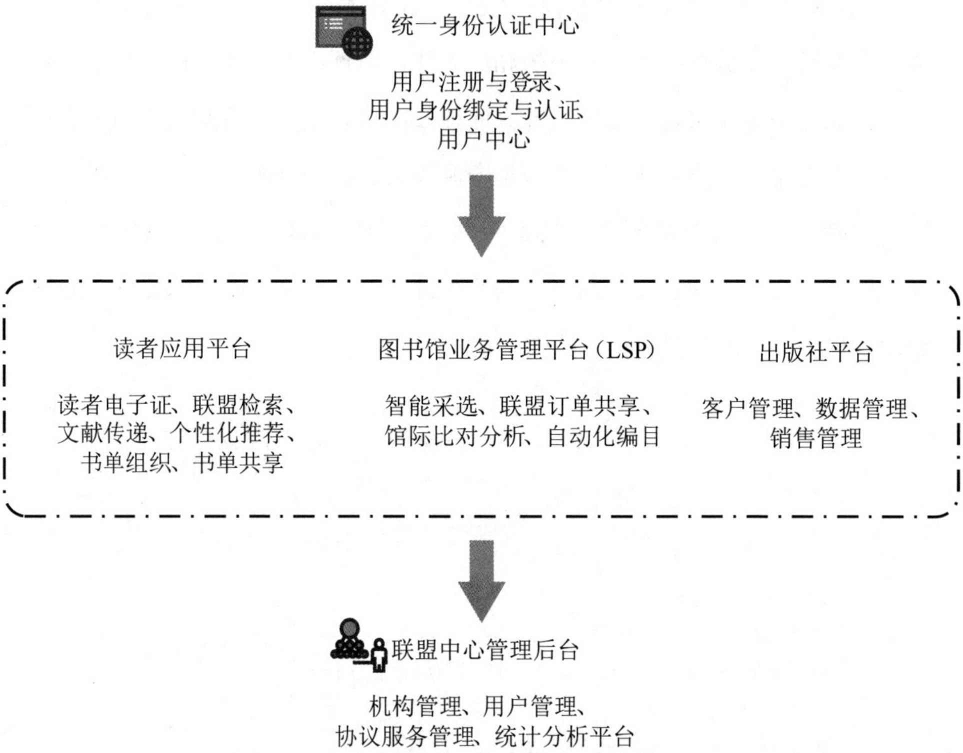

 统一身份认证中心

用户注册与登录、
用户身份绑定与认证、
用户中心

读者应用平台	图书馆业务管理平台（LSP）	出版社平台
读者电子证、联盟检索、文献传递、个性化推荐、书单组织、书单共享	智能采选、联盟订单共享、馆际比对分析、自动化编目	客户管理、数据管理、销售管理

 联盟中心管理后台

机构管理、用户管理、
协议服务管理、统计分析平台

图 8-5　区域联盟运行流程重构

（1）统一身份认证中心。包括用户注册与登录、用户身份绑定与认证、联盟要提供统一的身份认证 API 接口，用户可以实现单点登录。

（2）联盟系统：①出版社平台。出版社平台面向出版社内部工作人员，主要包含合作出版社的注册、资格审核、机构登录。对于电子书定价及采购方面，还要设置数据管理，其中包含元数据信息、摘要信息、作者信息、全文信息、定价信息等。针对出版社自身需求，还设立了单独的销售监测管理和检测平台，便于出版社方面收集用户偏好数据，进行自身资源、产品的优化；②图书馆业务管理平台（LSP）。图书馆业务管理平台和已在运行的下一代图书馆服务平台进行连接，主要负责图书馆内部的智能采选、收集联盟订单进行共享、馆际对比分析以及自动化编目；③读者应用平台。读者应用平台面向全体联盟用户，为读者提供电子阅读身份认证，联盟数据库一站式检索，联盟资源在线阅读以及文献传递等。依托大数据服务，读者端还能实现个性化页面推荐，以及书单共享等功能。

（3）联盟中心管理后台。针对联盟成员机构的管理平台，联盟内部用户管理、联盟服务协议的签订和更新、联盟资源使用下载流通的统计数据管理。

第三节　智慧图书馆员队伍建设和评价

《图书馆·情报与文献学名词》将图书馆员定义为"受过图书馆业务培训并专门从事图书馆业务工作的人员"[62]。因此，"职业化""专业化""可以承担长期深入的学术任务"是图书馆员的重要特征。过去的馆员，承担整个图书馆的信息资源组织、知识和服务的记录和组织、参考咨询和用户服务的职责，需要具有扎实的图书馆学基础，对于信息技术方面的知识和技能没有较高的要求。

但是图书馆的改革始终在随着信息技术而进行，从专业的图书馆管理系统引入图书馆生态，到数字图书馆项目近十年的持续推行，图书馆的发展越来越依托于信息技术。这种发展方式虽然有益于图书馆的信息化，但是对于图书馆员来说，信息技术的快速发展也使得图书馆管理和服务的专业性优势逐渐丧失。过去主要由图书馆员承担的专业性工作被技术取代，参考咨询服务可以通过谷歌等检索工具完成，图书馆员主导编目业务被数据商提供的集中编目所取代，或者通过编目外包将整个业务部门从图书馆业务中脱离。图书馆员的很多工作逐步被强大的技术和工业化所取代。总体来说，这是信息技术给图书馆员带来的威胁，也是一种外部的推动力量。图书馆员作为专业化的职业，因为信息技术的发展在图书馆中被边缘化，是不合理且急需改变的现象。这不仅需要图书馆行业的整体关注，更需要图书馆员自身的转型。

图书馆员是智慧图书馆转型中的主要参与角色之一，作为图书馆运行的主要推动力，馆员管理也包含在智慧图书馆管理运行的环节中。首先，图书馆的人力资源结构要适应智慧图书馆转型的需要；其次，馆员能力需要与图书馆智慧化转型的要求契合，馆员需具备情报胜任力、知识产权服务能力、公共信息素养教育能力等。此外，为了适应图书馆技术革新，馆员的评价体系也要变得更加多元。总之，馆员队伍建设是一个长期的过程，需要图书馆在业务发展中不断改进评价指标，按照各自的优势提升馆员的能力，使馆员服务能力与图书馆发展相匹配，促使馆员具有终身自我学习和自我提高的意识。

一、图书馆员结构与管理优化

在计划经济时代，我国建立了面向科技、教育、社会的三大图书馆体系，即科学院图书馆、高校图书馆和各级公共图书馆。长期以来，各类型图书馆均以系统内部的纵向管理为主，跨系统的横向联系较少，对于图书馆发展有较大的制约，馆员结构规划及能力培养被忽略。

图书馆在由传统的图书馆进化到智慧图书馆的阶段，必然会面临业务流程上的重组和优化。在这一过程中，图书馆的采访流程、馆藏建设模式、图书馆服务流程都将发生变革，这对图书馆员的学习能力和适应能力都提出了较高的要求。尤其对于年纪较大的馆员而言，新平台的引入未必能提高其工作效率，反而可能成为其阻碍。同时，各图书馆的业务均有其专业性和特殊性，引入的新平台、新技术短时间内未必能够满足图书馆的业务需求，磨合期内，新平台、新技术的使用可能会受到质疑。图书馆员能力提升需要首先从供给端进行思考，结合近些年的图书馆员结构变化和招聘趋势来看，图书馆一直在进行调整和优化，也对图书馆员的评价进行多方的尝试。

（一）馆员结构变化

从公共图书馆方面来看，截至 2021 年末，全国公共图书馆从业人员 59301 人。其中，具有高级职称人员 7413 人，占 12.5%；具有中级职称人员 18979 人，占 32.0%[63]。公共图书馆从业人员队伍规模整体上变化不大。高校图书馆方面，根据教育部高校图书馆事实数据库[64]近几年的统计数据，近年来馆均在编工作人员的人数逐年递减，从 2018 年的馆均 38.7 人下降到 2019 年的 31.5 人[65]。此外，无编制工作人员中的合同制职工、临时工的馆均人数也在下降，见图 8-6。

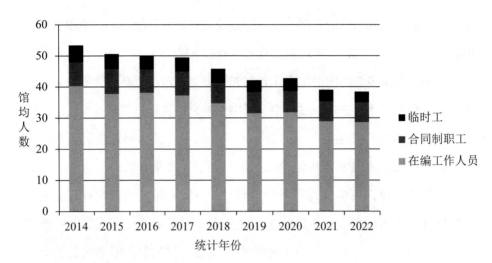

图 8-6　高校图书馆馆均人数变化（2014—2019 年）

参考来源：教育部高等学校图书情报工作指导委员会.教育部高校图书馆事实数据库
[DB/OL].[2021-12-10].http://libdata.scal.edu.cn/Index.action.

　　与此同时，图书馆的管理出现了成本降低、服务升级的需求，大量非专业人员进入图书馆管理系统。有两方面原因：一方面，是图书馆工作展现出专业性低、组织简单、不需要大量专业知识的趋势，例如文献整理排架、空间巡查维护等；另一方面，图书馆外包的迅速扩展，原先的外包业务只在采访编目等业务中进行，目前已将逐渐发展为整体外包，公共图书馆、高校图书馆都在不同程度地探索整体外包的可能性[66]。国外部分公共图书馆甚至已经实现了私有化，国内不少公共图书馆也在探索整体外包，缩减掉一部分高薪的图书馆员名额，投入更少的资金进行外包即可实现图书馆的正常管理和运行，这些都导致图书馆对于专业化图书馆员的需求快速下降，图书馆业务对图书馆员的依赖性也在下降。

　　图书馆员招聘是反映行业需求的一个窗口，也是图书馆员能力演变及图书馆行业变化的直接体现。从近几年的图书馆员招聘规则来看，高校图书馆注重具有图书情报专业背景或掌握计算机专业技术的人才，公共图书馆对阅读推广相关的传播类和图书情报专业背景的学生更加重视。但是整体的招聘都偏向于多元化和专业化[67]。不论图书馆员的职业能力和招聘要求如何变化，不变的永远是图书馆员的服务导向，面向读者和科研工作者的专业化服务永远是职业能力第一要求。图书馆员的专业教育应该把重心放在资源、技术、读者的平衡点上。馆员教育应关注技术的使用者和技术的使用情况，不仅关注技术和设备的输入。读者的需求和诉求才是图书馆员始终应关注的内容。无论图书馆的技术设备如何发展，人文关怀始终是图书馆员不能舍弃的能力，图书馆员要关注读者和技术之间的适应性和兼容性。这样读者才能充分认同图书馆员的专业技能，图书馆员的职业专业化才能更加扎实而不被社会边缘化。

（二）馆员管理优化

图书馆员作为专业化的职业，制定合适的管理制度和管理方法是极为重要的。一方面，规范的管理制度有助于完善馆员的职业发展道路，充分发挥图书馆员的职业能力和自身潜能；另一方面，图书馆员管理和职业发展也会影响到图书馆的发展水平和整个图书馆的服务质量。图书馆员管理制度的规划是一个双向均衡的过程，图书馆应当充分考虑图书馆员发展的需求，同时也需要考虑图书馆的发展方向，实现图书馆人力资源的合理配置。

图书馆员的管理包含在图书馆管理运行和制度评价的各个方面，主要以各馆的管理规章制度为主，也可以从图书馆的评价指标中窥见部分详情。以《普通高等学校图书馆评估指标》及评估办法（2010 年修改稿）[68]为例（表8-2），其中关于馆员管理制度有两个一级指标涉及，分别是"办馆条件"和"科学管理"。一级指标"办馆条件"中的二级指标"队伍建设"中，涵盖了关于图书馆员队伍建设、图书馆员数量、图书馆员素质的具体标准。在

"科学管理"一级指标中，更是从"规章制度""民主管理""学术研究"三个方面对图书馆员管理进行了详细的解释。其中"规章制度"这一指标主要考察图书馆在业务、服务、管理三方面是否有完备的规章制度；"科学管理"中的详细指标有"馆员参与管理""馆员参与决策"，目的在于使馆员能够参与到馆员考核和重大决策当中去。将图书馆员的管理融入了图书馆的发展之中，凸显了图书馆员对于图书馆管理制度完善的重要性；"学术研究"不仅是图书馆员作为专业化职业的必备要求，也是图书馆所承担的学术任务的重要体现，已成为图书馆员管理的一部分，其中科研课题、学术成果、学术会议等都是重要的管理指标。

表 8-2 《普通高等学校图书馆评估指标》与馆员管理相关的指标

一级指标	二级指标	三级指标	具体项目
办馆条件	队伍建设	队伍建设规划及落实	有定编且符合教育部关于师生比的要求，实行聘任制，有成文的岗位资格和职责，有在职培训和进修的计划和具体措施
		人员数量	符合定编的情况，年龄结构
		人员素质	学历结构，学科结构，职称结构
科学管理	规章制度	业务规章制度	有完备成文的规章制度，及时修订更新，定期检查执行情况
		服务规章制度	有完备成文的规章制度，及时修订更新，定期检查执行情况
		管理规章制度	有完备成文的规章制度，及时修订更新，定期检查执行情况
	民主管理	馆员参与决策	参与制订发展规划、规章制度，参与人员聘任、晋升的考评等
		馆员参与管理	年度考核、总结等透明、公开，对馆内重大决策实行民主监督

一级指标	二级指标	三级指标	具体项目
学术研究		学术成果	在海外发表学术成果、在国内发表学术成果、获省部级奖、获学会或校级奖
		学术会议	主办国际学术会议、国内学术会议、省内学术会议、馆内学术会议
		科研课题	完成省级以上课题、校级课题、馆级课题
		学术组织成员	参加国际学术团体、参加国内学术团、省内学术团体、在国际学术团体任职、在国内学术团体任职、在省内学术团体任职

在实际的图书馆员管理中，图书馆员人力资源配置和职业资格管理制度都存在不完善的情况。尤其是图书馆员职业资格制度的缺失，导致图书馆员管理职责不清，制度不明。还存在图书馆员职业晋升通道不完善的情况，这些都是目前馆员管理中的弊病。图书馆员管理制度需要将图书馆员职业发展和职业通道的因素考虑进去，合理的图书馆员管理规范是馆员职业发挥职能的基础。针对不同的岗位有相应的管理方案，将不同的岗位进行分类整理，处于不同职位层级的图书馆员都有清晰明确的管理方案，并形成规范化的职业通道，这些都有利于图书馆员职业化的深入。合理、科学的人力配置有助于图书馆员在合适的位置发挥工作潜力，形成稳定和谐的人才队伍有利于图书馆的平稳运行，更有助于图书馆在信息潮流中及时进行转型创新和保持未来的良性运行。

二、智慧图书馆员能力要求

智慧图书馆建设期间，馆员是重要的参与者与见证者，对图书馆员的要求也一直在随着图书馆的发展进程而变化。如今，越来越多的用户需要图书馆提供的不仅仅是不断更新的工具，更需要得到会使用工具的技能。从公共文化发展角度来看，图书馆员与公共文化素养培养、阅读推广等息息相关；从高等教育角度来看，高校馆员有责任和义务主动钻研用户所需的学科知识，发现需求并为之提供相应服务，担当起知识的"守门人"和数据的"分享人"。图书馆员的转型需要融合进图书馆的发展之中。基于此，图书馆员智慧转型的能力包括数据服务与支持能力、情报胜任力、知识产权服务能力、公共信息素养教育能力、用户隐私和安全保护能力等五个方面。

（一）数据服务与支持能力

数据馆员（data librarian）或数据服务馆员（data service librarian）的概念于 20 世纪 50 年代左右在国外出现。针对当时计算机服务进入图书馆行业的趋势，图书馆业务需要具有数据素养且能够使用计算机的图书馆员进行。数据馆员兼具图书馆专业知识和信息处理能力[69]，作为专业馆员的一个分支，可以参与到图书馆自身运行数据和读者科研数据的管理环节当中。数据馆员拥有数据处理的思想，并且可以参与科学数据的管理过程，在科研工作中可以有效地收集、分析数据，并参与到后续数据保存、分享、再利用的过程中。目前国内设立数据馆员岗位的图书馆还很少，仅上海交通大学图书馆、北京大学图书馆、复旦大学图书馆、华东师范大学图书馆在招聘中出现过数据馆员的名称。目前对于数据馆员的职责分工和招聘细节也没有清晰的界定，但未来数据馆员或将成为馆员职业发展的一个重要方向。

数据服务（data service）是依托数据产品、围绕数据使用提供的服务，也可以看作传统参考咨询服务的一个新领域。数据服务的内容，可以按照英国数据管理中心（Digital Curation Center，DCC）给出的数据生命周期理论进行划分。根据生命周期理论，数据管理包括数据创建或获取、数据评估与选择、数据接收、存储前预处理、数据存储、数据使用／再利用、数据转化7个阶段。数据馆员可以做到全流程参与：

在数据获取阶段，图书馆员可以参与到数据的采集和访问工作，向用户提供所需数据的导航，建立数据链接，支持研究人员数据的收集，也可以直接为用户提供数据集、提供科学数据政策咨询服务、提供数据工具。数据获取阶段会有庞大的数据量和工作量，需要数据服务馆员有专业的数据能力，保证数据来源的可靠性和可用性。

进入数据加工阶段，数据馆员需完成对数据的整理、关联、清洗、分类、建立元数据等过程，在数据录入图书馆系统的过程中，需要对数据进行元数据转换，为数据存储和使用作预处理，保证尽量提供可用有价值的数据。

在数据存储阶段，数据馆员需要帮助建立合适的数据库，帮助科研人员完成数据保存服务，这一步目前的实践是建立科研数据管理平台，在平台上实现数据上传、元数据创建和变更、数据删除、数据分享等服务。其中，数据馆员可以在后台对数据进行集中管理，负责维护数据库系统，联系科研人员，发现潜在的用户。

数据利用阶段，针对数据的挖掘、分析、建模，数据馆员可以提供深层次的数据可视化和知识挖掘服务。此外，数据馆员可以帮助用户培养信息素养和数据意识，更专业的馆员可以对数据统计方面的硬件软件技术进行调查评估，引入图书馆服务当中。

传统图书馆的数据服务局限于数据生命周期结束时的相关保存和归档活动，通常关注馆藏材料、馆藏方式等。图书馆作为面向公众的信息服务机构，在业务中拥有大量用户数据，如何做好数据管理、如何有效利用数据挖掘深层次服务，将数据用于图书馆服务决策和创新，是智慧图书馆阶段馆员需要关注的问题。近年来，随着数据日益受到重视，数据管理活动逐渐兴起，很多单独的数据管理机构如数据中心、大数据平台等应运而生，图书馆反而被排列到数据管理行业的下游，不再充当核心角色，这是对图书馆原有积累的管理经验和图书馆员的一种浪费。图书馆应把握机会，基于传统的馆藏和人员优势，发挥学术管理支撑作用，运用专业知识积极参与元数据开发、信息组织、保存等工作[70]。图书馆员参与数据管理服务的过程，也相当于在辅助科研数据管理平台的构建。北京大学在 2016 年建成开放研究数据平台，经过试运行与改进发现，广泛推动数据管理服务需要图书馆员也担负起新的责任，宣传并提高学术群体对开放数据的认知度，促进相关政策与机制的建立[71]。在数据管理工作中，图书馆应该成为最佳发起人牵头或组织其他相关部门机构实施，数据管理能力也应该成为图书馆员的核心职业能力之一[72]。

（二）情报胜任力

胜任力（Competency）一词源自古罗马时代，用来剖析事物的属性。20 世纪初著名的科学管理研究者 Taylor 对胜任力研究提出了可行的模式方法"时间—动作"研究分析方法（Time and Motion Study）[73]。此后，对胜任力研究产生重大影响的是美国著名心理学家大卫·C. 麦克里兰（David. C. McClelland）中提出：传统的智力和能力倾向测验不能预测职业成功或生活中的其他重要成就，这即是胜任力的核心思想。从企业管理角度来讲，可以将胜任力理解为一个员工为成功而卓越地完成工作、达到理想绩效目标所应具备的各种素质和能力的总和[74]。成绩或智力因素已经不是招聘单位的唯一标准[75]。

放到图书馆环境中，基于文献理论构建的传统信息管理理论难以适应网络时代对情报的需求，图书馆员的情报胜任力可以扩展为如何有效地组织知识、合理配置知识资源、发挥知识最大效用，如何降低决策的不确定性。在胜任力的标准内，评价一个图书馆员的情报能力是否合格时，已不再看他能提供多少服务，而是看他能解决多少问题。将图书馆员的情报服务能力用胜任力来衡量，主要原因是情报服务对于图书馆的重要性。从实践来看，大数据、人工智能等技术使图书馆摆脱了当前服务效能低下的局面，为智慧服务带来机遇，同时也为图书馆的海量、复杂数据收集和分析提供了技术和设备支撑。这也要求馆员可以"眼观六路""耳听八方"，能识别基本的学科情报知识，分析学科态势，完成情报分析报告，并对战略知识进行预测与决策。

参考目前的胜任力评价模型来看，图书馆员可以从个人品质、基础知识、核心素养、技术技能、思维认知的角度进行评价[76]。参照已有的研究，再结合情报工作的流程，图书馆员的情报胜任力可以按照培育需求、了解需求、换位思考、立项、制定信息获取计划、检索、信息加工、分析、撰写报告、信息提供的角度进行评价。

（三）知识产权服务能力

2019 年，国家知识产权局办公室公布了首批高校国家知识产权信息服务中心名单[77]，其后又公布了第二批高校国家知识产权信息服务中心遴选名单[78]，目前共有几十所高校进入"高校国家知识产权信息服务中心"名单。2021 年，国家图书馆入选国家知识产权信息公共服务网点[79]。图书馆的知识产权服务工作正式进入系统化、规范化的阶段，图书馆员作为主要服务的实行者，能充分发挥信息资源和专业化优势，为知识产权的创造、运用、保护、管理提供全流程服务。随着外部的环境政策越来越好，图书馆提供知识产权信息服务的条件也愈加成熟。

图书馆在传统的信息服务基础上，也提供了知识产权咨询、科研情报研究等支持服务，但是对市场的关注度不够，而且服务主要集中在资料整理。目前国内图书馆知识产权信息服务的主要形式是建立专门的门户网站或知识产权信息服务栏目，各自公布服务内容和流程，但体量较小，对于专利分析、专利导航、著作权等深层服务缺乏。从目前的图书馆员的能力培养来看，大部分图书馆员缺乏对行业市场的感知能力，不了解企业运行环节和专利转化的风险，图书馆员应该有针对性地培养科技成果转化服务能力，结合专业学科能力，成为能提供科技信息服务、了解行业发展的专业技术馆员。

针对这些问题，应在图书馆员中构建职业的知识产权信息服务团队，进行常态化的培训，在专业性和服务深度方面着力培养。未来，需要图书馆员通过全面的专利信息分析，辅助科研成果转化，帮助科研人员分析专利技术转化的方向，分析科研成果转化的领域、转化的风险和价值等。知识产权从创造到运用、管理等过程中，需要图书馆作为知识管理者参与全流程服务。图书馆员需要广泛开展专利情报检索、专利信息培训、专利分析、专利数据库建设等服务，并提供面向用户的知识产权信息素养培训的服务。这些服务要求图书馆员不仅要懂得相关学科知识、拥有信息检索技能，还要掌握专利信息、版权信息等知识产权知识，会使用专利数据库及分析工具，能创造知识产权服务产品并促进知识产权成果转化[80]。

（四）公共信息素养教育能力

面对现代信息社会的爆炸式信息增长以及复杂的社会环境变化，信息资源复杂且多变，信息经过多种媒介传播，可能会产生信息缺失、信息失真、夸大等问题，公众在接收信息时需要具有甄别及筛选能力。信息素养是公众需具备的基本科学文化能力。信息素养教育不仅是社会媒体发展的重要话题，也是图书馆参与文化治理的切入点之一。

智慧图书馆发展与公共文化密不可分[81]，图书馆作为重要的文化机构，开展公共信息素养教育是职责所在，公共图书馆经过长期与公共文化的磨合，在公共信息素养教育上具有经验丰富的专业馆员队伍。公共图书馆员长期从事读者服务，是开展公共信息素养教育的人力资源；公共图书馆具有丰富的馆藏资源，是开展公共信息素养教育的物质基础。其中馆员尤其承担了主要任务，馆员需利用自身的专业信息素养辅助图书馆开展相关教育活动。图书馆需定期对馆员进行技能考核，在其中强化公共信息素养教育的内容，通过馆员向公众提供专业的信息检索服务，提高读者的信息查询能力。

（五）用户隐私和数据安全保护能力

智慧图书馆的"智慧"来源不仅仅是服务理念，更在于对智慧设备的深入使用，实时收集用户在图书馆的行为数据、活动轨迹、浏览数据。这种对用户数据的全面采集和分析，与传统图书馆的数据收集有很大不同，传统图书馆的数据基本且简单，不包括用户的具体行为，智慧图书馆可以详细收集用户在图书馆的各种活动信息；传统图书馆是用户主动提供数据，但智慧图书馆是在用户无感知的情况下进行数据采集；且智慧图书馆最重要的变化是对数据进行关联和分析，如利用数据进行用户画像，这也增加了图书馆用户隐私保护和数据安全的风险。根据《中华人民共和国网络安全法》对于公民个人信息的规定，运营者对于收集的个人数据必须严格保密，按需使用，流程公开[82]。在图书馆个人数据收集中同样适用，必须确保在收集图书馆用户数据时保障数据安全，防止数据泄露、损毁、丢失。

图书馆员在业务流程中也会接触到较多的用户数据，在数据采集和数据使用方面更要注意数据风险，推动规范数据采集流程，完善图书馆数据使用管理制度。图书馆员可以参与宣传用户数据使用政策，在用户咨询和图书馆主页向用户进行宣传，达成数据采集协议；涉及个人信息的数据要在收集过程中做好安全保障；数据存储时要注意图书馆自身的技术和设备条件，注意存储成本和存储形式；数据利用阶段，图书馆员可以参与制定明确的用户数据使用制度，规范不同岗位人员的数据使用权限，对数据使用行为进行严格记录，避免图书馆用户数据的泄露。以上都是图书馆员在用户隐私和数据安全保护中需要承担的职责，需要协助图书馆做好数据保密工作，建立起数据管理岗位的职业道德体系。

三、馆员评价体系与发展趋势

图书馆员发展一方面要制定完善的职业规划，另一方面也要有准确的图书馆员评价指标，作为图书馆员岗位评价的依据。目前需要设计一套科学的评价指标，根据指标对图书馆员的岗位职责和工作内容进行精准的评价，将评价结果应用在馆员薪酬福利、职级晋升、学习培训机会等方面，形成一套科学的职业发展指标。通过馆员岗位评价结果，可以清楚地了解到馆员工作状况、岗位需求、岗位胜任力等，能够激发馆员的工作积极性。评价指标还可以作为岗位招聘的依据，给出胜任该岗位要求的各项能力指标和相对应的馆员的等级要求，将其作为馆员岗位调动和晋升的主要参考。评价体系要遵循科学性原则、可操作性原则、明确性原则，评价指标要符合图书馆相关法律标准而且能反映图书馆员的实际工作，尽可能地简便易行，与实际工作接轨。评价指标也要和智慧图书馆的发展相适应，具有指向性。图书馆员评价伴随着图书馆的发展在不断改变。表 8-3 选取了早期的图书馆员评价指标两则。

表8-3　早期图书馆员评价指标示例

来源	评价指标	评价内容
林硕铭，黄立军（1992，大学图书馆学报）[①]	业务工作年限	按照参加工作年限划分为6个级别：2年以下、2—4年、4—6年、6—8年、8—10年、10年以上
	学历	共6个等级：初中、高中、中专、大专、大学本科、研究生及以上
	负责能力	一般工作人员、担任业务副组长、担任业务组长、担任部门副主任、担任部门主任、担任馆级业务领导
	与人合作能力	是否具有合作能力，是否主动与人合作
	中文表达能力	文字表达能力的强弱
	外语能力	是否能阅读及翻译外文资料
	独立工作能力	是否能独立完成本职工作，以及完成的效果
	业务工作能力	根据岗位有不同的评价指标（岗位分为采访编目人员、流通阅览人员、参考咨询人员、古籍整理人员、现代技术工作人员、业务管理人员）
	理论研究成绩	是否在在省级学术刊物或会议上发表过论著或国家级学术刊物和会议上发表过论著，或获得省级、部级科研成果奖
	实际工作业绩	是否完成本职工作，是否获得先进称号
周存芝（1995，大学图书馆学报）[②]	政治态度	对党的方针、政策的态度，参加政治学习、公益活动的情况
	工作态度	工作责任心，职业道德，劳动态度，对读者的态度
	工作成绩与贡献	完成本职工作的数量与质量，在改进工作、拓宽业务、改革创新中发挥的作用
	工作能力	处理本职业务问题的能力、综合分析能力、组织管理能力、创造性思维能力和创新与改革的能力
	劳动纪律	出勤情况，执行学校及本馆各项规章制度的情况

续表

来源	评价指标	评价内容
	团结与协作	群众关系，读者关系，业务工作中协作精神，指导下一级职务人员工作等情况
	业务学习	参加业务学习活动，知识更新的情况
	学术水平	图书情报学知识的广度和深度，处理业务工作中难度较大问题的水平，学术论文的水平和数量
	科研能力	结合业务工作开展科研的能力，业务攻关能力及科研成果的情况

参考来源：①林硕铭,黄立军.图书馆职称评聘中业务考核的定量评价指标探讨[J].大学图书馆学报,1992(5):25-29.

②周存芝.用模糊数学进行图书馆工作人员的考核与评价[J].大学图书馆学报,1995(5):19-20,11.

可以看出，较早的评价指标会涉及政治态度、工作态度、劳动纪律等较为含糊的指标，学历、工作年限等属性指标比较重要。但都包含了学术研究的指标，也表明了图书馆员承担学术研究的重要性。其中，业务工作能力指标也按照具体岗位划分出采访编目人员、流通阅览人员、参考咨询人员、古籍整理人员、现代技术工作人员、业务管理人员的不同指标。以采访编目人员为例，按照"能简单从事验收登记和编目工作""在别人指导下进行简单的分类编目工作""对采编工作有一定研究，不但能熟练进行采访分编工作，且能解难释疑"等要求被分为不同级别。

较早的图书馆员工作评价探索研究，受到时代和技术的局限，评价指标比较传统，仅在工作和服务等方面有涉及，评价也偏向于描述性，统计方法较少应用。指标较为简单，没有层级划分和更详细的描述。由于图书馆工作流程的重组和优化，学科馆员、数据馆员等新的岗位出现，现在对于图书馆员的评价也更加多元和复杂，更注重数据素养、科研能力、情报能力、资源建设、知识服务等综合性素质。近年来图书馆员评价指标示例见表8-4。

表 8-4 近年图书馆员评价指标示例

维度	胜任特征	特征描述
专业知识	科学数据管理政策和法规	熟悉国家、数据监管和资助机构、出版社的科学数据管理政策、法律、法规
	学科数据知识	了解相关科学或学科数据的基础知识
	科学数据管理生命周期知识	科学数据管理生命周期理论知识
	元数据知识	元数据标准、创建方法、创建流程、注意事项
	数据库和机构知识库	熟悉数据库和机构知识库的基本知识
专业技能	数据管理计划制定	帮助研究人员选择合适的数据管理计划模板和案例，协助其制定数据管理计划
	数据创建与归档	确定数据采集范围、平台、格式、工具，创建元数据、数据、变量名、数据描述文档
	数据存储与保存	数据存储、备份、长期保存、数据安全、敏感数据和个人数据存储
	数据分析与可视化	数据清洗、统计、分析、可视化
	数据共享与重用	数据访问、共享、引用、重用、出版
	软件与工具使用	DMP 工具、数据管理工具、元数据工具、数据分析与可视化工具、敏感数据处理工具
沟通与协调	关系建立	与机构和研究人员建立良好的工作关系
	团队合作	有团队意识，明确自己和他人在团队中的角色，能与团队成员合作完成任务
	宣传推广	积极向研究人员宣传推广科学数据管理服务

续表

维度	胜任特征	特征描述
领导与管理	规划制定	规划科学数据管理服务的发展方向，制定服务内容、步骤、方法
	组织协调	能根据科学数据管理任务，合理分配资源，激励协调群体活动
	敬业精神	热爱本职工作，具有责任感、事业心，无私奉献
工作态度	服务精神	主动了解和满足用户需求，为用户着想
	用户意识	意识到用户的重要性，具有强烈的为用户服务的意识
	创新能力	利用已有知识和经验，对科学数据管理服务进行改进和创新

参考来源:柏雪,陈茫.数据馆员胜任力模型构建研究[J].图书馆工作与研究,2021
(5):23-31,41.

第四节　智慧图书馆管理运行实例

　　智慧图书馆概念自提出以来，伴随着几轮技术发展，大量新技术引入图书馆领域并获得实践，其中智能机器人、下一代图书馆服务平台是智慧图书馆管理运行实践中较为突出且取得有效成果的项目，下面以南京大学图书馆的两个项目为例，详细阐述技术应用对智慧图书馆管理运行产生的影响。

一、智能盘点机器人应用与评测

（一）智能盘点机器人应用背景

21 世纪初，有关大型图书馆智能化管理方面的理论研究已经处于高速发展之中，如何实现对如此巨量图书和大型书库的有效管理，让读者能够快速准确地查找到所需图书，让工作人员能实现图书快速上架、整理和盘点，已经成为大型图书馆面临的首要议题。

无线射频识别技术在该领域的研究是一个重要方向。目前，传统图书管理系统多采用"条形码＋磁条"相结合的技术，以安全磁条作为图书的安全保证，以条形码作为图书的身份标识。然而条形码技术固有的缺陷使得图书管理不方便且容易出错。为防止条形码的损毁，条形码一般都被粘贴在图书的内部，并且每个条形码需要单独扫描。因此，在图书的盘点、定位、排架及借还时，必须打开每本书才能扫描条形码，这样就使得图书管理变得烦琐从而大大降低了工作效率。除此以外，对于拥有数以万计藏书的大型图书馆来说，大批量地引进条形码和磁条，大大增加了图书入库之前的粘贴工作量，对于资金也是一种巨大的浪费。经过对 RFID 技术的长期研究，尤其是对超高频 RFID 技术在智能图书馆应用领域的深入探索，南京大学的团队设计并实现了一套完整的智能图书馆管理系统，主要实现了图书自助借还、图书智能上架、图书智能盘点、图书信息管理等功能。其中智能图书盘点机器人是拳头产品。

南京大学图书馆从 2012 年开始着力研究和实践智慧图书馆，积累了一定的经验；南京大学计算机科学与技术系陈力军教授团队一直致力于基于

RFID 物联网的研究。在这个基础上，双方依托于江苏省科技厅重点研发项目，共同进行了基于超高频 RFID 芯片的智能图书盘点机器人研发。2015 年第一代机器人研发成功，随后，2016 年第二代、2017 年第三代、2018 年第四代、2020 年第五代相继研制成功，在实际应用中取得了良好反响。目前，应用智能图书盘点机器人来管理图书的图书馆已经超过了 20 家。

（二）图书馆智能盘点机器人的实现

机器人自动盘点系统基于超高频 RFID 技术，并利用机器人对整个图书馆藏书进行盘点、检查是否出现错架图书、是否有藏书丢失，同时能对需要上架的图书进行自动识别，并规划出上架最短路径，在需要上架的图书位置能自动停止，直到有人将需上架图书拿走，机器人再自动抵达下一个需要上架的位置。

1. 核心技术与主要功能

智能盘点机器人的核心技术主要包括图书精准定位、多模态自主导航、基于视觉的智能避障、基于视觉的书脊信息识别。在功能上，图书盘点机器人实现了三维导航功能，它采用三维模型场景，可以实时显示机器人在图书馆中的位置，只要将上架的图书放置在机器人的智能书架上，它就可以自动快速地识别到图书的信息及图书所在书架的位置信息，并根据所要上架图书所在书架的位置信息自动优化出一条上架路径，当机器人到达上架点时自动停止，同时提示需要上架的图书，其过程不需要耗费人力对图书进行识别判断，降低了人工判断错误的发生概率，减少了人力劳动，减轻了图书管理员上架的负担。

针对 RFID 标签上可记录信息有限、容易遭遇攻击的问题，本系统首先设计轻量级安全加密算法，防止标签信息篡改；然后利用手机等干扰器，识别并干扰非法阅读器，从而实现反跟踪的目标。

针对书籍盘点时的漏读现象，通过实验发掘天线射频功率、盘点车移动速度与漏读率之间的对应关系，然后运用数据挖掘技术理论建模，求解出三者间的关系方程，从而指导无线射频功率与盘点车移动速度的动态调整，以此获得最大读取率。从两方面解决物理因素引起的漏读问题：使用多个阅读器天线消除不确定标签方向的影响（至少有一个天线能够以较好的角度读取标签）；动态调节阅读器天线射频功率，从而削弱甚至消除距离、多径效率以及材质的影响。

2.盘点机器人优势

表 8-5 对盘点机器人的优势进行了分析，可以总结为高效导航路线、高精度扫描、高智能学习。以自适应 SLAM 导航技术为例，主要解决机器人工作的识别问题。在实践中发现，对于机器人实际工作来说，由于图书馆里面的建筑风格、布局相似，书架和书架对于机器人识别来说没有特殊的区分度，机器人无法分辨。盘点机器人的自适应 SLAM 导航优势是目前采取的最适合图书馆的定位方式，完全自适应地图构建和导航技术虽然先进，但是不适合图书馆书架。智能盘点机器人的技术应用以适应度和契合度为优先，在图书馆现有建筑的基础上得到最大的优化。

表 8-5　南京大学"图客"智能盘点机器人主要优势分析

优势	功能解析
双激光雷达，无死角覆盖	保障 360 度无死角自主导航，并且可在书架间双向行走
自适应 SLAM 导航	根据图书馆现场环境建图，适用于各类图书馆场景，无须对现有图书馆基础设施进行任何改造

续表

优势	功能解析
高效盘点，精准定位	图书定位精度高达 98%，图书漏读率低于 1%，图书盘点效率高达 20000 册 / 小时
一键操作，定时盘点	采用一键式盘点操作，能够根据馆方需求，自由设置盘点区域、盘点时间等
超长待机，自动充电	采用最高安全等级的电池，容量高达 50Ah，能够保障 10 小时以上的不间断盘点时间
双升降盘点扫描装置	采用拥有自主知识产权的双升降盘点扫描装置，能够对扫描装置进行毫米级升降调整，适用于不同高度、不同层高的各类书架
OPAC 无缝对接，图形化直观展示	可与现有图书管理系统 OPAC 实现无缝对接，通过图形化界面为读者直观展示图书的位置信息，方便读者快速查找感兴趣的书籍
多模态智能感知凸出图书	集成多模态智能传感设备，能够实时检测书架上的凸出图书（图书尺寸过大或图书不规则摆放导致）
大数据分析，自动发送报表	基于云平台对盘点数据进行大数据分析、汇总，可提供丢失图书报表、错架图书报表、标签绑定失效图书报表等信息，并且能够通过邮件自动发送给图书管理员
自主知识产权	2015 年第一代"图客"正式发布，成为全球首台智能图书盘点机器人，各项性能指标处于国际领先水平

3. 图书盘点流程管理

在实际利用 RFID 图书盘点时，需使用视觉技术对盘点过程进行辅助。图书盘点的运行可以分为视频数据的拍摄、图书书脊及索书号分割、图书书名与索书号识别、书名匹配和修正等流程，以保证书名的正确识别和输入，如图 8-7 所示。

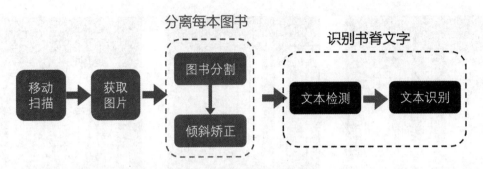

图 8-7　基于计算机视觉的图书盘点流程

（1）视频数据的拍摄、传输和矫正

随着机器人的移动，程序将自动控制相机的录制开关，每层书架都会被扫描成一个视频，随后将视频依次发送到服务器。服务器先对视频进行解码，将视频转成多帧图片，并对图片中出现的透视畸变进行矫正。图 8-8 展示了图片的畸变矫正过程。

图 8-8　图片的畸变矫正

（2）图书书脊及索书号分割

对图片进行图书书脊及索书号的实例分割，用检测框提取出图书书脊及索书号在图像中的位置。图 8-9 展示了图书书脊及索书号分割结果。

图 8-9　图书书脊及索书号分割结果

（3）图书书名、索书号识别

对图片进行文本检测并识别，获得图片中出现的文字，图 8-10 展示了文本检测的结果。随后将文本识别结果按位置进行合并：如果一本图书中出现了多个文本框，将这些文本进行组合，以代表这本书的识别结果；如果一个索书号区域出现多个文本，也进行组合，代表索书号的识别结果。随后，将书名识别结果与索书号识别结果按图书及索书号实例的位置进行分组合并，让一个图书实例能够对应一个书名识别结果与一个索书号识别结果。

图 8-10　图片文本检测结果

（4）书名、索书号的匹配和修正

文本识别中可能存在错误，并且书名识别结果由多个文本合并而成，顺序也可能存在问题，因此书名和索书号识别中都可能出现错误，需要进行修正，这个过程分为两步：如果索书号能在图书馆数据库中搜到，则将书名识别结果直接修改成数据库中该索书号对应书名；如果索书号无法在图书数据库中搜到，则在数据库中寻找与书名识别结果最相似的书籍（并获取该书籍对应的索书号），修改书名及索书号识别结果。

（5）目标跟踪

由于相机会不间断对书架进行录像，相邻的两帧之间可能会拍到相同的书籍，需要在相邻图片之间进行目标跟踪，以去掉重复出现的书籍。相邻帧间重复的书籍用相同颜色的检测框标识。

（6）结果返回及报表生成

在分割图书及索书号的过程中，也会对格子进行识别，从而将格子左右的书籍分为两组。经过以上步骤后，服务器会将视觉盘点结果返回给机器人，机器人会将结果保存在本地。等全部处理完后，会和 RFID 结果共同生成盘点报告以及实时数据分析结果。

二、下一代图书馆管理系统实例与运行分析

南京大学图书馆在坚持超高频 RFID 智能图书盘点机器人"图客"与咨询服务机器人"图宝"的图书馆机器人开发的同时，对下一代智慧图书馆系统平台的尝试也从未止步，下面将介绍尝试构建智慧图书馆新平台的两种方案。

（一）构建一体化电子资源服务体系

资源建设是图书馆发展的根基。传统的纸质资源占据大量图书馆物理存储空间，经费与空间压力不断增大，同时电子资源日趋增长，使得多种资源类型的管理成为难题，图书馆迫切需要实现信息资源的重新整合。目前，实现纸电融合，构建一体化的电子资源服务体系，是当今图书馆资源建设的大趋势。纸电融合的本质即为纸本资源元数据仓库与电子资源元数据仓库的合并，合并后可以实现在纸电两种系统中的采购查重揭示，还可以合并展示同一出版物的纸电版本与访问链接，支持多种元数据格式 MARC、DC、RDA 的数据的编目与展示等。

南京大学图书馆构建一体化电子资源服务体系，采用"纸质资源管理系统＋电子资源管理系统＋资源发现服务"多系统组合、按需定制的模式，实现下一代图书馆服务平台大部分的功能需求。这种多层级服务、数据相互关联的统一管理体系，打破以往各系统孤立运行的模式。依靠一体化电子资源服务体系，用户可以通过资源导航查找所需数据库与出版物，访问学科主页，还可以通过 Discover 发现服务多元化方式获取全文。图书馆可以通过电子资源管理系统进行数据库、订购单元、出版物三层结构的元数据管理，管理图书馆持有的数据库、数据包、出版物数据库并进行对比分析；还可全面管理资源试用、资源评估、资源订购、资源激活、合同管理、资源续订等完整流程；通过定制院系学科主页、与发现服务深度整合以提高图书馆核心电子资源的学科保障率，进行学科资源建设；自动收割厂家 Counter 使用统计数据，从资源导航与远程访问系统中收集使用统计数据，自动统计分析数据库下属出版物文献被列入本校发文的参考文献数据等。采用纸质资源管理系统＋电子资源管理系统＋发现服务的模式，在现阶段能够实现绝大部分的下一代图书馆服务平台的功能，与国外现有系统相比，更加一体化、灵活化和本土化，为推进未来共享、开放、共建的智慧图书馆体系建设打牢基础。

（二）建设基于新一代系统的智慧图书馆服务平台（NLSP）

南京大学图书馆与江苏图星软件科技有限责任公司创新合作，致力打造新一代智慧图书馆服务平台（NLSP），目前已有了阶段性的实践成果。NLSP 主要集成中央知识库、智能采选平台、馆员智慧服务平台以及读者应用服务平台四大模块。

1. 中央知识库

知识库的建设与维护是影响系统平台成功实施与应用的一个重要因素，目前已有多个联盟、组织或数据商合作构建了开放知识库，比如 Kuali OLE 与英国联合信息系统委员会（Joint Information System Committee，JISC）共同开发了"全球开放知识库"[83]。NLSP 设想构建电子资源百科的中央知识库，实现知识库共建共享。该中央知识库涵括图书、期刊、论文、专利等多种资源，还包含资源包、供应商管理、许可协议、链接解析器功能，数据定时更新。同时平台接口开放，支持 KBART2、OAI 标准元数据交换，并支持 SCI、SSCI、EI、ISTP、Scopus、Pubmed 等收录管理。

2. 智能采选平台

图书馆采购纸质资源或电子资源往往通过联通馆配商上下游的书目信息共享平台，市场上较为知名的有人天书店的"畅想之星"[84]、武汉三新的"云田智慧"[85]和浙江新华书店的"芸台购"[86]等。然而目前类似的产品功能参差不齐，有的平台是仅针对电子图书的购买，有的只是面向纸质书，有的以纸为主、尽量纸电同步。同时，大多数平台没有涉及购买数据库类的电子资源的管理。这种分散的购买及管理造成采选流程复杂、效率低下，甚至会造成采选缺失或重复。

从传统的业务流程来看，各个节点分散，需要各个岗位的基础业务馆员投入大量的人力精力，下一代图书馆服务平台从业务架构、业务内容上对图书馆业务进行了全流程的智慧化重组，实现文献信息全生命周期的一体化、自动化管理，解放馆员从事面向高层次学习阅读需求的专业知识信息服务。

根据平台的发展，基于海量数据的中央知识库，智能采选平台提供完整的新书目录，用户可按需下单；提供智能化的选书工具，提供辅助决策的内容，包括资源的内容简介、作者简介、目录、作者其他发表专著、精彩书评、精彩书摘等；可一键跳转至京东、当当、亚马逊、豆瓣网站，查询资源更多评价信息；提供精准的资源画像，包括采购建议、馆藏指数、相关馆藏借阅趋势分析、借阅分布分析，辅助馆员采购决策（图 8-11）；采访模型可以自定义本馆偏好，根据本馆实际诉求智能选书；在中央知识库的基础上，拓展了共享知识区，用户可上传优质订单、元数据、元数据模板、编目规则；共享区用户可协同解决图书馆业务。

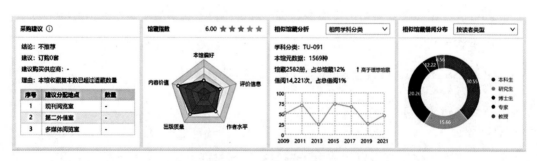

图 8-11　馆藏辅助分析

整个采选过程中，多馆协作采购，主馆发布采购单，各成员馆直接选购。支持多种采购策略（学科、分类等）的智能选书功能，支持多种筛选条件，还可以根据馆员打分云比对采购书单。浏览书目的过程中，依靠中央知识库数据支撑，自动获取元数据、封面图片、电子全文、目录和摘要。平台还支持物理资源一次性接收、连续性接收，以及激活电子图书、电子期刊、电子资源并自动发布，使采购流程更加一体化与流畅。

3. 馆员智慧服务平台

智慧服务是以读者需求为目标的从管理到馆员各个方面体现的智慧化。馆员在进行信息服务与管理时涉及的资源采访、资源管理、系统监控、资源典藏、读者服务以及分析决策，都将集成于新系统平台中进行统一操作。比如一体化资源管理流程中，平台建立起包括 CNMARC、USMARC、RDA、DC、RDF 等多种元数据收割、整合、清洗和存储的标准、流程体系，整合电子资源管理（ERMI）、链接解析器（Link Resolver）管理、云端与本地存储的数字资产的管理及纸质资源管理，使馆员操作更加方便快捷，提高管理效率。

4. 读者应用服务平台

打造基于读者需求驱动的图书馆智慧化服务是图书馆的宗旨。新图书馆系统平台除了为读者提供资源发现、全文阅读的基础服务，还通过读者荐购服务（PDA）满足读者个性化需求，实现精准服务。另外，大数据处理技术与机器学习等人工智能技术也逐渐运用到智慧图书馆的服务上，提供给读者更智能的服务形式。比如利用大数据处理技术，采集来自数据库、日志等的数据源，导入并进行清洗和预处理，利用分布式数据库或计算集群分析汇总数据，基于用于聚类的 K-Means、用于统计学习的 SVM 和用于分类的 Naive Bayes 等各种算法的计算，对其进行挖掘，深度研究用户行为，为读者提供定制化服务。

读者应用服务平台主要从统一检索和精细化服务方面进行知识服务生态链条的升级。首先是全新的统一检索。在界面上进行全新设计，突出友好的交互体验。检索结果与中文发现全面融合，实现一站式获取馆藏与发现内容；检索结果方面能够全面揭示电子资源、数字资源、纸质资源。除此之外，还增加了推荐期刊、百科词条等服务环节，优质的相关性排序与完整的诠释资料提高了检索效率；文献获取方面，可以实现直接获取全文链接，精确智能链接、文献动态链接等；此外，还支持数字资源在线阅读、播放。

其次，平台整合了原有的读者服务形式，在传统基于统一检索的服务上，统一了所有服务的流程，提供标准化的线上、线下服务。包括读者服务请求、数字化请求、知识发现请求，读者可以一站式检索后，获得相应资源与服务，还有重要的一项突破是与京东平台形成战略合作，发布了新一代的"你选书我买单"服务子系统，读者可挑选适藏数据，发起借购，后还书至图书馆，方便其他读者使用。

（三）智慧图书馆管理系统发展思考

图书馆系统历经几十年的发展，在新技术的推动和市场的检验下功能不断完善，特别是在当前大数据与人工智能崛起的新技术环境下，下一代图书馆服务平台发展潜力巨大，将推动图书馆系统迈向新阶段。目前，智慧图书馆系统平台正处于应用起步阶段，南京大学智慧图书馆新系统平台的研发与建设已初具雏形。下一代图书馆服务平台将大数据作为基础资源，全面促进图书馆大数据发展，加快推动数据资源共享开放和开发应用，从而实现数据驱动与科学决策。

未来平台的发展还需要建立三大支撑保障体系，即智慧图书馆评价体系、智慧图书馆标准规范体系、智慧图书馆研究及人才培养体系。评价体系应主要解决三个主要发展问题：①实现动态实时监测，即通过大数据对空间、设施、资源、服务等供给利用动态监控机制；②实现科学立体评价，需要结合对用户需求、评论、行为偏好等的研究分析，对图书馆智慧管理运行效率及服务效能进行科学立体的评价；③提供决策支撑，主要为智慧服务的持续更新和财务资金投入优化配置来提供决策支撑。

期望更多的图书馆坚持以人为本的理念，聚合用户需求，与多厂家、多机构协作，构建标准规范、开放共享的智慧图书馆服务体系，不断提升图书馆的核心服务能力。

（执笔人：邵波、王怡、单轸、徐璐、吴咏真）

参考文献：

［1］聂华.图书馆集成管理系统的发展现状与趋势［J］.大学图书馆学报，2003（1）:29-32.

［2］TULL L，CRUM J，DAVIS T，et al. Integrating and Streamlining Electronic Resources Workflows via Innovative's Electronic Resource Management［J］.Serials Librarian,2005, 47（4）:103-124.

［3］［31］CHISMAN J，MATTHEWS G，BRADY C. Electronic Resource Management［J］. Serials Librarian,2006,48（1-2）:95-111.

［4］［32］GALLOWAY L. Innovative Interfaces'Electronic Resource Management as a Catalyst for Change at Glasgow University Library［J］.Serials Librarian,2006,51（1）: 83-94.

［5］［33］Digital Library Federation Clir Washington Dc. Electronic Resource Management: The Report of the DLFERM Initiative［EB/OL］.（2004）［2022-06-20］.http://old.diglib. org/pubs/dlf102/.

［6］［34］NISO Publishes White Paper on the Future Standardization Needs for Electronic Resource Management Systems［EB/OL］.［2022-06-20］.https://www.niso.org/press-releases/2012/02/niso-publishes-white-paper-future-standardization-needs-electronic-resource.

［7］墨西哥国立自治大学与FOLIO——开源与图书馆平台的革命［EB/OL］.［2022-06-20］. https://mp.weixin.qq.com/s/PTrKHMRxq-YfqtBx3Dr6NQ.

［8］邵敏,张喜来.电子资源管理系统 Verde 的应用实践［J］.图书情报工作,2010,54（7）:84-88.

［9］李洪.基于生命周期的电子资源管理系统的分析与设计［J］.图书馆理论与实践,2012（4）:11-15.

［10］GROGG J E. Electronic Resource Management Systems in Practice［J］. Journal of Electronic Resources Librarianship,2008,20（2）:86-89.

［11］PINFIELD S,COX A M,SMITH J. Rresearch Data Management and Libraries:Relationships,Activities,Drivers and Influences［J/OL］.PLoS ONE,2014,9（12）.[2019-12-24].

［12］樊俊豪.图书馆在科学数据管理中的角色定位研究［J］.图书情报工作,2014,58（6）:37-41.

［13］刘兹恒,曾丽莹.我国高校科研数据管理与共享平台调研与比较分析［J］.情报资料工作,2017（6）:90-95.

［14］严昕.公共图书馆数据治理框架构建研究［J］.图书馆,2020（5）:58-63.

［15］PETERS C,DRYDEN A R. Assessing the Academic Library's Role in Campus-Wide Research Data Management:A First Step at the University of Houston［J］. Science & Technology Libraries,2011,30（4）:387-403.

［16］牛勇.图书馆精准服务研究［J］.图书馆学研究,2016（5）:50-52.

［17］宣婷燕,邵波,孙凯.基于室内导航的高校图书馆精准服务研究［J］.图书馆学研究,2017（19）:74-78.

［18］裘惠麟,邵波.图书馆精准服务研究现状及发展策略［J］.图书馆学研究,2017（16）:2-7.

［19］WANG Y,DAWES T. The next generation integrated library system:a promise fulfilled［J］.Information Technology&Libraries,2012,31（3）:76-84.

［20］BREEDING M. New Library Collections,New Technologies:New Workflows［J］. Computers in Libraries,2012,32（5）:23-25.

［21］刘炜.关于"下一代图书馆系统"的思考［J］.国家图书馆学刊,2015,24（5）:7-10.

［22］［59］谢蓉,刘炜,朱雯晶.第三代图书馆服务平台:新需求与新突破［J］.中国图书馆学报,2019,45（3）:25-37.

［23］范并思.云计算与图书馆:为云计算研究辩护［J］.图书情报工作,2009,53（21）:5-9.

［24］傅平.图书馆技术发展新趋势［J］.新世纪图书馆,2018（2）:15-18,22.

［25］包凌,赵以安.国外下一代图书馆自动化系统的实践与发展趋势研究［J］.图书馆学研究,2013（9）:58-65.

［26］中国政府网.文化和旅游部关于印发《"十四五"公共文化服务体系建设规划》的通知.[EB/OL].[2022-06-22].http://www.gov.cn/zhengce/zhengceku/2021-06/23/content_5620456.htm.

［27］饶权.全国智慧图书馆体系:开启图书馆智慧化转型新篇章[J].中国图书馆学报,
2021,47(1):4-14.

［28］BREEDING M. Library Perceptions 2021:Results of the 13th International Survey
of Library Automation. [EB/OL].[2021-03-31].https://librarytechnology.org/
perceptions/2020/.

［29］白雪,李广利,牛爱菊.Alma环境下电子资源元数据的管理及对用户的影响——以北
京师范大学图书馆为例[J].新世纪图书馆,2019(5):49-52.

［30］窦天芳,杨慧.清华大学图书馆一体化资源管理平台建设——以ALMA系统实施为
例[J].数字图书馆论坛,2020(5):2-7.

［35］中国矿业大学新闻网.我校智慧图书馆管理与服务平台正式启用[EB/OL].[2021-11-
05].http://xwzx.cumt.edu.cn/7a/70/c513a555632/page.htm.

［36］维普.智慧图书馆数据服务平台[EB/OL].[2021-11-10].https://www.vipslib.com/
product-VIPS1000.html.

［37］南京大学图书馆.NLSP下一代图书馆管理系统[EB/OL].[2021-11-10].http://lib.nju.
edu.cn/info/1186/1854.htm.

［38］刘炜,嵇婷."云瀚"与智慧图书馆:以开放创造未来[J].中国图书馆学报,2021,47
(6):50-61.

［39］HAMMER M. Re-engineering work:don't automate, obliterate[J].Harvard Business
Review,1990,68(4):104-112.

［40］金小璞,徐芳,毕新."互联网+"时代图书馆范式演变与业务流程重组[J].图书馆研究
与工作,2017(5):5-11.

［41］赵益民.国家图书馆业务管理机制研究[M].北京:中国社会科学出版社,2018.

［42］SMITH C, GUIMARAES A, HAVERT M, et al. Missing items:automating the
replacement workflow process[J].Information Technology & Libraries,2009,28(2),
93-99.

［43］BUGG K L, ODOMR Y. Extreme makeover reference edition:restruc turing reference
services at the Robert W. Woodruff Library, Atlanta University Center[J]. Reference
Librarian,2009,50(2):193-204.

［44］MIAO Q. Automation, digitalization and the beyond:re-engineering Shanghai Library
[C]// Proceedings of the International Symposium on Academic Libraries in the 21st
Century, Shang-hai Jiao Tong University Press, September 1996:32- 37.

［45］［46］张晓林.国家科学数字图书馆:面向用户的数字信息服务体系[J].现代图书情报
技术,2002(5):1-2.

［47］贾西兰,李书宁,吴英梅."互联网+图书馆"思维下的下一代图书馆服务平台[J].图书
与情报,2016(1):44-48.

［48］林伟明，杨巍.基于微服务构建的新一代图书馆服务平台［J］.图书馆杂志,2020,39
（8）:66-74.

［49］傅平.新一代共享图书馆集成管理系统和图书馆联盟［EB/OL］.［2020-03-12］.http://
blog.sciencenet.cn/blog-3316383-1125624.html.

［50］杨巍,林伟明.基于微服务架构的图书馆业务系统重构研究——以深圳大学为例［J］.
图书馆杂志,2020（11）:36-43.

［51］傅平.新一代图书馆管理集成系统对美国图书馆联盟的影响分析［J］.数字图书馆论
坛,2017（2）:28-33.

［52］TAIT E，MARTZOUKOU K，REID P. Libraries for the future:the role of IT utilities in
the transformation of academic libraries［J］.Palgrave Communications,2016（1）:1-9.

［53］汪东波.公共图书馆概论［M］.北京:国家图书馆出版社,2012.

［54］孙利芳,乌恩,刘伊敏.再论智慧图书馆定义［J］.图书馆工作与研究,2015（8）:17-19,
68.

［55］杨文建,邓李君.基于用户感知的智慧图书馆空间评价研究［J］.图书馆,2021（8）:42-
48,56.

［56］阳广元,白美程.国内图书馆领域用户画像研究综述［J］.图书馆理论与实践,2021
（3）:95-101.

［57］肖鹏,陈润好.从资源共同体到命运共同体:中国图书馆联盟的四种建设路径及其未
来趋势［J］.图书馆建设,2018（12）:31-36.

［58］王怡,邵波.国内高校数字图书馆联盟发展现状:内涵缺失和结构重塑［J］.图书馆学研
究,2020（4）:87-93.

［60］蔡迎春,廖柏成.高校图书馆区域共用平台的建设及启示——以香港地区JULAC为
例［J］.中国图书馆学报,2020,46（3）:102-112.

［61］关志英.深化"供给侧结构性改革"视角下的我国高校图书馆联盟转型与发展［J］.大
学图书馆学报,2017,35（5）:57-65.

［62］图书馆·情报与文献学名词审定委员会.图书馆·情报与文献学名词［M］.北京:科学
出版社,2019.

［63］中华人民共和国文化和旅游部.2021年文化和旅游发展统计公报［EB/OL］.（2022-06-
29）［2022-07-08］.https://zwgk.mct.gov.cn/zfxxgkml/tjxx/202206/t20220629_934328.
html.

［64］教育部高等学校图书情报工作指导委员会.教育部高校图书馆事实数据库［DB/
OL］.［2021-12-10］.http://libdata.scal.edu.cn/Index.action.

［65］教育部高等学校图书情报工作指导委员会秘书处.2019年中国高校图书馆基本统计
数据分析［J］.大学图书馆学报,2020,38（6）:49-54,70.

［66］易斌.公共图书馆整体外包模式的现实困境与策略选择［J］.国家图书馆学刊,2017

（4）：42-48.

[67] 吴拓,傅文奇.基于招聘信息的我国图书馆人才需求调查与分析[J].国家图书馆学刊,
2018,12（6）:18-29.

[68] 教育部高等学校图书情报工作指导委员会.《普通高等学校图书馆评估指标》及评估
办法（2010年修改稿）[EB/OL].[2021-12-18].http://www.scal.edu.cn/tjpg/202006030136.

[69] RICE R，JOHN S. The Data Librarian's Handbook[M].London：Facet Publishing,2016.

[70] PINFIELD S，COX A M，Smith J.Research Data Management and Libraries：
Relationships，Activities，Drivers and Influences[J]. PLOS ONE,2014,9（12）:
e114734.

[71] 朱玲,聂华,崔海媛,等.北京大学开放研究数据平台建设:探索与实践[J].图书情报工
作,2016,60（4）:44-51.

[72] 胡绍君.面向科研数据管理的高校学科馆员能力建设研究[J].图书情报工作,2016
（22）:74-81.

[73] 赵立红.泛在信息环境下图书馆员胜任力模型构建[J].图书馆学刊,2012（8）:15-17.

[74] JORGEN S. Understanding human competence at work:An interpretative approach[J].
Academy of Man-agement Journal,2000,43（1）:9.

[75] 杜波依斯,罗斯韦尔,斯特恩,等.基于胜任力的人力资源管理[M].于广涛,等,译.北
京:中国人民大学出版社,2006.

[76] 蒋知义,曹丹,邹凯,等.智慧图书馆馆员胜任力双螺旋模型构建[J].图书馆,2020
（12）:34-41,66.

[77] 教育部科技发展中心.国家知识产权局办公室 教育部办公厅关于公布首批高校国家
知识产权信息服务中心名单的通知[EB/OL].[2021-12-14].http://www.cutech.edu.cn/
cn/zscq/2019/03/1539771830312995.htm.

[78] 教育部科技发展中心.第二批高校国家知识产权信息服务中心遴选名单公示[EB/
OL].[2021-12-14].http://www.cutech.edu.cn/cn/zxgz/2020/06/1592458352283407.htm.

[79] 国家知识产权局办公室.国家知识产权局办公室关于公布2021年度国家知识产权
信息公共服务网点名单的通知[EB/OL].[2022-10-14].http://www.gov.cn/zhengce/
zhengceku/2021-11/01/content_5648185.htm.

[80] 肖珑.支持"双一流"建设的高校图书馆服务创新趋势研究[J].大学图书馆学报,
2018,36（5）:43-51.

[81] 柯平,张颖,张瑜祯.公共图书馆高质量发展的十个新主题[J].图书与情报,2021（1）:
1-10.

[82] 中华人民共和国网络安全法[EB/OL].[2021-12-22].http://www.cac.gov.cn/2016-
11/07/c_1119867116_2.htm.

[83] ANTELMAN K，WILSON K .The Global Open Knowledgebase（GOKb）:Open

linked data supporting electronic resources management and scholarly communication[J]. Insights,2015（1）:42-50.

［84］段晓林.馆配中文电子书平台比较研究[J].大学图书馆学报,2019（1）:22-27.

［85］刘涵.大数据环境下采访模式的变革:以"云田智慧图书馆云平台"为例[J].内蒙古科技与经济,2020（3）:156-158.

［86］郑琪.基于读者荐购策略（PDA）的云服务平台架构研究:以"芸台购"云服务平台为例[J].图书馆学研究,2016（23）:27-31,91.

第九章　智慧图书馆标准体系

近年来，随着 5G、大数据、云计算、物联网、区块链、人工智能等现代信息技术的快速发展与普及，智慧图书馆建设从理论研讨层面进入了实质性推进阶段。国家图书馆策划启动了"全国智慧图书馆体系"建设项目，江苏、广东、上海等地公共图书馆也在部分业务或服务领域探索智能化技术的应用，一些科研院所图书馆、高等教育图书馆也纷纷布局智慧化转型发展策略。

智慧图书馆的建设与发展对图书馆标准化工作提出了新的现实需求。遵循共同的标准规范是智慧图书馆建设实现海量知识资源汇聚融合与协同服务及多系统交互、多机构协同的基础。建立结构合理、层次清晰、联系紧密、相互协调、满足需求的智慧图书馆标准体系并贯彻实施，一方面，可为智慧图书馆的技术应用、资源建设、服务提供、空间建设、规范管理，乃至全国智慧图书馆体系建设提供科学、系统、实用的标准支撑；另一方面，可通过标准的引导作用，推动智慧图书馆业务整合协同、数据汇聚融合、信息共建共享、系统互联互通、服务集成协调；同时，通过为信息、数据与系统的开放共享融合提供指引，推动智慧图书馆嵌入智慧城市、智慧生活、智慧科研、智慧创新等各种应用场景，从而支持智慧图书馆建设实现规范发展、合作发展、规模发展和可持续发展。

所谓标准体系，是"一定范围内的标准按其内在联系形成的科学的有机整体"。《标准体系构建原则和要求》（GB/T 13016—2018）中规定了构建标准体系的一般方法，包括确定标准化方针目标、调查研究、分析整理、编制标准体系表、动态维护更新[1]等5个方面。本章参考上述方法，梳理图书馆领域已有标准体系的现状与发展，调研主要智慧技术领域标准体系，在文献调研、面向专家与图书馆机构的问卷调查基础上，分析标准体系建设的现实需求，确定标准体系建设的基本原则，研究提出智慧图书馆标准体系框架、各子体系间的相互关系及所应包含的主要标准内容，并提出智慧图书馆标准建设和实施策略。

第一节　图书馆标准体系与智慧图书馆标准体系

从我国图书馆界标准化工作情况来看，图书馆领域相关标准主要由全国信息与文献标准化技术委员会（TC4）、全国文献影像技术标准化技术委员会（TC86）和全国图书馆标准化技术委员会（TC389）归口管理，其中全国图书馆标准化技术委员会"是我国唯一一个专门以图书馆领域标准化工作为其工作范围的标准化组织"[2]。根据《全国专业标准化技术委员会管理办法》的规定，编制本专业领域国家标准体系是标准化技术委员会的工作职责之一。因此，全国图书馆标准化技术委员会所制定的标准体系在很大程度上代表着业界对图书馆领域标准体系的认识。图 9-1 为全国图书馆标准化技术委员会标准体系结构图，从标准内容看，该标准体系包括建设标准、资源标准、服务标准、管理标准和技术标准五个部分。标准体系并不是一成不变，

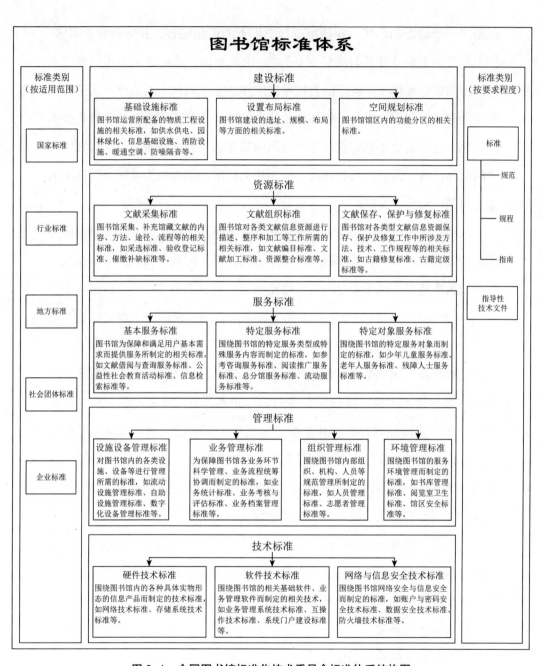

图 9-1　全国图书馆标准化技术委员会标准体系结构图

而是"一个动态的系统，在使用过程中应不断优化完善，并随着业务需求、技术发展的不断变化进行维护更新"[3]。也就是说，从标准化工作的逻辑来讲，图书馆标准体系本就应随着技术应用和业务发展而不断演化。无论是图书馆的建设、资源、服务、管理还是技术领域，将都有可能涉及智慧化技术的应用，也都需要根据智慧化技术应用的实际场景和业务需要，丰富其所包含的具体标准。因此，智慧化技术应用相关标准的纳入是未来图书馆标准体系发展的一个重要方向。

从本质上看，数字图书馆与智慧图书馆都是现代信息技术在图书馆应用的不同发展阶段，只是技术应用的重点不同而已，因此，我国图书馆在数字图书馆标准建设方面所走过的成功道路值得在智慧图书馆标准建设过程中借鉴。"标准先行"是世纪之交以来我国数字图书馆建设的一个重要经验，经过十余年的努力，最终逐步形成了由资源、服务、管理、技术四大核心要素构成的数字图书馆标准体系框架[4]。由于业界普遍认为数字图书馆更多是一个由网络和技术手段支撑的线上图书馆，并不涉及实体馆建设，故其标准体系未包含建设领域标准，其余部分与图 9-1 所示的图书馆标准体系框架并无二致。此外，在数字图书馆建设实践中，国家数字图书馆结合数字资源建设与服务这一数字图书馆建设的主要业务需求，构建了覆盖数字资源生命周期的专门标准体系，涵盖数字内容创建、数字对象描述、数字资源组织管理、数字资源服务、数字资源长期保存等内容[5]。这一从数字图书馆主要业务视角出发所建立的专门标准体系与图书馆基础标准体系框架并行不悖，一方面，数字技术的全方位应用，使图书馆的资源、服务、管理与技术领域或面临既有业务的新发展，或面临新产生的业务形态，而无论哪种发展变化均需要通过标准化的形式予以规范和引导，此时，关于数字技术应用的标准自然成为图书馆标准化工作关注的重点，需要在原有标准体系框架下做新的拓展；另一方面，从数字资源生命周期视角出发建立专门标准体系，根据数字图书馆业务和技术应用需求，或修订已有标准，或制定新的标准，能够有针对性地促进数字图书馆建设的标准化、规范化发展，同时也可使原有标准进一步适应技术和业务发展的需要。

这一时期的数字图书馆标准体系可视为图书馆基础标准体系在数字技术应用需求下的拓展与深化，总体上二者一脉相承，《中国图书馆事业发展报告·数字图书馆卷》中呈现了两个体系的融合[6]。与图书馆基础标准体系不同的是，数字图书馆标准体系从业务上更紧密地契合了数字图书馆建设的需要，其标准体系建设的目标在特定时期内也更为专指、更为明确，便于聚焦发力。从实践角度看也确实如此，在一个相当长的时期内，数字图书馆标准体系对数字图书馆乃至图书馆领域标准化工作起到了非常重要的引导与推动作用。据统计，2009—2014 年期间，由全国图书馆标准化技术委员会和全国文献与信息标准化技术委员会归口管理并经批准颁布的 41 项国家标准与行业标准中，数字图书馆标准就达 29 项，占比逾七成。仅以数字内容创建标准为例，2008 年全国图书馆标准化技术委员会成立之时，恰逢我国数字图书馆推广工程建设的重要时刻，图书馆数字内容创建标准应运而生，成为 2010—2016 年间相关标准化工作的重点，颁布了大量关于图书馆数字馆藏规范加工的标准[7]。

借鉴上述做法，在智慧图书馆建设中，应当在图书馆基础标准体系框架下，结合智慧图书馆建设的重点业务和技术需求，形成智慧图书馆建设专用标准体系，并在体系构建之初即在该体系与图书馆基础标准体系的融合方面做好顶层设计，使在这一体系下形成的标准既能够很好地回应智慧图书馆建设的需要，也能够顺理成章地与图书馆基础标准体系融合，从而使图书馆基础标准体系得以发展，并能够更好地适应图书馆智慧化转型发展的需要。

第二节　主要智慧技术领域标准体系探查

从根本上讲，智慧图书馆是智慧技术在图书馆的全方位应用。在智慧图书馆建设中，业界更为关注移动互联网、云计算、大数据、人工智能、物联网、区块链等技术的应用[8]，为了使这些技术的应用能够更加科学合理有效，就不可避免地需要关注和研究该技术领域的标准成果。本节主要选取人工智能、知识图谱和智慧城市这三个标准体系较为完整且与智慧图书馆建设具有直接联系的领域，对其标准体系进行观察，意在为构建智慧图书馆标准体系提供参考，并为图书馆行业在这三个领域标准化工作的可能作为进行分析。

一、人工智能标准体系

人工智能技术作为智慧图书馆概念的核心[9]，是智慧图书馆技术应用的重点。2020年7月，国家标准化管理委员会、中央网信办、国家发展改革委、科技部、工业和信息化部联合印发《国家新一代人工智能标准体系建设指南》，提出了由"A基础共性""B支撑技术与产品""C基础软硬件平台""D关键通用技术""E关键领域技术""F产品与服务""G行业应用""H安全/伦理"八个部分构成的人工智能标准体系结构（图9-2）[10]。《国家新一代人工智能标准体系建设指南》提出"人工智能行业应用具有跨行业、跨专业、跨领域、多应用场景的特点，不同行业的侧重点不同"。对图书馆行业而言，应当在对人工智能领域标准化工作进展保持密切关注的同时，重点通过标准化手段引导人工智能技术应用，促进与提升信息和知识服务的智能化水平，并从图书馆技术应用角度丰富该标准体系"F 产品与服务""G 行业应用"的标准成果。

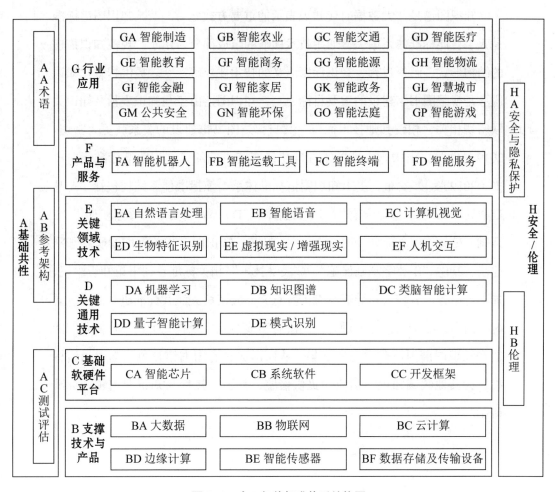

图 9-2　人工智能标准体系结构图

二、知识图谱标准体系

知识图谱是"大数据时代知识表示的重要方式之一"[11]，知识图谱标准是人工智能标准体系中关键通用技术标准的组成部分，用于"规范知识描述的结构形式、解释过程、知识深度语义的技术要求等"[12]。提供智慧化知识服务是智慧图书馆建设的重要目标之一，知识图谱由于与知识表示及知识关联密切相关，相较其他技术而言，其与智慧图书馆建设的关系就更为密切。2019 年 9 月，由中国电子技术标准化研究院主编的《知识图谱标准化白皮书（2019 版）》发布，提出知识图谱标准体系，该标准体系结构包括"A 基础共性""B 数字基础设施""C 关键技术""D 产品 / 服务""E 行业应用""F 运维 / 安全"六个部分（图 9-3）[13]。目前，知识图谱相关标准的研制刚刚起步，其中"B 数字基础设施""C 关键技术"相关标准在图书馆知识组织、加工与服务中有较大指导或参考借鉴意义，应密切关注其标准研制情况。同时，图书馆在文献信息处理方面的既有实践经验、规程、工具等将使我们能够在知识图谱领域获得先发优势，从而形成具有图书馆特色的知识图谱标准，为其他领域知识图谱应用提供借鉴，甚至直接参与知识图谱领域标准研制。

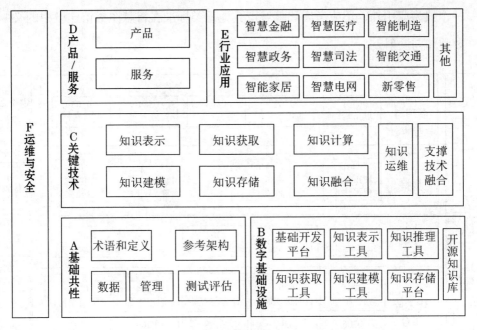

图 9-3 知识图谱标准体系结构图

三、智慧城市标准体系

从社会环境看，智慧图书馆是智慧城市的重要组成部分[14]，智慧公共服务是目前最受关注的智慧城市三个应用领域之一，有关智慧城市的标准化成果也值得关注。2022 年 7 月，国家智慧城市标准化总体组发布《智慧城市标准化白皮书（2022 版）》，修订了智慧城市标准体系总体框架，该体系由 "01 总体标准" "02 技术与平台" "03 基础设施" "04 数据" "05 管理与服务" "06 建设与运营" "07 安全与保障" 等七个子体系组成（图 9-4）[15]。智慧图书馆标准应充分考虑对智慧城市有关标准的向上兼容性，除了将智慧图书馆作为智慧城市 "05 管理与服务" 类标准中 "0502 惠民服务" 标准的一个典型应用外，还应考虑智慧城市其他六类标准在智慧图书馆建设中的必要移植与映射。

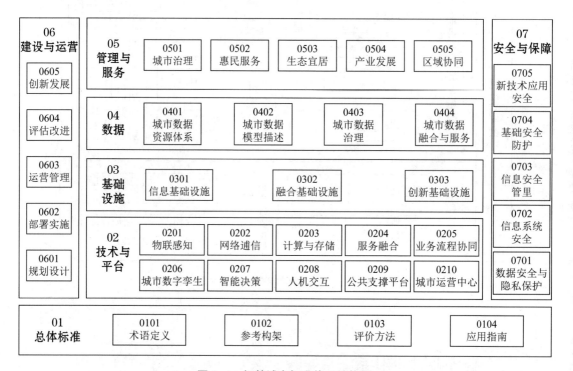

图 9-4   智慧城市标准体系结构图

第三节   智慧图书馆标准需求调研

根据《标准体系构建原则和要求》（GB/T 13016—2018），调查研究和分析整理是构建标准体系的方法和流程要求，其中一个重要内容就是对标准体系建设需求的研究和分析[16]。为此，本专题分别进行了文献调研和问卷调查，并在此基础上对智慧图书馆建设的标准需求进行了分析。

一、文献调研

标准化有利于新技术、新方法的推广和普及、创造开放平等的产业环境、带来规模效应、提高工作效率并降低成本等[17]。图书馆行业是一个标准化程度相对较高的行业，传统采、编、阅、藏主要业务标准与业务实践已经形成了同步发展、相互促进的态势，图书馆事业发展因重视标准化工作受益良多。因此，在图书馆理论研究与实践研究中，对标准化的研究也一直备受关注。近年来，随着智慧图书馆研究的兴起，围绕智慧图书馆标准的研究也有所进展。

刘炜等提出由基础规范、技术规范、业务规范、数据规范、服务规范、产品规范、其他规范等构成的智慧图书馆标准体系框架[18]；饶权提出全国智慧图书馆体系建设应围绕智慧图书馆业务、数据、服务、技术和产品的建设、维护与管理，建立一套较为完善的标准体系[19]；石婷婷、徐建华认为，标准体系要涵盖技术应用、资源建设、业务流程、服务模式等要素[20]；江山提出智慧图书馆是整合智慧技术、智慧数据、智慧产品、智慧业务、智慧服务的智慧生态，物与物、人与物、人与人将在生态中发生复杂的协同交互，为此，需要对所有构成要件的功能及其交互行为进行规范，形成集基础规范、技术规范、数据规范、产品规范、业务规范等于一体的具备一致性、完备性的标准体系[21]；卢小宾等对智慧图书馆资源建设标准、用户服务体系建设标准、信息技术体系建设标准进行了分析，提出应重视多维度智慧图书馆标准体系构建、注重与现有标准体系的融合、深化标准制定领域国际合作、推动制定主体多元化等智慧图书馆标准体系构建对策[22]；总的来说，已有的研究成果中普遍认为资源标准（数据标准）、服务标准、技术标准是智慧图书馆标准体系的重要组成部分，基础标准、产品标准、业务标准也多有提及。

在标准内容方面，关于基础标准，刘炜等建议应包含术语词表规范、隐私保护规范等[23]。关于资源标准，卢小宾等认为要围绕核心馆藏建设、实物数字化延展、资源共享合作网建设、探索性资源建设和专题特色资源建设等方面开展，并提出可从组织性、管理性和使用性三方面构建数据标准[24]；刘炜等提出数据规范应包括数据接口、数据分析与挖掘、智慧数据等具体标准[25]；段美珍等也提出数据标准可围绕信息资源采集、组织、分类、存储、发布和使用等信息生命周期各环节构建，要能够实现不同来源文献资源的集成管理和融合，消除信息孤独和信息割裂，推动实现数据驱动运行和深层次挖掘[26]；邵波等提出在下一代图书馆系统的信息建设中，存在着大量的交互操作与数据交换以及图书信息载体的元数据，如果没有相关标准规范其统计的方式方法、整合管理及清洗等，各个系统自成一家，变为数据孤岛，阻碍下一代图书馆系统的可持续发展，因此，构建一体化的元数据结构仓储标准规范和标准化的数据交换接口规范是基础[27]。关于服务标准，卢小宾提出要包括泛在的资源环境、个性化主动服务、多元化知识服务、智慧自助服务、多元文化服务、空间体验服务、信息素养教育、用户互动与评估反馈、隐私保护等方面[28]；刘炜等提出应包括移动服务、用户认证、个性化服务、可视化等标准[29]。关于技术标准，刘炜等提出应包含机器学习、智能楼宇、用户界面等标准[30]；卢小宾等提出要从基础设施层、资源管理层及应用服务层三个维度探究[31]；陆康等提出智慧图书馆需要 AI 等新技术的支持，自然也需要及时规划、制定适应技术创新的标准来应对未来常态化的技术变革所带来的伦理危机[32]。关于业务标准，刘炜等提出应包含参考模型、空间管理、智能书库、信息交换等[33]。关于产品标准，应包含无人图书馆、机器人应用、智能终端、自然语言处理类产品、传感设备、安防设备、虚拟/增强现实和特殊设备等[34]。

此外，初景利、段美珍提出智慧图书馆的建设与发展不是孤立的，需要有机嵌入智慧校园、智慧社区和智慧城市等上一层智慧平台中[35]。江山提出，一方面，智慧图书馆标准体系要考量与智慧城市标准体系的对接和兼容；另一方面，要通过标准化，在数据传输接口、数据采集终端和安全管理系统等方面，实现不同智慧平台数据和业务之间的无缝对接[36]。卢小宾等提出，智慧图书馆标准规范建设首先应参考和遵循国际标准和国家标准，探讨在现有标准框架下，根据图书馆行业发展以及社会环境变化开展深入的标准化建设工作。此外，还要加强各类标准在智慧图书馆事业中对具体问题的引导和规范，如隐私保护、信息素养等[37]。

二、问卷调查

为了更加全面地了解图书馆界对智慧图书馆建设标准的需求，本专题在文献调研的基础上开展了问卷调查。

（一）调查设计

1. 调查对象选择

问卷调查选取了业界专家和各类图书馆两类调查对象。

专家方面，选取了在智慧图书馆和图书馆标准化研究方面均有所建树的9位专家，考虑到来自学界的专家与来自图书馆实践领域的专家观点可能会有差异，9 位专家中有 4 位是来自学界的代表，有 5 位是来自各级各类图书馆的代表，包括公共图书馆代表 1 人，高校图书馆代表 3 人，科研院所图书馆代表 1 人。为便于论述，本部分分别将 9 位专家从 A 到 I 编号。

为确保调查对各级各类图书馆的广泛代表性，本次调查共选取了 67 家图书馆，其中公共图书馆 52 家（副省级以上公共图书馆 47 家）、高校图书馆 10 家、科研院所图书馆 5 家。

2. 调查问卷设计

针对两类不同调查对象，本专题设计的问卷形式和问卷内容同中有异，既能相互补充，又能相互印证。其中，面向专家的问卷调查先行开展，均为主观题，希望通过深度访谈的形式能够得到专家全面深入的反馈，从更深层次上细致了解专家对智慧图书馆标准体系建设的建议；面向各类图书馆的问卷以客观题为主，主要是希望从更广的范围更加量化地分析了解实践领域对智慧图书馆标准体系建设的建议（调查问卷详见附录 1 和附录 2）。

具体来说，在问卷题目设计上有如下考虑：

（1）为了解调查对象对智慧图书馆标准研制必要性的认识，设置了必要性一题，考虑到调查问卷选取的专家大多已在其学术论文中肯定了智慧图书馆标准研制的重要性，因此关于必要性的调查主要面向各类图书馆，希望从图书馆实践工作角度了解对标准化工作的需求是否强烈。

（2）本专题在分析图书馆标准体系、数字图书馆标准体系的基础上，借鉴人工智能、知识图谱、智慧城市标准体系，参考文献调研情况，提出了一个初步的智慧图书馆标准体系框架（图 9-5），以此为基础，在调查问卷中对这一框架的合理性征询了专家意见。

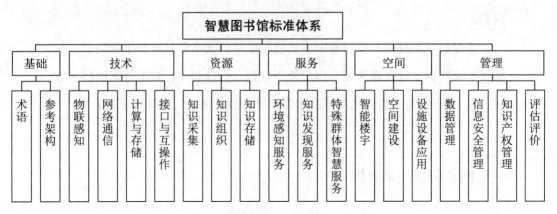

图 9-5 智慧图书馆标准体系初步框架

从先行开展的专家访谈反馈情况来看，专家基本认可了这一体系。因此，面向各类图书馆的问卷以这一体系为基础，重点调研智慧图书馆建设应包含的具体标准内容，以考量现有体系是否容纳这些标准需求，从而侧面验证所提出标准体系的合理性。

（3）为了更加有的放矢地开展标准研制工作，设置了智慧图书馆标准规范建设需要重点研制的标准和优先研制的标准一题，列举了一些本专题认为较为重要的或者需优先研制的标准供其参考选择。并通过开放性问题，请各馆根据实际情况，对表格中未能列举的标准进行补充。

（4）关于智慧图书馆标准宣贯问题，面向专家的问卷是从未来如何开展的角度，面向各类图书馆的问卷是从对过去的实践经验总结角度设置问题，从而互相印证与补充。

（二）调查过程及回收情况

本次调查共发放专家问卷 9 份，回收 9 份，回收率 100%，均为有效问卷；面向各类图书馆发放 67 份问卷，回收 35 份，回收率约 52%，均为有效问卷。

本专题对回收的有效问卷中主观题所反馈的文本信息进行了预处理,例如将专家所称文献资源数据、用户使用数据、管理和运行数据等术语转换为"数据"术语,与其他专家使用的术语保持一致,便于后续统计分析。

三、问卷调查结果分析

本专题对调查问卷结果进行了整理呈现,在此基础上分析了智慧图书馆标准规范建设需求,以期为构建智慧图书馆标准体系提供参考。

(一)智慧图书馆标准研制必要性

各馆均认为制定智慧图书馆相关标准规范"有必要"或"非常有必要"。其中,认为"非常有必要"的占82.86%,认为"有必要"的占17.14%。可见,在这一问题上,各馆普遍认同智慧图书馆标准研制的必要性,详见表9-1。

表9-1 智慧图书馆标准研制的必要性

	频次	占比(%)
非常有必要	29	82.86
有必要	6	17.14
不太必要	0	0
没必要	0	0
不清楚	0	0
合计	35	100.00

（二）智慧图书馆标准体系框架的合理性

对调查问卷中预设的标准体系框架，专家均肯定了其合理性，并提出了一些扩展意见和细化建议。

在标准子体系设置方面，一些专家和图书馆建议增加数据规范、业务规范、产品规范、协同标准和道德伦理标准子体系。其中增加数据规范是基于数据是未来智慧图书馆的馆藏单位的判断，所有其他"资源"都可以认为是以数据形态存在的。增加业务规范，是因为业务规范是图书馆内部工作的指引。增加产品规范，是由于智慧图书馆会涉及大量的产品设备。考虑到馆际互通是智慧图书馆未来发展的一个方向，建议增加协同标准。此外，从个人信息保护角度，建议增加道德伦理标准。

在标准的具体内容方面，专家 G 建议增加如隐私规范和安全规范等对其他部分标准制定有约束作用的标准。关于技术标准，专家 G 建议首要解决行业整体性与图书馆自身的整体性问题，即提出智慧图书馆的整体技术架构，在此基础上规范不同层次的技术接入；专家 H 建议一定要从图书馆本身条件和用户需求出发，而不要被技术所裹挟，建议采取分级化的标准建设；专家 I 提出技术标准要从基础设施层、资源管理层及应用服务层三个维度探究智慧图书馆资源、系统平台的互操作标准。此外，多位专家提出技术标准的协同问题。专家 C 认为各类标准都要处理好与技术标准的关系；专家 H 也提出如何与资源环节中数据标准和技术环节的标准联通是服务智慧化的关键。关于资源标准，专家 B 建议要从数字图书馆时代关注数字环境下资源描述与组织，发展到智慧图书馆时代关注智慧语境下语义化描述与知识挖掘；专家 G 建议对智慧图书馆资源做全新的定义，对智慧图书馆资源体系进行全面重构，对各类资源的封装和利用方式做出规范，解决各种分布式异构资源如何接入的问题；专家 H 提出了涵盖文献资源、设备资源、空间资源和馆员智力资源等方面的"大资源"概念；专家 I 提出在现有的采集标准、组织标准和存储标准基础上，还应增加处理标准、应用标准等。关于空间标准，专家 B 提出对图书馆而言，空间标准多是从建筑工程领域引进的，因此要适应图书馆使用场景特点，与图书馆服务与工作适配融合；专家 G 提出不要局限于物理空间，将"虚拟空间"包括在内。关于服务标准，专家 G 提出要对支撑智慧图书馆服务的后台业务逻辑和用户交互逻辑进行分析梳理，制定构成或支撑这些服务的"微服务"规范，以及如何完善"微服务库"的规范。关于管理标准，专家 G 提出应该定位为"运营标准"；专家 H 认为管理领域的智慧化标准建设是图书馆高速运转的必然条件，要建立智慧图书馆分级式管理标准，全系统化管理流程规范，应重点研制管理流程、系统化管理、职责与权限、业务与绩效考评等方面标准；专家 I 指出应增加对人员的管理标准，包括人员准入标准、培训标准、各岗位业务能力标准等。

此外，专家建议在构建智慧图书馆标准体系时，要充分考虑智慧图书馆的个性，充分体现业务工作的智慧化、读者服务的智慧化和运行管理的智慧化。专家 A 认为作为智慧图书馆标准规范，应该都尽可能有关"智慧"，不应把特别传统的标准纳入智慧图书馆标准体系。专家 B 提出基础标准要明确图书馆"智慧"的设计逻辑、实现路径和内在关联；资源标准要与数字图书馆资源描述组织标准有所区别，要体现"智慧"的内涵。

（三）国内外主要智慧图书馆项目以及相关的标准规范

专家列举了部分国内外已经开展的智慧图书馆项目，各馆围绕智慧化基础设施及智慧化关键技术应用、新型数字资源建设、资源智慧化升级、空间智慧化改造、智慧化管理、智慧图书馆人才储备及培训等开展了丰富探索，但涉及标准建设成果的较少。国家图书馆"全国智慧图书馆体系建设"项目将标准规范建设作为三大支撑保障体系之一；深圳盐田区图书馆将智慧化建设经验融入标准规范建设，出台了《无人值守智慧书房设计规范》《公共图书馆智慧技术应用与服务规范》两项行业标准;《中新天津生态城智慧图书馆指标体系》包含 5 项一级指标 26 项二级指标。

（四）重点研制的标准

本专题对各馆反馈认为需要重点研制的标准列表进行了统计，根据选择该项标准的频次高低排序，排名前 5（含并列）的标准为：知识发现服务标准、知识采集标准、知识组织标准、特殊群体智慧服务标准、知识产权管理标准与评估评价标准，详见表 9-2。

表 9-2　需要重点研制的智慧图书馆标准（图书馆问卷）

总排序	具体标准	频次
1	知识发现服务	26
2	知识采集	23
2	知识组织	23
4	特殊群体智慧服务	22
5	知识产权管理	21
5	评估评价	21
7	网络通信	20
7	知识存储	20
7	环境感知服务	20
7	数据管理	20

续表

总排序	具体标准	频次
11	物联感知	18
12	接口与互操作	17
12	空间建设	17
12	信息安全管理	17
15	设施设备应用	16
16	计算与存储	14
17	智能楼宇	13
18	参考架构	12
19	术语	11

专家问卷中提及的需重点研制的标准详见表 9-3。

表 9-3　专家提及需重点研制的标准

标准类目	需重点研制的标准
基础标准	术语
技术标准	基础技术领域；接口与互操作；下一代平台建设相关标准
资源标准	资源组织描述；数据操作与长期保存；知识采集和存储
服务标准	智慧服务领域
空间标准	空间建设；智慧空间与设备领域（如智能书库、智能书架等）
管理标准	数据管理；评价标准；用户隐私保护标准

通过与面向各馆的问卷反馈情况进行对照，知识组织标准和评价评估标准是专家和各馆都认为十分重要的标准。随着智慧图书馆建设的推进，知识发现服务将变得越来越重要，图书馆将构建面向用户需求驱动的图书馆知识组织新模式。而建立科学的评价评估标准有助于提高图书馆科学管理水平，

确保图书馆高效运转。

（五）优先研制的标准

优先标准，是指智慧图书馆建设当前阶段迫切需要研制的标准。

本专题对各馆反馈认为需要优先研制的标准进行了统计，根据选择该项标准的频次高低排序，排名前5（含并列）的标准为参考架构标准、接口与互操作标准、术语标准、数据管理标准、信息安全管理标准，详见表9-4。

表9-4 需要优先研制的智慧图书馆标准（图书馆问卷）

排序	标准名称	频次
1	参考架构	25
2	接口与互操作	24
3	术语	23
4	数据管理	20
5	信息安全管理	19
6	计算与存储	18
7	知识采集	16
7	知识组织	16
7	知识产权管理	16
10	知识发现服务	15
11	物联感知	14
11	空间建设	14
11	评估评价	14
14	网络通信	13

续表

排序	标准名称	频次
15	知识存储	12
15	智能楼宇	12
17	设施设备应用	10
18	特殊群体智慧服务	8
19	环境感知服务	7

此外，在面向各馆的问卷中，还设置了"除了上述标准，您认为还有哪些智慧图书馆领域的标准规范迫切需要研制？"这一开放性问题，共有11个图书馆反馈了亟须研制的补充标准，包括开放标准、智慧图书馆管理平台建设标准、知识资源服务情况统计标准、虚拟空间标准、机器学习与人机交互相关建设标准、道德伦理标准、仓储智能化设备与智能仓库管理系统标准等。

从专家问卷反馈情况来看，对于优先研制标准的回答比较分散。如空间标准方面，专家H提出智能建筑、智能服务的设备是智慧图书馆的重要组成部分，不能被企业牵制，图书馆领域可以主动制定一些标准规范予以约束。服务标准方面，专家D提出优先研究和制定的应当是一系列智慧图书馆典型应用参考模型，如环境情景感知、数据信息分析和自动决策指引方面的标准，先将图书馆智慧典型应用的框架、功能、信息定义清楚。技术标准方面，几位专家分别提到了接口与互操作标准、业务平台相关标准、技术互操作标准与规范、智能分拣还书系统设计标准。前三者属于技术领域的基础性标准，具有较强的普适性，是各馆在智慧图书馆建设中都会面临的问题。后者是目前一些图书馆开始实践的项目，因此在标准制定上也具有一定的紧迫性。多位专家提及应优先研制知识组织标准和数据管理规范，这与各图书馆的问卷反馈结果具有较高一致性。

（六）关于标准的宣传贯彻

对于一个标准的完整生命周期而言，标准制定只是其中一个环节，更为重要的是标准的实施。图书馆已有标准中有一部分实施情况并不理想，究其原因，既有标准自身的问题，也有标准实施过程中出现的问题。从问卷反馈情况来看标准化工作制度与机制设计缺乏、相关标准缺少、标准与实际情况有差距、标准有待更新以及相关人才缺乏是各馆普遍遇到的困难或挑战。

专家对标准的宣传贯彻提出了如下建议：一方面，要制定行业需要且具有可落地性的标准，充分考虑标准的有用性、适应性，注重与现有标准体系的融合，及时更新、补充新内容。另一方面，要加强后续的宣传与推广。通过召开座谈会、专题研讨会等广泛开展宣传推广；对标准规范的应用执行进行评审评估；发挥有代表性的智慧图书馆建设项目在标准规范应用方面的示范带动作用；加强行业学会或协会的推动力量。

第四节　智慧图书馆标准体系框架构建

本节在已有标准规范调研和需求调查的基础上，结合智慧图书馆建设实际，提出智慧图书馆标准体系构建原则以及适用于我国智慧图书馆建设的标准体系框架，分析子体系建设内容及构建策略。

一、智慧图书馆标准体系构建原则

我国智慧图书馆标准体系的构建应结合图书馆事业发展以及标准化工作的规律，严格遵守《中华人民共和国标准化法》《中华人民共和国标准化法实施条例》《国家标准管理办法》《行业标准管理办法》等法律法规和各项规定，遵循《标准体系构建原则和要求》（GB/T 13016—2018）中提出的目标明确、全面成套、层次适当、划分清楚等四项基本原则[38]。同时，还需遵循以下原则：

（一）系统性原则

标准体系建设要围绕智慧图书馆建设内容与需求，从顶层设计的角度，构建内容完整的标准体系框架，涵盖智慧图书馆建设业务、服务、管理等各个方面；同时，按照标准内容之间的逻辑关系和内在关联，做好各类标准的范畴界定，清晰、有序地划分若干个相互关联但又各自独立的子体系，避免重复、矛盾。

（二）可扩展性原则

标准体系应充分考虑智慧图书馆未来发展趋势，预留可扩展空间，能够适应技术和事业的发展变化。随着对智慧图书馆的理解和认知不断加深，以及智慧图书馆建设实践的不断发展，也要不断思考是否有更加优化的、更加体现智慧图书馆特点、更能推动智慧图书馆建设工作开展的智慧图书馆标准，并对原有标准体系不断进行修改和完善。

（三）协调性原则

构建智慧图书馆标准体系，在确保全面完整系统的同时，也要注重与不同层级、不同领域已有相关标准的衔接协调，以便迅速有效地促进我国智慧图书馆标准化发展。在图书馆领域尤其是数字图书馆领域，已有一系列比较成熟的国际标准、国家标准、行业标准、项目标准等，其中有些标准依然可作为智慧图书馆标准的基础，或直接纳入智慧图书馆标准体系，或对其进行智慧图书馆元素的修订与更新。在智慧技术和应用方面，物联网、大数据、云计算、人工智能、信息安全等领域也已制订颁布了一批较为成熟的标准，智慧图书馆标准需要与之相协同，从而使这些技术能够适应图书馆使用场景特点，与图书馆建设、服务与管理适配融合。

（四）实用性原则

智慧图书馆标准体系要立足智慧图书馆建设的现实需求，具有可操作性，能够实际指导全国智慧图书馆体系建设工作，能够切实应用到各图书馆知识资源建设、智慧服务以及管理实践中；要充分考虑地区之间、城乡之间的发展特点和现实差异，因地制宜、因时制宜地建立科学合理的标准体系，既能带动整个图书馆事业的整体智慧化转型，又能促进先进技术与经验的传播复用，从而缩小图书馆智慧化发展的地区差距。

二、智慧图书馆标准体系结构及相互关系

　　智能技术在图书馆领域的应用会随着智慧图书馆建设的深入，体现在图书馆工作的方方面面。也就是说，在目前构成图书馆标准体系的建设标准、资源标准、服务标准、管理标准、技术标准中，都应当体现对智能技术应用的规范。对这些标准的修订将需要一个较长的时期，而智慧图书馆的建设是一个循序渐进且持续优化和迭代的过程，其标准制定也必将是一个在需求引导下的长期过程。在智慧图书馆建设的初始阶段，智能技术的应用需求及应用领域会相对较为集中。因此，本专题认为，为规范和引导智慧图书馆的科学发展，可借鉴数字图书馆标准建设的经验，在图书馆基础标准体系框架下，结合智慧图书馆建设的重点业务和技术需求，以及智慧图书馆建设当前阶段的重点关注领域，专门研究形成智慧图书馆建设专用标准体系。

　　本专题在开展问卷调查时，提出了预设的智慧图书馆标准体系，有专家提出增设"数据"子体系，也有专家提议用数据规范代替资源规范。本专题充分吸纳专家意见，同时考虑到图书馆数据资源体系对于智慧图书馆建设与服务的重要性，将预设的"资源"标准子体系修改为"数据"标准子体系。因此，本专题提出一个由基础标准、技术标准、数据标准、服务标准、空间标准和管理标准等六个子体系构成的智慧图书馆标准体系，每个子体系结合对业界和学界调查征集的需求，以及智慧图书馆建设实践需要，细分为所应重点关注和制定的部分标准，见图9-6。要说明的是，列举的并不是完整系统，后续根据实践需要，将进一步丰富和完善该体系框架的六个方面所包含的标准。

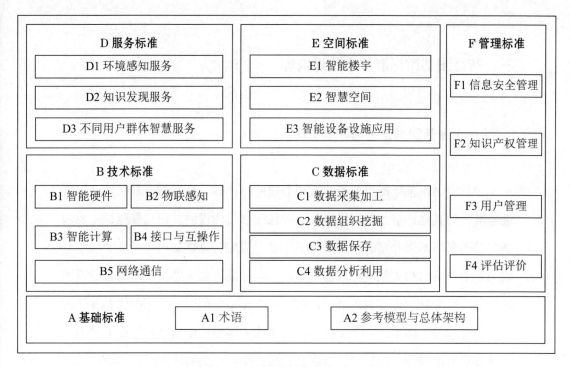

图 9-6 智慧图书馆标准体系示意图

　　智慧图书馆标准体系是由多个、多层子系统组成的整体，各个子系统间存在相互影响的关系。在智慧图书馆标准体系中，基础标准子体系界定了智慧图书馆建设各个方面的基础性与通用性要求，对应智慧图书馆建设各个阶段、各个环节的共性需求，处于标准体系结构图的最底层，是其他标准研究的基础。技术标准和数据标准子体系以智慧图书馆建设发展为主线组织各类技术和数据，处于标准体系结构图的中间层，向下承接和延伸基础标准，向上支持和保障服务标准和空间标准子体系，起着承上启下的枢纽作用。服务标准和空间标准子体系处于标准体系结构图的上层，在基础标准、技术标准和数据标准子体系的支撑下，保障智慧图书馆的线上线下服务。管理标准子体系贯穿于智慧图书馆建设始终，对各环节业务与服务的规范管理均发挥作用。

三、智慧图书馆标准体系建设内容

（一）智慧图书馆基础标准子体系

智慧图书馆基础标准是指智慧图书馆的总体性、框架性、基础性、保障性标准，为其他标准的制定提供关于智慧图书馆建设的共识与规范，主要包括智慧图书馆术语和定义、智慧图书馆参考模型与总体架构等标准。与本专题第三节介绍的相关领域标准体系不同，本标准体系未将智慧图书馆建设中的评估评价等管理标准列入基础标准范畴，而是参照图书馆标准体系专门设立了管理标准子体系，一个考虑是使智慧图书馆建设中所形成的相关管理标准能够更好地与图书馆标准体系融合，另一个考虑是智慧图书馆评价体系建设是全国智慧图书馆体系建设的三个重要支撑保障体系之一，在智慧图书馆的管理过程中建立科学的评价体系可更好地支持智慧图书馆的后续可持续发展，发挥评价结果对智慧图书馆建设的指挥棒作用。

1. 术语标准

术语标准用于规范智慧图书馆相关术语和定义，包括在智慧图书馆建设过程中通用的信息技术术语、专用业务和服务术语等。其中通用信息技术术语可以直接引用人工智能、物联网、大数据等领域相关国家标准和行业标准，重点是编制智慧图书馆建设各环节中关于智慧资源建设、智慧服务提供、智慧空间建设、智慧管理等方面所涉及的各个术语，明确其内涵和外延。

2.参考模型与总体架构标准

参考模型与总体架构标准用于规范智慧图书馆系统的整体架构，以及各部分逻辑关系和相互作用，为开展智慧图书馆实践和相关标准研制工作提供定位和方向指引，包括顶层设计标准、业务流程架构标准、基础设施架构标准、数据架构标准、系统架构标准等。

（二）智慧图书馆技术标准子体系

智慧图书馆依托信息技术实现智慧化目标，与信息技术行业之间存在密切关联。智慧图书馆采用的技术涉及数字孪生、物联网、第五代移动通信技术、区块链、大数据、云计算、人工智能、可视化、人机交互等多个互联网前沿发展领域。技术标准子体系主要着眼于为智能技术应用于智慧图书馆建设与发展提供关键性技术规范，如图书馆内的物联感知，以及确保各类智能硬件应用、各类智能计算资源应用、不同智能系统之间的互联与互操作提供标准，具体包括以下五个方面。

1.智能硬件相关技术标准

智能硬件是指具备信息采集、处理和连接能力，并可实现智能感知、交互、大数据服务等功能的新兴互联网终端产品[39]。智慧图书馆对智能硬件的应用主要作用于数据采集阶段和数据服务阶段，依托三类智能硬件技术：①智能穿戴设备技术，面向图书馆用户知识获取需求的智能手表、智能手环、智能服饰、虚拟现实等穿戴设备；②智能服务机器人技术，面向图书馆用户知识服务应用场景，提供具备多模态人机交互、环境理解、自主导航、智能决策等功能的智能服务机器人设备，包括问答机器人、导航机器人、讲解机器人等；③智能工艺装备技术，面向智慧图书馆业务流程智慧化目标，发展智能工业传感器、智能工业网关、无人系统等技术，打造智能书架、智能采编机器人等工业机器人产品及服务。智慧图书馆标准体系中，需要将上述智能硬件涉及的技术加以规范。此外，图书馆建筑的智能化也需要应用大量智能硬件技术，相关标准纳入"智能楼宇标准"进行考虑；关于智能硬件如何应用的标准，则在"智能设施设备应用标准"中予以规范。

2. 物联感知相关技术标准

考虑到物物相联的建设需求，智慧图书馆需要确立其完成全域状态自动精准感知的系列标准规范，包括不同场景应用传感器技术、射频技术、蓝牙技术、二维码技术、虚拟现实/增强现实技术的标准要求，以及结合传感器型谱体系及智能传感器的发展而开发图书馆专用感知设备的技术标准，解决以下问题：①信息标识及解析，支持图书馆建设和服务中使用的各类非接触式感知设备自动识别目标对象，采集和分析数据信息；②数据编码与交换，确立智慧图书馆体系中智能传感数据的信息模型、数据字典、通信协议、接口与集成标准等，与接口与互操作相关技术标准的规范范畴密切相关，在标准研制实践中应注意进行区分和协调。

3. 智能计算相关技术标准

智慧图书馆全部建设阶段和各个主要应用场景，将频繁应用到计算机视觉、自然语言处理、语音识别、大数据处理、云计算与云存储、机器学习等智能计算技术，需要解决以下问题：①建立以终端设备和传感器等设施作为边缘计算节点进行初级阶段数据处理的方法规则；②通过身份认证、IP识别、设备编码等方法建设图书馆全域用户、文献、设备、空间、环境等要素的数字化标识技术，设定出入口、核心资产等关键节点的判断规则；③建立各类业务数据、用户行为数据和系统运行数据收集的频率、格式等规范；④建立数据处理规则，借助云侧、端侧的软硬件设备、平台及其物理和虚拟的空间、资源，在开发编译环境中运用各类框架和算法完成数据的加工和增值；⑤建立数据存储规则，在云侧、端侧的软硬件设备上完成数据大规模的组织和不同时长、精度要求的保存，为数据交易、数据共享、数据处理、数据可视化等进行用户视图构建和权限分配保障安全。

其中，数据处理相关技术标准可细分为：①能够充分调度 CPU、GPU、FPGA、ASIC 等芯片算力资源以实现并行计算、分布式计算的软硬件设备型号需求及部署规范；②决策树、概率密度估计、支持向量机、传统神经网络、深度学习等机器学习算法及其开发框架，如 PyTorch、Tensorflow、Caffe、PaddlePaddle 等在图书馆各场景数据处理、知识加工中的技术规范；③自然语言处理、计算机视觉、三维建模、仿真模拟、全息影像、智能语音、人机交互等领域的算法和技术标准；④数据处理各阶段的操作指南，如建模方法、预处理规范、数据标注方法与规范、训练样本的数量及质量要求、测试数据集的数量及质量要求、智能推理中的搜索与匹配法则、智能决策中分类/排序/预测的任务要求等；⑤无差别公共数据或个性化推荐结果的数据推送频次、方式等规范；⑥计算机图形学、可视化技术及交互技术相关规范。

存储相关技术标准可细分为：①软硬件设备的分层次、分布式部署规范；②物理资源和虚拟资源的统计、调度等管理规则；③各级设备、资源的运营维护指南；④各类文献、信息、知识、元数据等数据资源存储的文件、索引、词典、数据库格式规范，以及数据导入导出的操作方法；⑤应用各类结构化、半结构化、非结构化数据的存储技术建设数据资源的组织和分布规则；⑥通过梳理数据角色和分级授权设置不同接口，满足不同应用需求的图形界面和数据视图；⑦关于数据备份的技术规范。

4. 接口与互操作相关技术标准

处理智慧图书馆的接口与互操作问题，主要考虑人机交互、生物特征识别、数据交换、系统接口等方面。技术标准内容至少应覆盖以下范围：①脑机接口、眼动仪、可穿戴设备等人机交互设备的引入、改造规范；②人机交互中动作捕捉、眼球追踪、手势追踪、触觉反馈、机电传感等技术使用规范；③生物识别（包括指纹识别、人脸识别、虹膜识别、静脉识别、声纹识别等）、基因组识别、多模态识别等过程中数据采集的规范和隐私保护要求；④端侧设备运动、显示、发声、渲染、合成等单一或复合交互技术的应用指南。

智慧图书馆的业务流程和数据流动中，涉及传输、交换的接口和互操作协议规范非常多，应当建设各类硬件与硬件之间、硬件与软件之间、软件与软件之间有线或无线、物理或虚拟接口的规范，建设硬件、网络和操作系统等层面的互操作应用指南，建设系统、数据之间的互操作规范。同时，既要考虑智慧图书馆体系内各系统间的接口与互操作，又要考虑智慧图书馆与外部智慧城市体系中各智慧应用系统的接口与互操作。

5. 网络通信相关技术标准

数据传输是贯穿智慧图书馆全领域、全过程的任务，主要依托第五代移动通信技术和集群专网来完成，并且对网络安全提出了较高要求，需要建设区块链、各类接口、数据交换格式、通信协议、互操作规范等软硬件设备、平台、合约、指南等，在智慧城市和馆区的各级公共网、专用网、子网中完成数据的无损、安全传输和分发。网络通信相关技术标准包括：①卫星、光纤、无线网络等软硬件设备的馆区部署和城市接入规则；②不同硬件设备和操作系统间的通信协议；③数据传输对网络的带宽、时延要求，各类设备间通信需要的接口、网关，数据传输中的编解码规则；④保障负载均衡、服务高效的网络资源管理规则；⑤针对重要数据和核心资产的存证、追踪等需求而建设的加密算法、共识算法、智能合约、跨链操作等区块链领域相关技术应用指南。

如前文所述，智慧图书馆建设所涉及的技术较为宽泛，且主要关注的是成熟智能技术的应用，而非技术研发本身，因此，相当一部分标准可直接采用相关技术领域已有标准，可重点关注人工智能标准体系"B 支撑技术与产品""D 关键通用技术""ED 生物特征识别""EF 人机交互""FB 智能运载工具""FC 智能终端"等的标准成果，以及智慧城市标准体系"技术与平台"中"物联感知""网络通信""计算与存储"等的标准成果。此外，大数据领域已有《信息技术　大数据　大数据系统基本要求》（GB/T 38673—2020）、《信息安全技术　大数据服务安全能力要求》（GB/T 35274—2017）等近 20 项国家标准；云计算领域已有《信息技术　云计算　云服务运营通用要求》（GB/T 36326—2018）、《信息技术　云计算　云服务质量评价指标》（GB/T 37738—2019）等 50 项国家标准；物联网领域已有《物联网　生命体征感知设备数据接口》（GB/T 40688—2021）、《物联网总体技术　智能传感器接口规范》（GB/T 34068—2017）等 80 余项国家标准；生物特征识别领域已有《信息技术　移动设备生物特征识别》（GB/T 37036）系列标准、《公共安全　人脸识别应用　图像技术要求》（GB/T 35678—2017）等 50 余项国家标准，可根据需求直接采用或借鉴参考。

（三）智慧图书馆数据标准子体系

智慧图书馆建设的一个重要特征是大数据的广泛应用，数据与图书馆资源建设、服务、管理的融合更加全面和深入。随着各类智能传感设备、新型系统平台的广泛应用，图书馆的业务和服务数据将得到更全面的采集，大数据分析技术的日益成熟则为数据挖掘和利用提供了更多可能。图书馆通过智能采集图书馆各类资源与业务数据，进行智慧分析与处理，进而有效、精准、快捷地为用户提供所需的文献、信息、数据等资源和经过深加工的知识服务以及智能共享空间和特色文化空间[40]。在此背景下，图书馆的数据管理将变得更加重要，数据管理的标准化也日益迫切。智慧图书馆建设中的数据管理至少应当包括三个层次：通过各类传感、监控设备以及大数据和云计算技术对数据进行采集和存储；利用机器学习、人工神经网络等技术对馆藏数据、用户行为数据等数据资源进行分析和挖掘；将数据资源应用到资源采购、空间优化、知识发现等[41]。数据管理的标准也应当涵盖这些内容，为规范数据的采集加工、组织挖掘、保存、分析利用等提供标准。

1. 数据采集加工标准

对资源内容、用户服务和行为数据进行采集和深度加工，是智慧图书馆数据资源建设的重要方式。在智慧图书馆数据加工方面，应重视数据采集与识别、数字资源精细化标引、知识内容抽取等重点领域标准规范建设。同时应该充分利用多种数字创意技术，开展新型数字资源建设，将原始纸质文献的物理形态在三维立体空间中形象地还原，并进行故事化的解读。

①数据采集与识别。对数据内容进行识别转化是数字内容结构化、知识体系化的基础。在数字图书馆建设过程中积累了丰富的存量资源，如古籍扫描图像、公开课资源等，可充分应用机器学习、自然语言处理等技术，建设文本识别、音视频识别、古籍自动标点、智能翻译等方面的标准规范，推动数字化文本的批量结构化加工。同时，需要针对服务和行为数据的采集方式、采集策略进行规范。

②数字资源精细化标引。围绕图书、期刊、报纸、古籍、音视频等多种类型数字资源，采用自动化抽取的方式开展数字资源精细化标引。根据加工对象的文献形态、内容结构和服务需求，确立各类型数字资源细粒度文献著录单元、著录内容。加强自动化抽取规范和方法的研究应用，建设资源精细化标引指南。

③知识内容抽取。充分利用自动化手段分析文献内容，建立知识元抽取模型，确定人物、机构、事件、地理名称以及其他具有标目意义的专题、实物等的知识元抽取规范，开展知识标引工作，以形成基于文献知识内容的语料库。

④新型数字资源建设。强调虚拟性、交互性、临场感、沉浸式、真实性、多感官性、可操作性、便捷性等特征，为读者创造一种视觉、听觉、触觉三维立体感受，营造虚实场景深度融合效果，产生身临其境之感。新型数字资源建设方向可涉及虚拟现实全景视频、增强现实场景、混合现实内容制作、虚拟漫游导航等。需要针对资源内容选择与审核，三维图形生成、动态环境建模、实时动作捕捉、快速渲染处理等技术在资源建设中的场景化应用等推进标准规范研制，为新型数字资源建设提供操作指引。

2. 数据组织挖掘标准

数据组织挖掘是对加工好的知识资源进行揭示和挖掘，实现数据的知识化服务。随着人工智能、知识图谱技术的发展，图书馆应增强知识管理与知识服务支撑能力，支持对多源知识内容的开放采集聚合和统一加工揭示。借助语义网、人工智能等技术，自动抽取和构建满足用户需要的知识结构及相关资源体系，通过关联数据和本体进行语义组织，形成全网集成的智慧化知识网络图谱。

①语义化描述规则。加强关联数据的应用指南、分类法、主题词表、本

体、知识组织体系等形式化语义描述标准，借助语义技术充分挖掘大数据间的复杂关系和知识点之间的语义关系，规范智慧图书馆关联数据建设，以实现图书馆数字信息的语义关联和知识重组。

②知识图谱建设。知识图谱建设是以结构化的形式描述客观世界中概念、实体及其关系，从结构化、半结构化、非结构化数据中获取知识。要加强知识图谱主要技术研究，建设智慧图书馆知识图谱建设指南，为实现智慧图书馆知识导航、语义检索、智能推荐等智慧化服务提供规范支撑。

③知识组织系统互操作应用。加强词表互操作标准规范的应用，在各类词表之间建立术语/概念的映射，实现术语表、分类表、叙词表等传统知识组织系统及以形式化本体为代表的新型知识组织系统互操作，用以支持多领域、多语言之间各种文献信息资源的组织和揭示。

3. 数据保存标准

智慧图书馆建设中对各类数据的存储主要应考虑支持对大规模数据的有效管理和计算。数据保存除考虑存储架构、存储介质和存储设备管理外，应加强智慧图书馆数据保存策略、数据提交协议相关标准规范研制，为智慧图书馆数据保存提供操作指南。

①数据保存策略。智慧图书馆将运用云端和第五代移动通信技术相结合的新模式，在分布式存储基础上，构建跨机构的云仓储架构，形成文献资源的联合保存与服务集成。标准规范建设需确立智慧图书馆知识内容保存架构、保存原则，为智慧图书馆数据保存管理提供操作指南。

②数据提交协议。明确数据提交方式，文件存储结构、命名规则，为知识内容的建设和提交保存提供操作规范。

4. 数据分析利用标准

数据分析利用考虑将采集加工、组织挖掘的业务管理数据、资源流通服务数据、用户属性及行为数据、系统设备运行数据等，通过大数据分析，广泛应用于图书馆智慧采编、机器人导引、智能问答、智慧安防等业务管理和系统开发，不断提升基于数据驱动的智慧化管理服务效能，为图书馆的智慧化管理运行和图书馆间的智慧化协同治理提供支持。数据分析利用标准一方面需要为数据分析的方法、流程、工具等提供指南，另一方面要对数据在馆内流动、行业内共享利用、面向社会开放共享的策略和信息隐私保护等问题进行规范。

智慧图书馆作为未来数字社会建设的组成部分，在数据管理方面需要关注与其他领域数据管理的协调，在标准化工作中应尽可能做好与已有国家标准的衔接。由全国信息技术标准化技术委员会归口管理的国家标准《信息技术服务 治理 第 5 部分：数据治理规范》（GB/T 34960.5—2018）（以下简称《数据治理规范》）[42]，已于 2019 年开始实施。《数据治理规范》将数据治理的目标总结为运营合规、风险可控、价值实现三个层面，其中价值实现是数据治理的核心目标，要帮助组织实现"IT 支持业务"到"数据驱动业务"的转型，在运营合规、风险可控的基础上，实现数据价值最大化[43]。图书馆的数据管理要确保数据管理活动始终处于规范、有序和可控的状态，确保数据资产得到正确有效的管理，并最终实现数据资产价值的最大化[44]，相关标准的制定也应以此为目标。智慧图书馆数据管理标准除了应当涵盖数据采集、分析和挖掘、数据应用等具体内容，还应当参照《数据治理规范》，提出明确的智慧图书馆数据治理目标，并构建完整的数据治理框架，包括数据治理战略规划、组织构建和架构设计；数据治理的内外部环境；数据管理体系（包括数据标准、数据质量、数据安全、元数据管理、数据生存周期）和数据价值体系；以及包含统筹和规划、构建和运行、监控和评价、改进和优化在内的数据治理过程。

（四）智慧图书馆服务标准子体系

智慧图书馆建设的根本目的之一是提升图书馆的知识服务能力，应当在借鉴相关标准的基础上，制定较为完善和系统的服务标准，以促进智能化技术手段在图书馆服务中的全面应用。为此，服务标准主要着眼于为智能技术应用于用户服务所产生的专门服务场景或服务方式提供规范，如环境感知服务、知识发现服务、智能问答、智能机器人辅助借还书、智能架位导航等，同时需要根据读者服务技术手段和方式的变化，为其他已有服务标准补充智慧化方面的内容。

1.环境感知服务标准

环境感知服务是指图书馆向用户主动提供适合当前环境的相关信息服务，应能够实现对图书馆现有环境、人员、位置、图像的安全感知、识别和记录。打造环境感知服务规范有助于提高智慧图书馆服务的主动性、精准性、体验性。环境感知服务规范应主要包括两个方面，一是面向实体环境的感知服务规范，包括基于智慧环境的无感借阅、室内 3D 导航、智能导览、环境条件智能调节等围绕实体环境开展的相关服务规范。借助于感知设备与传感器网络应用，主动围绕图书馆空间、资源等开展服务，为用户提供便捷、高效的智慧流通服务与空间体验服务。二是面向用户环境的感知服务规范，包括生物识别、感知识别等围绕用户环境开展的相关服务规范，用户环境包括用户位置、用户角色、行为动作、用户需求等。根据人脸识别、红外检测等设备识别用户角色、感知行为动作等，通过算法分析和推测用户的需求，并实现服务的主动聚合和组装，为用户主动提供当前环境下的适合用户需求的推荐服务。此外，环境感知服务规范应重点围绕环境感知服务效能制定规范，对开展的环境感知服务类型、服务开展的主动性、可承担的服务能力以及服务的精准性评价进行规范，以提高环境感知服务的效率与准确性。

2.知识发现服务标准

知识发现服务是指面向不同用户的需求，发掘用户特征以及知识资源关联分析，实现知识生产、传播、消费的全链条服务。知识发现服务可从服务类型、服务过程、服务效能等方面进行规范。

在服务类型方面，知识发现服务规范应根据图书馆事业发展现实需求，规范图书馆可开展的知识发现服务类型及模式，如基于知识的智能问答、智能参考咨询、智能检索、个性化知识推荐等服务规范。

在服务流程方面，图书馆应建立知识发现服务过程的流程管理规范，建立信息推送规范。

在服务效能方面，一方面要对知识发现服务实施效果进行规范，重点规范知识发现服务的精确度、匹配度，考查服务的数据运转流畅性、数据协作耦合度。另一方面要对知识发现服务满意度进行规范，建立反馈机制，根据用户满意度及用户需求及时调整知识发现服务的模式、过程、推送方式等。

3.不同用户群体智慧服务标准

智慧环境下，图书馆服务应更加重视对不同用户群体的细分，充分利用智慧技术手段，进行用户"群体画像"和"个人画像"，并将用户画像结果运用于智慧图书馆服务中，提供个性化、精细化、分众化、主题化服务。为此，需要制定、修订不同用户群体服务标准，为满足用户多元化需求提供指引。

智慧图书馆开展的智慧服务将智能技术贯穿于服务的整个过程中，对用户的信息素养和设施设备使用技能有一定的要求，而特殊群体因其生理因素或技能学习原因，不能很好地体验到智慧服务带来的效果，为此，需要关注和重视特殊群体智慧化服务规范。近年来，我国先后发布实施了针对特殊群体图书馆服务的国家标准，如《图书馆视障人士服务规范》（GB/T 36719—2018）、《公共图书馆少年儿童服务规范》（GB/T 36720—2018）、《公共图书馆读写障碍人士服务规范》（GB/T 39658—2020）、《公共图书馆听障人士服务规范》（GB/T 40952—2021）等。此外，文化和旅游部发布的文化行业标准《公共图书馆评估指标 第2部分：省、市、县级公共图书馆》（WH/T 70.2—2020）将特殊群体服务分为未成年服务和其他特殊群体服务，包括但不限于老年人、残疾人、进城务工人员、监狱服刑人员等群体[45]。这些标准已经对面向特殊群体开展的基本服务类别和内容进行了规范，智慧图书馆的特殊群体服务应针对智慧服务特点进行标准规范制定修订，注重提高智慧服务的适用性和实施性。一方面要对特殊群体智慧服务进行针对性规范，分类型制定面向特殊群体的专门服务规范，通过感知识别技术识别特殊群体身份，触发相应的图书馆设备或智慧服务，必要时触发人工服务。另一方面要对图书馆智慧服务设备、服务终端进行适应性规范，特殊群体在使用中应具有相对应的服务界面或服务模式等，以确保其可正常使用，使智慧技术能更好地适应需求，提供便利。

在此过程中，人工智能标准体系"智能传感器""DA机器学习""EE虚拟现实/增强现实""FA智能机器人""FD智能服务"，知识图谱标准体系"知识获取""知识运维""知识获取"，智慧城市标准体系"惠民服务"等标准成果可提供参考借鉴。特别是应当及时总结一些新技术催生的服务模式或成功应用新技术的服务案例，将其成功做法以标准化形式固化下来加以推广。智慧图书馆的服务既是一种可独立存在、单独获取的服务，更是一种应融入其他行业、融入用户生活与学习的可普遍获取的服务，因此，应当将智慧图书馆所提供的服务作为智慧城市的一个应用方向，并融入智慧城市"惠民服务"中"政务服务""教育服务""社区服务""无障碍服务"等其他应用场景；同时，也应当作为人工智能的一个独立行业应用，并融入其他人工智能行业应用中，为其提供知识服务支撑。

（五）智慧图书馆空间标准子体系

智能技术的应用将会在很大程度上改变甚至重塑人们所熟悉的传统图书馆空间，这是未来智慧图书馆建设应重点关注的领域之一，为此，本标准体系框架特别规划了空间标准，主要意图是为利用智能技术构建新型智慧空间提供标准依据。提供线上线下、在线在场的沉浸式阅读学习体验，实现图书馆物理空间和虚拟空间的有机融合，并实现管理智慧化、业务操作智慧化、用户服务智慧化。智慧图书馆空间标准可分为智能楼宇、智慧空间、智能设施设备应用三类。

1. 智能楼宇标准

智能楼宇又称智慧楼宇、智慧建筑，能够"通过运用传感技术、通信技术和信息技术的多种手段感知、融合、分析和控制建筑全生命周期中各项关键指标，从而对建筑的所有相关利益方在运营、环保、安全、服务、用户活动方面的各种需求做出准确响应"[46]，在安全与安防、高效与便捷、绿色与节能、健康与舒适[47]等方面提供保障。图书馆智能楼宇应至少具备为文献存藏和用户活动营造适宜的环境、实现智能安防管理、为到馆读者个性化服务提供智能支持等功能。智能楼宇标准需要针对上述功能，根据图书馆规模和性质，对图书馆建筑总体设计、设施设备与系统部署、智能能耗安全管理、智能安防管理、环境智能监测与管理等应用场景予以规范与引导。

国内智能楼宇相关标准包括《智能建筑工程施工规范》（GB 50606—2010）、《智能建筑工程质量验收规范》（GB 50339—2013）和《智能建筑设计标准》（GB 50314—2015）等国家标准，涉及智能建筑的设计标准、施工规范以及质量验收规范，其中《智能建筑设计标准》中包含图书馆建筑智能化规范。建工行业标准《图书馆建筑设计规范》（JGJ 38—2015）中，提出了图书馆建筑智能化设计要求，包括：宜设置计算机网络系统、综合布线系统、通信系统、广播系统、安全防范系统、信息发布及查询系统、建筑设备监控系统、火灾自动报警系统及应急广播系统等。随着信息技术的发展，图书馆智能楼宇的要求和需求也在相应变化，需要对上述《智能建筑设计标准》、《图书馆建筑设计规范》以及《公共图书馆建设标准》（建标108—2008）进行更新、修订。深圳市地方标准《无人值守智慧书房设计及服务规范》（DB4403/T 170—2021）、中国建筑学会标准《智慧建筑设计标准》（T/ASC 19—2021）和中国建筑节能协会等机构研制的《智慧建筑评价标准》（T/CABEE 002—2021）两部团体标准，可借鉴参考来修订、研制图书馆领域的标准。

2. 智慧空间标准

图书馆具有收集、整理、保存文献信息并提供查询、借阅及相关服务，开展社会教育的法定职责，要在有限的馆舍空间内，同时满足业务操作、服务提供、活动举办等多项功能，就需要对空间进行合理规划与建设，形成功能全、效率高的空间环境。在智慧化发展环境下，图书馆空间有了新的场景和功能，例如文献智慧存藏空间、智慧业务操作空间、智慧行政办公空间、

智慧阅读学习空间、智慧交流共享空间和智慧协同创新空间等，同时还包括
"元宇宙"的图书馆虚拟空间。

目前国内关于图书馆功能分区的标准依据，主要是《公共图书馆建设标
准》和《图书馆建筑设计规范》。智慧空间相关标准的制定，既要考虑根据
图书馆发展程度，增加对支持创新创造和提升读者体验的创客空间、智慧研
习空间、智慧体验区等新型空间的规划，修订已有标准；又要对图书馆如何
建设智慧空间进行规范或提供指引，制定新标准规范，比如形成智能书库建
设规范，智慧阅读学习空间、智慧交流共享空间和智慧协同创新空间的应用
指南、最佳实践等；还要对智慧图书馆在元宇宙的应用场景、接口等方面进
行指引和规范。

3. 智能设备设施应用标准

图书馆的智能设施设备按其功能可以划分为文献智能保存保护与处理设
施设备、智慧办公设施设备、智慧服务设施设备、智慧管理支持设施设备
等。智能设施设备有助于提高图书馆管理运行自动化、智能化水平，提升用
户空间体验，但绝不是在一个特定空间中堆砌各种智能设备就可以称为"智
慧空间"[48]，需要基于智慧空间应用场景，制定"点—线—面—体"的智能
设施设备应用标准，以更好地支持智慧空间功能的实现。①"点"：针对设
施设备个体，可复用或制定实体设施设备的标准。对于通用设施设备，如传
感器、智能家具等，可复用相关领域已有标准；对于图书馆专用智慧设施设
备，如文献病害智能识别设备、文献智能修复机器人、智能采编设备、智能
问答机器人等，可研制专用标准。②"线"和"面"：针对设施设备与功能
的线性连接和覆盖面，制定功能场景驱动的设施设备标准。根据智慧空间专
业化、精细化、个性化、智能化服务目标，建构智慧空间的功能情景，根据
功能情景需求，对引入哪些设施设备、如何进行物物相联和人物相联、如何

实现功能场景等进行规范。③"体"：针对单个图书馆立体空间、智慧图书馆体系，研制系统设计类标准。一方面，基于业务链条将各类设施设备和各类功能空间、图书馆建筑有机关联和整合，实现智慧空间的立体化建设、运营与管理；另一方面，各级各类图书馆的馆舍和空间组成了图书馆的服务空间体系，通过研制相关标准，将散布的各种图书馆智慧空间通过设施设备及其应用系统进行数据汇聚，形成体系化的融合体。

在智慧空间建设过程中，应对人工智能标准体系"F产品与服务"的相关标准成果保持敏锐跟踪，并将可用于图书馆智慧化空间改造的产品与服务引入图书馆行业，形成具有图书馆行业特性的智慧图书馆空间标准。

（六）智慧图书馆管理标准子体系

管理标准主要着眼于保障智慧图书馆的安全、可靠运行和科学、可持续发展。在全国图书馆标准化技术委员会制定的图书馆标准体系框架中，管理标准被划分为设施设备管理标准、业务管理标准、组织管理标准和环境管理标准四类[49]。其中设施设备管理和环境管理在本框架下的空间标准中已有涉及，故此部分主要聚焦智慧图书馆业务管理和组织管理中的标准化需求，特别是伴随智慧图书馆产生而对管理标准化提出的新需求，考虑将管理标准划分为信息安全管理标准、知识产权管理标准、用户管理标准、评估评价标准等四个方面。

1.信息安全管理标准

智慧图书馆建设中，新的信息技术将更广泛地应用于图书馆各项业务中，技术与业务融合、深化的同时，也带来了更多的安全问题。智慧图书馆建设过程中面临的信息安全问题主要包括如下几个层面：物理安全，如计算与存储设备、智能终端等硬件的环境和设备安全；网络通信安全，如网络通信的结构安全、访问控制、安全审计、边界完整性检查、入侵防范、恶意代码防护以及网络设备安全等；系统和软件安全，如云平台、大数据分析平台、服务和业务管理系统、软件应用等的安全；数据安全，包括各类基础数据、用户个人信息、共享交换数据、应用领域数据、管理数据等收集、存储、使用、加工、传输、提供、公开、删除等过程的安全。在智慧图书馆管理标准建设过程中，应当涵盖上述几个层面的安全问题。

近年来，随着国家对信息安全问题的日益重视，有关法律法规和标准规范相继出台:《中华人民共和国网络安全法》（2016 年）、《中华人民共和国数据安全法》（2021 年 6 月）、《中华人民共和国个人信息保护法》（2021 年 8 月）三部法律，中央网信办发布的《互联网信息服务算法推荐管理规定（征求意见稿）》（2021 年 8 月）、《网络数据安全管理条例（征求意见稿）》（2021 年 11 月）等政策性文件，以及 2019 年发布的国家标准《信息安全技术　大数据安全管理指南》（GB/T 37973—2019）、《信息安全技术　个人信息安全规范》（GB/T 35273—2020）等国家标准，都是制定智慧图书馆信息安全管理规范必须遵循和参考的重要文件。例如，在制定智慧图书馆数据安全标准规范时，要贯彻《中华人民共和国数据安全法》[50] 和国家标准《信息安全技术　大数据安全管理指南》[51] 关于建立数据分级分类保护机制的要求，对智慧图书馆建设中不同来源、不同属性的数据确立不同级别的安全保护要求。

2. 知识产权管理标准

智慧图书馆建设中，知识内容的高度集成和知识服务的全域贯通将是显著特征 [52]，图书馆馆藏资源的类型将更加多元，资源的来源将更加多样，在此过程中知识产权的管理问题也将更加复杂。智慧图书馆建设过程中可能涉及很多知识产权风险；同时，为了向用户提供更加精准化和个性化的知识服务，文本数据挖掘技术将被广泛应用，文本数据挖掘过程中的数据收集、预处理、建模和形成分析结果等环节中有可能会产生更多的知识产权问题[53]；此外，在智能设施设备开发、智慧资源建设、系统平台建设等过程中，可能会形成大量拥有自有知识产权的"知识产品"。

智慧图书馆需要加强知识产权管理规范的建设，要在《中华人民共和国著作权法》和《信息网络传播权保护条例》基础上，全面分析智慧图书馆建设的知识产权管理需求，建立覆盖知识内容集成和服务全流程的知识产权管理规范体系。除了要关注过去数字资源建设中原已存在的知识产权问题，还要重点对智慧化过程中产生的新问题给出预案，特别是对数据上云以及文本数据挖掘应用等领域的知识产权问题进行规范，对自有知识产权的创造、运用、保护、管理等过程的制度、方法、技术应用等进行规范。特别是应围绕数据的增值服务过程，建立较为完整的标准，以规范数据确权、交易、验证、追溯等全过程的知识产权管理。

3. 用户管理标准

智慧图书馆建设与运行中，对于用户的管理需要实现如下功能：①支持统一身份认证与多途径认证，即拓展统一身份认证范围，支持账号密码、人脸识别、动态验证、刷卡认证、社交账号等多种认证方式；②支持统一权限控制，综合智慧图书馆各服务系统、设施的情况，设计统一的角色与权限体系，实现智慧图书馆全平台访问权限的集中控制[54]。这些功能定位的实现，可通过用户管理标准规范予以系统化指引，建设智慧图书馆用户管理生命周期规范、统一用户管理系统开发规范、统一身份认证规范、用户权限管理与控制规范等。

4. 评估评价标准

针对智慧图书馆的评估评价至少应当包含两个方面：一方面，智慧技术将广泛应用于图书馆原有的资源、服务、管理，并影响图书馆整体的效能，因此需要在现有图书馆评估评价规范中补充智慧图书馆建设的有关内容，以更全面、真实地反映图书馆建设情况；另一方面，作为一种新的发展理念，智慧图书馆建设仍处于不断探索的过程中，会经历不同的发展阶段，如何对建设过程中的智慧化水平或智慧化程度进行专门的衡量和评估，可考虑在一定时期内建立专门标准。

目前图书馆评估评价标准已较为系统，由文化和旅游部组织的全国县级以上公共图书馆评估定级工作，配套制定了省、市、县不同层级图书馆的评估标准[55]。针对公共图书馆评估，还有公共图书馆评估指标的系列文化标准[56-58]可供参考。此外，国家标准《信息与文献 图书馆绩效指标》（GB/T 29182—2012）和文化行业标准《信息与文献 公共图书馆影响力评估的方法和流程》（WH/T 84—2019）分别从绩效和影响力的角度对图书馆评估评价进行了规范。随着数字图书馆的发展，前述图书馆评估评价标准在修订过程中不断增加了有关数字图书馆建设情况的指标和内容，例如，第六次公共图书馆评估定级的标准增加了包括数字资源建设和服务、网站建设和利用、设施和技术配备、重点文化工程、数字参考咨询、联合编目、系统建设等在内的内容[59]，第七次公共图书馆评估定级标准中新增"云服务"和"智慧应用场景"，将与智慧城市云平台对接情况、应用现代信息技术开展图书馆智慧应用场景（比如"沉浸式"体验服务、自动盘点机器人、智慧书架、智慧书库等）的数量[60]作为评估内容。未来，一方面可以在已有评估评价规范中补充、细化有关智慧图书馆建设的指标和相关内容，对图书馆智慧化管理运行效率及智慧服务效能等进行科学立体评价，例如在服务评估指标中需要补充个性化知识推送、智能导览服务等方面的内容[61]。另一方面，针对图书馆智慧化程度和水平的专门评估评价，可采用成熟度模型，将智慧图书馆建设划分为萌芽期、发展期、成熟期和创新期四个不同的阶段[62]，从智慧技术与设施、智慧资源、智慧服务、智慧空间等方面的供给和利用维度，提出评价总体框架及分项评价指标，确定评价指标权重和评价方法，建立智慧图书馆评价模型和评价指标体系，评估判断智慧图书馆发展成熟度等级，为智慧图书馆建设提供目标管理和运行成效评估的有效工具。

第五节　我国智慧图书馆标准体系建设路径与实施对策

前文阐述了智慧图书馆标准体系的具体内容，明确了"建什么"的问题。为了保障标准体系的落地实施，还需要明确"怎么建"以及"建好之后怎么用"等问题。本节将围绕上述问题，提出智慧图书馆标准体系具体建设路径与实施对策建议。

一、智慧图书馆标准体系融合策略

虽然本章为满足促进、引导和规范智慧图书馆的快速发展，提出了智慧图书馆标准体系的框架，但这并不意味着智慧图书馆标准将成为图书馆标准体系框架中的独立子体系，对于这个问题，可以借鉴数字图书馆标准规范建设历程来综合考量。智慧图书馆是现代科技在图书馆行业的应用，这种应用及其所带来的影响是深入图书馆的每根毛细血管中的,也将会映射到图书馆几乎所有的标准中。但在其快速发展的主要时期,研究建立智慧图书馆的专门标准体系,有利于将标准化工作聚焦于关键技术应用的主要切入点,以及可能因此带来重大变化的主要领域,并引导智慧图书馆建设不偏离通过技术应用促进事业发展的最终目标。与此同时,智慧图书馆专门标准应当也能够无障碍地融入图书馆标准体系,从而丰富图书馆标准体系的内容。这一做法的可行性与科学性在数字图书馆建设时期已经得到验证。

为实现上述目标,在智慧图书馆标准体系构建之初就需要考虑该体系与图书馆标准体系的有机融合。本专题所构建的智慧图书馆标准体系中,技术、服务、管理三个子体系的标准可以直接纳入图书馆标准体系的相应子体系中,数据标准子体系可纳入图书馆标准体系的资源标准或管理标准子体系,空间标准子体系可纳入图书馆标准体系的建设标准子体系,基础标准可视具体情况纳入管理标准或技术标准子体系中。图9-7呈现了本专题所构建的智慧图书馆标准体系与图书馆标准体系的融合方式。未来在具体标准制定过程中,也应当突出智慧图书馆重点规范的流程、方法、技术、要求等,同时标准的具体内容应与图书馆已有相关标准保持必要的一致性或延续性,从而通过标准内容引导已有业务与智慧图书馆业务的融合。

二、智慧图书馆标准规范建设重点领域和优先事项

本专题通过访谈和问卷调研了业界和学界对标准规范的需求,结合全国智慧图书馆建设的现实需要,提出如下需要重点关注和优先研制的标准。

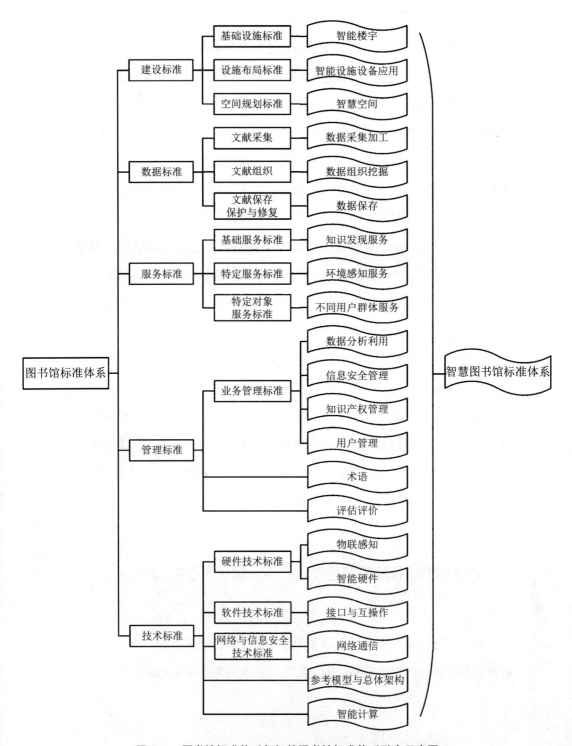

图 9-7　图书馆标准体系与智慧图书馆标准体系融合示意图

（一）尽快研制智慧图书馆术语和参考架构标准

当前学界和业界对智慧图书馆建设的讨论十分热烈，但对智慧图书馆的理解也存在较大差异，统一基本概念和术语能够减少交流沟通的障碍，而明确智慧图书馆建设的整体参考架构能够确保智慧图书馆建设的协调性，一定程度上降低整体建设成本。因此，需要尽快出台统一标准，对智慧图书馆建设中的一些重要基本概念和重点术语进行规范，为标准体系中其他标准的研制提供参考。可以在借鉴通用标准信息技术术语的基础上，重点界定智慧图书馆建设各环节中资源、服务、空间、管理等领域重要术语的内涵和外延。同时，需要尽快研制智慧图书馆建设的参考架构，明确顶层设计、业务流程架构、基础设施、系统和数据架构等内容，为智慧图书馆建设实践提供参考。

（二）抓紧研制接口与互操作等技术标准

从当前各地智慧图书馆建设的实践来看，很多都以智能硬件和智慧图书馆管理系统的部署为重要抓手，以此带动资源、服务和管理的智慧化转型。在此过程中，图书馆新旧管理系统之间、管理系统与智能硬件之间等不同层面的网络传输、数据传输、集成管理等将十分普遍。同时，由于相关软硬件的建设和开发一般会涉及与不同厂商的合作，如何保证软硬件系统的协调性和开放性，确保数据流和业务流的有效衔接，避免建成数据孤岛和系统孤岛，亟须由图书馆行业主导，建立专门的接口与互操作标准进行规范。因此，需要抓紧研制各类人机交互设备的引入和改造规范、智能硬件的数据采集规范、管理系统层面的互操作规范等标准和应用指南，为图书馆和相关软硬件厂商提供现实指导。

（三）加快研制智慧图书馆数据标准

在数字信息社会，图书馆的资源形态、来源、结构、用途等都在发生变化，特别是一些过去被图书馆界忽略或因技术、观念等原因无法深入处理的业务数据、服务数据等，逐渐有了更多的应用场景，也有了待挖掘的潜在价值，这些数据的价值，可以更好地贡献于图书馆的业务工作与服务工作[63-64]，除了扩大数据资源的范围外，将更加注重数据的深度揭示和广泛关联。因此，智慧图书馆数据标准制定要侧重于各类异构数据的汇集整合，特别是围绕各类数据资源的采集、编码、存储、服务、分析挖掘、再利用的全生命周期[65]，制定统一的标准。要重点关注知识数据的深度揭示和语义关联，具体包括数据资源的精细化标引、知识内容抽取、语义化描述规则、知识图谱等规范。

三、智慧图书馆标准复用及制定、修订策略

智慧图书馆建设涉及图书馆各方面工作，其标准建设不能四面开花，而应综合采用复用、制定、修订等多种方式，满足标准化工作的需要。根据中共中央、国务院2021年10月印发的《国家标准化发展纲要》，人工智能、新一代信息技术、大数据、区块链等领域的标准研制将是未来一个时期我国标准化工作的重点内容之一[66]。结合上文介绍的人工智能、知识图谱、智慧城市等领域标准体系来看，相关标准的制定与出台将会非常密集。图书馆是技术的应用者，而非技术的研发者，对智慧图书馆建设而言，所用到的绝

大多数技术标准一般情况下无须自行研制，而只需直接复用相关领域标准即可，如个别关键核心技术在图书馆的应用有明显特异性，必须加以规范时，可研制专门技术应用标准。对于图书馆界已有标准，如仅需补充部分内容即可满足智慧图书馆建设的需要，则应优先采取修订策略，一方面可用较小的代价满足需求，另一方面也在标准层面实现了业务的融合，使得标准体系更为紧凑。对于智慧图书馆建设实践中需要而现行标准无法涵盖的领域，可开展专门标准研制。本部分将从通用标准的复用、已有标准的修订和新标准的研制三个维度提出智慧图书馆标准的复用和制定、修订思路。

（一）标准复用策略

如前所述，智慧图书馆建设所应用的云计算、大数据、物联网、工业互联网、区块链、人工智能、虚拟现实和增强现实等相关技术的标准化工作已取得较大进展，可选择已有的通用技术标准进行复用。面对不断发展和新增的信息技术标准，在通用技术标准复用时应重点考虑：

1.在通用技术标准选择上坚持以适用性为基本

复用，既包括初次利用的同样功能的使用，也包括面向区别于初次使用功能的新领域的利用[67]。通用技术标准的复用不应是简单的"照搬"，物联网、云计算、大数据等领域目前已发布了多项标准规范，但这些标准并非都适用于智慧图书馆建设，在选用技术标准时应根据智慧图书馆建设需要和功能需要，选择适用于智慧图书馆建设的相关信息技术标准，并根据智慧图书馆特性进行调整后复用。

2.在通用标准技术规范复用上突出图书馆的智慧属性

目前通用技术标准更多是针对智能技术的标准规范，主要从智能技术的通用要求、技术要求、功能应用等方面加以规范。但智能技术并不能等同于智慧技术，智能技术是图书馆向智慧图书馆转型的必要但非充要条件[68]，因此公共图书馆在对通用技术标准复用时应注意区分智能化与智慧化，应在数字化、网络化、智能化的信息技术特征基础上突出图书馆的智慧属性，将智能标准规范上升到智慧的角度，而不是简单地将智能技术标准规范进行叠加。

3.重视通用技术标准复用的协同性

智慧图书馆是大数据分析、人工智能、物联网等众多技术的集中使用地，很多技术领域已有国际标准、国家标准、行业标准，在对通用技术标准复用时要重视标准之间的协同性。同时还应重视技术之间的兼容性和整体一致性，避免因标准的复用造成技术冲突，从智慧图书馆发展全局，考虑各技术标准间的衔接，使通用技术标准可真正实现与智慧图书馆建设需求的匹配。

（二）标准修订策略

我国图书馆经过多年的探索与发展，在标准规范方面已取得了丰硕成果，目前已建立了涵盖图书馆建设、资源、服务、管理、技术的全方位标准体系。随着数字图书馆的兴起与发展，数字图书馆标准规范逐渐从以资源加工与描述标准为主逐步扩展到覆盖数字资源生命周期全过程的标准体系，如今已发展到涵盖网络环境下数字信息系统互操作的多方面标准规范。可按照智慧图书馆特点，对部分现行图书馆标准规范加以沿用或修订，以满足智慧图书馆发展需要。在标准选择及修订思路上应注意重点选择具有智慧化元素的现行标准规范进行修订，对可直接采纳或归为智慧图书馆类别的规范可继续沿用，如在数字图书馆标准规范领域，目前已有许多学者将有关无线射频识别（RFID）技术的应用、统一资源标识符等多项标准归入了智慧图书馆类别。对已具有智慧化元素的标准可进行针对性修订，如数字图书馆标准规范中有关资源、技术的标准规范。

（三）智慧图书馆专门标准研制策略

除了复用通用技术标准和修订图书馆领域已有标准，智慧图书馆建设过程中还有着许多特殊的标准化需求，需要尽快新研制一批智慧图书馆领域的专门标准。在标准研制过程中，需要坚持分级分类的研制思路，坚持需求导向、逐步推进的研制策略，鼓励不同主体的共同参与，以保障标准的科学性和实用性。

1. 分级分类研制

根据《中华人民共和国标准化法》的划分，标准包括国家标准、行业标准、地方标准和团体标准、企业标准[69]。不同类型的标准在适用范围、审核要求、研制周期上具有差异，要根据智慧图书馆建设的现实需要，按照分级分类的思路推进研制工作。

在智慧图书馆标准体系下，国家标准、行业标准等全国适用的标准要充分考虑区域的发展差异和现实条件，平衡好"有没有"和"好不好"的关系。地方标准的研制则需要满足本区域的特殊需求和创新需要。此外，标准研制中还应当根据各类型图书馆的行业特点进行适当的个性化处理，促进各类型图书馆的协同智慧化转型。

2.逐步推进和完善

智慧图书馆作为一种新的发展理念和发展形态，需要在实践中不断完善。本专题从顶层设计的角度，提出了一套标准体系框架，有助于从总体上把握智慧图书馆的建设方向。在自上而下的标准体系设计基础上，具体标准研制过程应当坚持需求导向，贯彻自下而上的研制思路，逐步构建和丰富标准体系中所包含的具体标准内容。智慧图书馆标准研制的重点应当放在图书馆智能化专有设施设备应用、专用智慧空间建设、新的智慧服务类型、知识资源建设等智慧图书馆业务核心领域。尽管标准是实践成果和成功经验的提练，实践中还是应特别留意将那些如不遵从共同标准将可能导致较为严重的重复建设或给共建共享带来较大阻碍的标准提高优先级。制定标准可根据标准化对象的不同情况，综合采取规范、规程、指南、指导性技术文件等多种呈现形式，特别是对智慧空间建设等探索性比较强的领域，可采用最佳案例推荐的形式引导实践。还要考虑实践的成熟度，做到成熟一个、制定一个、发布一个，由点及面，最终推动智慧图书馆标准体系的不断丰富和完善。在标准研制的路径选择上，一些实践领域的标准化需求可能暂不具备转化为国家标准或行业标准的基础，可以考虑先以地方标准、团体标准乃至项目规范性文件的形式进行试点，待经过实践检验成熟后再组织相关国家标准和行业标准的研制。

3.鼓励多主体参与

《国家标准化发展纲要》提出要形成市场驱动、政府引导、企业为主、社会参与、开放融合的标准化工作格局[70]。智慧图书馆建设绝非单个图书馆的事情，甚至不是图书馆一个行业的事情，而是整个数字社会建设中的重要一环，涉及广泛的参与主体。因此，智慧图书馆标准研制要鼓励形成多元参与的格局。具体而言，政府部门要发挥引导作用，全国图书馆标准化技术委员会等标准化组织以及中国图书馆学会等行业协会要加强组织协调，国家图书馆以及行业内其他有影响力的公共图书馆、高校图书馆和科研院所图书馆要牵头引领，同时要广泛吸纳产业界的参与，共同开发满足智慧图书馆建设需求的标准。

四、智慧图书馆标准实施对策

标准的价值只有在其被广泛应用后才能充分体现出来，对于一个完整的标准生命周期而言，标准的制定只是其中一个环节，更为重要的是通过标准实施切实发挥标准规范、引导事业发展并提升管理水平的作用。在智慧图书馆标准化工作中，应当坚持从需求出发，而不是将制定标准本身作为出发点。因此，除了加强标准的制定、修订，还需要着力提升智慧图书馆标准化应用水平，加强宣传推广、试点实施、评价反馈、动态更新，着力培养一支既懂智慧图书馆建设，又懂标准化工作的人才队伍，充分发挥标准指导和促进智慧图书馆建设实践的作用。

（一）多渠道开展标准宣传推广

图书馆已有标准中有一部分实施情况并不理想，究其原因，既有标准自身质量的问题，也有标准宣贯不力的问题。在标准制定发布后，一方面，要依托中国图书馆学会、全国图书馆标准化技术委员会等行业组织，适时组织开展智慧图书馆标准的宣传推广与应用培训，提升图书馆界及相关领域对已制定发布的智慧图书馆标准的认知度和接受度，推动标准落地实施。另一方面，拓宽宣传渠道，充分利用微信、微博、抖音等新媒体渠道，持续宣传智慧图书馆标准化作用以及其理念、知识和方法等，提高标准工作意识和认知水平。

（二）以试点为基础，开展标准的推广实施

为进一步加强标准规范的推广实施，2021 年文化和旅游部发布的《"十四五"文化和旅游发展规划》[71] 提出了"出台一批文化和旅游领域国家标准和行业标准，确定一批标准化示范单位"的任务要求。形成智慧图书馆标准草案后，可遵循试点先行、循序渐进的原则，结合智慧图书馆特点优先选择技术相对成熟、实力与理念兼具的地区或图书馆开展试点探索，并根据试用反馈情况不断修订完善，部分技术标准还应当吸纳相关产业领域代表参与标准化工作过程，甚至进行实验验证，待标准相对成熟后再加以培训、宣传和推广。

（三）结合重大工程项目，推动标准体系建设

重大工程项目的建设离不开科学、合理、完善的标准体系，我国曾先后组织实施了国家数字图书馆工程、全国文化信息资源共享工程、数字图书馆推广工程等数字化建设项目，并结合工程项目需求制定了多项数字图书馆领域标准。2021 年 4 月文化和旅游部发布的《"十四五"文化和旅游发展规划》明确提出开展全国智慧图书馆体系建设项目和公共文化云建设项目。智慧图书馆标准应结合全国智慧图书馆体系及其他全国、地方在建或已建的重大工程项目开展实施，一方面可以扩大标准的实施范围，促进智慧图书馆标准在实践中不断完善，另一方面也有助于推动重大工程项目建设实施，提高工程

项目的建设水平和可持续发展能力，实现工程建设与标准实施的有效衔接。

（四）建立健全标准应用的评价和反馈机制

有效的评估不仅可以监测标准在实践中的实施情况，还能"以评促建"，优化标准研制工作。在智慧图书馆标准推广实施过程中，应建立从标准制定、修订到应用实践全生命周期的评价和反馈机制，一方面，及时发现已建标准中不符合现实情况的内容，不断修订完善。另一方面，对标准实施效果进行评价考核，并将评价结果及时反馈到标准立项、起草、复审和管理等工作中，形成标准化工作的良性循环，以增强智慧图书馆标准的适用性和有效性。

（五）动态维护更新

智慧图书馆还是一个正在发展中的新事物，我们对它的认识和了解还远远不够深入系统，本专题所构建的智慧图书馆标准体系，也只是基于目前的认识水平和初步的实践探索，应当随着认识的深化和智慧图书馆的发展变化不断更新智慧图书馆标准体系，标准体系随智慧图书馆的建设与发展不断动态更新和迭代优化。此外，一个完整的标准体系还应当包括标准明细表，需要根据智慧图书馆的建设需求不断明晰、不断完善。同时，要兼顾标准化与个性化的关系，在标准化的前提下，支持和鼓励有条件的图书馆，开展个性化创新探索。尤其重要的是，作为一个重点关注与规范新技术应用的标准体系，其生命力在很大程度上体现在开放性上，只有保持足够的开放性，开放应用人工智能、知识图谱、智慧城市等相关技术领域的发展成果，更好地适应技术的快速发展变化，才能使图书馆的信息与知识服务更好地支撑与融入相关技术的发展与应用过程。

（六）加强标准化人才队伍培养

根据智慧图书馆标准化工作的目标及需求，制定连续、系统的培训计划，重点对智慧图书馆标准体系及具体标准进行培训，加强标准制定与应用指导，通过标准的制定、宣贯、实施，培养一批兼具过硬智慧图书馆业务能力和标准化工作能力的双栖馆员，为标准化人才成长提供交流平台，从而为智慧图书馆标准化工作提供人才支撑。

（七）积极开展国际交流与合作

从目前跟踪情况看，我国图书馆界在智慧化转型升级中与发达国家的图书馆基本同时处于探索阶段，智慧图书馆标准在很多领域仍是空白。这一方面意味着可供借鉴的经验变少了，但另一方面意味着有机会去主导智慧图书馆领域国际标准的建设。因此，应积极开展国际交流与合作，加强与 ISO、IFLA（国际图书馆协会联合会）等国际组织的沟通，力争牵头开展有关国际标准的制定，提升我国在智慧图书馆建设领域的话语权。

中共中央、国务院印发的《国家标准化发展纲要》提出，"到 2035 年，结构优化、先进合理、国际兼容的标准体系更加健全" [72] 等远景目标，将加强人工智能、新一代信息技术、大数据、区块链等关键技术领域标准研究，加快推进信息基础设施、智能建造、数字社会、数字乡村等，健全完善智慧城市、智慧社区、公共文化体育标准作为未来标准化建设的重要内容。智慧图书馆标准体系是我国标准化发展的重要组成部分，一方面，信息基础设施、关键技术领域标准研制工作的推进，将为智慧图书馆标准体系复用相关技术标准提供良好的基础，有助于智慧图书馆标准化工作提质增效；另一方面，应主动将智慧图书馆标准化工作纳入国家标准化战略大局，增强智慧图书馆标准体系的开放性、关联性，通过标准引导智慧图书馆建设嵌入智慧社区、智慧校园、智慧城市等各类智慧平台中融合发展，使智慧图书馆建设成果惠及更广大的社会公众。

（执笔人：申晓娟、邱奉捷、张孝天、杨凡、韩新月、武翰、

王浩、韩超、肖璟波）

参考文献：

［1］［3］［16］［38］中华人民共和国国家质量监督检验检疫总局,中国国家标准化管理委员会.标准体系构建原则和要求:GB/T 13016—2018[S].北京:中国标准出版社,2018.

［2］［7］饶权.中国图书馆事业发展报告·图书馆标准化卷[M].北京:中央编译出版社,2019.

［4］赵悦.我国数字图书馆标准规范体系构建研究[J].数字图书馆论坛,2016(9):9-13.

［5］［6］韩永进.中国图书馆事业发展报告·数字图书馆卷[M].北京:国家图书馆出版社,2017.

［8］吴建中.从数字图书馆到智慧图书馆:机遇、挑战和创新[J].图书馆杂志,2021(12):4-11.

［9］邵波.从数字图书馆走向智慧图书馆——认识、实践与前沿研究[EB/OL].[2022-05-07].https://weibo.com/l/wblive/p/show/1022:2321324707348345126949.

［10］国家新一代人工智能标准体系建设指南[EB/OL].[2022-05-08].http://www.gov.cn/zhengce/zhengceku/2020-08/09/5533454/files/bf4f158874434ad096636ba297e3fab3.pdf.

［11］［12］刘燕,贾志杰,闫利华,等.知识图谱研究综述[J].赤峰学院学报(自然科学版),2021(4):33-36.

［13］知识图谱标准化白皮书[EB/OL].[2022-05-08].http://www.cesi.cn/images/editor/20190911/20190911094806634.pdf.

［14］卢文辉.智慧城市建设背景下的智慧图书馆发展[J].图书馆研究,2021(5):28-35.

［15］中国智慧城市标准化白皮书[EB/OL].[2022-05-08].http://www.cesi.cn/uploads/soft/131230/19-140102101223.pdf.

［17］［18］［23］［24］［25］［29］［30］［33］刘炜,刘圣婴.智慧图书馆标准规范体系框架初探[J].图书馆建设,2018（4）:91-95.

［19］［34］饶权.全国智慧图书馆体系:开启图书馆智慧化转型新篇章[J].中国图书馆学报,2021（1）:4-14.

［20］［52］石婷婷,徐建华.国内智慧图书馆研究与实践进展[J].图书馆学研究,2021（14）:2-11,27.

［21］［36］江山.智慧图书馆要素研究及建设思考[J].图书馆工作与研究,2022（2）:58-63.

［22］［28］［31］［37］卢小宾,宋姬芳,蒋玲,等.智慧图书馆建设标准探析[J].中国图书馆学报,2021（1）:15-33.

［26］段美珍,初景利,张冬荣,等."双一流"高校智慧图书馆建设现状调查与分析[J].图书馆论坛,2022（1）:91-101.

［27］邵波,张文竹.下一代图书馆系统平台的实践与思考[J].图书情报工作,2019（1）:98-104.

［32］陆康,杜京容,刘慧,等.我国智慧图书馆制度变革研究[J].国家图书馆学刊,2020（6）:11-19.

［34］［35］初景利,段美珍.从智能图书馆到智慧图书馆[J].国家图书馆学刊,2019（1）:3-9.

［39］工业和信息化部 国家发展和改革委员会关于印发《智能硬件产业创新发展专项行动（2016—2018年）》的通知[EB/OL].[2022-06-22].https://wap.miit.gov.cn/jgsj/dzs/wjfb/art/2020/art_b979cfefc239458294ff3b2fb07cba47.html.

［40］［45］李玉海,金喆,李佳会,等.我国智慧图书馆建设面临的五大问题[J].中国图书馆学报,2020（2）:17-26.

［41］洪亮,周莉娜,陈珑绮.大数据驱动的图书馆智慧信息服务体系构建研究[J].图书与情报,2018（2）:8-15.

［42］国家市场监督管理总局,中国国家标准化管理委员会.信息技术服务 治理 第5部分:数据治理规范:GB/T 34960.5—2018[S].北京:中国标准出版社:2019.

［43］张绍华,杨琳,高洪美,等.《数据治理规范》国家标准解读[J].信息技术与标准化,2017（12）:25-29.

［44］卢风玲.融合数据治理体系的智慧图书馆框架研究[J].图书馆,2021（5）:74-78.

［46］中国建筑学会.智慧建筑设计标准:T/ASC 19—2021[S].北京:中国建筑工业出版社:2021.

［47］中国建筑节能协会.智慧建筑评价标准:T/CABEE 002—2021[S].北京:中国建筑工业出版社:2021.

［48］初景利,段美珍.智慧图书馆与智慧服务[J].图书馆建设,2018（4）:85-90,95.

［49］王秀香,李丹.我国图书馆标准规范体系构建研究[J].图书馆,2017（9）:9-12.

［50］中华人民共和国数据安全法[EB/OL].[2022-05-10].https://flk.npc.gov.cn/detail2.html?

ZmY4MDgxODE3OWY1ZTA4MDAxNzlmODg1YzdlNzAzOTI%3D.

[51] 国家市场监督管理总局,国家标准化管理委员会.信息安全技术　大数据安全管理指南:GB/T 37973—2019[S].北京:中国标准出版社:2019.

[53] 闫宇晨.我国智慧图书馆文本数据挖掘侵权风险与对策研究[J].国家图书馆学刊,2022(1):106-112.

[54] 林鑫,宋吉.面向高校智慧图书馆的统一用户管理系统构建研究[J].数字图书馆论坛,2021(4):38-43.

[55] 文化部办公厅关于开展第六次全国县级以上公共图书馆评估定级工作的通知[EB/OL].[2022-05-10].http://zwgk.mct.gov.cn/zfxxgkml/ggfw/202012/t20201205_916591.html.

[56] 公共图书馆评估指标　第1部分:区域公共图书馆事业发展[EB/OL].[2022-05-10].http://zwgk.mct.gov.cn/zfxxgkml/hybz/202012/W020200928517667050957.pdf.

[57] 公共图书馆评估指标　第2部分:省、市、县级公共图书馆[EB/OL].[2022-05-10].http://zwgk.mct.gov.cn/zfxxgkml/hybz/202012/W020200928518906968625.pdf.

[58] 公共图书馆评估指标　第3部分:省、市、县级少年儿童图书馆[EB/OL].[2022-05-10].http://zwgk.mct.gov.cn/zfxxgkml/hybz/202012/W020200928521596157181.pdf

[59] 张雅琪,杨娜,李诣斐,等.面向数字图书馆的公共图书馆评估[J].数字图书馆论坛,2017(5):18-24.

[60] 文化和旅游部办公厅关于开展第七次全国县级以上公共图书馆评估定级工作的通知[EB/OL].[2022-07-12].http://zwgk.mct.gov.cn/zfxxgkml/ggfw/202206/t20220602_933319.html.

[61] 段美珍,初景利,张冬荣,等.智慧图书馆建设评价指标体系构建与解析[J].图书情报工作,2021(14):30-39.

[62] 丛敬军,尤江东,方义.智慧图书馆建设成熟度评价指标体系构建研究[J/OL].图书馆论坛:1-9[2022-05-18].http://kns.cnki.net/kcms/detail/44.1306.G2.20210820.0846.002.html.

[63] 王秀香.我国数字图书馆标准规范建设内容及特点分析[J].数字图书馆论坛,2016(9):14-19.

[64] 魏大威,李志尧,刘晶晶,等.基于区块链技术的智慧图书馆数字资源管理研究[J].中国图书馆学报,2022(2):4-12.

[65] 卢小宾,洪先锋,蒋玲.智慧图书馆数据标准体系研究[J].图书情报知识,2021(4):50-61.

[66] 中共中央　国务院印发《国家标准化发展纲要》[EB/OL].[2022-06-02].http://www.gov.cn/gongbao/content/2021/content_5647347.htm.

[67] 邱春艳.科学数据元数据记录复用研究[D].武汉:武汉大学,2015.

[68][70][72] 初景利,任娇菡,王译晗.从数字图书馆到智慧图书馆[J].大学图书馆学

报,2022（2）:52-58.

[69] 中华人民共和国标准化法[EB/OL].[2024-01-01].http://www.npc.gov.cn/zgrdw/npc/ xinwen/2017-11/04/content_2031446.htm.

[71] 文化和旅游部关于印发《"十四五"文化和旅游发展规划》的通知[EB/OL].[2024-01- 01].https://zwgk.mct.gov.cn/zfxxgkml/ghjh/202106/t20210602_924956.html.

附录1 智慧图书馆标准体系构建开放式访谈提纲
（面向专家）

尊敬的 _____:

您好！发展智慧图书馆是"十四五"时期推动国家图书馆和全国公共图书馆事业高质量转型创新的重要抓手，已被纳入《国民经济和社会发展第十四个五年规划和2035年远景目标纲要》。经过前期深入调查研究，国家图书馆于2020年策划启动了全国智慧图书馆体系建设项目。在项目建设中，我们坚持标准先行的思路，在起步阶段同步开展标准体系框架构建和标准规范研制工作，以最终建立一套较为完善的智慧图书馆标准体系，为全国智慧图书馆体系建设和各级各类图书馆的智慧化转型提供标准支撑。

本访谈主要用于征集智慧图书馆标准规范建设需求及重点标准规范研制建议，为后续研究提供支持，为全国智慧图书馆建设标准化、规范化发展提供支撑。访谈内容将被用于学术研究，并严格实行保密原则，请您放心参与。非常感谢您的支持与配合。

访谈题目

1.项目组经过前期的研究与探讨，将智慧图书馆标准体系划分为基础标准、技术标准、资源标准、服务标准、空间标准、管理标准六个大类，具体见附件"智慧图书馆标准体系框架"。您认为这个框架设计是否合理？有何修改建议？如认为这一框架较为合理，请在此基础上给出您的修改建议，并对这六部分标准应包含的具体内容提出意见与建议；如认为这一框架不够合理，请对智慧图书馆标准框架及每一部分应包含的具体内容提出意见与建议。

2.请简单介绍一下您了解到的国内外主要智慧图书馆项目及贵单位开展的相关建设项目，以及在这些项目建设中应用了哪些标准规范。

3.您认为智慧图书馆标准规范建设的重点领域应包括哪些方面？并请阐述您的理由。

4.请结合您对智慧图书馆及智慧图书馆标准规范有关情况的了解，谈谈您认为需要优先制定哪些方面的标准，并请列举一些亟须制定的智慧图书馆标准规范名称，并请阐述您的理由。

5.您认为在智慧图书馆建设中应如何更加有效地推进标准规范的贯彻实施？

附件：

智慧图书馆标准体系框架

智慧图书馆涉及图书馆业务和管理的各个环节，结合智慧图书馆特点，我们将智慧图书馆标准体系初步划分为基础标准、技术标准、资源标准、服务标准、空间标准、管理标准等六部分（图1），每一部分再根据智慧图书馆建设特性进一步细分。

其中，基础标准包括术语、参考架构等基础共性标准，支撑标准体系结构中其他部分。术语用于统一智慧图书馆相关术语定义的标准；参考架构主要是规范智慧图书馆相关的整体架构，及各部分逻辑关系和相互作用，为开展智慧图书馆实践和相关标准研制工作提供定位和方向建议。

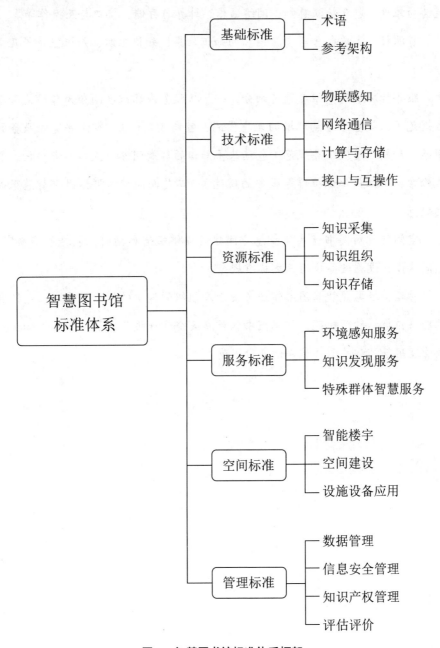

图1 智慧图书馆标准体系框架

技术标准以智慧图书馆建设中相关业务模块和业务流程所需的支撑技术范畴为维度，包含物联感知、网络通信、计算与存储、接口与互操作等。

资源标准主要包含对资源内容的知识采集、知识组织、知识保存等几个方面。

服务标准从两个维度进行细分，一是从服务内容维度细分为环境感知服务规范（包括基于智慧环境的无感借阅、室内 3D 导航、智能导览等服务的规范）和知识发现服务规范（包括基于知识的智能问答、虚拟参考咨询、智能检索、个性化知识推荐等服务的规范）；二是面向特殊群体提供智慧服务的规范。

空间标准对图书馆实体智慧空间建设提供规范和指引，包括智能楼宇、空间建设、设施设备应用三类标准规范。

管理标准聚焦智慧图书馆业务管理和组织管理中的标准化需求，包括智慧图书馆数据管理规范、智慧图书馆信息安全管理规范、智慧图书馆知识产权管理规范、智慧图书馆评估评价规范。

附录 2　智慧图书馆标准体系调查问卷（面向图书馆）

1. 您认为是否有必要制定智慧图书馆标准规范？（　　　）

A. 非常有必要　　　　　　　　B. 有必要

C. 不太必要　　　　　　　　　D. 没必要

E. 不清楚

2. 研究团队在调研已有实践和研究成果的基础上，提出了包含基础标准、技术标准、资源标准、服务标准、空间标准、管理标准六个部分的智慧图书馆标准体系框架（见下表），表中各类标准中，您认为应重点研制及优先研制哪些标准？请在下表相应方框内打"√"。

标准类别		重点研制	优先研制
基础标准	术语		
	参考架构		
技术标准	物联感知		
	网络通信		
	计算与存储		
	接口与互操作		

续表

标准类别		重点研制	优先研制
资源标准	知识采集		
	知识组织		
	知识存储		
服务标准	环境感知服务		
	知识发现服务		
	特殊群体智慧服务		
空间标准	智能楼宇		
	空间建设		
	设施设备应用		
管理标准	数据管理		
	信息安全管理		
	知识产权管理		
	评估评价		

3.除了上述标准，您认为还有哪些智慧图书馆领域的标准规范迫切需要研制？请列举，并说明标准需要包含的主要内容。

4.您所在的单位在之前标准规范的制定或实施过程中，遇到过哪些困难或挑战？

附录 3　2018—2022 年我国智慧图书馆相关的
国家级研究项目一览表

序号	项目类别	项目名称	立项时间	负责人
1	国家社会科学基金 / 青年项目	模糊认知视角下智慧图书馆资源推荐服务模式及实证研究	2022 年	李　洁
2	国家社会科学基金 / 青年项目	数智时代图书馆数据治理研究	2022 年	孙红蕾
3	国家社会科学基金 / 青年项目	数智驱动的公共图书馆适老化服务模式创新研究	2022 年	赵蕊菡
4	国家社会科学基金 / 一般项目	5G 环境下中国智慧知识服务体系构建研究	2022 年	朱学芳
5	国家社会科学基金 / 一般项目	支撑 AI4Science 的科技图书馆知识服务内容研究	2022 年	韩　涛
6	国家社会科学基金 / 一般项目	数智驱动下智慧图书馆基于微服务架构的知识服务模式研究	2022 年	高　丽
7	国家社会科学基金 / 一般项目	智慧图书馆轻量级微服务体系架构及建设路径研究	2022 年	周玲元
8	国家社会科学基金 / 一般项目	基于数字孪生的高校智慧图书馆数据治理模式及机理研究	2022 年	王　静

续表

序号	项目类别	项目名称	立项时间	负责人
9	国家社会科学基金 / 一般项目	智慧养老视域下公共图书馆老年人健康信息服务研究	2022 年	刘一鸣
10	国家社会科学基金 / 一般项目	面向智慧图书馆的儿童分级阅读多模态资源智能推荐研究	2022 年	廖志芳
11	国家社会科学基金 / 一般项目	基于图书全内容的知识发现与智能服务研究	2022 年	夏　天
12	国家社会科学基金 / 一般项目	数智时代中国古籍基本知识表示及构建研究	2022 年	欧阳剑
13	国家社会科学基金 / 重点项目	场景驱动的我国关键核心领域文献资源精细组织与精准服务模式研究	2022 年	秦春秀
14	国家自然科学基金 / 青年科学基金项目	跨语言多模态文物知识图谱构建研究	2022 年	位　通
15	国家自然科学基金 / 青年科学基金项目	数字图书馆情境下基于可解释深度学习的图像检索研究	2022 年	杨泽坤
16	国家自然科学基金 / 青年科学基金项目	基于深度学习的多模态文化遗产数字资源语义组织与检索研究	2022 年	严承希
17	教育部人文社会科学 研究规划基金项目	基于深度学习的数字图书馆图像检索方法研究	2022 年	曹丹阳
18	教育部人文社会科学 研究青年基金项目	基于用户感知的高校智慧图书馆评价体系及模型研究	2022 年	马成成
19	国家社会科学基金 / 青年项目	智慧图书馆建设评价模型与应用研究	2021 年	段美珍
20	国家社会科学基金 / 一般项目	多源数据深度融合驱动的图书馆智慧服务职能体系研究	2021 年	刘　慧
21	国家社会科学基金 / 一般项目	数字人文生态构建中图书馆参与模式研究	2021 年	苏芳荔

续表

序号	项目类别	项目名称	立项时间	负责人
22	国家社会科学基金/一般项目	高校图书馆跨学科知识组织与智慧服务模式构建研究	2021年	马翠嫦
23	国家社会科学基金/一般项目	智慧数据驱动的公共数字文化资源知识图谱构建与应用研究	2021年	张云中
24	国家社会科学基金/重点项目	数智时代阅读服务转型研究	2021年	茆意宏
25	国家自然科学基金/青年科学基金项目	基于多主体需求融合的"非遗"知识图谱构建及活态演进研究	2021年	黄 格
26	教育部人文社会科学研究规划基金项目	基于深度学习的数字图书馆移动视觉搜索方法研究	2021年	刘华咏
27	教育部人文社会科学研究青年基金项目	"轻应用"背景下智慧图书馆微服务体系建设研究	2021年	周玲元
28	国家社会科学基金/后期资助项目	智慧图书馆数据智能管理与深度利用	2020年	施晓华
29	国家社会科学基金/青年项目	融合用户智慧的图书馆知识服务模式研究	2020年	李永明
30	国家社会科学基金/青年项目	基于用户画像的图书馆低幼儿主体阅读推广及阅读服务创新研究	2020年	周 昕
31	国家社会科学基金/青年项目	基于群智图谱的图书馆用户画像及知识服务优化研究	2020年	柏忠贤
32	国家社会科学基金/一般项目	AI赋能公共图书馆儿童数字阅读推广智慧化机制研究	2020年	徐军华
33	国家自然科学基金/国际（地区）合作与交流项目	中国儒家学术史知识图谱构建研究	2020年	王 军
34	国家自然科学基金/面上项目	关联数据驱动下我国"非遗"文本的语义解析与人文计算研究	2020年	王 昊

续表

序号	项目类别	项目名称	立项时间	负责人
35	国家自然科学基金 / 面上项目	公共文化服务领域开放数据的价值共创机制及实现模式研究	2020 年	赵宇翔
36	国家自然科学基金 / 青年科学基金项目	基于深度学习的典籍引书知识图谱构建及应用研究	2020 年	刘浏
37	教育部人文社会科学研究规划基金项目	基于动态用户画像的图书馆个性化资源推荐机制研究	2020 年	陈阳
38	教育部人文社会科学研究规划基金项目	新型机制下图书馆知识流形成及专家知识推荐系统构建研究	2020 年	高丽
39	教育部人文社会科学研究规划基金项目	公共数字文化资源展示的语义描述体系研究："用户体验 + 数字人文"的视角	2020 年	张云中
40	教育部人文社会科学研究青年基金项目	基于用户画像的高校图书馆精准服务模式构建及实证研究	2020 年	陈添源
41	教育部人文社会科学研究青年基金项目	面向大规模协作的数字图书馆知识图谱构建与可信服务社会化推荐研究	2020 年	黄小玲
42	国家社会科学基金 / 一般项目	智慧图书馆的零数据模型及应用研究	2019 年	杨新涯
43	国家社会科学基金 / 一般项目	大数据环境下面向图书馆资源的跨媒体知识服务研究	2019 年	刘忠宝
44	国家社会科学基金 / 一般项目	数字人文中图像文本资源的语义化建设与开放图谱构建研究	2019 年	陈涛
45	国家社会科学基金 / 一般项目	智慧图书馆全流程服务设计研究	2019 年	李晓珊
46	国家社会科学基金 / 一般项目	大数据环境下面向用户的图书馆资源跨媒体知识服务研究	2019 年	张群
47	国家社会科学基金 / 一般项目	基于创新学习空间的高校图书馆智慧服务模式研究	2019 年	王焕景

续表

序号	项目类别	项目名称	立项时间	负责人
48	国家社会科学基金 /一般项目	智慧融合视角下图书馆与用户共创知识服务价值的模式构建研究	2019 年	郑德俊
49	国家社会科学基金 /重点项目	面向智慧服务的多源多维公共文化数据治理及政策保障研究	2019 年	郑建明
50	国家自然科学基金 /面上项目	基于情境感知的智慧图书馆阅读与交流服务实现路径研究	2019 年	程秀峰
51	教育部人文社会科学研究规划基金项目	基于数据生态的图书馆知识服务价值共创的演化机制、模拟实验及优化研究	2019 年	刘　佳
52	教育部人文社会科学研究规划基金项目	基于社交网络分析和语义计算的高校图书馆用户画像构建与应用研究	2019 年	何　胜
53	教育部人文社会科学研究青年基金项目	基于成熟度视角的高校图书馆科学数据管理服务能力评价　研究	2019 年	李卓卓
54	国家社会科学基金 /一般项目	多源异构数据融合的图书馆用户画像研究	2018 年	杨代庆
55	国家社会科学基金 /一般项目	智慧社会驱动的图书馆信息生态研究	2018 年	吕莉媛
56	国家社会科学基金 /一般项目	智慧社会建设背景下图书馆跨界合作服务模式研究	2018 年	李　健
57	国家社会科学基金 /一般项目	图书馆智慧空间的理论构建与实践应用研究	2018 年	许　鑫
58	国家社会科学基金 /一般项目	面向数字人文研究的图书馆开放数据体系构建与服务模式设计研究	2018 年	张　磊
59	国家社会科学基金 /一般项目	基于人工智能的公共图书馆空间再造与效能提升研究	2018 年	王筱雯

续表

序号	项目类别	项目名称	立项时间	负责人
60	国家社会科学基金/ 一般项目	基于大数据深度融合的移动图书馆用户画像情境化推荐模型研究	2018 年	刘海鸥
61	国家自然科学基金/ 面上项目	不同推荐方式对移动阅读用户行为决策的影响与神经机制研究	2018 年	张李义
62	教育部人文社会科学 研究规划基金项目	以学科信息需求匹配为视角的高校图书馆数据服务设计与路径探索研究	2018 年	郑红京
63	教育部人文社会科学 研究规划基金项目	高校智慧图书馆数据服务空间再造研究	2018 年	康存辉
64	教育部人文社会科学 研究规划基金项目	智慧校园环境下图书馆用户画像及其应用研究	2018 年	杨传斌
65	教育部人文社会科学 研究青年基金项目	面向智能信息检索的古籍知识图谱构建方法研究	2018 年	顾　磊